被出賣的台灣

FORMOSA BETRAYED

By George H. Kerr

獻給台灣的朋友們……
以紀念一九四七年三月事件

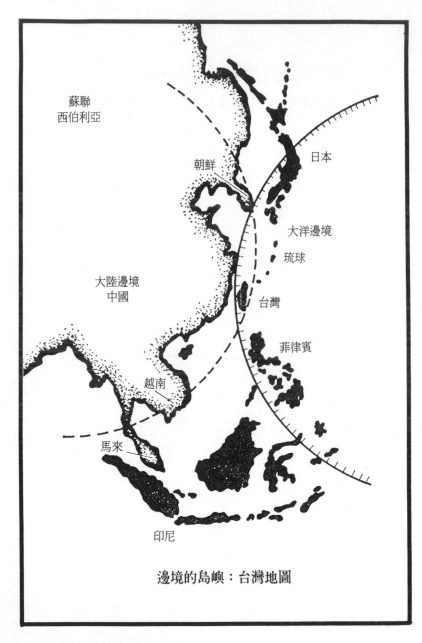

蘇聯
西伯利亞

朝鮮

日本

大洋邊境

琉球

大陸邊境
中國

台灣

菲律賓

越南

馬來

印尼

邊境的島嶼：台灣地圖

台灣版序

　　美麗的政治神話抵擋不住滔滔雄辯的事實。這就是為什麼這本書始終有如一股清流般濯洗台灣人心胸的原因。它藉著一枝樸拙而忠實的筆，歷數二二八史蹟，觸動了台灣人心靈深處的民族感情；記述多少壯士先烈，以生命驚醒知識分子的祖國幻夢。歷史嚴峻地烙下它的鐵律：外來政權，絕不會真正關心台灣人的命運！

　　四十多年來，台灣人奮鬥、茁壯，並從政治、經濟、社會與文化各層面，展開與外來政權的鬥爭。在島外高舉鮮明的獨立建國旗幟，在島內則以台灣意識及民主理念為前鋒。外來政權也不遺餘力的全面鎮壓，消滅台灣意識，歪曲台灣歷史，詆毀獨立運動，挾著政治暴力，羅織美麗神話，維護其既得利益。台灣人面對這貪婪凶殘的敵人，只有堅強勇敢的予以反擊，才是唯一的活路。

　　當此國共和談喧囂塵上之際，台灣再度面臨被出賣的危機。我們適時地獻上這本書，給所有關心台灣的人，記取歷史教訓，免蹈覆轍，並進而滙成一股大覺醒的洪流，建立真正屬於台灣人的家園；同時，也獻給所有先賢烈士，感懷他們為民主自決救台灣所經歷的無數災難。

譯者序言

幾年來，一再延緩的譯本工作，總算到此告一段落，如願出版刊行。

計自譯者參與筆戰、辯護原文歷史價值、駁斥蔣氏賄說團(China Lobby)之誣謗、結識柯喬治先生、承受漢文版權、協調翻譯工作、募捐出版經費、安排印刷，歷經六年牛。

在這中間，台灣內外激起多種事件：日、美台獨組織之擴大團結，台獨團體之風起雲湧，遍布南、北美、歐洲各地，可謂有台灣人的地方，就有台獨團體，世界性台灣獨立聯盟也應時成立。彭明敏教授之脫離蔣氏特務網，離台安抵瑞典，旋赴美國。法國之撤銷承認蔣政權，加拿大之承認中共，黃文雄志士四二四刺蔣未遂事件，島內反蔣活動之明顯化，黃文雄、鄭自才兩志士之轉入地下，謝聰敏、魏廷朝兩志士之再度被捕，尼克森總統之訪問中國，蔣政權之被逐出聯合國，意大利、希臘等國之撤銷承認蔣政權，日本田中首相訪中，恢復日中邦交，並繼之一筆勾銷與蔣政權之外交關係。無疑地，蔣政權在國際外交上，日陷孤立。垂死邊緣的蔣政權，企圖最後掙扎，粉飾太平，嚴密封鎖消息之自由流通，壓抑言論之自由表達，從中製造宣傳，強將被逐出聯合國一事歪曲成自願退出，將尼克森總統訪中記事，隻字不提，將法、加撤銷承認蔣政權，歪曲事實，說是主動向法、加兩國斷絕邦交；另一面，故作鎮靜，暗地裡塗掉早已模糊不清的「反攻大陸」

「反共抗俄」牆壁標語，並代之以「處變不驚」「莊敬自強」等等壓驚口
號。

　　為防止民變兵變，一面籠絡拉攏台灣人有力人士，增加台灣人在
蔣經國內閣之名額，以充花瓶；局部改選「立委」、「國代」，以充當假
冒的台灣化蔣政權；為轉移島內人士對國際局勢之注視，小題大作，
將肅清貪污當作「革新政治」，背地裡擴張內政部調查局之人員機構，
藉肅清貪官污吏之美名，招誘台籍失業青年，利用他們，監視、尾隨
逮捕許多所謂「危險人物」「思想有問題的人」，以製造矛盾，離間分化
台灣人民之團結。在軍隊裡，加強軍械之管理，強化政工特務，嚴密
控制職業軍人，破壞統帥系統，將軍隊政治化、家族化，以充當政治
鬥爭之工具。

　　為恐外交上之失利敗退，引起台灣在國際政治經濟之孤立和崩壞，
蔣政權大肆活動拉攏西歐美國工商業者投資台灣，並勉力維持斷絕邦
交後之貿易關係，牽制他人以圖自保，同時，通過親朋戚友，進行遊
說利誘台獨人士。

　　這些情勢是否在基本上變更蔣政權之本質？是否助長台灣人民尋
求獨立自主之機會？在本質上，蔣政權仍然利用台灣人大陸人間之矛
盾，實行政治差別歧視，仍然以大陸人為主，台灣人為奴，實行三、
四千年來中國政治禍源之「家天下」「傳子不傳賢」之反動封建政治體
制。在經濟上，它仍然維持介於半殖民剝削體制和法西斯經濟統治體
系。在文化上，它仍然維持反智識主義、反理性主義，而圖以中國農
牧社會產品的孔孟思想來合理化其政經體制，並強加孔孟價值觀念於
台灣人民身上。台灣內外情勢變遷雖未變更蔣政權的本質，但却日益
加深其內部的矛盾和對外的依賴性。諸如台灣農村社會之瀕臨破產，
都市農村貧富懸殊，都市勞工大眾受剝削愈加嚴重，外人投資設廠之

打擊台灣工商業者，中共態度之軟化，放棄武力奪占台灣，台獨政策路線由外交轉向島內鬥爭，台灣人民政治意識之提高，台灣青年之漸居權要，種種客觀因素似乎日益助長人民自決自救運動之發展。人不先自救，誰會救我？

　　譯文之問世，應歸功於一群有熱情、有恒心的海外台灣青年的努力。在此要銘謝蔡連、陳南穎、羅雲莊、林大川、那惠、林文雄等仕女撥忙協助原文譯述工作；蘇楓女士的繕寫文稿，吳進義先生、林啓旭先生的校對工作，德州達拉斯市王、黃、楊、陳等先生，德州休斯敦市林先生，奧克拉荷馬州李、邱先生，路州蔡、林等先生，佛州王先生的慷慨樂捐。後來承蒙郭榮桔先生負擔印刷費用，在此謹致謝意。黃有仁(昭堂)先生自始至終熱心負責對照原文與編印工作，是筆者要特別感謝的。內人畠美的鼓勵和負責初步校譯工作，也是催促譯文盡早問世的一大因素。如果譯文有錯誤之處，概由筆者負全責。

陳榮成

一九七三年十二月

於Natchitoches, Louisiana

事件中心

「以我們的在台經驗，極清楚前行政長官陳儀的施政已使人民對中央政府離心，許多人不能不感到，日治下的台灣情況反而比較良善。

中央政府失却了向中國人民和世人表明其有能力勵行廉能政治的良機，它不得不歸咎於共黨或特異分子的活動。台灣人民殷切期望自日本桎梏下解脫出來，然而陳儀和其劊子手却以殘忍、腐化、貪婪、倒行逆施的種種暴行加諸於和睦的人民身上，陸軍則以征服者姿態行事，秘密警察公開恐嚇，並助紂為虐協助中央官僚剝削人民⋯⋯

這島上盛產煤、米、糖、水泥、水果和茶葉，水火力發電也頗富饒。日本人早已把電氣化施行到偏遠地區，並已建設優良的鐵路、公路網線，百分之八十的人民有閱讀、書寫能力。中國人陸之情形却正好與此相反。

各種情勢顯示，台灣人願接受美國保護和聯合國託管，他們懼怕中央政府會榨取台灣人血汗，以供奉搖搖欲墜、腐化無能的南京政權。我相信他們之恐懼是有其根據的。」

陸軍中將魏德邁致國務卿

一九四七年八月十七日（《中美關係白皮書》第三〇九頁）

前　言

　　從許多方面來看，台灣是美國大矛盾的一個活生生的象徵。說率直一點，這個矛盾是美國要如何來負起防衛許多社會的責任，同時又要忠實於政治道義的原則，這難題並不容易回答，事實上也不可能完全的回答，並且我們須知，有些人在推銷一些簡單的答案，企求解決極繁複的問題。當然，這並不是提供一個藉口去忽視當前美國社會所遭遇到的最重大挑戰，實際上我們的成功——我們的生存——可能就在於能發現更充分的答案，而不是在於已經被發掘的答案。

　　大約一千一百萬的人生活在台灣島上，其中九百萬是「土生的台灣人」(譯者注：一九七二年，台灣總人口是一千五百萬，其中土生台灣人占一千三百五十萬)，他們出生在台灣，認為台灣是他們的故鄉。老一輩的台灣人是在日本人統治下生長，這個事實對台灣人的文化有多方面的影響。甚至較年輕的台灣人認為他們有一些傳統、價值和生活方式，與大陸人迥異。台灣民族主義的發生當然是自然發展的，雖然台灣人政治圈內存有許多罅隙，但這民族主義的運動特別在台灣人的知識分子中激起迴響。

　　那些相信經濟決定論是所有政治現象主要關鍵的人將會發現台灣的情形並不太適合這種理論。在自然資源方面，特別是土地的肥沃度，台灣得天獨厚。日本人的遺產和最近美國人的援助，對台灣人民生活水準的貢獻，為多數亞洲鄰國所不能及。在企業和農業方面，土生的

台灣人民扮演著積極、活潑的角色，大陸來的難民，直到最近，絕大部分都從事政府工作、軍務，和敎書。台灣並非沒有經濟問題，但台灣畢竟屬於非西歐社會，假若它能對人口問題特別愼重處理的話，那麼對它作樂觀的經濟判斷乃是合理的。

　　大部分的台灣問題是政治性的。究竟，台灣人對被排拒於合法民主的政府制度之外，會沉默多久？「台灣卽是中國」的神話能維持多久？台灣知識分子和大陸難民之間到底能維持多久的平安無事？我們千萬不可忽略共產黨人正在尋求台灣政治形勢的利益，我們或可料到，共產黨人正玩著雙邊遊戲來牽制走中間路線的人，對國民黨人，他們一再強調請他們回到老家，旣往不究；對台灣人，他們允諾「文化自治」的權利和免於「美蔣集團」控制的自由，大槪他們以爲僅有極少數台灣人知道共產黨人在西藏和新疆的惡劣行跡。

　　目前，國民黨繼續在台灣到處捕人和控制島內的政治生活，但是國民黨領導人一天天衰老且對將來更沒有信心，政治緊張的氣氛慢慢升高，在國民黨圈子裡的分裂愈形重要和激烈，一些大陸難民也許願意接受眞正民主的體制，但另外一批人則可能會主張依恃秘密警察和軍隊，這情勢已成熟並且具有政治危險性和可能性，我們應持什麼立場？

　　像柯喬治(George H. Kerr)那樣有資格來發表對台灣問題之看法的美國人極少。三十多年來，柯先生對台灣人民懷有學術和個人的興趣，他曾在各種危機時住在台灣，並且和台灣人共事，看到他們的一些勝利和許多悲劇。凡讀過本書的人，一定會知道作者對台灣人要求獨立的願望具深切的同情。無疑地，許多他所提的事實和論據也會受那些支持別種解決方法的人所挑戰，但要忽略柯先生的提案是不可能的，因爲他曾收集了太好的證據。他的基本論點，與我深有同感，

台灣人民的自決，正與我們的價值觀和國家利益不謀而合，不僅如此，
這本書應能刺激美國對台灣政策的深思，尤其是那些贊成和反對作者
結論的人。

史卡拉必諾(Robert A. Scalapino)

一九八五年四月於柏克萊加州大學

謝　　言

　　我在這裡的敍述是根據我個人參與台灣事情的卅年經驗，開始於一九三五年到一九三七年在日本研究，接著一九三七～一九四○年三年間居住在台北，和以後在哥倫比亞大學的研究。

　　我被稱爲「台灣問題專家」，以文官身份在一九四二～一九四二年間替軍部服務，一九四四～一九四六年間又以武官身份服務於海軍，而後再以民官身份在一九四六～一九四七年服務於國務院，這種種，給我許多機會從華府或官方觀點來觀察台灣。

　　但自一九四七年以來，我所關切的台灣問題却局限於學術方面，我在柏克萊加州大學和史坦福大學的講授，可說是第一次嘗試去檢討台灣在西太平洋邊境的歷史角色。

　　我在這裡敍述的，廣泛引用官方資料，台北、東京、上海的報紙，和私人信函。我特別要感謝聯合國救濟總署的人員，他們在我服務美國領事館期間，曾努力去維持台北紛亂中的秩序。

　　我也引用聯合國救濟總署官方報告和許多總署人員的私人信函，其中一些人不願意透露身份，但有另一些人准許我直接引用他們的報告、刊物，和信函。我要感謝他們和一些外國人所供給本文的資料。

　　尚居住在台灣，或有家庭、財產在台灣的人，我就不便指出他們的姓名身份了。

　　當我引用台灣人的英文書信時，常須稍微加以編排，使其意思更

爲明白，但編排並沒有改變本質，這些變更也都附有括弧。因爲大部分通信者有一度曾是我的學生，我承擔編排本書的責任。

我自台灣和上海報紙所引用的，都是取自台北美國領事舘所準備的新聞摘要。目前，這些檔案貯藏於史坦福大學的胡佛研究所和圖書舘。

中國人和日本人稱這個島爲台灣，因此書中直接引用語和大部分的學校、機關、刊物所冠的名稱，我就使用台灣。在其他方面，我就用「福爾摩沙」，這是老葡萄牙語的名稱——Ilha Formosa，具有「美麗島嶼」的意思。

吳國楨博士，前台灣省主席，曾慷慨地允許我引用他給蔣介石和台北國民大會的公開信。賀薛博士(Dr. Iar D. Hirschy)，一九四六～一九四七年聯合國救濟總署駐台北主任醫師，允我用他的私函和已發表的觀察報告。杜林夫婦(Peggy and Tillman Durdin)則安排我去閱覽他倆爲外交關係協會所準備而未經發行的部分原稿，名爲「台灣與國民政府」。

伯恩(Edward Eckerdt Paine)，前駐台北聯合國救濟總署報告官和前美國駐中國空軍少校，在一九四八年曾犧牲個人利益與我合作搜集一九四六年和一九四七年間有關台灣的資料，謹在此再表示我對於他的合作的感激。

嘉杜夫婦(Martha and Robert Catto)，前領事舘同事，講述大部分的「官方經驗」和許多在台北的私人冒險，且承其好意，我閱讀到原稿全文。

柏克萊加州大學政治系系主任，史卡拉必諾博士(Dr. Robert A. Scalapino)，曾發表許多重要的台灣問題評論，此次特別惠贈前言。

這本書初稿在維多席氏(Juanita Vitousek)故居擬成，時爲一九

五八年。維氏曾重覆閱讀原稿，並惠賜許多評語。葛氏 (Alice Crabbe) 曾爲稿件負擔許多打字工作，而佐佐木氏 (George Sasaki) 爲此書畫了一些圖。我非常感激他們。

　　沒有什麼人會因我引用他們的資料，或因我所解釋於本書內的事件背景，而必須負起任何責任。

柯喬治
一九六五年二月廿八日
於夏威夷火奴魯魯

目　　錄

導言　邊疆的傳統 ···········29

第一部　華盛頓的觀點(1941～1945)

第一章　開羅宣言

第二章　「X島嶼」

第二十一章　兩個中國?

第二十二章　自由的台灣

邊疆的傳統

導言

台　灣

　　一九四一年十二月六日，美國認為台灣不過是西太平洋邊緣的一粒小島，要是與亞洲大陸的廣大背景對照起來，它便消失無踪了。但十二月七日引起了殘酷的覺醒：日本之攻擊菲律賓是由台灣的飛機場出發，不久日本軍力又經台灣侵入印尼群島和東南亞一帶。台灣重新恢復它的傳統角色，成為亞洲水道的糾紛點。

　　由於台灣處於海運的中站，且時常籠罩在鄰近大陸的陰影之下，使它屢次成為國際糾紛的觸點。在此地有二邊界交叉線重合。當空運未發達時，台灣的地位可由大陸與台灣島間的廣大水道予以明確區分。大家應注意這一水道比歐洲大陸與英倫三島間的海峽更寬。但由目前的大陸觀之，台灣代表了錯綜複雜的大陸利益之最東端，也是中國尋求海界利益的最東端。從海洋觀點，這小島代表西太平洋邊緣最西端的一點，是日本、琉球、和菲律賓群島之海上交通的前鋒，也是海上貿易和國際政治的地帶。

　　這島嶼和大陸的拉鋸式衝突，至少已有二千年了。中國最早有關台灣的文獻指出，漢人從黃河流域向南推進移居福建沿岸之前，台灣已被一些勇猛的非漢人的原住民定居着。這些南洋系的原住民時常橫越海峽突擊沿岸村落或尋找物物交易，而中國派出遠征軍來處罰他們或探險這漫長的島岸。這時一小群漢族漁民出現於澎湖，他們沒有企圖取代原住民或永久居住台灣的意思，但却有另外一批人作這樣的準備。

　　倭寇是最早建立小移民村的人。幾世紀以來，他們航海途中經台灣到中國港口，再到東南亞和印尼群島。碰到暴風雨或需要補給及船隻修理時，他們退避於澎湖或台灣西部沿岸。最後一批數目可觀的日本移民定居在離現在的台南不遠的地區。（這批人命名該地為高砂）

　　西班牙人和荷蘭人隨後來到。十五世紀末葉，當日本大獨裁者豐

臣秀吉威脅呂宋島之時，在馬尼拉的西班牙總督提議占領台灣。一六二六年西班牙於島的北端設立堡壘和傳道所。同時荷蘭人已到澎湖群島，正尋找海軍基地，以便挑戰在澳門的葡萄牙之貿易，以及干擾靠近菲律賓的西班牙航運。一六二三年荷蘭人放棄馬公，正規地移入台灣，奠定了安平和現在的台南市。有時他們跟附近的日本人吵架，但自日本幕府採取禁止日人海外旅運的鎖國政策後，高砂村很快地消失。一六四二年，荷蘭新教徒把西班牙的天主教徒從他們狹小的北部立足點趕出，之後，荷蘭人掌握此島達廿年之久，沒有受到嚴重的挑釁。

這段時期也許可稱爲台灣的「歐洲式的半世紀」，因爲荷蘭人創造台灣最初的政府，設立學校和傳教所，開拓鄉村農業以及派遣傳教士遠至山中。因此十七世紀中葉，歐洲的武力和執政替漢系移民開路。當時中國的明朝民變，並且受長城外的敵人的重壓，地方軍閥和皇帝的爪牙們處處強徵無理的稅金及貢品，以圖支持搖搖欲墜的中央政府；鄉民、農夫和漁人不顧官方移民的禁令，紛紛離開故國，政府視他們爲反叛者、變節者或逃出法網者。成千的人跑至爪哇、馬來亞、婆羅洲、暹羅以及菲律賓，成千的人中有百分之一越過水界到台灣，不久他們就曉得台灣實在是太近太近了。

這些「逃出法網者」就是今日台灣大多數人的祖先。他們是苦幹的開拓者，勇敢且具有冒險精神。那些超越荷蘭政權管轄，尋覓新土地的人是眞正的開路先鋒，這和同時期遠在美洲的人情形相似。他們必須攜帶武器和農具進入新天地，並且他們住於椿圍內。每次的前進，當地原住民就退入山中，漢系的新來者認爲這些原住民是「劣等人」，或是「非人類」，這些人若不能在山脚下被滅掉，就必須被趕至高山上。

因爲歐洲人被證實爲嚴格的主人，他們要求漁獵的執照，並且對交易和生產課重稅，所以沒多久，定居於荷蘭邊境內的原住民和移民

產生反抗心。鄭成功爲最後一位商人冒險家，當他在澎湖組成艦隊勇敢地採取行動反抗荷蘭人時，漢人移民已準備幫助他。

鄭氏(在歐洲以國姓爺聞名)之母爲日本人，其父爲漢人。他自稱他自己和他一家爲「明朝愛國者」，但當他於　六六二年把荷蘭人從島上逐出去後，他就在歐洲式的堡壘內以「東都王」自居。以這島爲基地，他建議征服大陸，發誓從滿人的統治下解放漢人。這故事含有一些以後將重演的記錄，因爲外國(英國)商人冒險家的機關提議供給武器給這些「明朝的愛國者」，而以一旦大陸解放後取得商業特權爲報償。這是第一次對台灣的軍事援助而非最後一次。

然而過了廿年的獨立，這島上王國被集結澎湖之不可抗拒的清國武力所威脅，停戰協定是由控制台南的政府和北京做成。爲了報酬和平的投降，這東都王第三世——國姓爺的年輕孫子，遂由北京賜封響亮的頭銜和輔助金，而終身過着安逸的生活。

北京派遣警備部隊、長官和一群地方官吏來到這島上，做了兩個世紀無效率及暴虐的統治，因此產生了當地台灣人憤慨的傳統，並且醞釀出對大陸當局的敵視心理。暴動和流產的獨立運動時常發生，以致在中國談起台灣來，就說是「三年一小反；五年一大亂」，十九世紀就有卅次以上激烈的暴動。

島內距離警備部隊所駐屯的城市較遠之處，長期都在混亂之中。這些由宗族和黨派議會統治的偏僻村落，彼此間時常在打仗，並且在他們的領土內，他們自己就是法律。

這就是一八〇〇年後，西方世界想回亞洲水域尋覓貿易時的台灣情景。所有在鄰海有船隻的國家都表示莫大的關心。此島被視爲東方最危險和最不健全的地點，海岸沒燈，也沒有巡邏；在東海岸不幸遇難的船員們任由獵人頭的原住民所擺佈，在西海岸他們成爲「搶刼者」

的犧牲品。據說地方的清國當局常對這些行動予以幫助。

當國際海運增加時,船隻遇難和打刼事件也加倍地增至無法忍受。然而, 每次外國政府請求糾正這舉動時, 北京方面總是圓滑地推卸責任, 對此, 英國和美國企圖強調這問題。在一八五三~一八五四年,伯里司令想合併台灣,但知道華盛頓當局一定不批准,他提出中美經濟和行政合作的計劃, 他於計劃中指出, 他認爲設立一個良好的美國社團是請求將該地併入美國的適當途徑,正如美國人於夏威夷做此提議一樣。他幻想台灣爲美國確保西太平洋的和平及秩序的前鋒基地。英國方面則以一八六八年派遣砲艇而捲入當地的「樟腦戰爭」。日本於一八七四年派遠征部隊到南台灣, 此舉迫使北京承受責任並且付了一筆可觀的損害賠償費。法國於一八八四年占領澎湖及基隆, 並且於安南中法戰爭時封鎖台灣一年。

最後北京政府於一八八七年將台灣從福建的屬地昇格爲一行省,雖然此島的三分之二地區仍非淸國地方官吏所控制。

這種改變地位和改進計劃來得太遲。由於朝鮮的糾紛, 日本於一八九五年打敗淸國, 條約的一部分規定澎湖和台灣「永久」割讓給日本。在這裡提出一點諷刺的事,因爲淸國聘請了一位美國律師約翰‧福斯特, 他是曾任國務卿的人物, 他從頭到尾在辱國條約的會議裡指導北京代表們。爲了道義上支持他的雇主, 福斯特當時曾前往基隆幫助正式的領土移轉。這是他告訴他當時八歲的孫子, 約翰‧福斯特‧杜勒斯(艾森豪總統的國務卿, 以極端反共著名, 南越吳廷琰政權的製造者——譯者註)的另一冒險故事。

這以後, 日本的統治撲滅了台灣水道的海盜行爲, 設立有效的海岸保衛隊, 並且讓海岸燈塔大放光明。不久這島嶼的海港秩序有所改進, 貿易也開始繁榮起來。當它步入「日本半世紀」時期, 台灣不再是

國際間頭痛的問題。一直到一九四三年在尼羅河畔的開羅會議以前，沒有外國勢力挑戰日本在台灣的主權地位。除了把一中型的茶葉和樟腦的貿易正規化，以及發展美國產品的中型市場之外，美國始終沒有表示進一步的興趣。

第一部 華盛頓的觀點 1941～1945

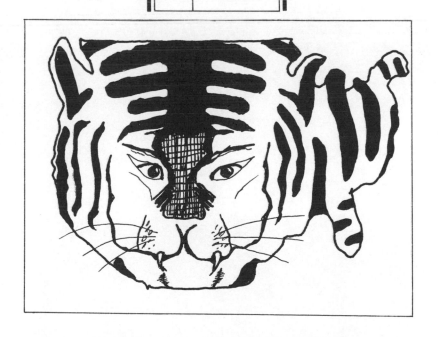

第一章　開羅宣言

補充華盛頓的空檔案　一九四二年

　　一九四一年十二月六日，華府似還在酣睡之中，絲毫未注意台灣這個島嶼。

　　呂宋島炸彈如雨，馬尼拉的鎗彈聲喚醒了甜夢。從台灣的機場，日本轟炸機與戰鬥機波浪般地陸續起飛，一路猛轟猛擊。碧瑤於上午九點半被炸，除了兩架美國飛機外，所有克拉克機場的飛機都在地面受擊，而於下午十二點四十五分遭到摧毀。隔天，廣大的科維特海軍基地也被破壞得陷於癱瘓。聯軍菲律賓陸軍大元帥，麥克阿瑟將軍也失去了他的主要防衛地。

　　日本軍事領袖們常稱台灣是「到南方的跳板」或是「靜止的航空母艦」，經過五十年的發展，台灣最後終於履行了它的任務。麥克阿瑟將

軍這一邊，有一雷達站在呂宋北尖端的阿伯里，面對著台灣，但在那致命的日子，它卻剛好失靈。❶

在華盛頓，我們的遠東軍事情報檔案夾內，有關台灣的情報恰與存放這些情報的「臨時」建築物成為一對。這些情報都是第一次世界大戰的剩餘物。同樣地，白髮的文官秘書也是從一九一八年起就擔任這些檔案的保管人，她溫靜地保管她的秘密，而台灣檔案也一直保持原狀。事實上，「台灣檔案」自從一八九五年台灣割讓給日本以來，差不多就沒被動過。

檔案內有一八九四年從軍事部門移轉過來的基隆港地圖，以及一九一四年以前拍攝的幾張基隆照片。我們有一切航行人員可用的標準水位圖表，還有一套日本帝國土地測量局的地圖，這些地圖可以在東京任何大文具店買到。我們還有一套日本皇軍製成的地形圖。在陸軍的「台灣檔案」中，最有趣的項目是有關日本聲稱將利用台灣為基地而南進印尼的報告，這報告乃是根據一九○五年巴黎出版的法文新聞轉載而來。❷

由於珍珠港被襲，一切都改觀了。在華盛頓，軍用品庫房內的花盆已被移到門外，騰出來的空間存放著將轉送到五角大廈的新檔案。軍事情報處（G—2）的日滿分處，設立朝鮮與台灣的從屬「機構」。許多專家被請來，從世界各地有關日本帝國與其屬地的報告亦湧進這一機構內。

這涉及人、船、飛機和鎗砲的「射擊戰爭」，必須有經濟、心理和外交戰術的支持，而這有賴廣泛的情報資料。多得令人驚奇的「新設機構」開始存在，每一機構供給陸海軍及國務院已設立的情報處所需要的原始資料及研究文件。

最詳細而新穎的消息來自英國情報當局，以及加拿大和英國的傳

教士——醫生、護士、教師、牧師——這些人曾在台灣服務多年，通曉當地語言，並且廣泛地旅行過全島。曾服務於台北美國領事館的官員們在一九四一年十二月的階段，已散至世界各地，然而他們累積四十年左右的報告仍存放於國務院的檔案內。這些報告原則上是關於台灣港口和美國貿易問題的，很少報導根本的經濟發展。當然，能夠超越領事報告常規的最低要求而深入地觸及社會、政治情況的報導更是稀少了。

珍珠港事變後的數月內，華府苦心建立的研究機構，由日語的資料、戰虜的詢問報告以及敵方接觸各點的文件中，摘出了很多驚人的情報。

漸漸地，我們描繪出台灣在日本帝國內的經濟與軍事地位。我們發現它已成為金屬(銅、鋁、金)、煤、木材、造紙原料、工業化學品、食品以及人力的主要供應站。台灣的港口和機場是鉅大的日本軍南進南亞、印尼，趨向印度與澳洲的重要中途站。分析捕獲的文件及日誌以後，我們得到日軍在這一帶活動的記錄。

但是我們必須有更多的了解——當然愈多愈好——有關島上的社會與政治上的緊張情況，以及新的工業動態，如此我們才能造出詳細的轟炸目標和心理戰計劃。我們需要更多有關新地點、新工廠與交通系統的情報，以及更多有關生產水準、技術以及勞工組織的情報，還有，直接從島內本地出來的報導。

期待我們的盟國中國供給情報本是應該的，正如同我們的西方盟國在歐洲敵人戰線之後維持不怕死的間諜網，藉以提供我們情報一樣。由華盛頓當局的觀點來看，彎曲的福建海岸和它的成千小島及港口，因其巡邏鬆懈，似乎是讓間諜越過台灣海峽進入台灣最適當的地區。

敵情報告──中國式

在重慶的我方G─2代表團要求台灣的情報。不久，透過種種路線取得很長的報告，它是一個中國間諜最近突破重重困難帶回來的，主要在報導台灣島內的情況。這文件經由成千領乾薪的中國將領當中的一些人簽名、背書和轉傳。

這報告立即顯示大陸中國人對台灣的了解實在少得非常可憐，顯示他們是多麼不關心台灣。這報告也顯露中國高級官員們一點也不猶豫地虛報給「無知」的美國人有關台灣實際的情況。很顯然地，中國人告訴我們的是他們認爲我們所要知道的，因爲事關面子問題，他們無法承認沒有來自島內的最近實際情報。

大部分的中國實地報告都以肯定台灣在公元前六○七年就被中國人發現爲開頭語。其中有一報告(日期爲一九四三年八月十七日)談及一九三八年一月，高山族曾席卷台灣低地，礦場也有罷工發生，各地台灣人拒付稅賦。這報告說，所有這類反日運動是由中國人的地下革命人員所策動的。另一報告記載，中國地下人員在一九三八年三月破壞一巨大油庫──這油庫貯存足供日本六年的耗油量。同年九月，日本計劃徵調台灣人服兵役，曾造成大暴動，有二十七名日本人在台灣南部遭殺害，這暴動連帶引起各地動亂，指揮台灣革命志士的國民政府地下人員曾在十一月爆破鐵路和鋼鐵廠，自此以後，日本警衛便增加三倍。九千名的台灣軍殺傷一千二百名日本軍人後，曾集體反叛，這些反抗和暴動擴及山地一帶，遍布全島，而指揮這些行動的都是國民政府的地下人員。

我在華府帶著魅惑的心情閱讀這些報告，如所報屬實，我們應該

沒有什麼困難在這富饒的日本殖民地促成對日戰爭的顛覆活動。

　　然而有些微小的困難；我曾在台灣住了幾年(從一九三七至一九四〇年)，且曾環遊全島各地，有些令人驚魂的中國故事是自創的，或是根據一些事件僞造的——有些根本是廿年前的事——早在一九四一年就很有名，而且也被詳細報導過。譬如，破壞六年貯存量的油庫，指的是一九三八年二月十八日爆破新竹油田一事，顯然地，爲符合美軍情報要求，在重慶的國府人員用心曲解甚至捏造事件，來解決面子問題。

　　從華府，我們繼續要求最新情報，蔣氏的高級情報局便供給我們住台灣的廿一個空軍機場和臨時空降地，並聲稱是一份「完整名單」，但我們那時知道確實數目應是七十個以上。他們又送來一份報告，說是由一個「剛自台灣回來」的偵探組所提出的，這些人員發現有五個主要鐵橋是縱貫基隆和高雄港的鐵道幹線，而每個鐵橋的橋架都藏有鐵道甲板，甚至有一個鋼筋水泥橋是僞裝在「一英尺到三英尺」的水面下。這偵察組的另一個報告稱，有十八英哩的鐵路隧道，通達高雄港和屏東的機場和工廠，同時，日本人只控制台灣的下地，因爲日本人被迫將占有三分之二的高地給予高山族，聯軍的高級戰俘(大概是指維恩來得將軍)，已被送到「離台灣東部一百英哩」的(想像上的)島嶼。

　　上述二項報告讀起來彷彿是根據一八七〇年代，當中國人只據有西岸平原時極不正確的海島沿岸地理情報，所再版複製的。

　　在一九四三年底所作的一份中國報告稱，「一位剛到過台灣拜訪的人」曾看到基隆港口沒有船隻，可是我們在華府的船運情報分析資料却指出，當時平均每週有四十八隻船於極端危險的情形下行駛，以便補給日本的南洋前線和及時搬運食糧到日本本土。美國在一九四四年的偵察相片亦顯示基隆是一個擁擠的港口。

除了有關顛覆活動、特定通訊和工業目標等報告外，我們也從重慶收到一份有關台灣領導者和台灣人亡命在中國的長篇報告，這份報告書是由一個台灣「亡命者」謝南光所草擬的，他的名字將會再出現於本書內。謝氏於一九二〇年左右，當日本警察向台灣知識青年頻施壓力，使其忍無可忍而離開台灣，現在——在重慶——謝氏正尋求美國人的幫忙，希望於戰後占領下能就台灣事務扮演重要角色，為達此目的，他仔細列下第一次世界大戰後領導台灣自治運動諸團體和一些知名且受尊敬的人士。他認為他們都是他的潛在敵人，他甚至誣指一些人為「親日協力者」或「共產黨人」。他的分析表示，有成千的台灣人亡命海外，準備組織以侵入台灣和戰後接收事項，他曾要求大量資金支持當時在中國的台灣人團體，然而，當華府要求更仔細的報告時，他露出了馬腳，因為大多數的台灣人住在日本人所控制的地區。謝氏仍然願意充當美元基金保管人，直到聯絡到台灣人並準備戰後受降事項為止。

美國的研究計劃，已發刊的台灣財富摘要，和二千多名美軍軍官的占領準備，可能提醒且驚動了在重慶的蔣家及國民黨頭目，身為外交部長的宋子文(蔣夫人的胞兄)，和身為立法院院長的孫科(蔣夫人之姊的繼子)，開始要求立即將台灣主權交給中國，並且主張琉球群島也應包括在內。

轟炸目標、時間表和宣傳

中國情報常是娛樂性的，沒有什麼用處。當我們知道中國人以為我們容易受騙，我們感覺非常困擾——但事實上，我們的確又那麼容易受騙，雖然如此，我們自己在重慶所作的調查工作和在華府準備的

報告，證實了對戰後長期的影響。

　　由經濟作戰局、三軍戰略室，和一些有關部門所準備的一大堆資料，使陸、海軍部得以製定有關台灣的手冊和種種測量資料，這些資料後來無可避免地落入中國人手裡。一九四二年，陸軍部(G—2)作出一機密的台灣島戰略測量，在一九四三年，陸軍部所屬之空軍和海軍部也開始製定轟炸目標和時間表，在一九四四和一九四五年初，海軍部製定十二套相當完備的民政手冊，打算作爲登陸台灣後軍政人員行動的原則。

　　轟炸的時間表，當然是陸、海軍兩部最直接關切的短期目標，機場、軍火庫、軍營顯然是主要目標，海港、工廠、鐵路交叉點也是轟炸目標。但有時我們需要顧慮到心戰部分。爲達到此目的，我曾提議準備一個炸毀台灣大神社的時間表。

　　陸戰規約(寫在核子武器時代很久以前)，嚴禁故意毀壞宗敎建築物。但我認爲，在台北近郊的大神社不是一個宗敎建築物，而是日本帝國的統治象徵，這國家神社是榨取台灣人的錢財所建立的，是一個「征服者的神社」，除了日本人的國家祭典外，根本沒有一點宗敎的重要性。在一九三三年，這神社擴建，其土地和花園取自一座台灣最古老而最受崇敬的寺廟，毀廟立神社，曾引起台灣人極大的悲憤。我相信炸毀神社將可打擊日軍士氣，並且可取悅台灣人。同時，日本人所相信的「神佑」和神君將被動搖，台灣人也可以此取笑日人。

　　我的提議沒有通過，神社也就原封不動。然而在戰爭末期，日本人故意讓人知道，他們在神社附近蓋了一個很大的戰俘營房，這給予我們兩種理由(他們所深知的)不去轟炸神社。我們於日本投降後，方知一九三九年「擴大」神社實是準備建立相當規模的地下總部，作爲日本軍高級指揮部的用途。

另一個轟炸目標的時間表，華府負責官員自願在台北地圖上劃下了一條紅線，以區分日本行政中心和台灣人居住的大稻埕及萬華兩區。這個非常有效，當我們在一九四五年初炸毀城內時，保留了台灣人所住的部分。台灣人注意到了此種事實，並且經常提及，因此戰後美國人很受台北的台灣人歡迎。

心理作戰需要有「黑的」或隱藏的宣傳來打擊敵人士氣，削弱日本人的抵抗意志，也需要有所謂的「白色」宣傳來公開向台灣百姓號召，我們號召他們站起來反抗日本政府，希望因此造成互相猜忌，我們也製造故事和謠言，傳播各地，希望日本的間諜或其同盟國陷入圈套。我們企圖暗示說，在台灣島內正醞釀著反日本政府的陰謀，而且這些陰謀受我方盟國秘密支持。但這些一點事實也沒有的「陰謀」，却不斷地由重慶國府官員報告給我們。我們本來希望用這些故事來打擊日本武裝及訓練台灣人，想於聯軍攻擊時，計劃由日本軍官管理的台灣家鄉守衛軍來保衛台灣。我們也希望因為民心不穩，迫使地方政府撥用大量日本人去做沒有生產效用的守衛工作和保安巡邏。

我們也利用電台和傳單，宣傳台灣人所熟知的苦情，並號召他們適時起義；我們也供給島內百姓關於戰爭進行的確實情報，來打破東京吹牛皮的故事，同時也打擊百姓對帝國政府的信心。我們號召台灣人，一旦盟軍登陸，準備起義來歸。我們希望，如果需要長期的軍事占領來等待日本本島的投降，至少要先能取得台灣人的合作和中立。

台灣的前途　備忘錄的爭鬥

當心戰部門正準備空投台灣鄉村的成萬傳單時，宣傳內容仍有待高階層的決定。到底我們應向台灣人承諾什麼？或者我們能暗示什麼？

　　軍部最關切的是台灣的中立化。台灣能被排除在戰爭之外嗎？我們能排拒日本利用台灣的資源、人力，和軍事基地嗎？我們能否把台灣變爲基地，進攻日本本土？我們預料將有一番長期的努力，在長期的軍事占領下，台灣人將會合作或是抵抗呢？

　　除此之外，陸、海軍部也關切戰後處理的問題，到底我們能不能確實保證台灣不會於將來再度成爲美國西太平洋利益的威脅？

　　在一九四二年年初，我準備了一份備忘錄，探討戰後處理的各種可能路線，我主張一些國際管制的方式，在南台灣設立警察基地，運用台灣的豐富資源，來作戰後重建工作。我進一步指出，有兩種理由顯示中國將無法負起管制台灣的全部責任：中國沒有足夠的行政人員和技術人員來掌理複雜的經濟；另一理由是，台灣將陷於宋家、孔家、蔣家等家族、軍隊、國民黨派閥殘忍剝削的危險中。這些土豪劣紳、殘兵敗將，正是全中國人所咒罵的。我早在一九四〇年去過中國內地，當時就工業方面，台灣比中國大陸進步好幾年，當然，百姓農民的一般生活程度比大陸百姓高，中國那裏有剩餘的、已訓練過的人力來掌理台灣？

　　一九四二年七月，軍事情報局遠東部門的主管被邀陳示該部門關於占領台灣爲整個戰略之一環的意見，並爲日後聯軍登陸，減少地方抵抗所需要的宣傳作一批判。

　　七月卅一日的備忘錄是第一份的公文，只作爲部內檢討之用，討論會則斷斷續續地舉行到一九四四年十月。總括來說，軍事部門認爲，戰後的華府政策將以「開明的自我利益」爲依歸，美國的長期利益應列爲優先，但對於中國的主張、台灣人民的利益、權利及幸福應給予同情的考慮。因此，美國於日本投降前向台灣人所作的各種宣傳，應以台灣最後地位之構想爲前提。

　　台灣的前途，很明顯地有三條路。理論上，台灣可獨立和自治，但事實上，即使台灣人有此意向和要求，而聯軍也同意，仍甚難達成（當然，中國會反對）。第二條路是滿足中國的要求，大聲說台灣是一「失落的行省」，保證立即將台灣移交中國。第三條路是設立一聯軍臨時託管制，在託管期間，台灣人民可準備舉行公民投票，決定他們的最後政治命運。

　　身爲「台灣問題專家」，我當時籲請華府當局訂立一個明確的「台灣政策」。這海島潛在上太重要了，雖然可將之視爲中國的一個普通行省，只是最近被日軍所占領，但歷史上早就指出台灣在西太平洋邊緣的軍事戰略重要性了，台灣資源和工業發展遠勝中國大陸諸行省，如此重要，不容我們輕易將台灣交給中國人控制。

　　台灣是個島嶼，屬中國沿海地區，它在過去老是醞釀着分離情感，它和中國大陸以及中國內戰已完完全全地切斷達半世紀之久了，它並不是日本化，而是現代化。

　　如此，台灣政策之形式，應仔細考慮到廿世紀的歷史上、社會上和經濟上的發展。一旦政策成立，應於攻擊、占領前取得我們在亞洲的主要盟國之同意（包括中國、英國和菲律賓流亡政府）。在未作最後決定和言明以前，所有對台灣的宣傳該是「地理上」的，而不應牽涉到島上人民政治上或種族上的區分。

　　我在此費一點篇幅來記載我的觀點，是因爲最近幾年有一種趨勢，把「台灣問題」當作是新問題，以爲這一個惱人的問題乃起因於大陸上的軍事以及政治上的變化。

「中國第一主義者」

這些備忘錄內所提議的「開明自我利益」原則，主張台灣應予特別考慮，並且由臨時託管機構所掌握，但備忘錄也仔細提到，任何台灣的戰後處理，應給予中國參加之機會，特別在當時，我們宣布蔣介石是亞洲民主主義的偉大領導者，中國是一個「強國」。但是，戰時華府絕大多數遠東問題專家，對蔣氏的能力和力量，絕不抱任何奢侈的幻想，他之成為「民主領袖」，中國搖身一變為「強國」，只因為美國政府如此說，並且給他錢財和武器，使他能繼續在戰場上抵抗日本。

中國的確是一個極大難題，就是在一九四二年的政府公文檔案內，也找不出任何證據能證明蔣介石的黨棍們，若沒有大量美援仍能負起控制台灣行政的責任，或是美國在台灣的利益，能在中國人的手內得到安全的保障。

國務院很清楚，甚至早在一九四三年政策路線釐定時就知道了，台灣是要歸還中國，而就美國或聯軍在台利益不作任何保留。雖然站在開明自我利益的立場需要保留台灣的人員與設施以供聯軍之用，一直到全盤亞洲問題有滿意的解決時為止，但這類提議，却引起院內一些人狂叫「這是帝國主義！」、「我們的中國友人將作何感想?」。

國務院內的著名官員認為(有相當理由)，對亞洲的中美關係有影響的重大問題，必須等到中國在堅強中央政府（不管是何種形式的政府）統一下才有解決的可能。根據這論點，他們堅持：沒有收復台灣的中央政府就無法維持其政治生命。國民黨和共產黨的宣傳同出一轍，主張台灣是一「失落的行省」，是被日本偷去的。他們很輕易地忘記中國在一八九五年將台灣「永久」割讓給日本，也忘記只有戰後的和平條

約才能有效達成合法的交還。

國務院反對合理的分析，但還有更悲慘的事發生。

反對台灣託管的人來自標準的官僚，他們企求避免所有煩惱的難題，而認為台灣問題不過是一大堆緊急問題中的一個小問題，此問題於法規書本上找不出索引。戰時在華府的經驗——在辦公室、在會議室和在各種社交場合——迅速使我了解，國務院內有一些重要的中國問題專家，對於處理中國問題，患上無可救藥的「傳教式」的症狀。中國人百是無一非(至少，外面的人不准說中國人是會做錯事的)，而日本人百非無一是。我愈強調日本人統治下的台灣現代化，和保存這種利益的需要性，愈被他們指罵是「帝國主義」，我提議的延遲或附加條件將台灣移交給中國，都引起極嚴厲的批評，好像我建議扣留饑餓孩子的食物似的。最後的論調集中於台灣的人口統計上，說台灣人是中國人的後裔，它僅有五百萬人口，所以，無論他們持何種見解，與大陸好幾億的中國人比較，他們畢竟是極少數人。

我指出，台灣人的祖先於幾世紀前離開大陸，實際上就是企圖逃避大陸內無法忍受的環境。但我無法說服他們。

台灣人的悲劇乃在台灣島離大陸不夠遠，以至於無法永久分離，以及無法擺脫外來勢力干涉他們拓荒式的生活。該島小得無法獨立，同時也太富饒，普遭垂涎。

一九四三年初，國務院採納「大陸觀點」，認為台灣是中國利益的最東端，雖然它不幸地和大陸被台灣海峽所隔開。但它同時也可能代表西太平洋邊界最西端的這一觀點，却不被允許存在。

致命的開羅宣言

迄至一九四三年末，美國仍未就台灣問題作任何正式公開的聲明。當時有極嚴重的危機，就是蔣介石可能與日本達成某種和解，或者，他可能宣布中國中立，當美國由海上打敗日本，他可以按兵不動。當時，海軍司令雷希將軍必定已知道這個情況，他說：「蔣氏可能退出戰爭，……如果中國停止作戰，則麥克阿瑟和尼米茲在太平洋的工作，本來已經困難，將益困危。」❸

一九四二年十一月底，羅斯福總統、邱吉爾總理和蔣介石夫婦於希佛恩克思附近會晤。當時聯軍的士氣不振，疲憊不堪的英國正進入戰爭的第五年，中國則自一九三七年起就在打內戰，雖然多多少少也與日本作戰。致命的珍珠港攻擊以後，美國一面輸送武器和器材到西線，一面積極建立自己的軍力，在太平洋，我們正重建我們的海軍實力。我們所能給予亞洲陸戰的武器並不多，而事實上，緬甸戰線離日本帝國的中心很遠。

令英國總理大大失望的美國總統，堅持稱呼中國是一「強國」，蔣介石是偉大領導者。在開羅，蔣委員長為顧及他的國際地位，要求更多武器儲存於中國西南部。他請求聯軍擴大作戰到重慶後門，這樣，大量的軍事補給，而不是少數的，便可源源而來。倘若蔣氏能好好利用經聯軍千辛萬苦飛越駝峯運達的補給器材，他可能就有很好的理由為他的要求事項辯護。結果，美國和英國對中國所提的要求都沒有多大興趣。

實際上，開羅會議是用來掩蓋即將在德黑蘭與蘇俄領袖開第一次最高級會議的，這個會議並沒有邀請蔣氏夫婦參加。英國代表團期望

開羅會議是英美討論歐洲作戰的主要會議，並且在會議中，總理和總統將提出和史達林會議的準備事項。可惜，羅斯福不顧邱吉爾的強烈反對，優先予以討論中國問題，欲以此來疏通蔣氏夫婦，並且使他們提早回去重慶。作為一個精明的政治家，且不久之後將進入大選年，總統知道，對蔣氏夫婦的冒犯，將使美國各區的傳教會各團體心痛，反之，對中國基督教領導人給予酬賞，將廣為知聞，也受美國人歡喜。很不幸地，蔣氏夫婦也深知他們能於美國境內行使何種壓力。我們曾鼓勵蔣夫人直接向美國人呼籲；她也受邀向美國參眾兩院作演說。如今，我們得開始分期給付因要求國民政府合作抗日的必付代價了。

參加開羅會議的美國代表包括馬歇爾將軍、雷希海軍提督、金耳尼斯特海軍提督，和出生於中國的百維利斯先生，他曾在青年會做事，而現在是國務院內資深的中國問題專家。邱吉爾總理的隨員包括蒙巴敦海軍上將、布魯克大元帥。蔣氏夫婦是由史廸威陸軍中將和赫利少將陪隨。

這時，聯軍一定要疏通國民政府領導人，需要給他們有面子去應付不穩的民心，和加強他們抵抗日本的意志，也需要保證日本占領下的亞洲人民，他們終究未被遺忘。

當我們閱讀非正式但富有權威的開羅會議經過文件——譬如，史廸威文集和雷希的回憶錄——可以看出，羅斯福總統的最高軍事幕僚深深關切，我們一旦失去中國，就等於失去一個軍事基地來掩護我們的海面攻擊。而且，如果把蔣介石擱在一邊，他的不穩部屬有可能和東京講和，而參加東京在滿洲、北京、南京、馬尼拉、曼谷和印尼所設立的傀儡政權，或者，蔣介石本人也有可能宣布休戰，而保留他所儲藏的武器作為繼續內戰之用。

在開羅，羅斯福很少用到國務院的顧問，也沒下極大功夫和史廸

威中將檢討中國問題，他信心十足，以為根據個別情形就能處理人事和各種事項。

一九四三年十二月一日，總統、總理和委員長簽署並發表開羅宣言。

這宣言並非經過慎重草擬的官式文書，只不過是一種承諾，以便用來分割那搖擺於狐疑的中國人面前的戰利品而已。它僅是一種表意宣言，答應重劃日人占有的領土。文書上所提到的領土，在當時沒有一個地方是在聯軍的手裡，聯軍領導者必須大膽向世界人民表示，但事實上在當時，沒有人知道戰局將會發展到什麼方向去。

一旦這些國家元首共同在文書上言明，則損害已經造成了，並且預伏着令人深為惋惜的一連串事件。基於開羅宣言，不久就於德黑蘭、雅爾達、波茨坦，產生重新確認、擴大承諾，和進一步的聲明。當時沒有人能預見九年後，開羅宣言才由舊金山條約履行了一部分，也沒有人預見廿二年後(一九六五年)台灣主權誰屬仍是一個激烈辯論的問題。

現在很難了解開羅會議何以即席產生這些文件。邱吉爾和羅斯福兩人是對英格魯薩克遜歷史極敏感的學生。他倆知道慣例的力量以及慎法的需要性，可以之來均衡希特勒、東條和墨索里尼等人物的無法無天。但可能羅斯福只急着要進行與史達林談判。無論如何，開羅宣言，就其原文的歷史不正確性和其措辭的誇張是值得注意的。就後者而言，這是很好的宣傳，但就前者而言，却埋下了一個危險的陷阱。對美國利益的損害，有一些將永無彌補的可能。

承諾朝鮮於「適當的時間」獨立，可說恰到好處，但却提到千島列島乃日本「用武力占據的」。而對於戰後台灣問題的處理，重點的一句話如下：

日本自中國所竊占的所有領土，如滿洲、台灣、澎湖群島，必須歸還中國。

這一時的權宜之計導致三國巨頭忽略了可厭的事實；條約於是再度形同一張廢紙。

日本取得衆所共認的千島列島的主權，係在一八七五年與俄國仔細地和平談判而簽訂的條約。(俄國則以取得庫頁全島的主權爲報償，只因一九〇五年，日俄戰爭結束才損失庫頁島的一半。)朝鮮王國是於一九一〇年被剝奪，但當時，英、中、美等國都承認日本的主權，並且給予完全合法的承認。滿洲則毫無疑問是日本侵略攫取的，但日本所據有的遼東和山東租界是一九〇五年及一九一四年個別取自俄國和德國，日本於上述兩地的地位已經幾年了，華府及倫敦不但承認它，也沒有挑戰過。開羅宣言把這些稱爲「竊占」，似乎是太遲了。

北京於一八九五年中日戰爭失敗後所簽訂的條約中，割讓澎湖及台灣給日本。

英國駐清大使(威得爵士)和前任美國國務卿(福斯特)事實上就是這割讓條約的「陪審員」，而第一位羅斯福總統(指錫爾得‧羅斯福──譯者按)，於一九〇五年主持談判，割讓俄國領土給日本。因此開羅宣言似乎隱含這三位名人有參與大盜案的嫌疑。

日本取得澎湖群島和台灣是「戰利品」，正如同美國於墨西哥戰爭後取得西南領土、美西戰爭後取得菲律賓和波多黎各，毫無殊異。到一九四三年，台灣根本不是剛被霸占去的「中國一個行省」。

在國務院裡，並沒人提醒總統要去注意因承諾變更領土、移轉成千上萬人民的主權所隱含的危機。就公開記錄所示，總統和總理均沒把開羅會議看成很嚴重的事，就如羅勃‧石吾所述：「這合約……維持不到十天以上。」關於蔣氏所要求的秘密承諾，在蔣氏夫婦未到家之

前，羅斯福和邱吉爾已經改變他們的心意。❹不幸地，羅、邱的改變只關係到積極執行戰爭的部分，對於戰後領土變更所作的承諾，並無改變。

　　羅斯福、邱吉爾和蔣氏分明是在「熊未死前，就已分割好熊皮」了。

第二章 「X島嶼」

「鋪道」作戰：尼米茲的攫取台灣計劃

莫斯科在「中立」名義下，不准她的盟國使用西伯利亞機場，這機場是從阿拉斯加空運補給品到中國的中途站。我們被迫——以極大的代價——走長距離的航線繞道印度，飛越駝峯。但人員、飛機，和補給品一到那裡，它們便陷入中國派閥政策和貪污的泥沼中。我們之能履行任務，空運到離海甚爲遙遠的中國內地，已經算是奇蹟了。

麥克阿瑟將軍堅持要回到菲律賓，他計劃從南方向北跳島進攻，直驅呂宋島。

尼米茲海軍上將這時有雙重責任，一方面，麥克阿瑟的軍隊「被逐」以後——停駐於澳洲和西南太平洋——必須依賴他的支援；另一方面，他同時也要自北太平洋上驅逐日軍，意圖清出一條路以便可以

直接攻擊日本本土。尼氏提議直接攻擊西太平洋，攫取台灣和中國大陸沿岸地區。這代價將很高，因爲台灣受特殊地理屏障，離日本本土也很近，但這果敢的軍事行動却可切斷東京與其延伸過大的日本戰場補給線。一個成功的作戰，定可癱瘓日本在印度邊界、緬甸、印尼、馬來、波羅、新幾亞，和菲律賓所下的功夫。而台灣若在聯軍手裡，將可以掩護向日本本土移動的軍艦，也可做爲空炸日本工業城市的基地。如此，我們將可以擾亂日本在大陸的所有軍事行動。

一九四三年末，海軍部已着手加強對台灣的攻擊準備，暗號叫「舖道」。無疑地，日本人將堅守台灣，而台灣人將被夾在鐵鎚和鐵鑽之中。

事情有賴人民對聯軍呼籲的反應——包括從事破壞日本的防禦工事，和內亂叛變。

一旦聯軍登陸台灣，可預期的是將有一個殘破的經濟體制，且必須準備去控制和重建五百多萬人口。若可能，我們應爭取台灣人的友善合作，以保護我們最後攻擊日本本土的各基地。當時沒有人知道，這占領期將拖多久。

海軍作戰首長爲顧及這些問題，着手建立一個相當完備的軍官訓練計劃，準備負責控制和指揮民間經濟體制的各部分——警力、公共衛生、醫藥服務、交通、教育、商業，和影響重大的民生補給工業等。

維琴尼亞大學、芝加哥大學、哈佛大學等各軍政學院已注意到，台灣是屬於日本帝國研究項目的一部分，但這還不夠。於是哥倫比亞大學的海軍軍政學院，設立了一個特別研究中心，就在這裡，一個所謂「台灣組」草擬了一套十本的民政手冊、作戰地圖，和一大集未經發表的訓練資料，作爲「舖道」計劃之舖路工作。

　　　海軍克利亞雷上尉，負責軍官訓練計劃，華來士博士(公共

行政)和捷舍甫博士(法律)是課程輔導主任。台灣研究單位由
五十名軍官、徵召員、和平民組成，海軍柯喬治中尉，是手冊
主編和該單位主管，海軍預官克雷夫中尉，監督資料之翻譯。
商業部編手冊中經濟補錄部分，農業部負責漁業部分，作戰地
圖(交通管制、公共衛生、水力供給)是根據日軍和陸地測量圖，
一部分由空中偵察相片和翻譯資料補充。

　　從一九四三年十二月到一九四四年十一月，台灣研究組提供基本
資料給負責攻擊台灣的某些單位，我們稱呼這個島爲「Ｘ島嶼」。這是一
位海軍將領所命名的，在此恕我不能吐露他的姓名。當他「吹哨」走上
第一一七街的房子，也迅速檢查了作爲研究台灣之用的五樓上下。他
看了一下我的一般方向組工作的二十一名軍官，八名受徵集人員，和
二十一名非軍人身分的人員。而在非軍人身分的人員裡面，有十名日
裔的美國人──「妙不可猜的束方人」。未上班前，這位將軍仔細地關
上找辦公室所有的門，輕悄悄地囑咐克利亞雷上尉和我，要籠統化翻
譯工作，如此，日本譯員便不會知道我們最關注的是甚麼，他也囑咐
我們，凡提到台灣，就稱爲「Ｘ島嶼」。我們詳盡研究的結果，發現「Ｘ
島嶼」是多麼地富饒且具有高度組織。海軍作戰主管辦公室內的占領
區部門深知：一旦美軍部隊讓蔣介石代表介入其中，中國人必將要求
參與行政工作。

　　開羅宣言的承諾老是纏着我們，如果蔣氏堅持獨掌民政，他會在
我們進攻日本進入高潮時介入，而那時台灣可能受到來自日本本土的
嚴重反擊，這樣會造成令人難以容忍的紛亂局面。

　　所以，我們提議於登陸台灣前，必須與蔣氏取得協議。若可能，
我們需要中國同意讓美國單獨軍政管理台灣，一直到日本投降和戰後

總解決爲止。頂多我們只可答允中國象徵性的參予。台灣，這已與中國互不相通半世紀之久的島嶼，其攻擊、登陸、管理將是海軍要演的戲，縱然國民黨有許多海軍將領，但這些將領都在山上領乾薪，根本沒有海軍在海上，除非我們同意帶他們到台灣，否則中國人將無法到達台灣。

　　一個特別海軍使節團準備從華府出發前往重慶，重新檢討這個問題。可是在一九四四年十一月，事情變得很突然，高級統帥不再將注意焦點放在台灣了。軍政訓練計劃，掉落到少有人注意的地位，於是，研究組解散了，軍官和人員被遣送到他校和戰地，去重慶的使節團也遭遺棄了。

　　在決定迂廻台灣之前，却有一個漫長而激烈的爭執。尼米茲提督要切斷日本的南方補給線；麥克阿瑟將軍則堅持菲律賓要先解放。身爲最高司令的羅斯福總統必須作成決定，當時適爲選舉年，爲數不少的麥氏擁護人將投的票，不能不愼重考慮。

　　一連串的聯合參謀會議之後，終在一九四四年三月十一日達成一項協議。海軍將三面攻擊；其一，海軍將帶麥氏入民答那俄，一面在呂宋北部攻擊日本軍，另一面，將主力放在進攻台灣。緊接着占領台灣，再向中國海岸推進。當時綽號爲「冰山作戰」的冲繩攻擊，將於我們在附近島嶼建立據點時立即開始。

　　因爲中國人指控亞洲戰場被「遺忘」，羅斯福總統決定去巡閱太平洋戰場以示關懷。同時蔣氏又叫喊，要更多補給和錢，但很明顯，他並沒有將經過千辛萬苦飛越駝峯的物品運用於有利我方的戰爭。我們用官銜去籠絡他──中國戰場聯軍「最高統帥」──和推舉他爲世界強國領袖。有許多證據顯示，他不願積極推動反日戰爭。他的政策是「以空間換取時間」，等待美國自海上擊敗日本。縱然如此，他所要求

的軍經援助，有如沒僞裝好的恐嚇。當時我們必須於福建沿岸和中國北部有安全的前進基地，但種種跡象顯示：「疲憊的中國」有可能私下與日講和。

七月廿六日，羅斯福在火奴魯魯聽取尼米茲和麥克阿瑟的「呂宋對台灣」辯論。海軍認為，當時總統狀似贊同尼氏側重台灣的計劃，但在會議結束時，麥將軍要求與總統私下一談。他倆所說的，當然沒有官方記錄；若他們提到秋季，羅斯福也許想到，秋風帶給選舉的寒冷。會議結束時，羅斯福宣布贊成麥氏回到菲律賓。

八月廿三日，仔細的後勤作業已經就緒，但這時，海軍在北太平洋的節節勝利，使參謀總部加速原定計劃。九月十五日，麥氏受令迂廻民答那俄，而在十月二十日前襲取雷特島。尼米茲複查「舖道」計劃，並要求陸空軍同僚的報告，巴克那中將當時受命為台灣地面作戰部隊的總指揮，他報告說，他正面臨危急的短缺，並認為雷特島襲取後的呂宋占領，將減少進攻台灣的需要。

尼氏再與金·奧尼斯特海軍上將複查他的計劃，金上將(在十月二日)向參謀總部建議：呂宋、琉璜島、和琉球群島的占領，應列為優先，「舖道」的作戰行動暫緩。翌日，尼氏受命迂廻台灣，並在一九四五年三月一日前，攫取琉球。❶

要言之，這是有關「X島嶼」軍事決定的簡歷。當時，日本人和台灣人在惶恐中等候的攻擊，遂不曾來臨。

炸掉！

一九四三年秋，美國偵察機飛越台灣。第一次的大轟炸(新竹飛機場)是在感恩節當日。東京此時已無法再隱藏盟軍侵襲的直接威脅。

　　日本的大本營命令其駐中國部隊切斷通往福建沿岸的所有鐵路交叉點，並命令摧毀所有美軍飛機可資用來攻擊台灣的基地。一九四四年，一支強大的日軍推進並脅迫昆明美軍主要基地，這是緬甸、中國的重要空運據點。早在十一月七日，當日軍實際迫近機場前，蔣氏情報組織尚來不及提醒美國人，重要的前線小型機場就已落入日軍手裡，貯藏在桂林的大量燃料、器材、和武器，於是被迫毀壞。

　　我們與蔣的關係，這時更形惡劣了，他的種種藉口——「深度防守」原則——只是虛有其表。甚至他的強烈支持者，都認為很難辯解他顯而易見的軍事缺點。有人曾說：「深度防守指不斷逃跑，直到敵方疲憊而放棄追蹤……。」這不是美國式的戰爭，而且我們為中國的這一場戲，早已付了錢，我們要求積極行動。羅斯福總統厭倦了蔣的那套主角作風，而以略為掩飾的措辭，要求中國積極合作，或中止美援補給。但當時，我們正準備大舉進攻日本本土，不能將海軍暴露出來而讓來自中國大陸基地的日本空軍有攻擊的機會。

　　就在這時，華府開始探尋方法，謀求中國共產黨加入我方的戰爭。在歐洲戰場，赤色的俄國人是我們無可避免的盟友，我們沒有好的理由，不讓中國共產黨人參加抗日戰爭。華府屢次收到警告，謂我們在抗日「援中」掩飾之下，將所有軍事援助只給中國內戰的一方，這是冒多種危險的。如果中國共產黨人不依賴我們補給武器，他們一定向蘇聯要求。

　　華府正努力要促成中國共產黨人參與抗日戰爭，為達此目的，赫利少將開始在莫斯科、延安、和重慶，一連串長期的談判，終於促使毛澤東去重慶——但太遲了。

　　同時，東京詳知中美關係的危機。重光葵，當時的日本外交部長，提議東京應設法與蔣謀得一種停戰協定。假若蔣氏願意中立，他必須

拒絕提供美軍軍事基地。東京當時關心中國共產黨人的動向，遠勝「紙老虎」的國民黨人，分裂的中國總是對日本極爲有利。

日本的大本營了解：一九四四年底它在南中國的重大勝利僅是暫時的解因，台灣不多久將變成帝國的第一道防線。日本企圖用戲劇性的舉動來贏得台灣人的忠貞，而在這最後的時刻，東京宣布，台灣將變爲日本的一縣，並稱這是由於天皇的恩典。台灣名士也將被提名參加貴族院。一九四五年的選舉，台灣人在國會將被給予完整的代表權。

台灣自治運動的領導人，贏得一場在帝國體制下的政治承認，但日本已經戰敗了。

一九四四年十一月十四日，東京以最不尋常的坦白方式宣布，一天之內，美國飛機轟炸台灣大都市在千次以上。據說，日本天皇曾感嘆地說：「他們終於來了！」

這第一次從海上航空母艦所發動的空襲曾受到駐西南中國基地的飛機的協助。盟軍潛水艇徘徊於台灣水面，迅速地減少了日本運輸船隊的力量，基隆和打狗(高雄)塞滿貨物待運，但船隻未曾來到。

台灣天空在十一月的大空襲以後，很少沒有敵方的飛機，一九四五年五月下旬，都會行政中心(城內地區)，因大「火氈」降臨台北而成爲一片荒墟。港口零星地停泊着着火和翻覆的船隻，基隆和打狗實際上已被夷平。鐵路中心點遭嚴重破壞。機廠、跑道、和機場保養地區也遭破壞。

另一方面，工業目標却只有輕微損害。在一九四四年，東岸的一個電力廠因颱風和水災而遭毀壞，但西岸主要發電廠安然無恙。產糖、紙漿、和化學原料的主要工廠，都原壁存留，在基隆附近主要礦場的所有地上設備，都原封不動。

盟軍幾十萬份的傳單遍布全島。日本人害怕這些傳單尤勝于如雨

般的炸彈和鎗彈，因為這些傳單是用日漢文寫的，呼籲台灣人不要支持日本的戰爭，通告裡並答應「解放」台灣人，傳單也複製聯合國的序文，並附錄其他種種有關人權的宣言。

例如一張傳單畫上台灣島被一巨大魷魚捆住，這魷魚狀似張牙舞爪的日本軍官。這圖的左右兩面却有溫文儒雅的蔣介石、羅斯福肖像。傳單背面，用漢日文寫著：「太平洋地區兩大列強(美國和中國)共同保證，驅除日軍，恢復全體台灣人之自由」。

日警曾瘋狂地企圖沒收這些顛覆文件，但數量太多，散布太廣泛了，實在收不勝收。當時台灣人去討論這危機雖然不安全，但他們的眼睛卻閃亮着希望。

蘇聯這時還保持中立，所以日本尋求莫斯科之協助，探尋停火、停戰、或投降的各種可能性。如此一來，莫斯科便知道日本已經不能再長期支持下去了。

一九四五年七月廿六日，波茨坦最後通牒發表，八月六日，廣島原子彈爆炸。

史達林現在認為已安全且有利，而向日本宣戰，在八月九日，蘇聯陸軍越境進入滿洲。這令人諷笑的「宣戰」，發生於日本接受無條件投降的五天前。這給予日本人新的理由去怨恨、懼怕和不信任蘇聯，但它却使俄國人可合法地要求羅斯福以前所答應他們的領土，它也給莫斯科種種定奪日本帝國命運的一個理事會、委員會和聯席會的席位。

八月十四日，所有日本領土投降聯合國。

誰該得戰利品？

戰利品要分配，但當時沒有人知道投降、和平會議、和條約處理，

要等多少月或多少年。開羅宣言所造成的一連串約束，並沒有設定時限。在雅爾達，羅斯福總統曾答應，將多霧的千島列島給予史達林，以誘引蘇聯加入遠東戰爭。同時蘇聯也恢復產油的庫頁島南半部。俄國人未徵得華府同意，便主張剝奪滿洲龐大的戰利品——工業設備，包括工廠、製造廠、工礦設備、實驗所、和原料儲藏。理論上說，朝鮮在「適當時間」要獨立，但事實上，它不久又回到那令人不悅的老位置，變作蘇聯和中國向日伸張的爭執戲台。

美國却老老實實地放棄任何領土野心(我們不是正要放棄菲律賓嗎?)，但決定要接收北太平洋諸島，作為獨占性的「託管」，除此之外，美國認為要加上小笠原群島和琉球列島。

中國收復了滿洲(却喪失二十億資產)，也恢復控制所有高度發展的外國租借地。但台灣才是最大的戰利品。

台灣工業設備和港埠設備雖遭嚴重轟炸，但森林、農礦場等資源都原封不動。台灣也沒有飢荒的威脅，因為過去十二個月的戰爭，已屯積巨大的未經船運的米和糖，島嶼本身也不過分擁擠，正常經濟體制雖暫時受阻，但人民很守紀律，很有組織，且受很好訓練，就全亞洲的標準來看，這些就是現代化的人民，他們急着要在現代工業體制下恢復工作。尤其在一段長期的戰後重建過程，台灣鄰近國家將有巨大需求，諸如食物、化學品、金屬類、木材、陶器、紙漿、和纖維等。這些正是台灣能夠足量製造的產品。

尤其，台灣已半世紀完全隔開與中國大陸的內戰混亂局面，既沒有地方軍閥，也沒有共產組織。一些自稱共產黨的人，早就下獄或送到勞動營，或保釋在外受監視。經日本多年灌輸激烈的反共思想教育，不信任共產的承諾和意識，早就根深蒂固。台灣根本沒有共產黨可呼籲的「飢餓群眾」。

投降當時，台灣洋溢著一片善意，情感上期望回歸中國，但這受渴望的中國，是我們傳單上的「新中國」，是美國國力所支撐的中國，也是由美國所引導的中國，在當時——短暫的——美國不可能做錯。台灣人眼裡日本遭打敗和台灣的解放是美國人的成就。

所以，台灣人期望將來選舉自己的政府，也期望選出的代表們，將代表全島參加南京的中央政府。

一九四三年，日本人曾給予台灣人一個溫和形式的地方選舉，選代表參政，正與美國答應菲律賓獨立同一時期。台灣人從不被許可發展極具組織化的政黨。在投降當時，只有一小派系，例如長老且受敬仰的林獻堂，是眾所公認的台灣自治運動的發言人，這運動的領袖人物被認為是盟軍在占領時期，要他們負責一些工作的人。

不久，他們就猛然大悟中國式的作風了。

一九四四～一九四五年華府觀點

一九四五年仲夏，，世界局勢的重大變化掩蔽了一個重大的技術問題。日本是向盟國投降的，而不是中國而已。台灣是日本的管轄領土，而其管轄權之轉換，沒有和平條約之擬定、同意、和簽字是無法成立的。

羅斯福總統之突然死亡，使杜魯門總統肩起巨大世界責任。羅氏事實上一點也沒有替杜魯門為這樁事作準備。新任總統倚重最高軍事統帥們的意見和簡報，許多具有長期政治後果的基本決定都基於軍事觀點，而非政治觀點。

在西方，艾森豪的決定准許蘇聯占據布拉格和柏林，就是導致嚴重政治後果的例子，至今我們尚受其影響，在遠東，麥克阿瑟將軍的

決定准許中國人占據台灣是一相近的對比。

對此，國務院必須負責。因爲杜魯門根本不知道台灣，他的國務卿也不清楚台灣的事。國務院內較年輕的人們——「中國第一者」——似不曾努力將台灣問題提到愼重的政策討論階段，因爲他們早已決定不應該有台灣問題這一回事。

其實，在一九四四年就有了台灣問題，一如今日的台灣問題一樣確實存在——並且在當時就可預料到台灣問題的發展。台灣這一島嶼很早以前就由離開中國故土的漢人居住着，他們有幾世紀與中國分離，且具有獨立開拓的傳統，所以，一八九五年它很容易地由中國割讓給日本。在日人指導下，經過五十年高度的社會、經濟發展，台灣已變成繁盛富饒，人民生活水準也高過任何一省。台灣領導人傾慕西方世界。威爾遜十四點原則和人民自決的原則，予台灣分離傳統一個形式和指針。受很好教育的台灣人無法和殘酷的日本殖民治警相妥協，大多數離開台灣，但保守溫和的領導人——一群擁有田地的新興中產階級——組織地方自治運動，他們通過這運動，繼續要求在帝國體制下實行自治。當他們正弄出一些成績時——痛苦且緩慢地——日本已接近戰敗。

國務院雖完全清楚這事，但一九四四年時，已決定未解決中美間重要問題前，中國必須統一——不管在何種統一之下。當然，問題在「何種政府」？

差不多一世紀多，美國人迷戀着中國；中國的敵人變成了白人的負擔——至少是美國人的負擔——這是一個特殊的情形。一再地，每當中國利益和美國利益相衝突，中國總是占上風。我們與中國外交關係，已與傳敎企業和情感利益如此密切交融，已無法再有能力作客觀評判。每當有人倡議：至少在條約草擬好，或中國問題達到一總解決

前，我們應可靜靜地保留美國和盟國在台利益——而種提議總遭到憤怒的駁回。

一九四四年中，我們駐中國大使舘的觀察者已下定論，若沒有奇蹟出現，「國家領袖」的蔣介石已注定失敗了，我們或可用貸款和軍事補給保住他的地位，但中國一般人民已厭倦、猛醒、且急着要甩掉他，當時的情勢已急迫到需要找出其他領導者和受支持的政策來取代蔣大元帥和國民黨。於一九二七年崛起的共產黨領導者，卽以其組織向蔣氏挑戰，他們在中國西北日漸增強，這是當時唯一的蔣氏代替物，並且他聲稱將「改革」。蔣氏在其轄地內，不許共產黨或第三黨出現。

雖然如此，我們駐中的軍事將領一意要與日作戰，他們不願「自由中國」有分裂的政治波動，不願見到已建立的組織系統或指揮系統，有任何混淆不確定的因素存在。雖然蔣氏從任何標準看都不是一個傑出的軍事人才，但他控制國民政府陸軍，並至少尙維持一個組織系統，軍人想在日本被打敗前，在中國內戰中取勝。

一九四四年，美國駐華大使克拉連斯・高斯，他是一位極熟習中國事情和權謀的職業外交家。他的周圍有一些極有能力的年輕官員，他們會講中國話，熟知許多行省及其種種問題，雖然他們不完全同意種種要求更換當權者的提議，他們却一致同意，美國政策和其利益所依靠的蔣介石是一極無能力的人物。

針對這一混亂局勢，羅斯福總統派出赫利少將當其「私人代表」，他在赴中國途中，停留莫斯科，當時蘇聯外交部長莫洛托夫勸說赫利，蘇聯與中國政府友善，不會在內戰時支持中國共產黨。赫利——這位孤寡自負「知道所有解答」的人——也停留延安，晤談逃藏至該地的共產黨領導人。最後，他在重慶與國民黨人會談。從這些經歷，他作如下的結論：

⑴共產黨人事實上並非共產黨人，他們正為民主原則而奮鬥；

⑵一黨一人專政的國民黨政府，事實上並非法西斯，它正為民主
　原則而奮鬥。 ❷

　　一九四四年九月六日，赫利抵重慶；十一月一日，高斯大使辭職。
頂高斯之職的赫利，不久卽知他沒有獲得大使舘職業外交人員的信任。
這些人員已準備要讓華府知悉，他們不同意赫利對事件和政策的解釋。
舘內空氣之緊張，終至無可忍受。這一情勢是被用來取悅國民政府人
員，供與老練的人（國府人員——譯者按）混水摸魚。不久，大使便鼓吹
強烈親蔣政策。差不多一年，滃溙的重慶大使舘充滿混亂空氣，終於
在一九四五年十一月廿六日，赫利離職他去。

　　在給杜魯門總統的一封特別函件中，赫利少將嚴厲指控那些就對
中政策表示不同看法的外交人員，如此一來，美對中關係逐步入一微
妙可笑的時期；由久未執政的反對黨（指共和黨——譯者按）下院議員
帶頭，正找着政府毛病，於是抓女巫時期便開始了。憤怒的赫利先生
曾主張，除少數意見能為他所贊成的職業外交人員可以留職之外，其
他的均應將之驅出政府。在他辭職兩週內，一些人遂受召列席一個不
友善的國會委員會。政治迫害已經開始了。

　　立刻，外交人員認識到了：只有無光彩的報告和卑屈地順從親蔣
政策，否則任何人就要冒被公開侮辱、接受「忠貞調查」、以及被解聘
的危險。

　　赫利以極不切實際的「國共合作政策」企圖促成中國內戰的終止。
為試行這個政策，馬歇爾將軍被派前往中國，但雙方均無誠意履行在
協議上所作的種種承諾。當合作政策最後被證明無望，馬氏頗受國共

雙方譴責，說其表裡二心，而赫利更加油添醋，指責那些預見此政策行不通的外交人員。不久，所有批評蔣氏的人都遭非難，被說成是出賣美國利益的人或可能是共產黨同路人。

從華府觀望台灣問題，對照當時中國即將爆發內戰的局面，簡直是不見影踪。中國既早已要求立即單獨控制台灣，且堅持開羅宣言已自動將台灣主權復歸中國，一九四五年八月十四日本投降，國務院也沒有就中國主張提出重大聲明。當時消息靈通的海軍高級軍官，雖不願美國毫無保留地放棄盟軍的在台權益，但軍部和白宮却正受「送子回家」運動的重大壓力，父母們相信戰爭已結束了，國會也持此看法，所以在台灣發展新的、「不需要」的占領力量，根本就不可能取得國會支持。麥克阿瑟當時是盟軍駐東京最高統帥，面對占領日本的巨大問題，很願意將分割接收工作的權力交給他人。既然台灣已承諾交給中國，而且愈早愈好，我們便可減少問題。中國城市正進行着激昂惡毒的反美宣傳，任何移交的延遲，將導引中國的反外感情達到危險程度。

這種論調堪稱正確。但這是一篇危險的推理；我們顯然正將這島嶼當作一塊剛被日軍侵占的不動產，並且我們將五百萬台灣人當作動產，不經詢問他們的意願，而硬把一主權移交給另一主權。（一八九五年，日本曾予台灣人兩年緩衝期間去選擇國籍）

畢竟，「中國第一」或「傳教政策」奏效了。

新島嶼政府的地位爭鬪

當時，必須立即處理的工作是島內秩序的維持、日軍復復員工作、和日本平民的遣送。這些工作主要是軍事上的，而中國軍事機構並不

關心內涵的政治和人道問題，他們認為「日寇」是敵人，而台灣人遭遇到的，是他們自己的事和中國政府的事。

魏德邁少將這時已取代史廸威將軍成為美軍駐中總司令，常發脾氣的赫利當時已取代了高斯，為駐重慶美國大使，高斯和史廸威是「中國通」，蔣氏夫婦發現與新來者共事比較不困窘。

魏氏受命與蔣氏安排戰後立即移交台灣歸還中國一事，台北的新政府將完全由蔣氏一手包辦。當時既沒有附帶什麼條件，也毫無保留，只待合法的權利移轉。就魏德邁的觀點，台灣只不過是中國的另一行省，只須把日人逐出而已，就這點，蔣氏夫婦也懶得以詳盡的台灣歷史去开啓魏先生。

華府國務院認為台灣前途已成定案。然而，在重慶成立的蔣魏協定引起中國式的權力鬥爭，彼此爭取新台灣行政之權力。

台灣在外流亡者，雖然沒有在戰爭中扮演重要角色，但我們宜回顧一下，以便扼要了解一九四五年他們在重慶喧嚷「真正代表」台灣時所處的地位。

大多數台灣流亡者都在日治下最殘酷的年頭成長。他們曾支持林獻堂的自治活動，圖謀在日本帝國體制下，獲得某種程度的地方自治，但他們已受夠了日警的壓迫和困擾，紛紛在一九二〇年代離開台灣。在中國，當無法達成合意的「流亡」路線，他們就再分裂。有的人索性定居大城市，過着無光彩的生活，一些較有野心的，參加了國民黨，更有一些參加共產黨。經過多年流亡生活，日本的敗降，終於達成他們早日回台的希望。

那時有一打左右的流亡組織、黨派、和社團。台灣同志會(於一九二五年成立)可能是最老的社團，一九四二年，重慶第三次國民參政會剛要成立時，台灣社團如雨後春筍，紛紛成立。這些流亡人士盼望能

得到政治上的承認。

當他們發現，參政會的法規，根本沒有給台灣代表任何席位時，他們感到非常憤怒與不平。中國人並不把台灣當作中國的一省。他們眼見當時日軍占領下的大陸各省都有代表參加所謂參政會會議，這更使他們大為失望。

這是大陸同胞對台灣人歧視的早期暗示，台灣未割給日本以前，官僚和儒林也歧視台灣人。

一九四三年，六個主要流亡團體組成一個鬆弛的協會，稱為台灣革命同盟會。這團體並沒有得到任何著名國民政府人員的讚賞。然而，同盟會領導人却代表政治階層各色人物。極右一邊，有台灣革命黨的張邦傑將軍，他是日本早稻田大學畢業(東京，一九二一年)，於一九三〇年代，在福建算是蔣介石的強烈擁護者。與張氏一起工作的有翁俊明，他被稱做「國民黨台灣直屬黨部主任委員」，國民黨以此頭銜來獎賞他對流亡者所建樹的黨功。張將軍企盼能出任戰後台灣省的首任主席。

在左的一邊，却有李友邦將軍，他是蔣的黃埔軍校第二期台灣人畢業生，一九二七年國民黨內鬨時，李氏曾反對蔣，一度遭溫和的軟禁，直到一九三五年，其後受寵再被任用，在國民黨陸軍政治部工作。

同盟會內極左一邊，有謝南光，他聲勢浩大、圓滑善變，是台灣革命大同盟的主席。他也在一九二〇年代離開台灣，一度在汪精衞的政府做事，汪氏就是日本在南京的傀儡。但謝氏後來脫離汪精衞，投靠蔣介石，不久就熱烈表示擁蔣。我們早已提到他如何在重慶替美國情報官當通風密報者，我們也提到他如何先下手削弱其潛在政敵，預防日本投降後，在台灣與其爭高位。

這個號稱擁有一萬四千會員的大同盟，另有許多不太重要的派閥。

但當謝氏和其朋友在重慶要求分享美援(錢、武器、和政治支持)時，他們却承認只有一千名會員在未被占領的中國內地。

他們稱大多數散居在敵軍後面，一旦在重慶的同盟會員受到大量援助，敵後會員會起來給予日人重大創傷。

當時台灣人對蔣介石沒有影響力。蔣氏有他自己的計劃，也有一些人已向他請求幫忙。

蔣氏個人在中國的權力，一面來自他圓滑的手腕，以其黨軍制他黨軍，另一方面，蔣家與工商業者結拜為盟。在一九四五年中，所謂政學會這派閥頓時在重慶得勢，當一個臨時委員會成立而止籌劃「台灣省行政長官公署」時，政學會中的一員便成為主任委員。

那就是蔣的朋友陳儀將軍。

任命陳儀: 蔣氏顯出原形

假若說陳儀在高級將領中是唯一親自看見過台灣因而受命為將來的行政長官，這是虛有其表的辯解。自一九三四年到一九四二年，陳氏當福建省主席。一九三五年曾受邀為日本政府貴賓，前往台北參加慶祝日本領台四十週年博覽會儀式。當時陳儀公開恭賀台灣人有「幸運」的地位。

一九四五年九月二十日，規定台灣和澎湖行政的組織法規在重慶正式發表。這些法規賦予新長官較之日本總督更大的權力，但不久，其他黨政機構取得了許多特權，這些特權超越行政長官的直接控制。理論上，權力是集中在行政長官一身，除了些微例外——這些例外，行政長官下面的小官僚可引用來阻止外界批評。行政長官之任命，須經「行政院院長之推薦」、蔣氏的任命。當時行政院院長是宋子文，蔣

夫人的哥哥。很明顯，宋家利益並未受到危害。經宋氏一推薦，蔣氏就任命陳儀了。

我們可說這一任命是蔣氏事業上顯露的致命決定之一。一九四五年中，就國民黨而言，台灣如一片清白石版，在那裡，國民黨有獨特機會向外界表現「三民主義」和「新生活運動」，並不只是用來掩護貪官汙吏和一黨專政殘酷事實的空洞口號。當時台灣富饒、現代化、秩序井然。既沒有共產主義，也沒有敵對政黨存在。日本經五十年苦心經營，已證明中國任何一省，只要有秩序和相當清白的政府，就能成功地步入現代化的廿世紀。真的，這成就並沒有基督教海外宣導團的指導，也沒有因為某個人的思想而達成，但這物質和社會的進步正就是傳教士們和他們的美國朋友一世紀以來想在中國達成的美夢。台灣前途之關鍵仍在於如何選用新行政機構的高級官吏。

蔣氏在任命陳儀時，已明白表示他不能不顧及中美輿論。當然，在最後，他被迫槍斃陳儀，籠絡台灣人，以圖自保。但這兩件事(在一九四五年和一九五〇年)劃出一重大時期。在此時，台灣遭受國民黨式的蹂躪和剝削，華府當然對陳儀的治績甚感不安，對此，我們有必要在此簡要地檢討一下。

陳氏和蔣氏同鄉，都是浙江人。他倆早年在日本進入同一軍事學校，也都擁有日本情婦，並都與上海幫流氓組織有很深的關係。

一九二七年，當軍閥孫傳芳占據上海西南的浙江省時，陳儀在其麾下當差。蔣氏當時則被稱為「紅色的青年將軍」而正造反，反對北京的中國政府。他自廣東向北推進，進入揚子江，並擬自揚子江一帶直驅首都北京。上海當時位在當中，為世界最大城市之一，也是中國國際貿易的中心地；許多銀行家、工業家都住在國際租界內或其邊緣，以策安全。

蔣氏那時急需大量金錢，以取得他手下的支持，以及付軍餉，付國民黨內派系之需。上海銀行家是好的獵取對象，他們當然心裡有數。要利用他們，蔣氏不能殺掉他們，只能榨取他們；要攫取上海，就得用最少暴力來達成。

當時，中國每個城市都知道，如果一支不守軍紀又沒有薪餉的軍隊入城，他們將會遭遇到什麼後果，而上海就是當日軍閥的最大獎品。

陳儀就在這時爲蔣介石賣力。他一面出賣他的同僚孫傳芳將軍，另一面，據傳，他已好好巴結了上海地下組織的流氓頭子們，以圖平靜進軍上海城。於是蔣軍不遭抵抗即進了上海「後門」的浙江省。

這時，由聰明絕頂的孔宋家族所帶領的上海工商業界，必須與蔣妥協。國民黨內反對蔣的人又在長江上游的武漢組織一左傾政府。蔣氏和上海孔宋財團顯然地作了一筆政治交易，爲獲取大量金錢的援助，蔣同意新「國民革命政府」將不包括左翼共產分子。

這一交易是由蔣氏和宋家「無主寶玉」，美麗的宋美齡聯姻凝固着，宋小姐時年廿六，是宋子文最小的妹妹。

因爲這特殊的聯婚數現代中國史中重要的一節，且深切地間接影響戰後台灣的命運，我們必須在此提到。

極爲富裕的宋家專長於聰明的、有利的通婚。宋靄齡和富裕的銀行家孔祥熙博士的婚姻，給宋家和中國最古老、最保守的傳統牽一線，因爲孔氏被認爲是「孔夫子第七十五代世孫」。另一面，宋慶齡和孫逸仙的結婚，給宋家和現代中國最活躍的政治革命運動牽一線。事實上，慶齡是嫁給當時每星期一早晨全中國人敬拜崇奉爲「國父」的中國「華盛頓」。在一九二七年，最年輕的宋家小姐，美齡通過婚姻關係，把宋家和當時聲名最顯赫的年輕國民黨將領牽在一起。自此以後，蔣氏黨、軍便開始照顧孔宋家族在中國的利益，而孔宋家族的聰明家長便在海

外增進蔣介石的利益——特別是在美國——他們有驚人的成就。孔祥熙、宋子文、和宋家三姊妹都是美國大學畢業生，並且爲「中國主要基督教家庭」的代表，在美國人眼中，他們象徵中國之可被教化和轉化。

緊接着這上海的重大聯婚——實爲軍事野心和中國最具財經頭腦的結合——蔣夫人娘家便控制了中國經濟命脈。做爲軍事將領的蔣委員長，雖征戰南北，僅有微小成就，却牢牢控制國民黨政府，他是總裁、是「領袖」、是中國獨夫希特勒、是中國暴夫墨索里尼。(原著者Mr. Kerr用 The Duce or Führer of China——譯者按)

下面一露骨的摘要記錄，可指明這小家族團體如何把持權力。主要官位是交通(通訊)、財政、工業、和日漸重要的外交，特別是這政權以後要依靠外援，外交一門予它許多機會操縱大量外援。立法院是制法機構，行政院——民政——是應用法律的機構。

蔣夫人家族和一九二七年～一九四八年中國經濟體制

胞兄(宋子文)		姊夫(孔祥熙)	
財政部部長兼		工商部部長	1927～30
行政院副院長	1928～31	工業部部長	1930～32
代理行政院院長	1932～33	中國銀行總裁	1933
中國銀行總裁	1930～33	行政院副院長	1933
中國銀行董事長	1935～43	財政部部長	1933～44
外交部部長	1942～45	行政院院長	1938
行政院院長	1945～47	行政院副院長	1939～45
廣東省主席	1944～49	蔣總統資政	1948

宋家另一員——孫科——由一九二七年到一九二八年任財政部部長；一九二八年到一九三一年，任鐵路部部長；並自一九三二到一九

四八年共十六年間，任中國制法機構的立法院院長；一九四八年，他繼承宋子文，任行政院院長。還有，政府裡面的小官位也安插宋家不甚顯赫的人。

宋、孔、和孫等人馬同時霸占國民黨內最高機構的位置，他們利用高位，操縱影響政府的任命。

陳儀之名不常被提爲宋家直下鷹犬，但就記錄看來，陳氏和宋家關係甚密切，他保護並增進宋家利益，因此取得適當報償。

蔣氏於一九二七年很容易取得上海，要歸功陳儀。故，一旦蔣氏安然據有上海，就任命陳儀爲上海火藥庫主任，這當然是一肥缺，並且不久之後，又提升他爲軍部副部長。

日本人在一九三二年攻擊上海時，沒有料到有什麼大困難。但很使他們詫異的是，他們遭遇到中國十九路軍強硬的抵抗，日本只好停止攻擊，與蔣氏媾和。據外國觀察家報導，十九路軍是當時中國最守軍紀和最有戰鬪力的部隊，但它不是蔣的私人組織，它的指揮官也非蔣的手下人馬。故，蔣氏不僅沒有犒賞他們或重用他們，且命令十九路軍解散。這當然被十九路軍指揮官所拒絕，並撤退到福建沿岸丘陵地帶。蔣便派遣陳儀到福建省，任長官(或稱「主席」)，並命陳儀消滅十九路軍的實力。因爲十九路軍沒有軍需補給，陳儀便很容易打散十九路軍各單位，和殲滅它的領導人員。

陳儀在福建八年(自一九三四年到一九四二年)，這在中國官場，算是很久的任職。一九三七年，日軍發動第二次侵略中國以後，很久時間陳儀恃其後台，並爲其後台當「前鋒」，掩護中日間的走私。上海有力財團與日本有力財團做交易，就在日帝國海軍巡邏上海、香港和廣東之保護下幹起勾當(當時有一中日協定，保證日本「特殊利益」)。沿岸英商熟知這大量的中日交易是通過福建各港埠。一九三七年，日

本侵略中國僅是「事件」，尚沒有正式宣布戰爭。

一九三七年以後，中國一直呼籲美國「採取某行動」，迫使日本離開中國，並叫喊要求軍經協助，但中國一直等到珍珠港事變美國向日宣戰後才向日宣戰。一正式宣戰將使中日秘交商團大爲困窘。我記得大阪一年輕日友很生氣地告訴我，他剛在其公司發現函件其中吐露一項重要且私下安排的交易，中國一些商行經福州出口豬毛，換取日本軍火和小型武器，而我日友的兄弟却剛在中國前線戰死。

陳儀長官主要的財政助理就是嚴家淦，他具有說話溫雅、令人喜愛的個性，目前(一九六五年)是國民政府的內閣總理(行政院院長——譯者按)。

嚴家淦過去使用K. K. Nyien英文名。他跟隨陳儀入福建——或被派遣到該地——時爲一九三八年。當時十九路軍已被殲滅，而福建全省正受一嚴酷統治。福建可說是中國的一「邊門」，它一直開放到一九四二年，與日本貿易相當活躍，且利潤巨大。但就福建一般商戶農民而言，陳儀所施行的「必然的國家社會主義」就是殘酷的剝削。

嚴氏任陳儀的主要經濟顧問，同時兼福建重建會主任委員、稅捐處處長、財政主任委員、和福建省銀行董事會董事長。

他以後的職業，簡要如下：戰略物資委員會採購主任(一九四五)、台灣省政府交通處處長(一九四五～四六)、台灣省政府財政廳廳長(一九四六～四九)、台灣銀行董事會董事長(一九四六～四九)、行政院美援會委員(一九四八)、經濟部部長(一九五〇)、美援會副主任委員(一九五〇～五七)、財政部部長(一九五〇～五四)、台灣省主席(一九五四～五七)、美援會主任委員(一九五七)、國民政府行政院院長(一九六三～一九六六)、國民政府副總統(一九六六～)。——譯者按。

陳儀和他的日本情婦(是時爲「福建第一夫人」)與福建沿岸日本海軍代表保持友善關係，故當蔣介石在最後命陳儀(一九四二年)撤退時，他們能安然無恙搬運他們的私物離開福建，並且在日軍接收福州行政前，都沒有受到任何干擾。在重慶，陳儀受命爲行政院秘書長，當時就在副院長孔祥熙屬下。嚴氏則經過一段時間，便拜命爲中國戰略物資委員會採購主任。

陳儀長官在福建與敵人的曖昧關係或可容忍，倘他不曾進行「必然的國家社會主義」，這實際上爲一複雜的國家壟斷制度，圖榨取地方財富，收入官僚私囊而僅將足額財富，解繳國庫，以滿足層層官僚。陳儀所完成的體制，就是以後所帶入台灣的，終致引起台灣人的人反叛。

陳在主席任內，福建省遭遇系統化的剝削榨取，熱情的學生示威遊行，暴動一再發生，陳儀對此却以殘酷的手段回敬。學生們在福建所遭受的虐刑和殺害，其暴行可謂創中國記錄。

我在華府注意到，連國務院裡一些最熱中「中國第一」者，都因爲陳儀之受命台灣長官而大爲震驚，因爲他在福建的記錄世所共聞。但當時已太晚了；蔣魏協定已成立，我們僅能靜觀事態發展。

在中國，這一宣布引起一大嚴厲的批評，上海報紙載滿憤怒的評論。重要福建商團參與重慶、昆明、桂林的台灣人流亡團體，陳情蔣氏撤消此一任命。極爲不滿的人卽給陳氏公開信函，發表在報紙上，要求他自動引退，並預測他的就任將引起大事端。一股不信任的暗流縈繞着這一任命，現在日本終於被打敗，政府也與世界最強國——美利堅合衆國結盟，許多人曾談論台灣前途和改革事項，但現在却有這一任命。

有人指控「陳氏將在台灣製造法西斯主義的溫牀，終將導致將來

的戰爭」。福建主席任內，他斑斑罪漬正逐項受檢討——這些是多可怕啊！又是大部屬實。陳氏與日人勾搭醜聞也受檢討；他曾公開地與敵人貿易——邀三井（日本大財閥之一——譯者按）投資福建，且許可日本南滿鐵路株式會社，開發礦產和管理福建港埠。商業壟斷（必然的國家社會主義）已使成千小商人破產，一九三五年，陳氏恭賀在台日本人。有人也指控，一九三七年戰爭開始時，他公開表示中國無法抵抗日本三個月以上，他也曾逮捕那些抗議他虐政的福建國民參政會會員，也殺死許多要求他停止與日本交易，加強抗日的愛國反日學生。當日軍進迫福州市，陳氏不發一槍，交出城市，以圖換取安全撤運不義的錢財和他的日本情婦。

這些是公開指陳的事項，看來台灣的前途將是暗澹的。

陳儀和蔣氏不管種種抗議，蔣氏一仍其舊，只擔心新行政組織內的權力平衡問題。蔣所派任一些不屬「政學」會的下屬，陳儀只有接受，重要軍事指揮位置，也都不是陳氏的手下人物。理論上，長官權力是最高的，但實際上，他知道不友善的眼正瞪着他，他得與別人分享掠奪品。陳儀確實為一政治將領；他對台灣財富，瞭如指掌，這給他有利的地位去賄賂一些人，以取得他在重慶所需要的支持，在台灣呢，他可用「金條塞口」的辦法，去疏通政敵和抑壓重大攻訐，至於一群小東西的鬼叫，可就格殺勿論了。

八月中旬，戰爭結束，但正式投降尚未舉行。台灣吊在兩個世界虛虛實實的奇怪狀態中。島上人民眼見美國打敗了日本，所以期待盟軍統帥部的處置。

但將來到底如何呢？

中國人占據台灣

第二部

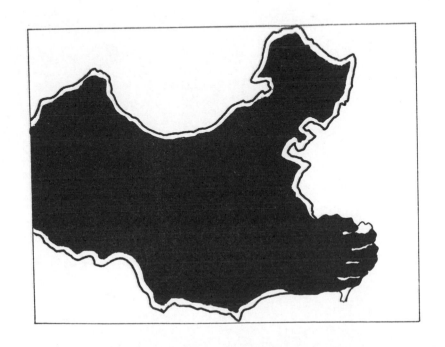

第三章　一九四五年在台灣的「投降」

台灣前途茫茫

　　一九四五年八月十五日，日本天皇向他的臣民廣播，要求他們「忍其不可忍」來接受戰敗的命運，服從聯軍，並與之合作。

　　在台灣，台灣人聞此喜訊，均充滿興奮和歡樂的期望。日本人則都感到失望與畏懼，同時也含着解脫之感。但是在日本的整個帝國中，高級軍官卻感到憤怒和痛苦。對他們來說，日本天皇的投降文告中所用的辭句是經過小心選擇的，它們表示日本並不是向「中國」投降，而是向「重慶」的美軍和中國人的軍事總部投降(日本天皇所用的字眼是「我們將要與美國、英國、蘇聯和重慶談和」──即「……美、英、蘇、重慶……」)。❶這點區別說得很恰當，它並非用來討好中國人，同時對於台灣人或在台灣的日本人來說，它的意義並沒失去。

台北重要的日本軍官馬上集合起來考慮這個情況。軍事首要採取的是甚麼「態度」呢？有些不願投降的年輕軍官甚至不相信日本天皇的投降文告是真的，也有的認為天皇是被迫作這種廣播，可能他私下還希望他們不要服從。他們要誓死抗戰到底。十七萬多的日本精良部隊士氣既高，配備又齊全，他們願隨時為保衛台灣而戰。還有三十多萬的日本百姓也一定會撤守到深山，永不投降。日本陸軍曾經宣誓至死不投降，因此目前的局勢不但是不能忍受，而且還是不可想像的！

第二天，台北政府整整二十四個小時都在恐怖的辯論中。安藤將軍為當時的總司令兼總督，他堅持要和平投降。他屬下的大部分軍官也都接受天皇的決定。許多軍官告辭出去，接着便自殺而死了。

東京方面命令安藤將軍此後應聽由岡村寧次的指揮，他是在中國的日軍最高指揮官。這是第一次正式表示，台灣從此將受中國大陸的權力支配了。

此後台灣島上的人民開始一方面對中國，一方面對聯軍(尤其是美國和英國)，感到一種深深的親切感。中國人即將占領台灣了，東京已無法再衛護天皇的臣民。五十年來日治的權威與力量在一夜之間冰消瓦解。不少日本人還記得早期占領台灣時在佐久間總督殘忍無情的管制下的情形，也有些人還記得南京淪陷後日本占據上海、廣東和漢口的情景；老一輩的台灣人還清清楚楚地記着十九世紀末期中國兵的統治情形。每個人對中國大陸上的情形也多多少少知道一點，他們更了解中國兵的醜陋的真面目。

因此台灣島上充滿了恐怖的氣氛。日本的宣傳雖然把英美軍描寫成殺人、姦侮、掠奪的怪物，但大家都還未真正見過這樣的事情。相反地，聯軍的無線電廣播和無數宣傳小册中，都向台灣人保證了一個和平的新時代和良好的政府——至少是比日本統治下要好的生活。

今天，我們美國人對台灣政策進退兩難的窘境，其關鍵之一即在於我們經常給與台灣人無法實現的希望與允諾。

美國的宣傳品及全世界各國的消息像洪水般湧進台灣，因為八月十五日以後聽短波廣播不再違法，而且全島各地都曾轉播日本的消息。全島五萬架收音機日夜在播送，台灣不是與世界脫離的中國之一省，而是不斷在收聽來自全球各國首都的報導的邊疆島嶼。盟軍的報導與意見，不論大小，均受島上人民關切的討論與注目。

我們美國人的大量生產主義，使得華盛頓認為宣傳工作對全球各地人民均有同樣好的作用。我們急切地要拉攏非共產國家，因此華盛頓不分種族及各種人、地、時的條件，對波斯、法國、秘魯、台灣說同樣的話，作同樣的承諾——只要站在我們這一陣線上，每個人都會有自由、自治和較好的生活。而世界上太多人均相信我們的宣傳，以為我們會給他們世外桃源。

很多在聯大所擬定的理想常被誤認為是美國人對他們的允諾。最近，在聯軍短期占領下被解放的歐洲人，只希望能回到戰前的情況，在美國援助下重建經濟。在東南亞的民族則要求獨立。日本人此時不明今後之去向，只是一味恐慌。而台灣人則充滿無限希望，以為他們解脫了日本之統治，美國人就會把他們帶入「新中國」去，在美國監護與輔導下參與世界新秩序。他們很明白台灣比任何大陸省份都要先進和富饒；他們驕傲與熱烈地期待着可能成為建立新國家的角色之一。

雖然台灣知識分子裡沒有人相信宋美齡和其他美國公共關係人員所宣傳之「新中國」，但他們都希望華府負責監督目前所做的種種措施。所謂措施，即：託美援之福，中國未被戰敗，但今後中國仍需依靠美援生存。假如美國人監督中國統治台灣的話，美國人則受歡迎。美國之援助中國及在世界的地位似乎成了對台灣人的一種保證，保證

台灣人將來在全中國有政治尊嚴與平等，並且台灣將會成爲中國各省中最進步的一省──模範省。

在一九三七至一九四〇年間，我常和台北的朋友們談及台灣人的希望與想法；一九四五年我重回台灣時，我又聽到台灣人重新一再表示同樣的心聲。他們一致認爲威爾遜總統的理想主義，在第一次世界大戰後把鄰國菲律賓弄成獨立國。因此他們相信，在聯大中一再反映出來的羅斯福總統的理想主義，也一定能使台灣人過着新的、更好的生活。

在台日本人有更多直接的理由來希望美國人與中國人共同於台北接受正式投降，也許這是他們個人安全的唯一保證。他們清楚地感到日本是美國與部分英援打敗的，他們傳統上仍鄙視中國，因爲他們曾一再吃到中國人的虧，而現在不幸在珍珠港的「意外之禍」下更要吃中國人的虧。他們並非是中國軍打敗的，聯軍的勝利完全是盎格魯薩克森之高超技能的結果。他們蔑視蔣介石，因此對中國人之占領台灣感到恐懼，很多人祈禱着美國人能先把台灣占領，在這心理狀態下，日本人是準備着「不能忍受」的投降。外交官守屋和夫前爲外務部主管，現已調爲聯絡處主任，專管軍民之務。戰後民務機關也設立起來，以便登記日人財產與代表日本人的權益。日本陸海軍各設一單位來統計軍隊財產，直接撤退，並與軍官平民合作撤退。

此時有些謠言散布，說有些忠貞的日本官員建議來個「台灣獨立運動」，但被安藤斥爲危險無稽。有些日本民眾則嘲笑這種建議，但他們的態度卻增加了緊張的氣氛。

諫山將軍是當時駐台的參謀長，在九月的第一個禮拜飛往南京，代表安藤參加正式投降典禮。九月九日，台灣民眾所愛戴的林獻堂及其他四個重要台灣人物也突然接到中國陸軍總司令何應欽的邀請，要

他們代表台灣人到南京參加慶祝中國的勝利。

　　在南京也有會議幕後進行，會議之內容及性質未被公開。幾年後（一九五二年於東京），我想盡辦法要林獻堂描述這一插曲的內容，但他始終不肯透露。很明顯地，只有台灣人被迫向中國請願給與特別地位，並且提議在台的日本居民及日本工商權益應給與特別考慮，「以保持今後島上的繁榮」。據傳聞，但沒證據，何應欽雖明知台灣富庶，如果日本之撤退引起中國內戰的話，人人都樂得掌握這個寶島，然而何卻有意把台灣孤立起來。任何蔣家的對手都樂於以台灣做基地，當然蔣介石本身也很了解這點。

　　九月裡，「戰敗者」的日本政府在台北表現得很好，辦事效率很高。雖然台灣村民偶有向日本警察報仇之事發生，但毆打事件並不多，也沒有致命案件，公共秩序仍然保持得不錯。

　　經濟管制也很有效，極力鎮壓通貨膨脹。準備登陸日本的美軍公布占領交換率(十五圓日幣換一元美金)，此交換率之實施包括全日本帝國及台灣。因此台灣島上許多人都以錢易貨，以防通貨膨脹；配給品也慢慢地賣出去。

　　人人都渴望重建。因重建需要許多勞工，高就業率似乎已確定。都市計劃處的工程師及製圖員都日以繼夜地畫着完善的藍圖，等着破磚破瓦被清除，房子重建，公務恢復後立刻可以開工重建。被趕走的居民也紛紛回城，不久鐵路火車也恢復正常通駛，基隆和高雄碼頭也花了不少人工去清理以便恢復工作，主要的機場也重新開始服務了。

　　聯軍什麼時候才會來？他們會要求什麼？他們到底是誰？

九月的解放者

九月一日，第一批聯軍人員乘着一艘從廈門搶來的日本驅逐艦出現在基隆港口。上岸的人有三個年輕的美國人和兩個自稱「上校」的中國人，他們後面帶着一批跟班的厨師、傭人、保鏢和通信兵。兩天後，第四個美國人上岸來與他們會合，他自己也帶了一批跟班乘中國舢板而來。

這四個美國人自稱爲先遣的俘虜聯絡隊。隊裡從上校到厨師都是全副武裝，如臨大敵似的，他們出門的話一定是兩個人一組。從一上岸開始，他們看起來就不像好東西，周圍的氣氛永遠那樣鬼祟，充滿一種陰謀鬼計的神秘。

日本官員馬上趕快趨前去歡迎這些聯軍的第一批代表。在會議過程中一種半信半疑的氣氛充滿議堂，因爲日本人既不知道他們將面臨什麼情況，那些難以形容的新客人也一點不覺輕鬆。不久事情就弄得很清楚了，原來這些人根本不是什麼有權威的人，不過日本人還是照樣給他們完全的合作。

他們需要房子住。台灣最豪華的一切設備齊全的藝妓舘「梅屋敷」，立刻就變成他們「遠方的家」。

那些中國人住在「梅屋敷」的一廂，「張上校」和「廈門的黃市長」特別保留在另一邊；個人和厨師住在另一廂，這是工作人員的房間。中國的衛兵全副武裝戒備森嚴地把整個公舘團團圍住。

眼光銳利的台灣人和日本情報人員注意着這個怪團體的人員中的一舉一動。美國人走美國人的路，中國人也走中國人的路。沒有一個人對聯軍的俘虜感到絲毫的興趣。

他們需索金錢來做爲當地的費用。經過一番洽商討論之後，日本當局帶他們到台灣銀行去。他們從人民的公共基金當中取去了三百萬圓，轉到他們開立的一個特別戶頭之下。這些錢在當時的官價約值二十萬美金，這筆大數字對他們這個小團體的所有費用來說綽綽有餘，可是在兩天之間，三分之二的存款已被提出，轉到那位神秘的張上校的戶頭裡去了！(除非特別加以註明，否則後文中所用的金錢都是指美金而言。中國幣和台幣都另外加以註明。)

不久事情就弄得很清楚了，原來那幾個美國人就是當時和蔣介石的調查統計局(簡稱調統局)合作的，這個機構凡是在戰時的中國境內居住的美國人都知道，他們叫它做「蔣家的蓋世太保」，特務機關。調統局在戴笠將軍指揮下，以少調查多用武力著稱。戴笠在大陸的最大責任在於消滅蔣介石的勁敵及批評蔣介石的人，並且藉恐怖手段削弱反對他的政治勢力。羅斯福總統曾批准一個秘密協定做爲戰時的手段，使一些美國的情報組織人員和調統局密切合作。

這些美國人員到台灣來只在替「張上校」和「廈門的黃市長」的「調查」故佈煙幕，掩護他們的活動。原來張、黃是在暗中調查台灣的政治情形，編採台灣領導人物的黑名單，搜取那些在日據時代敢做敢言敢於要求自治的台灣人物的資料和記錄。這些人物就是他們要監視的。他們同時還搜集有關地方富豪的名字，以便將來指爲「通敵」設法加以敲詐。

當張、黃鬼鬼祟祟在暗街小巷忙於調查時，那幾個美國人忙於在台北市場大量採購罐頭食品、衣服、酒、火柴、及其他囤積在台北的貨物。幾個星期之間，那艘驅逐艦來來往往，忙於搬運貨物到中國沿海的市場。在那些市場，台灣去的貨品簡直可以天文數字的高價出售。

當台北當地的市價因此而開始高漲時，負責配給和穩定市價的日

本官員曾向那些年輕的美國人提出抗議，但只被美國人置之一笑。他們被譏爲「日寇」，而那些日本化的台灣人有甚麼值得一顧？

九月五日這天，一支美國海軍特種艦隊停泊於基隆港口。從飛機上投下的命令單要求儘速將所有的俘虜打點妥當以待撤出。驅逐艦開進擁塞的基隆港內，在兩天之間大約撤出一千三百人，立刻由飛機送到馬尼拉。一艘英國的醫務船開進來接去一百人左右，他們因爲病得太嚴重了，不能由飛機空運送出。

這些活動帶有幾分眞正的權威，也指出了住在「梅屋敷」裡的那個團體的使命。

日本領袖們一直在等待投降手續的命令，可是在東京的聯軍指揮部和在大陸的聯軍總部一點也沒消息。台灣顯然已經變成一塊被遺忘的島嶼。

九月十日，第三批美國代表到達了，這是一個包含十五個官兵的工作隊，從中國的昆明飛來，他們代表美國的戰略情報部(U.S. Office of Strategic Services, 簡稱OSS)，他們並沒有甚麼權力，但日本人照樣給以最妥善的接待。這個美國戰略情報部的工作隊被安插在玫瑰公館(薔薇屋敷)，是郊區的一幢藝妓館，其優雅氣氛只亞於「梅屋敷」而已。指揮官是一個陸軍少校，他也沒有權威可以和日本政府商討。

這兩個工作隊，一個穿李子色服裝，另一個穿玫瑰色，並不常相見，每次見面都是板着非常呆板的面孔。

後來的戰略情報部的隊員並沒伸手要錢，相反的，他們是一個合法的團體，只是沒有被授權和日本人洽商而已。這時日本當局幾乎急於想找個人——任何人——在這個奇怪的情況中建立起一個權力的基礎。

美國戰略情報部的人員抵台時帶來了齊備的交換物品——他們充

分地備有罐頭食品、香煙、啤酒、維他命和抗瘧劑——這些都是換取情報的絕好物品。他們立刻開始搜尋台灣的政治情報，尤其任何有關共產黨的消息。有些會說幾句日語和英語的台灣人便開始巴結起戰略情報部的人，供給他們消息，好讓他們向華盛頓方面提出報告。因為真正的共產黨員此時少得不能再少（他們都還被關在監獄裡），所以短期內需要的消息可說供不應求。

後來我在華盛頓念到一些戰略情報部送回的報告，我很清楚那些供給消息的當地人士是多麼用心地去編造那些故事。有時我幾乎可以馬上認出那些消息是由誰供給的。一九四六年我在台灣時，我的一些台灣朋友們常告訴我，他們極其容易地編造一些故事給戰略情報部的人，換來一些香煙或一罐啤酒。

許多私人的恩怨就這樣解決了。這些未經過查證的消息有的是故意用來陷害不滿意的日本人或台灣人，或是被日本政府指為「共產黨」「激進派」或「顛覆者」的人。

後來幾個有名的案件中，我發現美國人被誤導進戰時重慶所作的基本調查報告，其中有些是由謝南光這個人的生花妙筆和豐富的想像力所編造出來的。

九月中旬，第四隊美國工作人員緊跟着戰略情報部的人員到達台灣。這一隊是能幹而嚴肅的美國人墓地登記單位(U. S. Graves Registration Unit)，由一個陸軍上校指揮。這些人馬上被安頓在郊區一個普通的私人房裡展開了他們不快而艱難的工作。他們的責任在於搜查山上或平原，找出失落的飛行員屍體、和戰俘的墳墓，並取出他們的隨身物品，認出他們的殘骸，同時把所有的發現作成報告。

中國人取而代之——靠美國的幫助

　　整整六個星期之間，台灣被遺忘了；台灣的領導人與日本的領導人物一起合作，終使兩個團體裡的民眾能完成了巨大的工作，把各地的廢物清理乾淨，使工廠、鐵路和電線等等再度恢復工作。市場照開不誤，食物從不間斷地送進城來。日本的警察仍在服勤，而且已變得很有禮貌。但是在台灣的這三個美國人團體，分別由一個海軍中尉、一個戰略情報部的少校和一個陸軍上校所指揮；他們卻無權代表美國、中國或聯軍。

　　在重慶，魏德邁將軍正為滿洲和華北的大問題忙得不可開交，蘇聯人卻已開始搶刼那邊的工廠設備，中國共產黨也得到蘇聯的幫助，正將它們占為己有。相形之下台灣的移交只是個小問題，算是戰後收拾一下戰場而已。雖然如此，蔣介石和陳儀還是需要幫助。中國既沒有船又沒幾架飛機，可是到台灣卻得面對那麼多訓練有素的日本人。

　　我們一點也不懷疑蔣介石和陳儀應該都還記得「島上居民的鋼鐵精神」曾在一八九五年日本領台以後給了日本人許多不舒服的經驗，這隻「困獸」顯然是必須加以馴服的。何況還有十七萬日本精良部隊等在那兒。

　　魏德邁將軍為了幫中國人的忙，在重慶設立了一個美國「軍事顧問團」(Army Advisory Group)，叫一個年老的上校當指揮官，計劃把中國部隊運到台灣，以及日本部隊的遣送工作。當時我是海軍副武官，歸美國駐華大使指揮，我也被派到這個顧問團工作。顧問團對於台灣的認識主要是透過我所編輯而由美國陸軍部出版的台灣戰略調查(Strategic Survey of Taiwan)和由美國海軍出版的民事手冊叢書

(Civil Affairs Handbook Series)。團裡的中國人員馬上就發現這兩本書的無上價值。因爲中國書中從來找不到這樣充足的百科資料——一千三百多頁的各種參考資料。

九月三十日(日本投降後四十六天)，中國空軍的一位張上校被護送到台北作一個簡短的調查。他發現日本人不僅溫順，而且很急於建立一個可以發令的基地。他也發現幾個美國工作隊一點也不受阻礙地進行着他們的工作。看來一切都夠安全。

因此，到了十月五日，一個「先遣部隊」便飛到台灣。名義上的主任是葛敬恩中將。他帶來一些隨從和一百人左右的美國官兵，卽是所謂的顧問團。幾天之後，又來了一千個中國憲兵，卽所謂的「保安隊」，這些人在美國的導航下，乘着向日本人刼奪而來的船渡過台灣海峽。

葛將軍在他最初的公開演講中指示日本人「照常」繼續他們的工作，並訂十月廿五日爲日本正式投降的日子，然後爲中國占領台灣立下了一個謬論。

他說台灣是「次等領土」，台灣人是「二等國民」。台灣省位在「關外」，未受眞正中國文化的薰陶。

台灣人從十九世紀以來就認得中國人的這種高論，但是它那令人寒心的涵義，此時在大家正爲慶祝戰爭結束、歡迎新時代來臨的熱鬧興奮聲中模糊不清了。自治的日子已到了。大陸上的情況不久就會好轉，尤其有美國人在幫忙。廣大的日本人的財產將被接收，重新發還給台灣人。一八九六年以來，幾萬畝的良田被日本人強制接收，由台灣人的勞役所建成的工廠，和日本專賣制度下用來供給台灣人需要的商業企業——所有的這一切，都將歸還台灣的政府和人民。這就是台灣人當時所想的。

當時全島所籠罩的興奮和期望的氣氛實非筆墨所能形容，這比四

年的世界大戰的結束或中國的八年戰爭的終止更令人興奮；因為這是五十年來的恥辱的結束。他們可以原諒葛敬恩的那種死要面子的大話，因為很顯然地，大家都清楚中國人完全是依賴美國的。葛敬恩和他的保安隊不就是乘美國的飛機和軍艦來台的嗎？他們在台灣到處跑，也是坐著美國的吉普車，他們周圍那些衛兵帶的，也是美國製造的武器。

此後發生的事情，台灣人認為實際上是由美國政策所造成。

十月十五日，美國第七艦隊護送兵船進入基隆和高雄港。船上載的是國民政府的部隊第六十二師和第七十師，總數超過一萬二千人。他們心裡非常明白，在台灣島內靠近港口的某些地方駐有日本軍隊。

他們根本就拒絕上岸。在基隆港口，中國軍官要求美國先派遣一個先鋒隊進入島內（當然是美國隊），先穿過那峽谷到十八哩外的台北去看看，這個請求把美國人弄得驚訝不已。中國軍官聽說日本的敢死隊還在山中出沒，美國人被弄得沒有辦法，只好把他們罵出船外，強迫他們上岸。在高雄港口，美國人因為急於要清理運輸，不得不威脅要把中國部隊強丟到岸上去，否則那些不情願的船客根本就不敢進入「虎穴」。

這真是不吉利的開始，尤其這些事件都被台灣人看得清清楚楚。一下子之間，消息廣泛地傳開了。傳聞是不會減少的，沿途的台灣人都在譏笑那些跟蹌、毫無紀律而又污穢的中國部隊。台灣人說，很顯然地，那些「勝利者」之敢進入台灣的唯一原因，乃是有美國人擋在他們和可怕的日本人之間。

這些公開的侮辱，日後招致了許多個人的悲劇和殘酷的殺身之禍，因為中國大陸人丟盡了面子，而中國人的面子是比生命還可貴的。

台北的面子問題

　　十月二十三日黎明時分，一架美國飛機載了陳儀長官和他的官方
人員離開重慶飛往上海。飛機上擁擠成一團，包括陳儀那豐滿的日本
情婦、他的幾個保鑣、秘書、翻譯官和行政官員。嚴家淦當時並不在
場，但是未黎明時，嚴的太太帶着六個孩子和一大堆行李已偷偷先上
了飛機。她嚴詞拒絕下飛機。她要個免費的機票到上海，同時無論如
何不肯再留在重慶。飛機早已過量超載，但是還為美軍顧問團團長和
海軍副武官的我找出空位來，這是一架美國飛機，但是我們很顯然是
被當作超量的貨物看待。

　　我們停在上海過夜，放下了那些女士、孩子和大部分行李。當天
晚上，在「勝利」的宴會中我發現自己特別被提出來大大地拍了一場馬
屁，那個拍馬屁的專家是個穿着便衣、風度相當好而且熟練的老手。
他自稱「海軍司令官雷某人」，後來他被認出是李祖一(譯音)，曾於日
本占領區內為宋子文在上海處理業務的一個負責人。這人我後來在台
灣一再地遇到。

　　陳儀的耳目報告說，在台北的中國部隊和美國支援小組之間已經
發生了一個小危機。這又是一個有關面子的問題。

　　原來葛敬恩發覺日本陸軍首領正準備將他們擁有的土地、房屋、
設備及食糧移交給中國陸軍，而且日本海軍軍官也正準備將他們的財
產移交給中國海軍，雖然那時中國的海軍只是形同具文地在政府的薪
水簿上存在。此外，日本在台灣並沒有空軍，當然沒有財產可以移交
給中國空軍，而那時中國空軍是最現代化而且最嬌養的兵種。

　　在台北的中國空軍軍官真是失望極了。為了彌補這個缺陷，他們

貼出了布告說，中國空軍立刻要占據台北市北部靠近飛機場的一切財產——這是一片極大幢的房產，另外再加上附近郊區和村間的幾百畝地。他們命令所有居民在四十八小時之內全部撤離。

中國空軍這種霸道行為也許在大陸內地那些沒有受過教育、沒有組織，而且沒有人敢挺身說話的農村之間還可以暢所欲為，但在台北，這些傲慢的年輕軍官馬上遭遇到大聲的反對。人民的怒吼使葛敬恩自己都嚇了一跳。台灣人成群結隊跑去向他請願，而且也向美國軍官求助。美國人早就預料到會有許多麻煩，他們對中國空軍的傲慢態度早受夠了，現在又看到這種令人氣憤的搶刧。他們立刻強烈地提議中國空軍取消那些命令。葛敬恩終於妥協了，他拒絕了空軍校官對於那些垂涎欲得的城裡大塊房產的要求，但是仍然讓他們暫時占有郊區和村間的那片大塊財產。

那些銳氣被挫的年輕軍官怒氣未消，破口大罵「美國人多管閒事」。他們的主要發言人還急噪地揚言說，必要的話，他要「把鎗口對準美國人，把他們個個趕出台灣」！(林文奎中校後來編造的故事有點不同：他自我吹噓說他是由資淺軍官變成陳納德個人秘書的第一人，同時他已經變成聯合國的中國代表團團員，所以被派為指揮官領導中國空軍志願軍，比中國陸軍和海軍都早到達台灣接收。經過他一手策劃，中國空軍志願軍在台灣建立總部，還為登陸部隊安排好一切之後兩個月，中國陸海軍才登陸台灣，而他開始接收台灣的日本空軍，曾努力地工作了六個月……) ❷

在這樣不愉快的氣氛下，我們開始了中美合作共同占領台灣。從頭開始，面子問題就一直在中國人心中作崇。大家都很清楚——包括所有台灣人——國民政府是完全依靠美國的。他們靠我們的運輸才到了台灣，美國的武器和補助使他們能夠留在台灣。空軍的事件卻為後

來的許多類似事件開了前例。

我猜想，陳儀在上海時就有人告訴他說，台灣人和在台灣的日本人看到上岸的中國軍隊衣冠不整、毫無軍紀，都在嘲笑中國人。而且比這更難堪的，台灣人歡迎美國人當他們的「真正解放者」。

美國對台灣漠不關心的程度可以從我們被隨便地送去參觀台北的投降這件事情反映出來。在十月廿四日的清晨，當我在上海機場等待上機時，那位美國飛行員走到我的身邊，掏出一面地圖，問我是否可以告訴他我們要在台灣島的那一端、那一個機場着陸。他原來只被派來「載一群外國人到台灣去」，沒想到遇到兩個美國軍官上他的飛機，他顯然是有點驚奇的樣子。

飛越台海並沒甚麼變故。那是十月的艷陽天。當我們飛抵淡水河口上空時，我正在機倉的前倉裡，飛機在台北城上空繞了一下，終於在松山機場着陸。無數民眾在通往機場的公路上夾道歡迎，旗子在機場終端的建築物周圍到處飄舞。

從我們的飛機抵達台北的那一刻開始，陳儀和他的親信就已計劃好，只要有機會的話，就要設法把美國在公眾的心目中的地位加以破壞或降低。

他們為了歡迎陳儀長官，曾經安排了一個大遊行的場面。台灣的名流也都到場歡迎陳儀，辦公人員都帶了旗子排起隊來，成千的兒童也都被帶來歡迎這些「解放者」，他們已經在大太陽下站了好幾個鐘頭。

當陳儀完成敬禮，同時也被他的先遣部隊歡迎過後，我們移到遊行車隊上去。陳儀很恰當地坐在遊行列車的前頭，身邊有幾個資深的美國官員，但是我們的護車卻落了伍，使盡氣力才能搶近陳儀的座車。其他的顧問團裡的美國人和把陳儀從重慶、上海帶到台灣來的美國人

卻被置之不顧，只好自己去找到遊行列車的第十四部車子，亦就是最後一部車子。

陳儀的座車很快地開走了，當它穿過公路進到城裡的時候，學生和工人搖着旗子喊了三次「萬歲」。可是當美國人在遊行列車中最後出現時，一陣長久的掌聲和歡呼不絕於耳。

遊行的途中，我們坐的那部陳舊的車子不斷地走走停停，最後只好放棄了。民衆覺得好玩，都圍起來很興高采烈地把車子推到路旁，當他們再找到另外一部車子把我們送進城時，陳儀和他的人員早已消失得無影無踪了。

我們的上校只覺得這一切都很中國化，可是我從這件小事裡感到一種不必要的官方的野蠻舉動，一種故意使美國人在公衆面前處處失面子的意圖。

一九四五年十月二十五日的正式投降

那些負責遣送日軍回國的軍人幾乎都不知道他們所看到的是個重要時期的結束，一個新時代的開始，美國在中國、在亞洲的利益正面臨着危險。

美國顧問團的幾個團員被邀參加了投降的慶祝會。很偶然地，正好有個美國總統指派的巡邏經濟調查團也乘飛機到台灣來休息尋樂。他們的名片都印着「白宮，華盛頓」等印象深刻的字樣，這就是他們的官方辦公住址。這個團體的主任洛克二世(Edwin J. Locke, Jr.)和他的商業部助手李麥克(Michael Lee)也自薦而入，出現在投降典禮上。

陳儀對於這個場所是相當熟悉的，因爲一九三五年他曾經在這所建築物裡幫日本人慶祝日本占領台灣的四十週年。當時他在此向台灣

人恭喜，因爲台灣人幸運地做了日本國民。

陳儀這第二次的中文演說是要廣播出去的，而且加了英文翻譯。我被請去校對英文的翻譯，同時很禮貌地指出這篇講詞雖然爲中國擊敗日本和光復台灣而歡呼，但是一點也沒有提到美國在這件事情上所扮演的角色。結果，翻譯官猶疑一下，終於在英語譯文中加了一句，承認美國也參與其事。

安藤總督終於簽了投降書，並且把它密封起來。

這個決定性的日子在宴席、爆竹和遊行中結束了。慶祝維持了一個星期。中國兵在城裡的主要道路上蓋起勝利的拱門，他們從附近人家的果園取下樹幹枝葉來做框架和裝飾品。過了很久，這些拱門還破破爛爛地撐在路上，當它們全倒塌下來之後，碎石路上的裂洞猶留在那兒，使我們想起了勝利的那天。

安藤將軍被捕了，送到上海去以戰爭囚犯被審，最後他在獄中服毒自殺。

第四章　穿著制服的美國人

美國：「神之國」

　　許多深思熟慮的台灣人都以極濃厚的感情來歡迎日本投降——他們既興奮又感到解脫，同時特別期待着好事情的來臨，在第一次世界大戰和第二次世界大戰之間，台灣大多數有影響力的領導人都要求台灣自治。現在這種夢想終要實現了，而且要比以前好得多，因爲這個自治是在「新中國」之中，這眞要感謝美國政府和美國人民的德政。

　　有時候美國被台灣人稱爲「神之國」。因爲世界上沒有一個國家比美國的地位更高——也因爲這個原因，從那時開始，沒有一個地方像台灣對美國那樣失望。

　　我們不可忘記，台灣人對美國的認識遠超過於美國人對台灣的認識。台灣人識字的比率很高，有各種不同的報章雜誌，同時還擁有五

十萬部收音機，其中有許多是和各地民眾的公共播音相聯的。在二次大戰以前的報紙上，美國新聞所占的地位僅次於日本本土的新聞，篇幅之大遠超過關於中國的報導或其他世界各地。譬如，我記得在一九三六年的美國總統大選期間，台北的幾家報紙都刊出了美國全國各選區的地圖和投票預測。在學校裡，林肯和華盛頓是教科書裡的英雄，尤其老一輩的台灣人心目中，威爾遜總統提倡的少數民族自決原則可說是台灣自治運動的聖經。年輕的台灣中學生在學校裡常常討論：菲律賓成為美國的一部分實是菲律賓人的一大「幸福」。

我們戰時的宣傳透過台灣各地的祕密收音機進入台灣。一九四四年以後，空投下來的幾百萬張宣傳單帶來解放後的各種承諾，諸如「四大自由」的全文和「開羅宣言」的各種諾言等。

在日本投降的時候，美國似乎是萬能的，華盛頓方面一直援助中國，而且一直為蔣介石撐腰，大家都把眼光投到美國的代表上。

在一九四五年和一九四六年，美國以各種不同的面目出現在台灣；有軍事代表，有領事人員，有聯合國救濟總署的工作隊員，有傳教士，還有其他負有特別任務或為私人事業而在台灣飛進飛出的旅客。

但我們必須了解的是，一般的台灣人不會區別美國人和聯合國救濟總署(United Nations Relief And Rehabilitation Administration)小組裡的其他國民，如西班牙人、加拿大人、英國人和美國傳教士等。因為他們講的都是英語，所以他們必定都是「美國人」。

有時候美國給人的印象也不全是完美無疵的。在一九四六年的霍亂流行期間及一九四七年的二二八抗暴期間，曾出現了幾個英雄式的美國人，但是美國人之中也有雞鳴狗盜之徒，尤其有個患虐待狂的，他就成為大家茶餘飯後的話題。

也有些過夜客，他們一踏上異國國土的時候，就不顧自己的風度

規矩了，這種人的行為是無法預料的。我們之中有人永遠也忘不了一個很有名望的國會議員到亞洲旅行時，有一天被帶到基隆去遊覽，他在路上看到一行喪葬的行列，堅持要進去看那個喪宅；他常常聽人家提起中國人的喪禮和棺材，他說他一定要一睹為快。

引人注目的美軍

美軍的「軍容」給了台灣人第一個好印象，台灣人免不了要拿美軍的行為和日本兵及中國兵的行為相比較。

在日本投降之前，台灣人很久都不曾看到漫長的聯軍俘虜隊伍中有中國人，這些聯軍的俘虜一被提上岸來，經遊行示眾之後都被送到集中營去，同時叫他們去參加公共建築的工作。六百多個飛行員曾經在台灣的山上撞機、或降落在田野間、或被海潮連人帶機骸冲上岸來──他們之中從沒有中國人，是不是日本兵把所有的中國俘虜當場處決呢？或是中國人從來不敢參加在中國海岸、海上和台灣上空的衝鋒肉搏戰呢？

台灣人都在評論這些證據，認為台灣是被西方國家的聯軍解放的，他們對國民政府的部隊的那副德性很瞧不起，一點也不掩飾對國軍部隊的討厭。

在台灣岸上的美軍剛好是一大對比，新來的中國人眼看美國官兵一天天地受到歡迎，台灣人一點也不掩飾他們對美軍的歡迎，美國人不久就遇到很多機會藐視那些被他們載來丟在台灣的中國渣滓。他們反而同情日本人和台灣人，因為他們必須應付那些到處搶劫的中國兵。

國民政府的人很自然地被激怒了。他們是丟盡了臉，這是最不能忍受的，那位中國空軍上校曾揚言「要把美國人個個趕出台灣」；十月

廿四日那天在機場發生的那個事件，就是長久以來深藏着的憎怨的小
小發洩。不幸的是美軍顧問團的指揮官不了解面子問題在東方社會的
重要性，也不知道他們這個顧問團隨時隨地都在受中國人的監視，但
是對於當時的台灣人來說，那就是美國。

我們這個指揮官以「老大哥」的容忍精神，認爲我們是和一些很孩
子氣的人在一起工作；假如那些傻中國人硬要假裝是他們贏得這場戰
爭的勝利，其實也沒有什麼關係，何況，將來台灣就要完全由中國人
自己去表現了。我們很清楚他們是怎樣到達台灣的，料想也不會在這
兒待太久。

我們爲尋找住處所遇到的困難再度說明了這個問題，同時也說明
了美國人多麼容易讓他們的「小老弟」占便宜。美國官員都不介意，這
是個暫時的問題；可是那些新來的中國人卻把這個住的問題巧妙地加
以操縱，公開用來做爲他們對外國人多管閒事的抗議和藐視。

陳儀的先遣人員曾花了二十多天的時間來準備歡迎他和他的護衛
人員，在這二十天期間，中國將官和這個新政府的官員已到處搜刮廣
大的財產，有些是政府部門的官邸，有些是大公司，還有些是很豪華
的私人住宅。

從我個人的「帝國主義」的觀點看來，當時我們所處的環境是有權
而且需要爲美國的代表們取得適當的住所。有幾十座被充公、被擅自
住進去的大房子，其實都可以給美軍顧問團做個很有尊嚴的臨時總部，
也可以在將來時機成熟時做爲美國領事舘的永久辦公處。

可是美國官員並不向他們抗議，也不要求他們；只是他們給什麼，
美國官員就取什麼，一句話都不吭。我們那個上校指揮官和他的參謀
住的是台灣銀行官邸的好地方——就像梅屋敷一樣——樣樣傢俱都齊
備的，但是上校的下屬官兵(那些曾經激怒了中國空軍的中校、少校等

等人員)則被分配到一家鳳梨公司的辦公室去住。雖然美國政府很久
以前就租用了這棟房子給領事舘辦公，可是即使在當時都覺得不足夠。
在大戰期間，這棟房子曾經被翻新過，現在是連官員也得睡在樓上的
廚房裡，他們和傭人用的是同一個厠所。而且許許多多的食客常常跑
來看熱鬧、偷東西吃。我們的醫生是個少校軍醫，他把那個地方叫做
「猪欄」，但因爲那是個臨時的住所，而且大夥兒把大部分時間都消遣
在郊外的溫泉旅舘裡，所以問題並不嚴重。不過從中國人的觀點看來，
我們毫無疑問的是「沒有面子」。

我們的士兵住在郊外的兵營內，那是把俘虜遣出後空出來的地方；
下級軍官在城區一個炸損的旅舘(飯舘)住得个亦樂乎，雖然沒有城裡
梅屋敷或玫瑰公舘那樣豪華，但他們吃得很好。

美軍顧問團和國民政府的軍事機構之間，外表看起來是禮尚往來、
互相尊敬，但實際上卻非常緊張，尤其在辦公時間外發生了一連串的
醜陋事件，使我們感到我們的在場最不受陳儀人馬歡迎，譬如有一次
在深更半夜的時候，一群醉態蹣跚的中國青年軍官跑到台北城區美國
軍官的住所大吵大鬧，耀武揚威地一心想惹是生非，而且還揚言要「射
殺每個人」。還有在郊外通往草山(卽陽明山)的蜿蜒小山路上，至少有
兩次中國軍用卡車故意想把美軍的小吉普車迫到山崖下，有一次我和
華盛頓的一位海軍情報室的上校情報官到基隆去遊覽，我們被一個中
國軍官擋住去路，他破口就罵人，而且對着我們揮起拳頭，故意招來
路人的注意，當我們把吉普車停住的時候，那個軍官立刻就逃走了，
路旁的一群人隨卽喝彩起來。

另一方面，台灣人對美國的感激有時候也令人覺得不好意思。當
日本正式投降後，有一次我在台北附近的鄉間散步時，我看到一個小
孩跑到田裡去叫他媽媽，她馬上帶了她的幾個女兒走到田堤上來，她

們爬上路來的時候，拿下了大草笠就向我一直地點頭，歡迎我這個「美國人」「美國先生」；並用日語向我道謝「美國的功勞」。

又有一天在離此不遠的地方，我路過一家被炸得半毀的房子和宗祠，顯然是個地主的小康之家，有個老人匆匆忙忙地出來邀我進去喝杯茶，還要我看看那地方和那祠堂，這家房子是被美國炸彈錯炸而毀壞的，家裡被炸死了一個人，但是他們並不感到怨恨，主人說，那是沒辦法的事，不過他還謝謝美國終使台灣得到自由了，他一定要送給我一個很漂亮的花磚，是從宗祠的屋頂掉下的；他要我收起來紀念我們結緣一小時，同時也表示他們全家的感激。

幾個星期以後，我攀登了千層的階梯重遊山中一個廟宇，在戰前我就對這個廟很熟，到山脚時我停下來和好客的村人喝茶談話，每當我繼續往前走的時候，幾個肩上挑着扁擔的人從我身旁經過，他們微笑着，同時跟我點頭爲禮，然後照常繼續他們的行程，當我登高到廟裡的時候，我發現廟裡準備了一大堆東西，像是大拜拜似地，原來村裡的人送來許多吃的東西歡迎我。不過在吃飯之前，僧主請我站到靈台之前，其他侍僧和他一齊唱起經來爲世界的和平和繁榮禱告，同時祈神保祐美國。他們排成唱經的行列，燒香唸經，繞著我站的靈壇，這簡直是個新式的「神祐美國」，但很明顯地這是發自內心感情的眞正流露。這是我第一次聽到台灣人把美國說成「神之國」，卽美國是個賦有保護神的個性和人格的國家。以後我就常常聽到台灣人叫美國爲「神之國」了。

在那一次大宴時，話題曾轉到十月中旬台北街頭發生的一連串的神秘謀殺案件，好幾個日本婦人被伏擊和謀殺：其動機旣非強姦又非搶刼。雖然有些台灣人是樂於看到某些日本人變爲受害者，但是他們也被那些謀殺的殘酷程度所震驚。當時，一般的民衆之間並沒有毒惡

的反日情緒。

　　幾個月之後，我終於知道了原來那兩個神秘的黃、張「上校」
——也就是殺人魔王戴笠的蓋世太保劊子手——曾經在這個時候要收
買台灣有力人士，建議他們對日本人民來個大屠殺。他們並且還定下
日期，十月二十七日的晚上要來個「自動的起義」。

　　台灣人士沒有一個願意幹這樣的事；台灣已經不是十九世紀的中
國，他們對日本人的普遍不喜歡並不是根深蒂固的仇恨。戴笠和他的
劊子手屠夫們錯看了台灣人的氣質；而且他們必定是忘了，不遠的地
方還有十七萬日軍正閒著無事可幹。

回台軍伕的故事

　　戰爭結束後不久，被日本徵召的軍伕都開始回到台灣了。有些同
時帶回來關於美軍在戰場上的故事和美軍善待俘虜的態度。日本狂妄
的軍人曾一再強調投降的「恥辱」，堅持說寧可自殺不可被俘，又說俘
虜是罪且該受到最嚴厲的待遇。因此，美國軍對待俘虜的善遇是令人
驚訝且受歡迎的。例如，十六個年輕的台灣人在荷屬東印度群島被美
軍第一百五十八戰鬥團俘虜了，此後他們很忠誠地為美軍工作，最後
並贏得指揮官一封推薦信。他們也都為此感到驕傲。這個指揮官馬克
耐德(Hanford MacNider)在推薦信內提到Noenfoor的戰役中，這
幾個台灣青年的貢獻太珍貴了，因為他們陪伴那些美軍巡邏找出了迷
途的日軍，又為台灣和日本軍隊的投降做種種交涉，同時也當美軍的
翻譯，並「廣泛地做了一大堆其他的事」。當美軍調離東印度群島時，
那些台灣俘虜要求美軍帶他們一齊走。美軍允許了。馬克耐德後來說：
「他們在危險關頭，尤其常常在猛烈的戰火中，很謹慎盡責地完成了任

務。」他在獎狀裡的結尾說：

> 鑒於這些戰時被俘人員長期對美軍第一百五十八戰鬥團的忠誠
> 服務，同時也因其於大戰期間對日軍勇於作戰，對美軍表現極
> 爲忠貞，因此本人鄭重推介這些人員，希望給以各種可能的幫
> 助，並在環境許可之下給以特別優待。❶

　　像這樣的一紙獎狀誰都會感到驕傲的。這張獎狀把他們的眞名和
綽號都列了上去。這些綽號，他們回到台灣以後仍光榮地一直繼續使
用着，直到一九四七年的二、二八革命他們被害時爲止。從這些綽號
中，包括「史麥理」和「麥克」("Smiley" and "Mike")；「荷蘭人」和
「喬治」("Dutch" and "George")「奧斯卡」和「查理」("Oscar"
and "Charley")；另外還有「傑克」、「喬」、「強尼」、「餅干」、「中國孩
子」和「尼克」("Jack", "Joe", "Johnny". "Cookie", "China Boy"
and "Nick")，可以看出他們與美國兵之間建立的友誼和同志愛。

　　在菲律賓另一個地方，美國陸軍第六軍俘虜了兩個非常年輕的台
灣小軍伕，馬上替他們取了兩個綽號，一個叫「丁字骨」，另一個叫「如
願骨」("T-Bone" and Wishbone")，並給他們特小的軍服裝，同時
把他們當作「吉祥符」("Mascots")。

　　另外有些被拘留在菲律賓數月之久的台灣俘虜，組織了一個討論
會，這是個比較有重要意義的工作。他們有機會看到美國報紙和雜誌。
在其中一種雜誌裡，他們找到一篇叫做「在台灣的一些中國問題」
("Some Chinese Problems in Taiwan")，這是我於一九四五年十
月十日在紐約出版的文章。❷他們把這篇英文的文章加以翻譯，印出
來分送給討論會裡的每一個人當作課文來討論。

　　在一個偶然的事件中，我更強烈地認識了高山族對美軍機構的感

恩。日本投降之後不久，我上山到以前的一個日本警察派出所，那是位於高山族的邊界山區。我原意是想看看泰雅族人目前的生活情況如何。當時日本人早已撤出山區，但是還看不到中國人的踪影。什在邊區附近的台灣人和高山族人之間似乎沒什麼問題，他們一齊在邊區的村莊請我吃了一餐盛宴。第二天我走過幾個泰雅族的部落，一些泰雅婦人告訴我，她們的丈夫和孩子都被日本軍徵調到菲律賓和新幾內亞去當挑夫，留下來的沒有幾個是男的，且不是老人就是小孩；初生的嬰兒很少，因為泰雅的嚴格族法規定女人除非能證明丈夫已死，否則絕對不能再嫁。她們求我「把她們的丈夫送回家來」。

我答應她們去跟陳儀說，同時看看我自己有什麼辦法通知負責遣兵回國的美軍機構。這是一個星期天早上發生的事。在第二個星期的星期二晚上，我在台北時看到一排高山族的兵士從鐵路車站移到附近的兵營去，由日本軍官隨伴著。我發覺那些人正是我日前去過的那個高山族村落的人，大約在三十英哩以外的山區。到了星期四時，他們都已回到了他們的故鄉家園。再過兩天，就是星期六的時候，一大隊年輕的男男女女弄來了許多禮物，出現在我台北的住處，原來他們從山上跋涉而來「感謝美國」這樣快地幫了他們的忙。我們至少已向他們表現我們的軍事機構是既仁慈又全能的，讓他們感到最大的滿意。

在一九四六年間，曾經在前線被俘的台灣人回台後至少成立了三個團體。他們都是因為受到一般美國兵的友誼和人道的待遇所感化而產生了敬慕之心。他們的際遇剛好與另一批軍伕在日本投降時於中國華南地方所受的窘境成了相反的對比。約八千名左右的台灣人駐在海南島，當日軍撤出而國民政府的軍隊開進去後，那些台灣人就被拘留了。

聯合國救濟總署的一個工作隊發覺那些台灣人在餓死邊緣，既受

了創傷又生了疫病，他們經過一番漫長又複雜的交涉，終於爲其中兩千人取得了回台的船位。但是當聯合國救濟總署通知台北的中國政府當局時，中國人卻表現出很苛酷的反應，他們說「這些軍伕都是日本的通敵」，現在又得給他們吃、穿、治病，又得送他們回台灣，簡直浪費金錢。基隆的港口當局一再強調他們絕對不管這件事。當聯合國救總請鐵路局長陳清文免費送那些人回台灣中部和南部時，陳怒吼道：「他們不值得幫忙！」最後，在聯合國救總的幫忙之下，他們終於回到家園時，他們對那些「大陸同胞兄弟」和國民政府當然只有怨言了！在一九四七年，當台灣發生起義抗暴事件時，陳儀和他的嘍囉們(甚至連蔣介石本身也一樣)一再地指稱這些遣返的軍伕是「共產黨員」，是「受日本毒害的惹是生非者」。

在這個時候，台灣的人民有過多的機會來仔細觀察台北高雄兩地及附近的美軍和水兵，他們看到的美軍都留給他們很好的印象。連續幾個星期，大約每天都有五百個水兵從基隆上岸到台北渡假遊覽。他們是派到台灣海峽去掃除水雷的。這個期間，從一九四五年十月到一九四六年三月，美國顧問團的人員也都很出風頭。並爲人民所歡迎。美國人用起錢來很大方，人又不拘束，所以到處都受歡迎。他們大部分的人都在中國大陸服役過。現在在台灣再看不到那些「美國人滾蛋」的標語了。大家相看時通常會叫一聲「嗨，你好！」("Hi, Joe!")。他們的工作旣輕鬆，住得又舒服，又有充分的時間可以光顧台北的一流飯店或山上的溫泉。

表面看來，這些美軍在台的任務是幫助陳儀和他的部屬在台北建立他的政府，同時處理被拘於村郊的日本人的遣送事宜。不過在數日之間，他們所扮演的角色就已起了很微妙的變化；因爲他們一方面變成了中國人自己之間的折衷者，另一方面又變成了中國人和台灣人及

日本平民之間的緩衝人。在新舊移接的工作中，這些美軍從不掩飾他
們對那班無能而又處處動用武力的中國軍的蔑視。不管在軍官們的住
所也好，在士兵的餐廳也好，大家的話題都會轉到中國人如何無能這
個題目──技術無能，爲人不誠實，個人表現懦弱膽小。幾星期過去
之後，無論是那一個階層的美軍，都發現他們正被捲入一些小危機中，
因爲，通常不是台灣人就是日本人，已被那些所謂「解放者」的中國人
侵害了。

台北需要永久的美國領事代表

顧問團的高級軍官處於極難堪的地位。私底下他們同情那些「被
解放」的台灣人及那些被掃地出門的日本人，可是他們的公開職責又
需要和陳儀的人馬密切聯繫，而且每天都得與這班人一齊工作。

軍事方面的工作倒比較簡單，只要將日軍財產移交並將日軍遣回
歸國就行了。但是要處理三十萬人民的問題就不是顧問團的能力和職
權所及了，因爲那需要很有條理地移交日人被充公的工商企業財產。
在台北的美國人很不受那些貪婪的中國人所歡迎，因爲只要他們在場，
中國人就不能肆無忌憚的爲所欲爲；因爲當時缺少解決人民的主要問
題之根本原則。在台灣人和日本人心目中，美國人變成了他們的生命
安全和財產的保證人，因爲和約尚未簽訂，轉移尚未完全而新政府的
組織尚未穩固。我們曾經自我解嘲地說，雖然戰時美軍軍政行政學校
曾一度爲台灣方面的職責訓練了二千人，結果只派來了其中兩個人，
而其中一個不久又離開台灣了。

九月的時候，傳聞價值五十多萬美元的金條在從日本軍方移交到
中國的總部之間忽然不見了。這些原是東京要送去菲律賓付日軍薪餉

的一部分金條，結果只運到台灣，日本就投降了。那些金條每片都個別地包好，而且還有個別番號。移交的時候它們是在證人面前層層檢查，然後才交給一個美國軍官。可是當它們交到中國人手裡的時候，再經過一次檢查，結果發現那些番號已經不照原來的秩序了，而且已經有好些不見了。中國人立刻就先發制人地控訴起來，而且還準備起訴「追回」那些金條。這個負責將那些金條從一總部送到另一總部的美國軍官忽然間失踪了，他在「緊急困難」的名堂下在上海退伍而離開了中國。

整個秋天的時間，我都在催促美國大使舘裡的朋友一定要在台北爭取設立一個民事代表以保護美國的利益。因爲價值幾十億美元的日本財產將被充公，然後轉交到中國人的控制之下。當然這在將來的賠款安排中必須加以愼重考慮。像上面所舉的那個所謂「金條事件」即是最好的警告。

後來有個外務部的官員飛來台灣，初步地調查了一下美國人的需要，然後於一九四六年的一月又派史都恩(Leo Sturgeon)來到台灣。史氏本來是駐滿洲的總領事。中國人對他雖然客客氣氣，但並不怎樣熱忱。美國領事舘在台灣正式成立使得陳儀很不高興，但是他只好接受這無法避免的事實，同時他也只有答應給以「充分的合作」。

美國人在台灣，看來是給了陳儀許多不方便。陳儀向美國高階層當局抱怨說美國軍官「多管民間閒事」，他的意思是說他和他的人馬爪牙一直在丟臉，因爲只要有美國人在，他們便不能盡情地、隨心所欲地搶刼。不但如此，更糟糕的是，那些被掃地出門的日本人和「被解放」的台灣人都一致轉向美國人，要求保護。

陳儀的抱怨很快就得到了反應。魏德邁將軍總部馬上下令要美軍顧問團撤退。也許陳儀沒有想到會有這樣的結果，或者他也害怕美軍

一走即無人保護他的人馬，因爲那些養精蓄銳的日軍都還沒被遣返，所以陳儀馬上又修改了他的怨言，美軍撤退的命令於是又被取消。從此之後，這些美軍人員必須以「聯絡組」自稱，其職務嚴格地限制於遣返日軍的問題，即純粹的軍事任務。

我的在場可就給他們一個稍微不同的困難了，因爲我是海軍副武官，旣與大使舘有關，又持有外交人員護照。我是不必和美軍顧問團一起撤退的。另外，中國人也知道，當我回到台灣時，我的一些老朋友和以前的學生們都非常興奮，同時中國人也了解，我對國民黨在台的新政府統治的情形簡直瞭若指掌。他們曾設法要把我調走；他們這件事情幹得相當乾淨俐落，也是在二次大戰期間中國地區常用的把戲。戲法是這樣的：有個海軍副司令官在台北暫停一夜，當晚他被請去大吃大喝一頓，私底下有人告訴他說我在設法「保護日本人的利益」。不久我就被傳到重慶的美國大使舘去解釋這件事，同時報告台灣的情形。我後來還是回到了台灣。

史都恩總領事在和陳儀的初次談話中，曾要求陳儀幫助美國找個合適的地方來設立美國領事舘，當然一切費用是由華府支出的，上海的總領事則請我來處理這件事情，所以陳儀就命令他的人馬來協助我。

果然他們給我開了一張單子，列上二十個地方，我一個個地查過，同時也注意到幾十幢大官邸和私人建築都被那些新進的中國達官顯要據爲己有了，我知道有好多人，每個都占上兩三幢大房子，他們的方法簡單極了，只要在每個地方派去三、四個傭人或衛兵守住那裡，防止別人再來占據。萬一後來取不到合法占有權的話，至少也可從人家付出的賄賂錢當中揩到足夠的油水，這樣他們才肯和和平平地撤出他們占據的地方。

當我查完那二十家要美國政府考慮的地方時，我馬上發現陳儀是

多麼費盡心機地想使美國面無光彩，使美國威信降低。這張單子上所列的房子，沒有一家是那些中國處長、將校們看得上眼的，當然，即令是個普通的中國官僚或私人，也不會想把那些房子占為己有。那些房子多半在貧民區的小巷尾，而且都已經相當腐舊。有些則是英國商人以前的財產，其法律地位還是未決的。有些則座落在遙遠的城區，有些根本連車子都開不到。很明顯的，它們都是中國人不要的，我把它們全部拒絕了。

我認為美國官方至少應該住個比較好的房子，像那些被遣返的日本人所留下來的地方。我同時覺得很奇怪，為什麼美國政府住這種房子還得向當地的政府人員巴結，付給他們大量的錢。

中國人再開了第二張單子讓我考慮，這次他們列出來的房子稍微好些，但也只是好一點點而已，其中只有一幢設備較適於辦公和住宅兩用，是個穩固而且有個中心點的建築。那是好幾年前美國的標準石油公司(Standard Oil Company)在當地的代表建築，後來曾數度易主，現在終於被充公了。我們要的話，可以把它買下來，這就變成了後來的美國駐華大使舘。

事情還有一點小波折，台北市的黃市長占據了城裡幾幢好房子，同時也看上了要賣給我們的那幢房子。陳儀的長官公署只好命令他罷手。這使他氣極了，結果為了報復，他便占據了戰前美國領事舘隔壁的一幢大房子，那是人家用來出租的房子。房主是個頗富有的台灣婦女，她有許多美國朋友，當她很強硬地提出抗議時，我們這位黃市長便給她戴上了和日本人「通敵」的大帽子把她逮捕了。在這場熱鬧的訴訟過程中，我們這位市長居然笨到在字面上告起美國政府來，說美國政府「偷」了他的財產。美軍聯絡組(American Liaison Group, 譯註：即由原來的美軍顧問團改稱)的軍官們認為這是個好機會，應該站出來抗

議中國人那種雞毛蒜皮的小人作風，總是一貫地要使美國人在公共場合失面子。結果市長大人只好被迫登報道歉，這件事情他也做得心不甘情不願。

美國標準石油公司房地的波折並不如此就告結束。我們都還沒來得及派人出去測量房地和計劃翻新的工作，國民黨的一個將領已經看上了那幢房子和那塊地方，而且早就派人先下手爲強搬了進去把房子占領起來。他們反而要求我們閒人免進。這弄得陳儀本人非出面不可，他直接下了一道命令給這位將軍，才把廚房裡的將軍代表人員請了出去。

陳儀也並不是很高興這樣做，大概這個時候，住在玫瑰公館的美國戰略情報部工作人員犯了一個大錯，給了共產黨一個絕好的機會，經過共黨的添油加醋之後大大地宣傳起來了。戰略情報的軍官們爲了要調查民意，結果笨得出奇地在街上隨便攬住人便問，他們還帶了些翻譯官，被攬的台灣人都嚇了一跳，他們被問的問題是：第一，繼續讓中國人統治？第二，回到日本人的統治？或第三：由聯合國託管而暫由美國管理？

這是個笨蛋的作法，當然中國人有理由生氣的。但是那些戰略情報部的軍官們相信，台灣各地反對中國人的情緒已高漲到可以大大方方地來調查一下的程度了。

一九四六年一月，華盛頓的史克利普斯·霍華德報團派了一個通訊記者威廉·紐頓(William D. Newton)到台灣來調查台灣的現況，因爲中國大陸上的報章雜誌當時都很熱鬧地報導台灣的情形。紐頓先生走遍了台灣全島，聽各方面的意見，他到過的地方，所有的台灣人都在抱怨那些新來的中國人的不好和不是。

陳儀的嘍囉這下可慌了。他們費盡心機爲我們的上校主管開了一

個非常精緻的大宴會，我聽到陳儀的一個處長先生正在費盡口舌說服我們這位不知底細的上校，說紐頓在台灣出現是對「中美傳統友誼」有害的，宴會裡大家都不斷地在爲「中美加強合作」而乾杯。不久，我們這位上校先生站了起來，猛敲著桌子大聲叫說要把紐頓先生趕出台灣，並揚言今後未經他允許的記者不能進入台灣。我們知道他的權力只限於在美軍聯絡組之內，超過組外他是無權的，不過他這樣一宣布，使得陳儀的處長先生、主人都笑逐顏開，皆大歡喜。他可眞是很伶俐地過了關！從此之後，美國的陸軍不管在交通或住宿方面都不再幫助紐頓先生了。

這時日軍代表向美軍聯絡組報告說，中國人食言，未遵守規約在日軍遣完以前保持足夠的食糧。美國人知道，全台灣島內的緊張氣氛正在與日俱增。他們也知道國民政府的所有諾言都是不可靠的；萬一這十七萬被拘留的日本人眞正發生糧荒的話，他們可能會爆發對大陸人的一場動亂。

因此我們的上校先生向東京的麥克阿瑟總部發出緊急信號，同時建議加速遣軍的日程，而在一九四六年的四月一日，終於把最後的日軍遣離台灣。美軍聯絡組的任務已告完成，於是就撤離台灣。

美軍離開了，但他們留下給人很深而且很好的印象。從現在起，台灣人的利益誰會加以保護？日本平民的安全程度如何？沒有人知道，也沒有人會去預想將來的可能性！

第五章　奸商政府

國民黨的骯髒軍人

　　台灣人對「光復」的熱心僅維持了將近六個禮拜，便到處出現了諷刺國民黨軍的漫畫，把陳儀畫成肥豬一條。陳本身確實是既胖又矮，細眼厚頰，因此極易成爲漫畫諷刺的對象。台北街頭巷尾到處貼有「狗去豬來」的標語。同時私人的談話中，「日本狗至少還會看護我們的財產，（中國豬却…）」屢聞不鮮。

　　台灣人的失望不是沒理由的。自從台灣的富裕很快傳遍中國大陸之後，成千的江湖郎中、騙子之流便湧向台灣，尤其以來自上海者最多。他們有些眞是神通廣大，居然能夠收買或賄賂而搭上美軍飛機到台灣，有時反且喧賓奪主把出差的美國陸軍顧問團人員擠出機外。其他大部分的中國人無此神通，只好乘舢板越過台灣海峽而來。

搶刼案件不斷在三個階段發生。從一九四五年九月起至年底的搶刼爲最下層的軍人所爲。只要是無人在場看顧的東西，或能輕易移動的物品，都成爲這些毫無紀律的軍人的目標。這些屬於初期的偷竊幾乎每個都市、每條街上都發生過；郊區或村莊，只要有國民黨駐紮的地方也就有這種事情發生。

第二階段的搶刼是國民政府高級軍官所爲。他們利用安排在各港口的先遣人員開始將軍用品和日用品運往大陸。最後陳儀及其親信將所有工業原料、儲備的農產品以及日人移交或被充公的財產牢牢控制住。到一九四六年年底以前，龐大的儲備品均被一掃而空。一九四七年初，陳儀的親信更以極端的壟斷制度控制全島的經濟生命。這便是陳儀所謂的「必然的國家社會主義」，也是最後造成一九四七年台灣抗暴的原因。

國民黨軍在大規模調遣的初期，把一萬二千名的部隊塞到台灣來。他們乘美國軍艦到達基隆和高雄。後來警備人員一直增加到三萬人左右，在一個五百萬人口的地方也許不算多，但其剝削却不少。當時國民黨軍的薪餉如果如數照付的話，每人平均一年三十三塊美金，這個數字包括當時抄自美國制度的「海外津貼」。但是不久，通貨膨漲惡化到一個月的薪津都買不到一日的糧餉。這些毫無紀律而又吃不飽的國民黨軍，到處搶刼私人財產更司空見慣了！以前他們在大陸吃定了人民，現在吃定了台灣人，而且吃得很開心。

他們搶得開心，吃飽又穿好，但他們那種污穢而毫無敎養的舉動，和已現代化的台灣人相形之下，便只有成爲被譏笑蔑視的對象了。

他們大部分來自落後的省份，未曾見過平舖的道路和進步的交通系統，亦不熟悉早已成爲台灣人生活中之一部分的普通工具。我們常見他們偷了脚踏車，扛在背上到處找人脫手，根本不知怎樣騎車。一

天晚上，我沿着淡水河開車，發現前面被擋住去路，一群憤怒的台灣人正與幾個軍人在爭吵。原來那些新到的軍人把日本人的小船占為己有，小船本來沿防波堤停泊着，現在船的纜索却被拖到堤岸上，橫過公路而繫在路邊的樹木上，海潮一漲，船隻及纜索隨着潮水高漲，結果把公路交通擋住了！

在台北，國民黨陸軍通訊團（Army Signal Corps）在陸軍總部與美軍顧問團之間架起了電話，他們將電話綫橫置在台北車站的鐵軌上，結果當火車一來，就把整個電話系統結束了！又譬如在台北一家大百貨公司樓下，成群的軍人連續幾個禮拜一直圍觀看裡面的神祕升降機，看得他們個個目瞪口呆！像這樣的小插曲真是不計其數，在在都說明了這些新人的無知和落伍。

台灣人有時譏笑、嘲弄，有時變成憤怒。幸虧這些小兵很少隨身帶有武器，所以台灣人不難將他們罵開。通常，假如這些小兵不付款就想把東西強迫搶去，台灣人便會把他趕走。但是對付那些軍官級人員就不是那麼容易了！譬如中國空軍人員便自認是智識領導階級，可說是最傲慢而目中無人的一群。許多軍官在爭吵時毫不猶疑地亮出武器來！這裏光是野戰軍官就有數百名，而將官也有數十個——包括那位掛名領薪的少將「台灣警備交響樂團團長」。到了十一月底，搶刼情形已惡化成大規模而且組織化。食糧、衣料與碎鋼鐵等等價格劇漲。這些軍官有了士兵的幫助，只要與頂頭上級共同分贓，他們便可利用沒收的日本軍車，將搶刼的財物運去藏在私人倉庫，然後再運往上海。例如所謂的「保安隊」，在九月抵達台灣時馬上就將台北所有的垃圾車據為己有，到了十一月底，只要尚能開動的車子無一不是載運貨物去碼頭的。擁有車子的台灣人或司機除非聰明絕頂，否則便無法保障他們的車輛。另一方面，街頭的垃圾堆積如山，老鼠到處橫竄。

　　當然，不僅軍官搶刼，但是因為他們穿的是軍服，而且在光天化日下公然行搶，同時他們仗着軍人身份，顯然不為民法約束。日本人成了他們最容易下手的目標。三十萬日本人民正焦急地等待遣送和法律地位的安排。

　　在遣送回國之前，日本人只好在家靜待通知。麥克阿瑟將軍這時下令盡量緩慢執行遣送工作，因為幾百萬的日本人在嚴冬的酷寒之下被遣送回國，正面對着戰後日本的淒涼慘境。可是在十二月底之前，台北已有數百位日本人未經通知便已被掃地出門，甚至另有數百個日本家庭被武裝的中國軍人洗刼一空，只要能變賣的，能帶走的，便一律帶走。

　　最初台灣人以為這是無可避免的，有的鑒於日本人從前對待台灣人不無相同之處，認為罪有應得。但是在十一月和十二月兩月之間，他們發現新來的中國武裝軍人對於這塊新征服地不分青紅皂白地亂搶，台灣人只要住在日式或半日式房子也成為被搶刼的特別目標。到了年底，沒有任何私人財產能保持安寧不受騷擾。卽使藉賄賂得以逃過一次搶刼，仍不能保證不再受搶刼。有時，不同派系的集團居然在被搶者的屋前爭鬪起來，因為双方都爭着要「解放」這戶人家。

　　不久，主要工業設備均被「解放」了。例如位在基隆附近的大瑞芳金銅礦（The Great Zuiho Copper and Gold Mines），在戰爭中曾一度生產全日本銅產量的百分之二十，礦場的機械設備因此具有高度發展性。最初那些士兵常個別地徊蕩在那毫無警衞的礦場附近，撿走完整的器具和原料。然後那些軍官集團便相繼蜂擁而來，他們開的是沒收得來的車子，不久他們卽將所有重機械拆散，把電綫金屬之類全部除去，然後將整部機械運到碼頭，等待運往上海。後來我到達該礦地時，發現連結在門上的金屬門框和屋頂也已被帶走，只留下來一些

空架房。啊！曾幾何時，這裡還是工業設施的重地！！

　　在台北和基隆兩地，白天，台灣人和日本人埋頭苦幹想把被炸壞的公共設備修復起來，可是夜間那些穿着軍服到處流浪的軍人卻把幾里長的電話銅線剪去，把剛剛埋好的地下水道鐵管和消防栓鐵管通通掘起，又把私人的抽水設備拆散，公然用軍用卡車把搶刼而得的東西帶走，並且還威脅守衛的人員。火車連續發生了幾次嚴重的車禍之後，人們才發覺，原來那些「解放者」把鐵路的自動開關和信號設備都偷去當破銅爛鐵出賣了。

　　日本的陸軍、海軍已正式放棄了駐紮二十萬人的營地，及數百棟軍用的建築物和數千畝的土地。卽使如此，國民黨軍仍侵占了台北許多學校廟宇和醫院，直到第二年才斷續搬出。只要是被國民黨軍駐過的房子，設備一定被搶一空。例如位於台北西北的孔子廟就被損得面目全非，其附近的一座禪寺也完全被毀，裡面的設備用具和所有的東西都被變賣一空。馬偕醫院被占據了數月，裡面的設備和金屬也是被洗刼一空。許多的木門、門框和樓梯的欄杆，都被國民黨軍拆下來在水泥地上生火煮東西。連淡水河附近的麻瘋病院也被占據了。

　　國民黨的高級軍政官員都對房產感到極大興趣。以前在日據時代，日本政府的每個部門都擁有豪華的官邸，用以增加殖民政府官員的威風；同時，像台灣電力公司、糖業公司及漁業團體等大部分的私營企業或半私營公司，在城裡都擁有宿舍，在郊區的溫泉地或山上也有避暑山莊。

　　這些房產現在都被國民黨高級軍政官員據爲己有了。有好幾次這些高級人員乾脆就搬進台灣富翁的家裡「作客」，然後放出風聲說，國民政府正準備把過去五十年間與日本人合作的台灣人個個都加以處罰，有好些台灣富豪就這樣被捉起來，叫他們住到軍隊總部的舒適的

房子，然後在一九四六年一整年之間慢慢被敲詐。他們被迫做各種「捐獻」，其中包括在原爲一個日本總督立銅像的地方爲蔣介石立一金像。

這些傑作的主角是國民黨部隊，因爲他們自稱是「解放力量」——其實不必等到一九四六年新年來臨，台灣人就親自看到「光復」的眞面目了。只要門口出現一部車子，門外來了一團匪黨，加上一個自稱代表「高級」人員的奸細，那就是你已被掃地出門的意思了。雖然當時的經濟重組應由民事控制，但陳儀周圍的公務員們顯然是在軍隊的指使下行事。

連陳儀所用的許多官員也不敢信任他們自己的部隊。譬如日本的房子從來就是有圍牆圍住的，但我們不久便發現，國民政府官員們在住進向日本人沒收的房子後，常常還要在水泥圍牆上再加上玻璃碎片、鐵釘、鐵絲網之類的東西以做爲保護，但日本人住在台灣時從來不曾感到有此一舉的需要，由此可見，這些大陸人的心目中對於他們那些部隊殘兵的觀念如何了！

台灣人對國府軍的反應

國府沒有遭遇任何有組織的對抗。日軍早被遣離，台灣人沒有自己的部隊，擔任警衛的台灣人寥寥無幾。一般的台灣民衆都是奉公守法的善民。共黨的威脅並不存在。

大批的軍隊警衛無甚必要。公開的數字雖然極不確實，但我們相信，在一九四六年，全島的大陸部隊高達三萬左右。一月，陳儀宣布了徵集台灣靑年壯丁的計劃，九月卽將開始徵兵。台灣壯丁將被徵調到「祖國」大陸去鎮壓共黨。

台灣民衆憤怒的呼聲，使得陳儀驚訝。台灣人力斥這種徵兵計劃，

因爲戰後並未簽訂和約將台灣地位從日本轉到中國手中。台灣人曾向
陳儀保證自願籌組自治軍以保衛台灣本島，但不願將台灣人民投入國
共內戰的洪流中。他們認爲一支由台灣人組成的自治軍足以保衛本島，
而來自大陸的部隊應留在大陸執行任務。連續數週之間，報章雜誌都
針對這個問題爲文著論。一般認爲，陳儀的計策在盡量將台灣壯丁調
離本島去防守遙遠的邊疆，以防止台灣島上任何自治或反抗的可能性。

　　一九四六年的九月很不靜地過去了，徵召台灣壯丁的事不再聽到
進一步的消息。台灣人與占領台灣的部隊關係日漸惡化。蔣介石和他
的國民黨軍及政府在中國大陸不獲民心，不得人民的支持，以致喪失
了中國大陸的根本原因，在台灣清清楚楚毫無保留地暴露出來，大家
已有目共睹。

　　不幸的是，早期占領台灣的幾個月間，台灣人公然地譏諷國軍官
兵的亂行無紀和他們對於簡單現代器具的無知。我曾經有一次注意到
一個軍官把腳踏車扛在一邊，自己則徒步而行。跟在他後面的是個淚
眼汪汪，怒氣冲天的小孩，他跟蹌地尾隨在後，叫嚷說這個軍官偷了
他的腳踏車，這是他家的一部寶貴的車子，假如他取不回去就不能回
家。年紀大些的台灣人注意到這件事，而這個軍官自覺快被他們阻擋
去路，於是猛地跳上腳踏車想企圖遠走高飛。但是他踩了幾下便跟蹌
撞進路邊一條相當深的陰溝裡去。一群圍觀的路人一時都啞然失笑，
這位軍官狼狼地爬起，混身污泥，邊罵邊跳離開現場，讓腳踏車掉在
陰溝內。

　　又有一天，我親見一部過分超載的軍車滿載中國大陸軍官沿基隆
公路行駛。車子的後輪搖擺不定幾乎要脫出車外，司機仍一味駕駛毫
無停意，結果在一陣搖晃之後便癱瘓在路上。路旁圍觀的人一望即知
這件怪事的意義，這些大陸人顯然對於車輛是一無所知。當車上的乘

客陸續爬出車外時，台灣人不禁失聲大笑，譏爲猪仔破籠而出。中國人則怒不可遏地邊罵邊走。幸好他們沒帶武器。他們已失盡了面子，比折了骨頭所受的創傷還要嚴重！

諸如此類的衝突全島到處皆屢見不鮮。多年來中國人自認他們曾經委屈卑賤地忍受日本人帶給他們的恥辱，如今却連自己的同胞也要譏諷他們，而這些同胞應該是不如他們的二等公民。我認爲這點應該是日後台灣事件發展的重要關鍵之一。

囤積居奇　高級官員的紅運

假如把警衞部隊官兵向商戶和民間偷窃得來的贜物，和陳儀的幕僚及高級文武官員在島內搜刮運走的貨品做一比較，那幾乎是小巫見大巫。日本有一經濟學家曾經直接參與日軍財產的登記與移交。根據這位權威學者的估計，日本在台被充公的公私財產先後移交給國民政府的，若以戰前的成本爲基準計算(不是戰後上海或台北通貨膨脹的價值)，單就非軍事物資而言，最保守的數字已超過美金十億。除此之外，日本陸軍與海軍曾各別囤積了大量的食糧、衣物、醫藥和其他器具，軍火及彈藥。這些物資是預定要送往南洋及東西印度群島的日軍前線的，但暫時儲放在台灣。除了軍火及彈藥之外，其他軍用品的價值以一九四五年底的市價計算超過美金二十億。而軍火彈藥囤積在台灣的，價值更不計其數。

中國人初到台灣的幾個月中，就開始陸續將這批龐大數字的囤積品源源不絕地運離台灣。陳儀的親信們雖聲言，他們爲了愛國，已迅速將軍用物資運往大陸補給國民黨軍以對抗共黨，但我們有足夠的理由相信，這些物品在運往前線的途中曾經大量「繞道而行」。

　　一九四五年，一次大規模搶刧糧食的行動導發了台灣人與新政權之間第一次的重大危機。

　　本來在日本投降時，日本陸軍曾囤積了大量食糧，足夠供給一支二十萬人的軍隊長達兩年之久，或供給一支二十五萬人的軍隊長達一年半。他們本來是準備長期困戰的。此外，在台灣各港口附近曾囤積了大量的食米及食糧，正待運往日本本土。雖然一九四五年的產量因缺乏肥料而稍降低，但收穫仍是有餘。(戰前台灣產米量年產約一百六十萬公噸，大約一半爲島上五百萬居民所消耗，一般人生活頗佳。)

　　前面我們曾提到麥克阿瑟將軍希望緩慢從台灣遣回五十萬日本人，戰後日本的第一個冬天是淒涼、饑餓、寒冷而又困苦的。假如日本人暫留台灣，吃住問題比較容易解決。

　　可是中國人一進駐台灣，便立刻要求將所有的軍需物品馬上移交，包括米糧及其他配給品。日本官員曾猶疑，不願意應允其求。後來美軍顧問團取得國軍的保證，保留足夠的糧食直到日軍完全撤離台灣。

　　國軍的保證形同具文毫無價值。前面提過，在十二月底日軍資深官員已指出大量的軍用米糧已被運走。有些中國軍官借着個人方便已將部分米糧在島內出售得利，並且不斷地大量運出島外。大量非軍用儲米也不脛而走。到處都可聽到糧食危機的謠言。那些被拘留而又倔強的日軍是不會甘心束手就範的，尤其是要他們在當時富裕的環境之中去挨餓，或當他們得知那些毫無武裝的日本平民將被武力傷害，萬一台北眞發生搶刧糧食的事，日本人民無疑地將成爲第一個被害者。因此之故，遣軍便遲遲延到三月底才完成。

　　台灣的每戶人家幾乎都受糧食突減的影響。雖然米糧買得到，但價格已高得驚人。種有食糧的農民不斷擔心食糧被充公。事實上台灣人有足夠的蔬菜、水果和其他糧食可以度到春收，但稻米是主產，而

這是有史以來台灣第一次有缺米的現象。沒有米糧的話，台灣人像被剝奪一切似的，感到驚懼不安。中國的長久災荒是眾人皆知的。

台灣人的祖先早年遠離中國大陸，爲的就是逃避長年的饑荒和惡劣的政府，但現在是一個緊接着一個不斷來臨。他們心中的憤怒多於恐懼，因爲他們深知農產品不斷地生產，但大量產品却被運出台灣。碼頭和倉庫的工人日以繼夜地將它們裝上船隻和舢板。糧米外運的事實是瞞不了人民的！

人民熱烈要求政府採取行動，但陳儀政府最初只報以花言巧語，企圖以「愛國」和「爲國軍反共保台而輸糧」等等美麗的八股來答覆人民，後來根本不理睬人民的批評。他拒絕擔負責任，甚至反而一口咬定台灣人自己囤積居奇。無疑地，極少數的台灣人確有囤積的事實，但私人的儲量簡直是芝蔴小數無關緊要。

當政府報以行動時，完全出乎台灣人意料之外地，陳儀竟然展開全島大規模的征糧，勒令各地名士出面負責爲政府征糧。這種毒計顯然要構陷台灣名流成爲糧荒的待罪羔羊。台灣警備總部的柯遠芬將軍宣稱將採取嚴厲手段以維持反囤積的法令，同時勒令警察隨便擅進民房搜查。

征糧的權力一旦落在警察和軍隊手上，他們只要稍微示意一下，就足令一些記錄不合格的私人米商向他們進貢錢財或「禮物」。敲詐遂卽成了法令。舉一個例子，我曾得悉有個米商，他的儲米在星期二被檢查後已將買賣收支登記完事，結果星期五另外一個不同單位的警察又來查帳，這次居然「不合格」。隨後他卽被逮捕，更被迫奉獻一大批賄金才被釋。他的儲米盡被充公。

此時（一九四六年初）蔣介石的藍衣社（恐怖特務）已逐漸由上海來到台灣。他們與本地的流氓「虎鬚」合作，常到處搶刼倉庫，滋事生

非。柯遠芬公然袒護所有搶刧囤糧的人，保證絕不逮捕他們。

　　換言之，在「光復」後短短的四個月中，我們看到上海的流氓幫派輸入台北橫行無忌，背後同時加上軍隊和國民黨的助紂爲虐。陳儀的反囤積運動顯然是藉此破壞台灣知識分子和中產階級的計劃，因爲在日本據台末期，這批台灣士紳、小地主們在城裡的工商界亦稍有投資，他們已形成一股反對的力量。國民政府、國民黨及軍隊是造成糧荒及危機的主犯，但他們採取的措施却是針對台灣人，利用台灣人以台制台。

　　軍事物資運往大陸旨在增加將介石個人的權力慾望，而非用以增加他的財富。大量的食糧則是被數千軍官、黨棍和行政人員共同分贓。此外又有大批貴重的工業原料及產品儲藏在倉庫保留着。據參與正式移交日軍財產的日本經濟專家的估計，工業儲料之多，足夠維持三年綽綽有餘，而在此期間若加以適當管理，台灣經濟當能恢復原來正常的生產潛力。他們更警告中國人，在當時環境下，儲備品是台灣經濟復原所需的資金。可是他們却被中國人直截了當地拒絕了，要他們不必多管閒事。

　　製糖工業當然是最重要的目標。遠在一九三九年，台灣的糖產量即已超過一百四十萬噸。可是在一九四七年的中國政府管理下，全部糖產却不過三萬噸而已！這個數字差不多等於一八九五年日本尚未領台時的產量；這眞是中國人管理下經濟命運的最好寫照了!!

　　蔗糖在戰時曾因勞工缺乏、或耕地縮小、或缺乏肥料而減少產量。在一九四五年時大量的糖料曾囤積等待運往日本提煉。多半的糖廠雖有失修和損壞的現象，但並沒有受到多大的炸毀。然而在一九四六年，本來應該用以戰後復原的預備儲糖却被一掃而空。

　　日本投降之時，行政院院長宋子文馬上命令將糖大量運出。來自

香港的報導說，大量的糖已由台灣直接運到香港的私人倉庫裡。最低估計是十五萬噸，最高估計達六十萬噸。沒有人知道正確的數字，但很顯然台灣的儲糖已不翼而飛了！

這件事，台灣人認爲蔣夫人的哥哥宋子文應負全責。台灣人對於蔣宋家族的態度頗受這種傳言影響。

幾乎各色各樣的儲備品都以此類方式被運出台灣。譬如，平常台灣的煤，在基隆港口附近一帶一年就產煤約三百萬噸。在一九四五～四六年間，後備的儲煤本應配給全島內工業的消費，結果都運到上海去。另一方面，台灣鐵路管理局貪圖載運旅客、行李和其他貨物之有利可圖而對運煤不感興趣。陳儀的其他部屬却覺得煤產有大利可圖。當一九四五年冬天來臨，台灣的煤在上海市價眞是高得驚人。大陸中國人在台北基隆盡可能搜購大量煤炭，但只付出低得不能再低的價錢。台灣的煤礦業主終於忍無可忍群起要求簽訂合同，保證最低的利潤收入，否則就停止產煤。陳儀政府此時出面干涉，規定由政府的工礦處執行煤炭的買賣，造成事實上的煤炭壟斷和操縱。台灣人於是把煤炭賣與政府，希望政府於利潤之餘能讓人民分享部分利益。可是令人失望至極的，陳儀的親信向台灣人購買煤炭馬上轉手以極賤的價格售給政府的其他部門——純粹是紙上的虛假交易。然後以合同上規定的利潤百分比付與台灣人。最後工礦處的第二個機關再以瞞天過海的手法將煤炭運至上海，以天文數字的高價出售！

以前日本官方對於食鹽、火柴、酒、樟腦以及麻醉藥品等的控制專賣，曾爲政府取得極大的稅收。在一九四五年底時，這些原料和成品都移交給陳儀政府，而成了陳儀另一無法形容的暴發橫財。

陳儀接收之後，這些儲備物資經過合法的途徑再出現於市場的，簡直寥寥無幾。大部分的移交品都列入記錄，有案可查(日本人備有記

錄），但它們在中國人手中的下落如何却無影無蹤。舉例言之，爲數四十二萬三千噸的樟腦移交之後，中國官方數字顯示其中只有四百噸在中國人最初半年統治時加以提煉。我們確知大量樟腦被運出台灣藏在香港的私人倉庫中。又，三百五十萬箱的火柴移交之後，翌年初台灣却造成了火柴荒！（在五月召開的人民政治協商會中，政府的發言人解釋說因爲「缺乏適當的交通運輸」，所以在上半年中只分發了一千四百七十三箱。）事實上，這些火柴早就被運到大陸去了！

　　大批麻醉藥專賣品的下落最爲台灣領導人物所擔心。早在日據時代，麻醉品由政府控制曾是台灣人與日本政府間一大衝突的原因。在戰前的十年間，日本政府未曾將麻醉品原料及成品年產量公布，但曾一度將年終積存的數量公開於世。換言之，我們知道一年消費之後所剩的數量；從這個數量可以猜測到平常儲備的總數。（所有日方在這方面的數字都不可過分信任，因爲自從國際聯盟揭發台灣人規模而有組織的製造麻醉品的事實之後，日方自一九三二年以後的公布數字即直線減低，當然是不可完全相信的。麻醉品在亞洲大陸上是太重要的武器，在台灣島內受極嚴密地管制。）

　　一九三四年底的記錄顯示，台灣專賣局年終積存六十七點九公噸的鴉片原料和十九公噸的鴉片成品。而一九三五年底的積存則爲四千二百四十五公噸的古柯葉，六百零六公噸的嗎啡粗製品，以及一百二十五公噸的古柯鹼粗製品。十年後陳儀宣稱日本人只移交九千七百二十磅的鴉片和「少量」的古柯鹼。他說這些儲備品已分成三份，一部分用於各地方的衛生局，一部分送到南京供給部隊醫療所使用，剩下的部分則已被燒燬。此後古柯鹼及古柯成品將不再生產。原來他的手下早已控制了台中及台東附近的古柯園。

　　幾年來台灣一直被公認爲世界上最大的麻醉品製造中心之一，同

時也是非法藥品的主要來源。我們駐台的領事於一九四六年時基於台灣現在「已是中國」的假想，認爲中國人要怎樣處理他們的麻醉專賣，事實上與美國政府無關。一九四九年，聯合國的報告書中指出，中國政府自從日本於一九四五年投降之後就不曾向聯合國提出麻醉品的儲藏、製造及使用情形的報告。

中國官員準備建設一個新的台灣

新政府曾把它的組織體系表詳細地羅列出來。從紙面上看去，一切都有條理——因爲它提供了政府各部門所需的一個相當複雜而又現代化的經濟及社會服務體系，這些都由日本時代繼承而來。

陳儀的身邊盡爲他的幕僚臣屬所包圍。大部分是中國大陸的教會學校出身，日本工科學校或大學畢業，也有留學西歐美國的。基本的經濟命脈都操縱在他的財政、交通、工礦、農林諸部門。

陳儀提名一個姓徐的來掌握全島的經濟命脈——交通部門。徐某與宋子文的招商局曾長期勾結。中國沿海及內河的大部航運幾爲招商局所控制。陳儀一提這個名字便引起各方不滿，結果祇好把他的名字撤銷。徐某於是內調到上海招商局當營業經理，其後陳儀將台灣長官公署的上海辦事處設在招商局營業部的樓上。陳儀重新選過另一個昔日的福建同幫嚴家淦來代替徐某。

嚴家淦在陳儀統治台灣期間可說是個要人。他由交通處處長而財政處處長，有時並兼掌民政處。台灣人比較喜歡他的爲人，因爲他是個好好先生，不像其他人那麼高傲無理，他好像眞正地想處理些周圍的問題。

其他的要員在個人的公共關係上不像嚴某那麼成功。在嚴某的身

邊有包可永，他是留歐的，人相當文雅。他被派來台當工礦處長。他
太太的姊妹正是招商局營業部主任的太太。而他的兄弟正是長官公署
上海辦公處的主要聯絡官，辦公室也設在招商局的大樓上。陳儀的鐵
路局長陳清文，後來升爲交通部主腦以及招商局的董事長。

　　當嚴家淦由交通處調到財政處時(一九四六年初)，他的遺缺便由
任顯群補上。任某曾留學日本及意大利，在中央政府曾任職於公路局。
農林處處長是趙連芳，曾獲博士學位，是個上了年紀的人，他出身美
國的威斯康辛大學。

　　這些就是控制台灣財經、運輸、工業及農業的首要人物。他們藉
着在國外學得的經驗，使他們能夠輕易把美國來賓和觀光客隨心愚弄。
大部分來自華盛頓的走馬看花的觀光客似乎很容易相信，一個外國人
只要英語講得好做起事也會很民主，要不然只要他們在美國過一段學
生的生活就一定會有親美的傾向。陳儀這些親信處長們對於對付來賓
的訪問工夫眞是到家，他們學會玩弄簡單的統計數字，能夠把來賓說
服，使他們相信在台灣一切的進步是令人滿意的。但是長期與他們在
公事的來往及私生活的接觸，他們的本來面目便暴露無遺了。他們嘴
邊雖掛着漂亮的「我們台灣同胞」，骨子裡却輕視這些「化外」之民；他
們的眞正企圖在於盡最大努力以最快速度將台灣的財富搬空。這並不
是他們口頭上說的，而已是他們在一九四五年到一九四九年實際上所
做的。

　　陳儀的政府組織表印得非常清晰好看，但事實上因爲互相爭權和
功用重覆而職權劃分不清。軍隊有小組織，黨部有派別，軍民有爭權
地域、有幫派利益等等(例如上海對南京，福建對浙江或廣東等皆是)，
再加上最基本的利益區別，就是台灣人與中國大陸人的敵對關係。

　　每個處長都有個人的部下和一大群親戚朋友在支領薪水。有一些

處長更是跋扈無忌。譬如秘書長葛敬恩，他派了他家七個人占據了七個重要而有肥水的位置，但這七個人連一點起碼的條件或資歷都沒有。再拿高雄的警察局長一職來說，警察局長把他家的四十個親戚都列入薪水簿上。有些中國大陸人純粹是在掛名支薪，例如那個掛名爲台灣警備交響樂團的所謂團長中將先生，他既非軍人又非音樂家。又台灣貿易局長的肥缺落到陳儀的姪子身上，有人說那是陳儀的私生子。還有某一個部門的主管把他的姘婦掛名到薪水簿上，美其名爲「技術專家」。

台灣人雖然喜歡把事實、流言和傳聞全部公開印出來，使新來的中國人丟臉，但當時的事態實在是太嚴重而不是可以開玩笑的。經濟的負擔全落到台灣人的肩上，他們不久就經歷了陳儀的福建處方「必然的國家社會主義」的苦頭了！

日本只要僱用一萬八千三百人就能推動的行政工作，陳儀的政府卻需要四萬三千人。這僅是一九四六年中的數字，這些名單一般認爲是太低估了，而且少得太不正確。

爲了裝飾門面，陳儀拿五個台灣出生的人去填補二、三流的職位。這五個人沒有一個在過去十五年中是住於台灣的。他們之於台灣人形同陌路一般；在不到一九四六年年中時，早已被認爲是「國民黨的走狗」。又在一九四六年年中時，政府僱員裡台灣人的名字雖占大多數，但原來這些被僱用的台灣人，在台北辦公廳中多爲傳達的女孩和打掃的工人，在鄉下辦公處所也是書記工人之類的小差事。重要的職位或實際的行政權力全操在大陸人手中。

一九四五年十月，形式上在政府和工業界的所有日本人已被革職，所有的權力均被取消，但幾乎以同樣迅速的戲法，爲數三萬的日本技術人員都被拘留爲暫時「顧問」。這無異承認了中國人不夠資格統治台

灣。但爲了要面子，陳儀規定日本技術人員必須呈請獲准才能暫留爲顧問，如此把他們大部分的公民權剝奪。

事實上當日木投降之後，約有五萬日本人曾自動要求留在台灣，因爲那是他們一生的故鄉。但在陳儀統治下，幾個星期就足夠使他們改變初衷；戰後支離破碎的日本，公共慈善事業以及美國的占領反而變成更好的抉擇。到一九四六年底，只剩下二千左右的日本人仍留在台灣當「顧問」。

國民黨員在台當「指導者」

陳儀宣布說要把「落後的台灣人」訓練成代替日本人的文書及技術人員；因此在一九四五年十二月十日開辦了一個「省訓練團」。這個九十天的訓練課程包括中國文學、孫文的敎條、蔣介石的言行及另外一些精神訓練。另外有些籠統的地理、歷史、政治、經濟以及一些技術課程，如會計和氣象等。

就連這個訓練團也是個裝飾門面的勾當。第一期三百七十五個完成受訓的台灣人中，沒有幾個人被僱用。他們深深地埋怨說當他們在受訓的時候，日人所遺下的空缺很快地都被大陸來的人捷足先登塡滿了！

一九四六年初，陳儀政府的高級階層盡爲無經驗的大陸人占滿了。台灣人則貶低到手工之類的職位，如小職員、傳達以及修理員等。慢慢地，就連這些職位也都被擠掉而讓給新來的大陸移民。

在一九四五年及一九四六年，國民黨的組織事實上只擔任一個小角色。那個先在九月五日抵台的神秘「張上校」在年底卽搖身一變而爲國民黨靑年團的主要負責人。這個團體類似希特勒和史達林的靑年團。

曾經有一段短暫的時期台灣人相當熱心於合作應征入伍。因為國民黨的宣傳把自己說成「新中國」的靈魂和良心，蔣介石是它的總裁，孫文的三民主義是它的聖經。

在歷盡五十年日本統治的台灣，三民主義聽來真是動人。它們的口號喊出民族主義、民權主義和民生主義。在一九四五年，這些口號被解釋為國民黨和蔣介石將熱心恢復台灣人的中國國籍，保證台灣人的民權，創立一個民主的代表制度，使台灣人能在中央政府之中代表台灣人，更進一步來恢復和發展台灣的經濟。

事實上台灣人很快便發覺國民黨政府之間利益劃分並不清楚。國民黨員位居中堅，他們期望政府對黨服務，而且負擔黨的經費。國民黨的組織因此把總裁的權柄提到至高無上。就像德國的納粹黨不能沒有希特勒，意大利的法西斯黨不能沒有墨索里尼，西班牙的佛朗哥黨不能沒有佛朗哥一樣，國民黨不能沒有蔣介石！

台灣人又發覺國民黨許多形式主義的要求和崇拜天皇的日本國教太相近了。那種例行公事既浪費，負擔又重，台灣人並不希望在另一個名堂下再過同樣的生活。

譬如，在日本時代每個學校都要懸掛日本天皇的肖像。人民應該向它表示最高的敬意。每個星期政府的僱員和學校的學童都必須定期開會，向天皇的肖像鞠躬或自遠方向東京的皇宮敬禮。現在在中國的新政府統治下，到處不是孫文就是蔣介石的肖像把天皇的肖像取而代之。每個星期一的早上，所有的政府機關，軍事部門和黨部團體都必須開一個小時的紀念週會。所有參加週會的人員都必須向孫文的肖像及國民黨旗行三鞠躬禮。他們必須唱國民黨歌──即國歌。學校的學童、青年團團員及許多其他團體的團員都必須向這些黨政軍的符號表示敬意。

　　不久全島各地都設有國民黨的辦公室，壁報、小冊、標語及集會和操練都一一被採用。每次開會總有長篇高論的演說家向聽衆疲勞轟炸，企圖誘使大家盲目接受國民黨酋的意志。有關國民黨和蔣介石的好話說盡了，但有關重建台灣的話却很少聽到，關於國民黨軍的爲害也沒有人提及。

　　當大批上海流氓打手成群擁到台灣以後，國民黨的組織人員便逐漸開始在小城市運用高壓手段。台灣人也開始體會到事態的眞相。於是國民黨的會議和靑年團的集會便逐漸解體了。各色各樣的會費和特別費眞是不計其數。當國民黨的組織人員開始大膽向地方人士要挾揩油時，他們沒有想到台灣人會強烈地拒絕，而且地方新聞馬上就把事情公開報導出來！

　　國民黨分贓所得的充公的動產和不動產極其可觀。有幾家戲院交給了國民黨——這些不動產可使國民黨在無會可開的時候仍有收入。一九四五年的秋天，國民黨在台灣已經有過一番「作爲」，開始成爲報章社論嚴詞指責的對象。

　　這使得國民黨丟盡面子。國民黨發言人和政府的報紙於是氣呼呼地反控台灣人被日本人長期感染，缺少「眞正愛國精神」，又說台灣人故意歧視外省同胞。

　　在一九四六年全年之間，國民黨的勢力尚未穩定，不敢公然將反對的報紙加以摧毀，雖然極欲將其壓制，尚無可奈何。但後來終於達到它的目的。曾經有一個時期國民黨官員和其他小組織都忙着在郊區幫陳儀建立一個懲戒集中營，公開稱爲「勞動訓導營」。利用懲治流氓的法律，將其曲解，於是一些倔強的台灣地主和智識分子被迫進入「政治改造」階段。這樣一來，被迫改造者的家屬也隨時受到敲詐勒索，假如一家戶長被捕改造的期間，他的家屬不進貢相當賄物的話，後果更

是不堪設想。

國民官員同時協助警察人員調查所有投票的台灣人、或想競選的候選人、或有意問津競選一九四六年正要召開的國民參政會的代表。

陳儀最大的錯誤就在於答應舉行參議員的民選。一方面陳儀想藉參議員的選舉而大做宣傳，說他要聽聽「人民的意見」，而另一方面第一屆選舉選過了，參議會也開會了，但國民黨却來不及隨心所欲地緊緊控制它。有許多後來被國民黨認爲是眼中釘的代表竟然當選了兩年的任期，國民黨棍流氓打手之流沒有來得及將所有候選人的經歷查明，也來不及採取恐怖行動。

此時他們正在忙着搶刼和分贓。

日人財產充公

陳儀的親信旣把倉庫的儲備品運光，又牽親引戚把職位占滿了，還把大批台灣領導人送到「改造中心」去，他們現在已經可以快活又安心地把日本人的充公財產好好地分贓了！他們確已發現了蓬萊仙島台灣，這是個東海中的金銀島。

當日本在東京灣投降後，留在台北的日本人組織了一個財產登記委員會，準備向聯軍或代表聯軍的國軍移交登記他們的財產。受降移交的財富種類繁多。在此我們把它分成三大類。

政府的財產包括台灣總督府和東京政府的財產,或者共有的財產。這一類包括所有公共建築物和公有地，國營的運輸和交通系統，包括鐵路、電台、電報及電話諸系統、警察聯絡系統、港口設備，及其他許多不太醒目的財產。國營企業如製鹽、酒、樟腦、火柴和麻醉專賣品亦是。尙有一些半國營的大公司，國有的部分亦包括在內，如台灣

銀行、台灣開發公司、台灣電力公司和其他大企業公司。

　　公共社會福利機構和財產待移交的，包括學校、醫院、研究機構、農場、實驗場、訓練所，及其他許多小機關或公共服務性質的機構和財產。財政的現金被移交的包括郵政儲金，台灣人和日本人寄存的儲金不少；保險公司的保險金和其他許多投資及信用機構也曾有不少人的終生積蓄，因為他們把台灣當作終生的「故鄉」。

　　私人財產被移交的，包括公司和個人的股份，這些股份公司是日本大公司的分公司或皇室財團的分公司，包括製糖、木材、鳳梨、化工品和礦產等方面。三十萬幾乎已是永久居留在台灣的日本人私人財產，包括住宅、店舖、印刷廠、戲院和私人診所或醫院、餐舘以及各行各業數以百計的小本生產、工商單位。

　　準備遣送的日本平民接到通知規定，他們能帶走的財產祇限於兩手能提和背後能背的東西。其餘所有的東西必須賣掉、移交、遺棄或送人。他們沒有得到任何通融，不像一八九五年當初日本領台時給與清國人的兩年通融期間，不過至少現在他們可以有個機會登記他們的損失，期待將來也許還有希望回東京向日本政府請求補償。

　　最難處理的問題在於許多日本人和台灣人共有的財產。有許多這種共有財產是在過去數十年間雙方同意合資共營的，也有一少部分台灣人的產業在日人強迫下接受日人投資的。中國人在處理上堅持把這類共有財產全數充公，因為他們說台灣人活該要和敵人互通聲息！

　　當日本財產登記委員會完成一切工作之後，據權威經濟學家估計，等待移交的所有非軍事財產共高達二十億美元，這是以戰前的兌換率折算的。假設日本人在登記時故意虛報他們的損失數量，我們相信至少也有十億美元的價值。在當時上海和台北的物價瞬息萬變的情況下，不可能將台灣的物價作更實際的估計，尤其像這種被充公的財產。總

共算來，除了軍火彈藥之外，日本移交給中國的大量財產，事實上有四十億或五十億美元的價值。假如善加管理，台灣現代化的經濟足可生產過剩品以供給中國本土復員需求，並且它可爲技術人員的養成所，訓練數以萬計的技術人員以供中國大陸各省之需。

在華盛頓國務院的「中國第一」主義者，決定不將台灣當作賠償中國的代價加以討論；要討論的話，台灣必須當作是「被偷」的財產，現在物歸原主。(有一次在華盛頓時，我曾經想要討論台灣當爲「賠償品」的問題，但我們國務院中國部門的官員拿起電話大談，當時我們正要送給蔣介石和蔣夫人的一架新飛行機內部如何裝飾布置的問題。因爲他的電話內容必須馬上寫成公文送出，所以我便被擱到第二天和另外的官員去討論。)

這些充公的財產移交後，眞正的利益落到中國政府和人民手上的，實在微乎其微！

第六章　陳儀的國家社會主義

壟斷的手法

當日本財產委員會登記他們的財產時，台灣人並沒有袖手旁觀。他們堅持自己的立場，認爲日本人留在台灣的財產是由台灣人的勞力和資源造成的。事實上一大部分日人被充公的財產(尤以蔗田爲甚)是強從台灣人手中非法刼取的，這些都有據可查。

台灣人在一九四五年所期望的，到底是什麼呢？

一大部分的台灣領導人認爲這些充公的財產應該分成三部分。中央政府可以將東京日本政府的財產充公，台灣政府可以保留他們的一份，其餘的日人私產應該暫時由信用託管，以便將來用於台灣住民的福利，台灣人以爲應該給他們機會，只要他們能籌齊足夠的錢，應讓他們買回這些私產。

我們不知道台灣人爲什麽認爲事情會如願以償，爲了有備無患，台灣的商人組織了一個大公企業會社，籌足了一億的資產（當時約值美金六百六十萬），在台北，他們的股票很快就賣光了。不知什麽原因，他們鼓勵買股的人以千元大鈔付款。

當這件事情進行得相當成熟時，財政處長嚴家淦以迅雷不及掩耳的手法宣布，私人所有或銀行所存之千元大鈔凍結停用一年。原來政府知道這家新公司的所有資金均爲千元大鈔之故也！這一絕招馬上使台灣人的投資公司癱瘓，同時也除去許多可能與大陸人競標購買日產的台灣人。此外，陳儀的爪牙對於日本留下的產業和地產則另有一套計策！

新近來自上海的人有的是資金，不然，他們也可大量印製鈔票（有一天嚴家淦居然坦白告訴我說，他對於目前通貨膨脹的解決辦法覺得簡單極了，「多印些鈔票」。）台灣人別夢想和他們競爭！

不過這些新客還是要受壟斷禁止法的約束，否則只好走買通政府各部門官僚的路綫。

大概說來，方法很簡單。陳儀的九大處長控制並指揮着日產處理委員會，他們另外再製造一些小團體，每個小團體專門負責一類項目或一種財產。例如，工礦處在包處長的指揮下，直接控制了兩百多個不同名目的小團體，包括所有重要的電力設備、糖業、冶金、化學品、紡織品、機械工具及電氣工業。又如農林處的趙處長把所有的食品加工業除糖廠之外都掌握在手，另外則又控制木材工廠、鋸木廠、海產工業以及幾萬畝的農耕地、農場和森林。財政處長則控制所有的銀行、信用合作社、保險公司和其他金融機構（包括鈔票印製機，這機器供給中國統治台灣最初幾個月的鈔票）。同時他又控制一些團體，專門負責出租或買賣小塊地皮或其他小本生產、住宅和店舖，因爲這類財產不

包括在上述大項之中。

　　本來在移交之後，這樣精細地加以分工負責是無可厚非的，但他們的下一步棋就露出狐狸尾巴了，亦就是貨眞價實的「必然國家社會主義」的眞面目！

　　在每個控制的部門當中，陳儀的爪牙先占滿了最重要的位置，每個人再依其職權把親戚朋友和同幫安置下來，然後，每個部門中又組織一些特別處理委員會之類的，以控制個別的產業。例如，所有的鐵工廠由另一個部門控制，所有的造紙廠又由另一個部門控制，如此這般，直到所有的數百種小產業單位盡爲一個機構所控制。用這種方法，像工礦處的包處長一個人，在一九四八年中就控制了至少三十二個公司。

　　第二步棋子是最明顯的。處理委員會開始變形，成爲「董事會」或其他便於控制的名堂。理論上政府仍繼續擁有這些資本金和財產，但事實上這些混合公司的經營如同私人企業公司，一夜之間，有效的日本經營和所有權即變成無能的中國經營和所有權，而台灣人充其量只能徒呼倒霉，無處訴苦！

　　最後還有一步絕招。這些董事、委員或經理人員——無論上下那個階層盡爲中國人把持——接著就自己發自己的薪水、紅利和獎金了，還包括住宅公舘、私人汽車及內購公司新股的特權。

　　如此，台灣的生產經濟大都轉入中國大陸人的手中了。嚴、包、趙等高級處長且掌握實權，可以自定貿易、運輸、徵收稅金、和復原津貼等單行法規。他們既可批准又可取消貿易執照，他們規定運輸的費用，同時發行或取消外銷經營執照。他們可說穩穩地插足在接收的產業和財產之中！

　　同時，這些高級處長和他們的私人親信，既占住高薪的職位又擁

有紅利的股份。在公開的言論中，陳儀和他的爪牙口口聲聲要重建台灣的工業，早日恢復台灣戰前的高度生產。但實際上，衆所皆知他們先把自己的高薪、紅利支取之後，假如尚有一杯剩餘殘羹的話，才會落到台灣的長期重建工作上！

賣不出產品的話、賣工廠罷！

一九四六這一年是個經濟災難的年頭。物價不斷上升，生產下降，台灣失業民衆到處都成嚴重問題。在台灣唯一快樂的人是那些處長官員們和他們的朋友。他們花了一年的時間，忙著將台灣的產業資金轉換成金塊金條，以便安全地收藏起來，藏在世界上的任何角落都不會惹人注目。

財政處長一個人就控制了三部鈔票印製機，在一九四六年一整年忙著大印鈔票。台灣銀行的職員告訴我說，到底印行多少總額的鈔票根本沒有人留下記錄，而且法外印行的鈔票也不知道有多少！新印的鈔票應循什麼法律途徑應市也沒有明文規定。在一次破獲的印製僞鈔案中發覺，原來財政處裡的自己人在包庇大宗僞鈔的印行！

在五月與十二月之間，所有日幣都逐漸收回。代替的新幣票面雖印出一幅鄭成功在一六六二年擊敗荷蘭人的畫面，象徵中國人初次勝利把歐洲人擊出台灣島，但這些新幣却是陳儀向紐約訂製的，然後運到上海再輾轉運到台北來。新鈔發行的當天，台灣銀行預備發行的總額爲二百六十萬。當天早上有個中國大陸人跑到台灣銀行的一個出納窗口，他帶著一個箱子，裡面不下三百萬元的新幣，說要開個新戶頭，把錢全部存進去！我這個出納員朋友當即報告銀行管理員，要這個人說明錢的來源。他解釋說，宋子文的一個助手在上海給他這些錢，算

是私人的交情。這場問話馬上就終止了，因為他說出了一個沒人敢動彈的名字！

政府官員還分贓大量的紅利、「海外津貼」以及低價的糧米。這在膨脹的通貨上又再加上了壓力。工廠和生產企業一家家地倒閉了，貨物愈來愈少。台灣事實上已成為巨大的強盜市場！

台灣人埋怨說，他們每裝好一船貨物運出港外，就運回一船貪婪的中國大陸人。沒有幾個來自大陸的人是打算在台灣長久居住的。個個都想在最短時間內賺到最大的利益。我們最後得到的結論，不管政府也好，私人也好，他們沒有一個會對任何不能賺到百分之百以上利益的交易感到興趣。日本人曾經估計台灣需要十年到二十年的時間，才能使得一個普通中庸的生意賺回初期的資金，可是這些新來的中國人對於台灣的長期投資根本不感興趣。例如，日本一個有名的漁業專家前根久一被陳儀政府拘留下來當他們的顧問，幫助海產工業的復原工作。他為政府準備了一些計劃，計劃中需要發展船隊、技術訓練學校、市場，加上一個十年的長期資本投資。結果陳儀的親信馬上重新擬過計劃，要美國的機關提供資本，但計劃中沒有保養、發展、訓練和償還資本的辦法和餘地。他們要的是眼前馬上的利益，同時要獲得兩倍於前根計劃所得的利潤。

前根只好放棄了，他知道即使想取得允許不再當「顧問」都不是容易的事，因為他知道太多農林處大小官員個個都參與走私的秘密，於是有一天他就失蹤了，後來在東京再出現，國民黨已對他無可奈何。

這是個徹底的「奸商政府」；那些處長們及屬下官員並沒興趣恢復及增進台灣的生產，他們只興趣買空賣空。財政政策公然被操縱用來增進新來的大陸人的利益，並用以除去台灣人私人企業的競爭。

財政處長把所有稅收的數字列為機密，只把經費的預算公布出來。

公開的聲明和實際現實幾不相稱。例如，政府的預算指出已將幾百萬元分配給教育處，可是當地方學校行政人員和教師準備領錢支薪時，教育處的帳簿裡却空無一文。假如這些錢真正地撥發到教育處(無人知曉?)，大概從財政機關到學校之間經過太多手脚了！

日本的專賣制度簡直是國民政府的貪官污吏最好的用武之地。在一九四五年以前，共有十家私人公司領有執照可代銷專賣局的產品，政府自己只有製造與加工。在陳儀的統治下，政府本身控制分配和銷售酒類、火柴和樟腦。食鹽專賣則另由其他部門負責，成為全國食鹽專賣制度。政府宣布說要廢止麻醉藥品的專賣。

雖然名義上只有五種商品是由專賣局控制，事實上各色各樣的物品幾乎都受政府管制，常常是經過政府內部幾次買賣易手之後，才到達台灣或上海的消費者手上。每次文件易手就給有關人員賺上一筆利益。

也有一部分新來的人不幸被派到行政工作而沒有直接參與生產和商業，他們只好替自己設計些榨取肥水的辦法。我有一次在偶然機會下發現其中一種，事情雖小，但影響奇大。

我家住在從城裡通往士林郊區的大道邊。有一天一部滿載的牛車在我家門口發生故障。我正好從車旁經過，而注意到車子裝滿了書本，書皮盡被撕去了。他們告訴我說，要把那些書搬到士林的一個小製紙工廠去。當我發覺我有個認識的人在那工廠做事時，我請他把有關台灣的書賣給我。他告訴我，工廠每個禮拜都收到幾頓的書和統計記錄，只要是紙做的都行。他又說這些大部分是來自學校圖書舘和政府辦公室的卷宗。是被中國人取過來的。有許多資料的確是蓋著有名的機關印章，從國民小學到政府高級辦公室。這些新來的中國人看不出那些日文書籍的用處，所以把它們從後門偷偷地賣出去，把賺得的錢往自

己口袋裡送。在這個時候，我發覺許多大陸的行政人員和教員自己做起私人生意，賣起學校的用具，同時限定學生必須向他們購買紙筆。

接收的紙廠所造的新紙都保留為政府專用。政府用完剩下的紙則分配給批發商和零售商。當時他們規定紙張的配給。在分配的過程中，政府的官員便趁機取得大量紙張，然後等到紙張因配給而價值高漲的時候，他們再把紙張賣到黑市去。

這樣形成了嚴重的缺紙現象。戰前正常的紙張用量大約是每年兩千四百噸，台灣的紙廠本身一年生產四萬噸左右。聯合國的救濟總署人員在一九四六年時估計，在適當的管理下，當時台灣的紙產每年可提高到五萬噸左右。一九四六年五月，政府新成立的台灣紙業公司在當時是全中國規模最大的。其中有一個工廠設在基隆南方的羅東，以前曾經供應過台灣的五十六家報紙和出版公司。

一九四五年九月，一個中國的經理把它接收了，同時拘留所有日本技術專門人員繼續造紙。他們馬上告訴他，這個工廠有一部分重要原料和零件只能維持兩個月之久。當這些原料用完後，他們只好巧妙地利用代用品使工廠繼續不斷地生產下去。等到他們通知這位經理之後八個月(即一九四六年六月)，經理終於回答這些日本專家說在年底之前大概什麼辦法也辦不到。結果這些日本人只好放棄了，他們終於要求遣送回國。

工廠一家接著一家地倒閉了。從原則上看來，「假如賣不出成品的話，只好賣工廠了！」中國的經理們都不願暫時做虧本生意來減輕失業問題，或將盈利用來作為資金的重建。假如一家工廠的產品不能馬上銷出去的話，工廠的生產器材便要賣出去了。先從囤積的原料賣起，然後賣成品，最後才把工廠整個拆下賣出。能夠逐件賣出的零件先被賣出，然後整個工廠的支架才被賣出，運到上海當廢鐵去了。

　　最好的例子莫過於嘉義附近的熱帶化學工業公司了。這個工廠僱用一百多個工人，把來自八百多個農場的樹薯根(cassava root)經過加工製造。在有組織的民眾反對聲中，這家公司的新經理不顧一切將工廠解體，把機器當廢鐵出售。這些生產樹薯的農家便沒有市場可賣了，而工廠工人也因此失業。同樣的情形發生在嘉義附近的一家工業酒精工廠(這家工廠是遠東最大的)。他們讓它完全失修，終於停止生產。一個擁有三千二百名僱員的工廠被削減到只剩下一百三十個修護工人。工廠的大部分廠架也被當作廢鐵搬走了！

　　偶而我們也觀察到幾個能幹的人在辦事,但平均說來都極其無能。例如，一個來自上海的前任基督教青年會(YMCA)的工人，居然搖身一變成爲台灣鳳梨公司台中分公司的經理。在豐收的年度，種植鳳梨的耕地多達二萬五千畝；台中曾經是世界最著名的鳳梨產地。一九四六年，遠在夏威夷的鳳梨工業專家都來台中參觀。這位台中的經理帶著專家們出去參觀。當他們從台北乘車南下，途經西岸附近的沙丘，忽然這位鳳梨公司的經理極度興奮地指向第一株「鳳梨」，使參觀的來賓目瞪口呆不敢信以爲眞。原來這位經理指給他們看的，竟是不能吃的露兜樹，一種海邊的野生植物，根本與鳳梨風馬牛不相及！

　　當時的台灣茶葉公司的經營剛剛才上軌道。台灣原是世界上有名的茶產地，國際聲譽相當高；在一九三九年的外銷茶量就達一萬三千二百公噸。新任台灣茶葉公司的董事長是葛秘書長的弟弟葛敬應，有一天他帶了三包半磅的茶葉到美國領事舘來(大概是每包送給一個領事吧)，包裝紙上笨拙地寫著：「advertisement」(廣告之意)，他說：「請領事把這些送到美國，爲我們的茶葉生意宣傳宣傳！」

　　貿易局是陳儀本人最感興趣的部門。許多商品的製造商都必須把商品按規定價格賣給貿易局，再由貿易局賣到各地方的市場或運到上

海去，於是從中「賺取國家資本」。經過五個月的時間，陳儀宣布說貿易局已爲「公家」賺取了一億六千萬的台幣。但根據在貿易局工作的人士及與貿易局有密切關係的人私下說，實際上貿易局賺得的錢至少在公開數字的十倍以上。

就連陳儀公舘的自己人也都被貿易局的貪污腐化嚇了一大跳。南京方面接獲消息說，陳儀自己太不像話地從中取去了一大筆利益。於是從中央政府派來的調查人員命令將貿易局長加以逮捕，但是當調查團一離開台灣，貿易局長又馬上被釋出獄，「因爲證據不足」，他也逍遙地離開台灣。

這裡只要舉個例子就可說明貿易局的手法。大量的橡皮原料接收之後落入工礦處的手中，由工礦處負責製造脚踏車車胎、鞋子和其他橡皮產品。這些成品在市場上以驚人的高價出售。經過民衆強烈的抗議之後，貿易局出面解釋說，他們只賺百分之十的利益，民衆不應該抱怨。技術上說來，這個百分之十的數字是正確的，但一經調查立即露出狐狸尾巴來。原來他們與工礦處的包處長的爪牙暗通聲息，先把橡皮價格提高六倍(百分之六百)之後才賣給貿易局，貿易局在這個提高的價格上再賺取百分之十的利益。

輪船與鐵路　島國的交通

運輸與交通是控制台灣的要素。台灣島內的經濟生命完全依賴鐵路交通，與外界的交通則靠輪船運輸。

鐵路局因爲分派了中央政府的職位，故戰時破壞的重要據點不久即予修復。鐵路車輛雖多失修，但台北松山的鐵路修護站當時是全中國最佳的站。雖然少數的補充零件確實不夠，但在一九四五和一九四

六兩年之間，鐵路最大的損失乃是由新近來台的中國人所造成的。譬如，軍人成群結隊地把鐵路的開關設備和銅線之類的用具，只要找得到的都搬走，再如二等車廂的乘客也會把絲絨窗帘或椅套割走。無論客車廂或貨車廂，沒有一樣金屬品是安全無恙的。

鐵路局新局長陳清文是個高傲的「煙斗腮」，他故意誇張他在英國唸書時學到的腔調，他不喜歡「多管閒事的美國人」，且明顯地表示瞧不起台灣人。聯合國救濟總署的人員以為他是能幹的行政首長，幸運地接收到一個組織完善、人員齊全的交通系統。

可是在他的任下，火車廂裡的東西沒有一樣是安全的。在一九四六年中期，運貨的貨主已經無可奈何到必須派人隨車護送貨物的地步，他們隨車由一鎮護送到另一鎮，這樣才能保證貨物安全抵達目的地。

陳清文自己訓練了一批特別的鐵路警察，不久他們和其他的普通或特別警察一樣變得完全不可靠了，因為雖然他們重重設備，但貨車與客車的貨品只要沒有私人派出的保護人員隨車，照樣失踪、被搶或被偷。就因為陳清文個人的傲慢態度和他的私人警察的橫行無忌，使他成為台灣人心目中特別討厭的對象。

有時台灣這高度發達的運輸和交通系統反使中國政府難過。因為在中國大陸上，無論那一省都沒有可以和台灣相比的。有一次一個官員向我抱怨說，「台灣人太富裕了，他們的要求也太多了！」在戰前，從基隆港到高雄港之間每天有十二班次的快車或平快車往返，另外還有些次要的班次。在最忙的時候，光是日本在台灣的鐵路運輸量就等於全中國的鐵路系統在最佳年頭(一九三六年)運輸總噸數的六分之一。這位官員說，中國一天之間只要兩班快車從首都南京到世界大城上海就足夠了，台灣人幹麼還要恢復戰前的正常班次，真是多此一舉！

交通處長任顯群控制了倉庫、島內運輸和港口船運設備。沒有一

樣貨物能夠從鄉村運到市場或由台灣運到大陸，而不必向任某的壟斷機構進貢的。

這就大大增加了走私的利益。交通處的法規條文並非用來改良或增進服務，而是爲了收費方便而訂。這一方面的敲詐勒索手法眞是到家，已達登峯造極的完美境界！沒有一個台灣人的民生不受到影響，也沒有一家大陸企業可以不花一些錢就能取得執照運輸或接收貨物。

海上運輸的壟斷經濟，是由台灣航業公司所控制的，此時台航早已變成招商局的附屬公司。在下一章裡，我們將從聯合國救濟總署的一九四六年度報告書，來探討這個運輸交通壟斷的爲害和外國私商所受停業的威脅。

幕後的危機？

事實很明顯，在一九四一年到一九四五年之間，中國人對台灣經濟的財富與其複雜性沒什麼了解；是美國對台灣的研究引起了中國對台灣的注意，終至刺激了他們分贓台灣戰利品的興趣。大戰期間，宋子文偶然會到華盛頓來，他的爪牙和嘍囉們使他對台灣的情形很清楚。不過在戰後的中國，經過一段相當的時間之後，在重慶、南京和上海，才慢慢發覺原來他們接收過來的台灣是個「金銀島」。

戰前台灣的大宗外國投資只有摩根公司(J. P. Morgan & Co.)爲日本政府發行的二千五百萬(美元)公債，用以建造日月潭的第一個水庫和發電廠。原來由懷特機械公司(J. G. White Engineering Corporation)先做完測量工作，把發電的潛力作成報告，然後再由摩根公司根據這些報告促成這件工程。在二次大戰後期，當時宋子文身爲外交部長，可能是美國人要他保證，萬一台灣的主權易手，美國在台的

投資必須不受侵犯。這並非不可能。假設事實確是如此，那麼宋子文在台北早已有了準備；難怪幾天之間，懷特公司就派了一隊人馬去台北調查電力情形，並提出工業潛力的調查報告。

在中國，沒有一件秘密是能夠保持長久的。我們必須假設，早在一九四六年初，就有不少人知道懷特公司的第二次調查報告書的內容。五月一日，中國政府由重慶搬回南京。大約在同一個時候，我在上海被一群銀行經紀和大商賈邀去既吃又喝，他們個個都急於和我商討台灣的情況。他們提出的問題和評論，清清楚楚地反映出他們對台灣的高度興趣，同時對台灣的經濟歷史及目前在陳儀統治之下的諸多問題也表示關心。

在我看來，他們的評論中有些是反映了他們對蔣介石的極大不滿，因為蔣把台灣給了陳儀而成為「必然的國家社會主義」。這些問我話的人很顯然認為陳儀已據台夠久了，早已搜盡了他的油水，他們擔心陳儀再留在台灣的話，台灣的全部經濟會遭致無法補救的創傷。

五月和六月，我們終於得知一個幕後的危機。我們相信那是南京和上海兩個利益團體強烈利害衝突的結果──一股力量想將陳儀和他所代表的政學系取而代之。當時情況相當緊張，而且大有用武的危險，可是我們找不出他們互相衝突的明顯原因。

有一陣子曾謠傳宋子文本身要飛來台灣(連機場附近都已架好了幾個「歡迎」的招牌)，同時又謠傳宋子文在城裡已找到了準備取代秘書長葛敬恩的人選。只要這樣的領導階層一發生變化，就表示權勢的巨大變更和財產特權的重新分配。因為葛敬恩本身並非陳儀派，所以我們不知道宋子文是否要藉此除去一個競爭的對手，因為南京方面所承受的壓力相當大。也許陳儀對財富的分贓不均，並不是人人都心滿意足吧！

　　表面上的危機確實是很眞實。萬一大家眞的用起武力來，台灣和大陸之間的交通是決定的關鍵。幾乎有一個月之久，飛往上海的飛機都停飛。空軍方面忽然說他們不能容忍任何力量干涉他們的財產和特權。武裝的空軍人員於是占據了主要的機場（松山機場），同時警衞人員戒備森嚴，用沙包把機場團團圍住，只剩下大門口一處可以進出，他們公然不讓陳儀使用機場。而上海的交通局也整整兩週拒絕將任何電報拍到台灣。很顯然地，在最高階層那邊一定有人向台北方面施加重大的壓力。

　　因爲這個原因，美國領事反而變得很有人緣。包可永處長忽然跑來要求我們幫他弄上美國飛機，因爲有要事非去上海不可。前任台北警察局長（此時他的名片已搖身一變而爲外交部的特派員）也求助於美國領事，請求爲他弄到一個船位讓他坐上當時停泊基隆港口的一條外國船。陳儀的一個爪牙也來向美國領事求救，一定要把陳儀的日本姨婦（台灣的「第一夫人」）弄出台灣，她也有要事非去上海不可──至少非離開台灣不可。這些都是官方人員和「技術專家」，所以我們領事舘也樂得幫忙。

　　有一段短短的期間，看來台灣人將目擊他們的大陸「同胞」和「救星」之間自己來個血腥的鬥爭，但是危機終於過去，大概他們私下妥協了。

用別的方法來瓜分台灣

　　陳儀和他的親信仍留在台北，但他的處長們都到上海去把贓品分掉了。南京方面命令陳儀重新分配接收的財產，同時重新分配責任。幾項主要的財源必須交給國家資源委員會去執行管理。只有國家資源

委員會才能取得美國的財政金融和技術援助，以重振台灣銅礦公司（所有的金礦和銅礦）、台灣製鋁公司(花蓮及高雄工廠)及全島的石油業(現已變成中國石油公司台灣分公司)。這些國家資源委員會的人員──能幹而且誠實正直──馬上開始重建這些戰後被損的礦業，同時也重建鐵礬土加工廠。高雄附近的煉油廠在一九四四和一九四五年間曾被炸壞，但可以恢復戰前的計劃產量年產一億加侖的石油。中國大陸沒有一項可以與這三種產業的技術發展和規模相比。

新的處理辦法是新成立七個公司，由國家資源委員會、台灣省政府和一些沒有公開具名的大陸私人財團加以共同經營，這七家公司把日本所有留下的產業全部網羅：發電廠、糖廠、化學肥料廠、紙廠、塩廠、機械工廠和造船廠，包括基隆陸上船塢。

我們必須記住，從此之後，不管美國或聯合國給與這些工業的援助，都是既給國民黨政府又給大陸上的私人投資者。

除去上述諸工業之外，剩下來的才由陳儀的處長們去分贓，這些也重新經過一番組織。十二家大公司合併在一起共同經營而稱爲台灣工礦公司，由包處長總管。公司的股份爲台灣政府和私人資本共同擁有，這些私人資本不是別人，正是那班處長之流及其伙伴僚屬。這個聯合企業包括所有被充公的公司，凡是與煤、鐵、橡皮、植物油和動物油、紡織、磚窰、電氣設備、玻璃、化學品、印刷材料等有關的工業，以及島上的建築、礦產和工業保養等材料，均爲其所占。

一九四六年下半年，政府只撥出八百萬元台幣給台灣的私營工商業貸款。但包處長經營的台灣工礦公司一家就獲得了台幣二十億元的資金。

台灣人幾乎被冷凍起來了。他們正要爲生活掙扎，重振他們的小本工商生意，沒想到和他們爭飯碗的，却是那些政府官員。那些人掌

握發行執照的權力、控制運輸、操縱資本和銀行信用等。台灣人都被那些執照發行制度的官僚作風搞得頭昏腦漲。沒有幾個執照或許可證不必用紅包去取得。

如此這般的，在一九四六年底，台灣人民已經完全任由三大機構去擺布了。財政處很有效地限制了台灣人私家向外國借款，同時也限制向國內借款以求發展。運輸交通處強烈控制各種貨物的流通。而台灣貿易局則硬性規定市價，使得黑市到處都猖獗不堪。這樣又使那些執法人員刮得大量賄賂的財富。

台灣人很自然地拿這些困苦的環境和他們在日本時代的好日子相比。假如一九三七年的價格基價是一百，我們可以拿聯合國救濟總署和美國領事舘所編輯的物價指數來總結當時的情形。糧食的指數在一九四五年的十一月是三千三百二十三，但是在一九四七年一月時已經高漲到二萬一千零五十八；建築材料的價格從九百四十九漲到一萬三千六百十二，而這時林場的伐木工作已經恢復，各地的水泥、磚窰也已恢復生產，日本人遣返之後，幾千日本住戶可供住人，只需再建築一些新房子便夠用了。

農民是最慘的了，他們急需化學肥料，可是儘管各地方的肥料工廠已恢復生產，盟國方面也紛紛向聯合國救濟總署捐贈幾萬噸的肥料，結果肥料的指數，戰爭末期只一百三十九，到了戰後的一九四七年一月，却高漲到三萬七千五百六十。

失業成了嚴重的問題。製造工業在戰前僱用四萬人到五萬人，在戰後十四個月時僱用的人不到五千人。

例如聯合國救濟總署的報告就指出，在一九四六年底時有一家本來僱用一千人的機器製造工廠，現在只僱用三十五個最起碼的修護人員，因為他們負擔不起城裏高漲的生活費用。一九四六年底，失業的

台灣人開始流回鄉村故居去幫農田的閒工。他們同時帶回他們的失望與怨恨。

在這種環境下，貧富的極端不均發生了。少數富裕的台灣中產階級開始失踪了。來自上海的男女新貴却過着空前的奢侈生活，而破衫襤褸的挑販和乞丐，在台灣第一次變爲常見的現象。

我的一些台灣朋友深深地抱怨說，他們只好放棄城裡的生計回到鄉村去種田了。我猜這正是陳儀的處長嘍囉們處心居慮強迫他們去的地方吧！

早一天把台灣弄得像大陸那樣生活悽慘的話，國民黨就早一天易於統治台灣的經濟。

不過台灣人——以及駐在台灣的聯合國救濟總署——持着不同的觀點。

第七章　不受歡迎的目擊者

不肯離去的台灣問題

「小偷和流氓在黑暗裡跑得較快。」中國大陸人雖然樂意看到美國陸軍聯絡組在一九四六年四月離開台灣，但五月時，他們並不高興看到台北還駐個美國領事館和聯合國救濟總署。

到底是誰最後悔台北駐了個領事，實在很難說。是陳儀的爪牙呢？還是華盛頓的幾個小官員？他們因為不願把台灣當作一個問題來考慮，所以也就沒有準備討論台灣的法律地位。

在戰前，世界各地之美國領事館的主要任務是照顧商業和簽證，台北的領事館亦不例外。一九三九年以後，台灣和美國的貿易幾至消失，美國國務院曾主張把領事館關門大吉。英國政府——在這些事務上聰明多了——認為在此地留個小窗口是值得的，因為日本很明顯是

在建設台灣成南進的軍事冒險基地，而香港就近在咫尺。一九四一年十二月，進攻菲律賓就是從台灣基地出發的。副領事和他的書記馬上就被扣留起來，領事館的記錄和傢俱也被包紮起來藏到淡水的英國領事舘去。因此美國在台灣有三年半的時間一直沒有民事代表。

一九四六年一月，我由海軍後備轉到外務工作。中國幾乎可說沒有海軍；我們對台灣海軍的關心可由我們的上海辦事處加以照料。

我向重慶的海軍武官報告之後，便回華盛頓到處報導。

我在海軍部及作戰部的老同事們都急於和我討論台灣近況，可是國務院的一些「中國第一」主義者並不如此。那眞是個出人意外的經驗。很顯然，大家好像心照不宣以爲只要不提到台灣，任何眞假問題都自然而然會消失。萬一眞有問題存在的話，那也是兩個不同組織的中國人之間的惡劣關係而已，不應把這個問題提到高階層的重要討論中去。他們對台灣在日本半世紀的統治下所得的進步根本提不起一點興趣。

三月六日那一天，國務院的一個官員把我叫到他的辦公室去，他給我一份報告，很粗魯地說他接到上面的命令要把那份報告給我看看。他爲了阻止我作任何修改，所以告訴我說，那份報告在當天(三月六日)下午必須送到國務院作戰部及海軍聯合委員會的手中。這個委員會是個政策討論會，一些需要好好考慮的政策問題或改變的問題就由此會轉呈到內閣或高階層。

原來國務院必須就台灣的地位問題提出它的主張，這份報告便是國務院遠東部門所準備的回答。

公文上很簡短地指說，經過一番仔細的考慮之後，國務院認爲中國政府事實上已控制了台灣，因此美國應該承認中國對台灣的主權。對我們來說，台灣「已經是中國的了」。

　我不厭其煩地指出幾個重點。第一，日本是把台灣投降給聯軍的，而不只單單給中國；第二，萬一將來聯軍需要台灣作爲一個警察監督站的話，美國現在可說是把合法干涉台灣的權利自願放棄了；第三；美國政府對於「光復」後的台灣人民必須受合理待遇以及基本人權保障，應有道德上的義務，而現在美國政府已忽略了它。

　當他把這份報告從我手上收回，丟進「外送」的公文籃時，他回答說：「這是對的，不過，不幸的是……」

　兩個星期以後，國務院經歷了一次大風波。台灣問題並沒像他們所希望地那般消失了。華盛頓的幾家報紙(Scripps-Howard papers)開始發出一連串的特別報導，是由威廉‧紐頓(William H. Newton)撰寫，那些旣黑又大的標題是：

　　　中國的腐化統治，使富裕的島國流血
　　　中國人剝削台灣，比日本人有過之而無不及
　　　在中國統治下，台灣的工廠生銹失修
　　　台灣的災難，美國該負一部分的責任

　華盛頓郵報(Washington Post)曾爲文評論「台灣的醜聞」，同時質問美國怎能袖手旁觀，讓我們的盟邦中國愚弄它在戰時所做的種種承諾。全國各地的報紙都響應紐頓的報導，並作類似的評論。每個國會議員都唸這些華盛頓郵報上的報導，至少也都看過那些大標題。

　在國務院的新聞記者問了些狼狼不堪的問題，但僅僅得到簡短的回答。「國務院官員今天說，戰後台灣所發生的貪污腐敗、搶刼等等情形，其責任應由中國政府負擔，而與美國政府無關。」對於美國輕率將聯軍的權益統統移轉給中國這一問題，國務院發言人宣稱：「美國對

於台灣的統治一點也沒有份，中國政府治理台灣的能力問題並非這個
安排的考慮因素。」❶

自從通訊記者紐頓訪問台灣，引起我們的上校先生大怒之後，我
一直就沒見過他，也從沒和他有過聯絡，但是當時有一部分我的同事
和陳儀的台北處長們，都認爲是我替他準備了這些新聞或者促成這些
報導。

台灣問題就這樣在首都華盛頓變成一件公開而尷尬的問題。美國
需要派官方代表到台北去，這是不容再忽略也不容再延遲的！

美國領事舘的雙重人格

一個領事老手被派去重新建立美國的辦公室，並且盡可能重新恢
復戰前的領事例規。他馬上就發覺需要他經辦的事不僅僅是簽發護照
和運茶證明，不過他仍盡了最大努力去維持傳統的例行公事。在當時
的環境下，僅僅這些就已經是夠複雜的差事了，因爲那本「外務規程」
的小冊顯然已過時了；戰後的世界並非像首府華盛頓所希望的那樣。
有幾個月的期間，我們出盡最大的努力，以集體的力量去辦事，同時
避開周圍不愉快的事情，我們只與同級或比我們高級的官方來往。

我們的領事人員只有三個美國官員——領事，副領事和另一個負
責美國新聞處的官員。我們有很忠心的僱員，如書記、翻譯員、無線
電員和一般的傳達。有些是台灣人，另一些是中國大陸人。

美國新聞處處長的處境最困難，因爲他在領事舘內外都有工作。
美國在和平時從來沒有維持過任何宣傳機構。這個附屬於領事舘的新
機構很明顯地不受歡迎，而且令人討厭。這本「外務規程」並未仔細規
定這個機構對於提貨單和簽證等職責的關係。最糟糕的是美國新聞處

的職責包括要對地方上的時勢敏感，同時要對地方上不滿現狀的非官方人員表示友善和關心。

美國新聞處既要「向人民宣傳自由」，以解釋美國的政策，並要向各地人民保證美國純為他們的利益著想。最基本的意思在於使人們與美國為伍，並且不輕易聽信任何不利美國的言行。我們盡可能地亮出「我方」。

不幸的是，初期的美國新聞處，其代表是必須要維持不斷地送出廣播和新聞稿給各地的廣播電台和新聞出版商。，這些都常常發生老生常談或八股之類，完全不適地方上的現況。而我們却不能運用我們自己對地方上的判斷，我們不能將華盛頓送給我們的不適合的資料收藏起來，我們必須照送不誤。

美國新聞處在台北的節目受到台灣人極端地喜愛。因為它帶進來一股新鮮的空氣。既有一個為公眾使用的閱覽室，又有巡迴小組(聲片和幻燈)把電影帶到偏僻的鄉村。美國新聞處的代表曾參加許多各種紀念活動，這些都與運茶、簽證問題或中國政府的官方活動毫無關係。

可是從傳統的外務人員的觀點來看，這些活動使領事與太多的非官方人士相接觸。因為美國領事在推銷美國的觀點這方面說來是極端地活躍，有許多台灣人就因此認為只要他們敢挺身而出的話，他們的意見也會受到領事的同情和採納。他們不斷地把他們的困難提給領事。這就非常破戒了！

破戒是最令人厭懼的。假如要向上面報告而沒有一定的規格可循的話，不照規格向華盛頓報告往往必須將一切小細節統統解釋清楚。所以想來實在以不向上面報告為妙。報告「不尋常事件」常帶來危險，因為上面往往會要更詳細的報告。假如要對時事加以分析的話，必須慎重為文。官方正式的人員期待過重，而非官方的人是浪費時間而且

常引起難堪。

短短的幾個月間，台北的美國領事已經處於進退兩難的地位了。一方面美國新聞處的節目是專爲引人對美國產生好感而設計的，使人把美國當作中國的「老大哥」，另一方面老派的領事却想乾脆地表示，美國領事舘只是個官方的機構，它所關心的是通商，不在於人民。因爲害怕公事上的破格和可能招致的譴責，所以送到大使舘去的消息就十分有限了。

同時我們也意識到台北與華盛頓之間的裂縫。六月五日那天，陳儀的一個官員(秘書處的馬先——譯者)，公開傳說台北的美國戰略情報處對國民黨軍在台灣的倒行逆施作了一份秘密報告，這份報告落到蔣介石手中，他親自把它交給陳儀。其他的暗示尚指出，中國人知道這是在台灣的美國機構送出的機密報告。這一招使我們的領事全身發冷。

我的同事，新聞處處長柯杜先生(Robert J. Catto)和我都認爲華盛頓應該得到時事的分析報告，因爲台灣島內的緊張氣氛一直不斷地昇高，而我們都知道外國的傳聞都被陳儀的新聞處所欺騙。我們知道蔣介石在大陸的地位極不穩定；台灣島內的情況惡劣到使台灣領導階級都已轉向美國求援的地步，我們認爲保持美國在台灣人心目中的威信和影響力是極重要的；也許將來有一天美國需要台灣人的好聲譽。

我們知道領事舘並非決策的機構，但我們感到台北辦事處應該讓大使舘和國務院知道這與日俱增的危機。我們都是生手，還沒學得怎樣少管閒事，讓睡狗長眠而灰塵累積。

事實證明，我們是在替一個永遠無法再回復的世界撿拾破碎的瓦片。美國的利益並非只在運貨單上蓋章而已；該做的事太多了。一九四六年在台灣發生的琉球問題卽爲最好的例證。

琉球人及其他麻煩的人

　　美國官方的態度是對於留在台灣的外國人問題一概不加追問，這在一九四〇年也許是如此。但在一九四六年麥克阿瑟將軍命令將駐台的日本人集體遣回日本，其中包括一萬四千九百零六個琉球人。那些住在離基隆太遠的人不是把他們的家產變賣就是給了別人，搬到台北或基隆，等待離開台灣。大概三分之一的人已經上船遣往琉球，結果麥克阿瑟卻又下了一道命令，要那些尚留在台灣的琉球人暫留台灣，因爲被破壞無遺的琉球無法照顧他們。

　　此後幾個月的期間，八百個無家可歸的琉球人只好露營在總督府的廢屋中，另外幾百個則隨便棲身在公園的簡陋卓棚或路旁的屋簷下。他們被迫只好飲用消防栓裡的水，在路旁陰溝大小便。聯合國救濟總署人員調查的結果發覺，二千多人已瀕臨餓死邊緣，疫病不斷蔓延，老人和嬰孩死亡率甚高，強盜小偷及私娼已經變成主要的生計。絕望已經在失業的青年之中產生極端的議論和不安。

　　年紀大些的琉球領導人——有些是戰前我就認識的醫生和教員——跑來要求美國領事舘幫助他們苦難的同胞。中國人堅持他們的立場，認爲琉球人是日本臣民，同時是外國敵人，很顯然該由東京政府去負責，台北政府對他們不能關心。

　　五月廿七日這一天，琉球的首要發言人要美國領事證實或否認，外間的謠傳說聯軍的最高統帥(SCAP)已經再度開始商討琉球人的遣送問題。琉球人都處於絕望之中，假如不儘快將他們遣回的話，必須再讓他們散佈到台灣各人口比較不密集的地方去尋找食物。

　　領事否認他知道聯軍最高統帥的計劃；他很清楚地表明，美國領

事舘對這個問題不感興趣; 琉球人的命運是軍事機構方面應該關心的事情。領事旣沒有接到任何指示, 領事舘也沒有適當的方法可以把這個問題提出以引起東京的注意, 這一點絕不是領事舘的過錯。

琉球人於是轉而向聯合國救濟總署去求助, 暫時得到救濟, 等待東京方面的許可把他們遣回。

八月時, 我照常寫我的軍事、社會、經濟、政治情況報告, 這是「外務規程」上面規定必須做的事。因爲怕琉球人的問題已有人先報告到華盛頓去了, 所以我被命令在報告中加上下面這些仔細的推卸之詞:

> 雖然此間美國政府與數千被拘留的日本「技術服務」人員的問題無關, 也與掙扎在餓死邊緣的數千琉球人的問題無關, 但他們在等候美國許可將其遣回故鄉的期間, 這問題的可能發展和他們在台灣的後果是不容忽略的……

這種兩面說詞的官樣文章, 在記錄上告訴了華盛頓問題是存在的, 但也告訴國務院, 我們對於這個問題其實什麼事也沒有做。

在戰爭結束時, 有各種外國人聚集在台灣。大部分的人都希望美國能幫助他們, 不管他們值不值得幫忙。最使我們失望的是, 被拘在台的日本技師的發言人也很投機地表示他們要靠美國的保護。有一個說:「最使我們放心的是尚有人肯以公正不偏的態度來聽聽我們這些留在島上的日本人。」他指的是聯合國救濟總署並非領事舘。

領事對於遣送日人的船上情況之關心是迫使中國人放棄他們原來計劃的唯一原因。那些載運日人回國的船上, 過分擁擠和危險的情形經人向領事指出, 並稱萬一這些船隻在海中沈沒的話將引起國際間的注意, 這個責任將落到美國政府的肩上。

　　我在台灣當大使舘海軍副武官的短期任內，曾於一九四五年底寫
過報告，關於台灣島上的一些好奇和有趣的外國人。有的是安南人被
放逐到台灣，當日本被擊敗而退出安南半島時，他們就被遺棄在此。
有一大群爪哇的海員爲日本商船工作一段時間之後，已經破產而在港
口附近遊蕩。還有曾經替日本人做過事的菲律賓人。兩個蘇聯小販在
戰爭爆發時曾住在台灣。我找不到他們，但也不覺得太驚奇，有一天
一通電報送到我手上，要寄給「駐在基隆的蘇聯代表」，這一時之謎直
到現在尚未解。德國人在大城市裡住得無聲無息，戰爭中一切順利時，
他們教德文和科學，爲德國的同盟國日本服務，當戰爭結束日本投降
時，他們反過來一口咬定是爲盟軍工作的「秘密情報人員」。像他們這
種貨色，在中國沿海各地屢見不鮮。一九四六年有個持秘魯護照的德
國人跑來找我簽證，並要我替他寫介紹信使他到美國以後容易找到科
學方面的工作。他說他研究的是溫泉中的微生物，而我們有理由相信
他更興趣於放射性礦物質。他原是在德國的一個科學機構受訓，由納
粹政府送到秘魯，從秘魯取得護照以後再到日本和滿洲。戰爭結束時，
他是在宋子文的大企業中工作。他說，他爲了宋子文的利益而到台灣。
他不喜歡那大難將臨的麻煩，所以要我們准他到美國去。我們給他的
答覆是「不行」。

　　台灣這一大批的外國國民實在有必要向華盛頓報告。領事却說
「不行」，他說外國人在台的活動對我們美國領事舘「絕無關係」。

　　年底的時候，我送了一份以密碼寫成的附屬秘密報告給大使舘和
國務院，指出台北政府中一切很明顯的內部衝突和城中幾個要人的資
料。我的報告引回一通電報催促更多的詳細報告，這被認爲是個懲戒；
原來我提出一個題目而自找麻煩，已經犯下了官場不可原諒的大錯。

　　我第二個關於一九四六年社會、政治、經濟情況的半年報告被允

許譯成密碼，經由南京送到華盛頓。報告中警告：台灣島內的緊張氣氛已達到了爆發點，我們隨時都可能遭遇一個暴亂的危機。這份報告特別定了一個號碼，同時在我們的秘密記錄本上登記下來。

一九四六年整年之間，我們領事舘是個雙重人格的機關。老領事代表的是老朝代，領事舘是個官方的機構，只與其他官方機構來往，辦理純粹貿易的事情，這是按照「規程」的規定。另一方面，美國新聞處這個機構代表的是戰後的新秩序。世界已經變了，美國政府和人民已經進入一個長期的，以文字、語言、意見和人類感情爲武器的冷戰之中。

當我們開始看到在台灣的中國人在外國情報人員眼前所表現的反應時，我們馬上就想到這種冷戰了。

中國對於外國人的批評的反應──「把事實弄淸楚」

陳儀的人馬很討厭外國人，因爲增加他們雙重應付的工作。他們一方面必須讓外國人相信儘管偶而有些不友善的新聞報導，但他們實在是做得非常成功，正在重振台灣的經濟，使台灣人從日本人的奴隸變成民主中國的快樂國民。

另一方面，他們又必須想盡辦法摧毀和破壞台灣人心目中的美國高度聲望，以及台灣人對美國人感情上的信任和訴苦。而最大的任務則在於設法堵住台灣人向聯合國或美國請願。美國領事的一些朋友和聯合國救濟總署的人員，對陳儀「必然的國家社會主義」的施行顯然是個威脅。

國務院好像對於中國在台的法律地位比中國人自己更肯定。別的國家是否願意同意我們的國務院作戰部和海軍部聯合委員會的備忘錄

中對於中國主權的看法？萬一國外不友善的報導引起了美國國會的調查，那將又怎麼辦？

陳儀為了應付這個挑戰，把行政長官公署的新聞處重新地組織了一卜。所有有關地方政府的「臨時」的字樣開始從官方與非官方的文件上以及公開的言論中失踪了。所有外國觀光客──尤其是美國遊客──都被台灣進步的證據所窒息，這些「證據」都是由一些知道怎樣拍美國人馬屁的人去宣傳。同時又採取必要的步驟，把美國人聲望加以破壞或降低，並把外國人對台灣人的信心設法加以破壞。他們是決心要制止各地向聯合國或美國請願的這種危險言論。

一個由美國密蘇里大學新聞系畢業的鄭南渭(一九三七年得碩士)被任命負責這件工作。黃朝琴(一九二六年伊利諾大學碩士)變成「外交代表」，也就是傀儡前鋒。中央通訊社在三月十六日增開了台灣辦事處。鄭南渭的辦公室中有個私設的秘密剪報和無線電訊設備，把美國對台灣時事的評論情形搜集下來並告訴陳儀的人馬。

來訪的國會議員、政府密使和其他輕率的旅客，一到台北，馬上被鄭南渭和黃朝琴或他們的代表人員招呼而去，待以要人之禮遇。那些來台「尋找實況」的客人都樂得有人為他們準備最新的統計數字的摘要，既方便又可在回程中讀一下。這些花樣使得客人不必再到各地去調查，因此多剩下時間到郊外溫泉去賞心，同時也可到處大吃中國菜。過分緊湊的參觀日程，使來賓都與事實隔絕，同時也避免任何離題發生。萬一來賓非要跟台灣人談話不可，那麼他們也準備好了前任市長黃某，是個道地台灣土生的，還官拜參議會的議長哩！他可以利用來滿足來賓的好奇。假如他們要和私人會談，或者和敢言敢說的台灣人見面，或者與美國領事舘有約要長談的話，他們的座車在城裏就常會發生故障，假如是離台北遠一點的地方，則交通就會被耽擱，這

些都已經變成司空見慣的標準方法，專門用來阻止他們的會面。這種將來賓與實況隔離的學問已經成爲一種藝術，專門由能幹的人去探研！

控制、捏造新聞來宣傳「陳儀治下的進步」和美國對陳儀政權的全心支持，可以從下面所舉的例子加以說明。這是台北刊出的消息，說是從華盛頓拍出的電報：

美國經濟官員指出
台灣重建的大進步

〔合衆社華盛頓八月五日電，中央通訊社轉〕美國經濟官員在遊歷遠東之後回國說，他們不敢贊同一般認爲中國政府在台灣的措施有何失當，也不相信大量搶奪刼掠之說。

他們在參觀的地方看到了重建工作的極大進步。中國政府似正適當管理各種工業，並以所有技術專才協助各地事務。

除去被拘的二萬八千名日本技術專家和其家庭之外，所有日人均已遣回日本。❷

他們還沒忘記紐頓前此的新聞報導。爲了掩蓋由紐頓的報導所產生的不利印象，陳儀的新聞處邀請了二十六個通訊記者到台灣去歡渡假期，從八月卅一日到九月六日整整一週的時間，請他們大吃大喝，給以豪華的招待，並且替他們付清一切費用！

善意的通訊記者知道假如他們太誠實而敢言的話，他們在大陸上長期工作所得的記者權可能會被吊銷。他們只能暗示說並不是一切都順利。例如基督教科學箴言報(Christian Science Monitor)的記者史蒂(Ronald Stead)就報導說：「中國政府官員和台灣省行政人員宣稱不滿現狀的人數很少。到目前爲止，我們一直忙著全島到處大吃大喝，

從上吃到下，到處都受到最豪華的好意接待，但是只能做一個普通而很粗淺的調查，事實上根本沒有時間可以衡量這裡的實況！」

有些外國人被陳儀以高薪聘來專門誘導這群記者，要他們好好報導中國政府在台灣的成就。這些外國人有的很坦白地私下承認，他們並非正式被美國的地方報紙所聘的記者。他們的記者證是上海臨時發給他們的。

陳儀的爪牙對於短期訪問台灣的過客有辦法對付得很成功，但是聯合國救濟總署和美國領事人員對他一直是個問題。為了使外國人的夜間活動集中在一個地區，鄭南渭和新聞處幕後計劃開了一家幸福酒吧(Lucky Bar)，專以吸引美國顧客而匠心設計。中國新聞處可以在這裡偷聽套取外國人住區裏的生活狀況。

我曾經對幸福酒吧來源的正確性懷疑過。但有一個夏天晚上在我家吃完晚餐的酒後，那位神秘的海軍司令雷某某，其實是宋子文的親信，原名叫李祖一(譯音)，他問我為何從來不去幸福酒吧，同時並說每次他想要知道美國人對台灣的看法時，他只要到酒吧去，坐在美國領事和他的太太或他們的朋友常坐的座位旁邊，或坐到聯合國救濟總署人員喜歡坐的位置附近就成了。

幸福酒吧也為宋美齡的幾個俱樂部開了先河。軍官道德促進會(Officers Moral Endeavour Association,即OMEA)這一連串的旅舘就是專為外國通訊記者、商人、外交人員和軍事觀察員等人所設，並對他們有特價優待。另外在這個會以外又加上了中國之友社、台北賓舘、及圓山飯店，全都是用來竊聽的地方——也就是幸福酒吧的擴大，用於「中國暫時首都」再適合不過了。

關於聯合國救濟總署(台灣辦事處)的故事在下一章裡有仔細的資料和文獻為證，這些都是由來自十四個國家的很能幹的醫生、護士、

工程師和農業專家的觀察得來的。

　　這十四個國家爲澳洲、巴西、加拿大、哥倫比亞、哥斯大黎加、丹麥、法國、海地、荷蘭、紐西蘭、挪威、英國及美國。其中有個台灣的會員，他後來入了美國籍。

　　聯合國救濟總署所包括的技術和專門學科爲醫藥、護理、牙醫、兒童福利、公共健康、食物營養、衛生、工業和運輸工程及農業重振等。另外有少數行政人員。

　　他們大部分曾在中國大陸有過早期的工作。台灣對他們來說是個不容易的使命，因爲台灣無需「救濟」，只需要給與機會便可早日恢復高度生產，用來救濟中國大陸。台灣人很有組織，很守法，既「現代化」又願意與人合作。最令人鬆一口氣的是台灣人都很友善，在這裡看不到那些「美國佬，回家去！」的標語。不久之後，這一小群混雜的外國人對台灣人與大陸的關係發生很大的影響，與其人員的數目不成正比，也與它所帶來的物質和技術援助的價值不可相提並論！

第八章　聯合國救濟總署和中國善後救濟總署的歷史

聯合國救濟總署在中國的獨特辦法

　　聯合國救濟總署在中國的工作，是美國慈善事業百年來為改良中國人民生活一連串善舉中的最近一次，但並非最後的一次。整個十九世紀的傳敎工作實在含有一點救濟的意義，却未被大部分中國知識分子所歡迎。十九世紀傳敎工作的成功，大都局限於最低階層的中國人。在二十世紀時，對中國的援助工作逐漸開始制度化，而以不同的方式出現，如支持醫院、學校、研究機構和國際獎助金等。中國人並不一定要變成基督徒才能直接從這些外國的慈善事業得到利益。一九三二年日本侵略中國，退出國際聯盟，又於一九三七年再度侵占中國，使美國的「援華」達到一個頗高的水準，而且含有國家利益和國際政治的意義。在中國首都，對於援助基金和銀行信託等款項的操縱已成為一

大商業，常常都是由蔣宋集團所控制。

當美國提供貸款給中國時，宋子文堅持「中國人的尊嚴」；一定要使貸款的法律控制權全部操在中國人手中。

嚴家淦當時是陳儀在福建省的主要經濟助手，他在重慶是中國戰略物資委員會的採購主任。實際上這個職務是採集中國境內的生產品再加以重新分配，是專爲接收和分配美援物資而設的。

這並不是令人高興的安排，因爲在華的美軍單位常常在急需供給時不能得到所需的補給，例如航空用汽油，雖然堆積在附近，却是控制在中國人之下。

二次大戰末期，聯合國救濟總署想爲中國做點事，一切決定竟然必須透過宋子文，當時他是外交部長。當此事項正進行的時候，他以行政院長的身份來加以指揮，而由他的妹婿孔祥熙當副院長。

中國方面的工作是聯合國救濟總署在世界各國所舉辦的工作內容中規模最大的一個。從這個救濟工作，中國接收到超過五億美元的物資和利益，其中包括美國貢獻的四億七千萬美元，我們想盡辦法拯救在聯合國安全理事會中忽然變成「世界強國」的盟邦，實際上它正很快地崩潰下去。沒有多少援助品是以援助品的名義由上海的倉庫送到別處。

美國所支配的聯合國救濟工作在中國採取了一個極不切實際的辦法。在歐洲，這個國際性的組織雖與主權國合作，但美國却掌握所有救濟物品控制權，直到這些救濟品直接送到受惠人手上，然而在中國就不是如此了。中國的發言人在宋美齡和他的哥哥宋子文領導下，堅稱只有中國人才懂得怎樣在中國辦通事情，同時又說「中國人的尊嚴」是不容外國人加以干涉的。聯合國的機關只准在中國以顧問的姿態出現。他們以使人信服的誠意宣稱，他們是深知美國生活方式的指導者，

並稱他們爲改革古老的中國而獻身。我們什麼也不能拒絕他們！

華盛頓方面同意了，當然聯合國只好接受這些條件。這眞是個天大的例外。聯合國救濟總署只要把物品一放到中國港口的任何一隻船的甲板上時，就再也沒有權力干涉一切了！

這是踏入中國土地和台灣的代價，而事實上等於大敲詐。但又沒有其他選擇餘地，沒有這些大量援助的話，中國只有淪於大亂和共產主義。美國民衆並不知道宋美齡的家族控制着中國的倉庫和船運利益，包括招商局的操縱中國內河航運及全國每個重要河港的碼頭倉庫。這些就是聯合國救濟總署的援助品所要送去的碼頭及所要儲藏的倉庫。聯合國救濟總署還得付出運輸和儲藏的費用。

透過行政院(宋子文爲院長)，中國政府製造一個叫做「中國善後救濟總署」的團體(Chinese National Relief and Rehabilitation Administration)，簡稱CNRRA「中國救總」。這個團體用來控制所有的救濟品，並執行聯合國救濟總署的專家技術人員所計劃推薦的工作。聯合國救濟總署的人員無權過問執行的情形。❶

中國人之所以要堅持擁有救濟品的行政主權，可能也含有一些國家自尊和面子的問題。國民政府要藉機會向人民表現至少他們是自己家裡的主人。在中國境內分配這些援助品時，他們花了極大的氣力，把外國或國際的色彩加以掩蓋或抹煞。蔣介石要人民把功勞歸到國民黨的政府；孔祥熙和宋子文則要把那些錢財物資送到他們家族的銀行和倉庫。

比法律權益的轉移(和失去控制)更令人驚奇的是，中國人爲了增加這些國際禮物的價值所巧設的辦法。雖然價值五億美元的物品送給了中國，中國政府卻叫苦說他們出不起錢來分發這些救濟品。因此，聯合國救濟總署只有無可奈何地同意中國善後救濟總署把這些救濟品

「以相當公道的價格」賣出去，這樣才能取得一些錢去付分發的費用！

結果中國向聯合國救濟總署報了「行政費用」的帳一億九千萬美元，而且大量的救濟品一送進門口洞開的倉庫之後就暗渡陳倉消失於私人的手中了。(分秒時間都沒浪費；有個挪威船長告訴我，有一天早上他的船停泊在上海，運進一批聯合國救濟總署的貨，其中有些很不尋常的罐頭。早上他還在監督卸貨，近黃昏的時候，他在碼頭附近街上看到有人在叫賣這種特別的罐頭。有時一兩箱罐頭難免會「溜到船外去」，但他不以爲然；後來一查，他看到倉庫的一頭還在從船上卸貨進來，倉庫的另一頭即有幾個馬車伕正以同樣快的速度把貨物搬運出去！)

在這種情況下，聯合國救濟總署唯一的自衛武器就是使用其權力停止再送救濟品入中國領海，但是這是個很難使用的武器。

中國善後救濟總署的騙人把戲

聯合國救濟總署屬下的中國善後救濟總署於一九四五年十一月一日在上海開始展開工作，那時要在台灣使用的經費已經分配了。最後在台北的中國善後救濟總署機構設立了中央辦公處；有一百個職員，包括由聯合國救濟總署指派去中國救總工作的半打的外國技術專家。

中國救總的台灣分署署長是錢宗起，他當了二十五年的陳儀的私人秘書。錢氏底下的三個副署長在大陸時也早與陳儀有長久的關係，對他的看法、作法、和工作標準都摸得一清二楚。

他們開始領薪領餉後的二個半月，中國救總才於一九四六年一月廿二日在台北開幕。他們找了一群苦力去修理水管，但當二月十一日修理完工後，一經檢查，被認爲不滿意，因此必須重新再做一次。大

部分的水管於白天埋下去之後，夜間就被挖出運到上海！另外還有九個像這樣的工程也是一樣。所有的工作不是挖溝子就是搬垃圾。

中國救總在台灣的頭六個月工作中，一共花了約二百八十萬元的工程費，再加上幾乎高達八百二十萬元的「行政費用」。

聯合國救濟總署經過不斷地催趕和刺激之後，終於說服了中國救總要他們把眼界放寬一點，從那些臨時的失業救濟之類的工作擴張到長期性的基本重振工程。台灣並不需要填補式的救濟，它所需要的是建設性的振興工作，這裡只要一點救濟就足夠了。可是中國救總實在是太使他們失望了！聯合國救總的負責人稍後提出這樣的報告：

> 雖然有人在上海放了謠言，但我們的調查結果認為，台灣實在不需要什麼救濟。這裡的問題並不在於糧食不足，雖然生產確曾因為土地的過分耕耘和肥料的缺乏而遞減。真正的問題在於中國政府的無能。

> 中國人不懂也不想繼續實施日本的配給制度，這制度雖然不使每個人有過多的食物，但每個人都有足夠的飯可吃。中國政府反而向農民搜刮了一大部分的基本糧食和稻米，而且正在囤積居奇。農民以為新政府的搜刮稻米是在繼續糧食的配給。雖然他們不喜歡這制度，但了解它的必要性，因此也只好把糧食以低價賣給政府（大部分都沒付款）。中國政府和軍隊並沒好好的管制，使大家有飯吃，他們不是在台灣囤積居奇，就是走私倫運到大陸沿海的市場以高價出售謀得大利。這樣造成了人為的糧荒，提高了糧價，然後政府再以高價售出取得利益，並使許多人得不到糧食。

> 這是中國人在台灣所造成的嚴重問題的開端，直到目前為

止，中國政府仍在繼續這樣做。❷

在結尾的時候，這個聯合國救總的負責人向他的上司報告說，最大的問題還在於保護肥料的配給以免落入鬼計多端的農林處長手中；另一個問題則在於與中國的衛生局局長鬥智。這兩個人都由陳儀直接指揮。一個控制農會，掌管農民的肥料分配，另一個則控制醫藥品，這些都是在亞洲的市場極值錢的東西。在這兩個特別問題之下，普遍的情形便是中國政府的貪污腐化和對於救濟行政的浪費。

整個情形也並不是那清清楚楚地劃分——「台灣人和外國人都是好的」，「中國大陸人都是壞的」——因為有幾個中國救總人員是很有資歷的中國大陸人，而且也很廉潔自愛，但是他們實在是太少了，太不重要了。以致於無法對整個局面發生有效的「牽制」。有幾個人員到台灣來工作是因為看來確實可以大有一番建樹的，可是到了聯合國救濟總署——中國救總工作的末期，他們個個都承認是完完全全地失敗了！

也不是所有台灣人都是惡狼群中無知的羔羊；有些人發覺與陳儀的爪牙同流合污有利可圖（何況同流合污要比批評安全得多了）；也有些做救濟品的黑市市場，生意做得非常成功。

聯合國救總的主要醫務官員賀薛(Dr. Ira D. Hirschy)把中國政府對公共服務問題的態度歸納說：

　　……聯合國救總與中國救總，這兩個機構以及他們的成員所懷的目標並不相同。聯合國救總為達成其任務正從事慈善的施與，而中國救總却抱着經商謀利的態度，只關心賺錢。❸

一九四六年五月一日以後，外國技術專家們走遍了全島，看過每

個地區的情況，並與各經濟階層的人談過話。有個社會福利官員對中國救總人員中一個眞正希望好好幹的人，有下列的評語：

> ……中國救總之中的某某是個不尋常的人。他說：「……我們不能也不該答應這些人民要怎樣怎樣，除非我們眞的能夠辦得到這些承諾。」他是堅持這個原則的……他還特別覺得除非能把現在這個貪污腐化的政府推翻掉，人民要想有何進步實在不可能。

> 我曾經跟許多中國人談過，他們都小聲地偷偷告訴我，他們覺得除非他們能夠有辦法除去高階層的貪官污吏，否則什麼計劃都是沒有希望的！……有一個說他在大陸當時的政府統治之下早已放棄任何成功的奢望，後來他看到來台工作還有一線生機，他以爲再從頭做起也許可以做點事情使工廠再開工，可是他住的城裡正因爲人民的饑餓和失業而使犯罪一天天在增加。當我最後一次遇到他時，他正想要辭職而且已經失望到了極點……。

> 我和許多台灣婦女談過話，她們都是既苦幹又勇敢的人民。她們正在設法重新組織托兒所和服務工作。她們想重組養老院和救濟所。她們興趣於……老年人和生病者的容納所……我們曾幫過她們重新組職……可是我們從沒奢望過我們的工作能耐多久……那些來自大陸的中國人好像從來就沒辦法維持一個計劃，就是讓他們實際地去做去了解也還是一樣。當然這也有例外，但是像醫院、學校、和公共衛生的設施及公共福利機構，在這個政府統治之下是一個個地垮了下去。台灣即使只有一點最起碼的社會福利也能很快樂地運行，因爲一般民眾都很有反

應，非常熱心於學習如何解決他們自己的問題。❹

聯合國救濟總署人員曾仔細地分析過救濟和振興的需要，同時也做成建議以便於採取措施。而將控制和分配救濟品及勞務的工作保留給中國救總。事實上聯合國救總的意見只在每週的台北行政會議上被很有禮貌地接受了，但也很乾脆地被置之不顧。居然有許多中國大陸人驚訝地認為聯合國救總未免太幼稚了，竟希望他們把那些物資浪費在台灣人身上。雖然聯合國救總的地位僅限於顧問和建議，他們至少還能運用一點影響力來控制中國救總的行動，儘可能禁止救濟品被當作商品出售。

出賣救濟品的生意是很好賺的。中國救總出售的工業用電纜就淨賺了百分之百的利益(幾乎六百萬元台幣)。我們應該記得中國救總向聯合國救總報了一億九千萬美元的「行政費用」，這個數目並不包括他們在工作上向人民賺取的「行政費用」。在台北，中國救總接到命令把百分之十的救濟麵粉賣出去，以做為分發其餘救濟麵粉的費用。聯合國救總發現，原來中國救總利用這個藉口，竟把百分之七十五的麵粉全賣了出去，淨賺了約三十萬元的美金。

這些騙局和廣泛的投機，花樣之多真是罄竹難書。有個陳儀屬下的高級官員控制聯合國救總進口的種牛，當然也把幾百萬元的保養經費一起控制起來。此後關於那些牛和台幣的事就再也沒有下文了；這個官員也接收日人的製冰和冷凍工廠及其他的生意，全盤移到他私人的財產之中，當然名字不是掛他的。這件事使他與聯合國救總引起正面衝突。因為製冰所需的氨氣當時相當缺乏，而聯合國救總進口了不少可以提煉出氨氣的化學肥料，但這些化學肥料又正好由陳儀底下的爪牙人馬去分贓配發！

我們估計，陳儀和他的嘍囉們從這些大量的化學肥料的入口、分配和出售中，淨賺了幾百萬美元。

聯合國救總上海總部曾同意讓化學肥料在台灣以僅夠支付分發費用的價格售給農民。陳儀於是馬上又私設了一個機構(其實根本無此必要)專門負責分發的工作。工作人員的高薪以及行政費用當然是從肥料出售所得扣下。

台北的聯合國救總曾經做了示範。農民買肥料時按照肥料的種類付錢，每磅價格不超過台幣三分六毫到五分之間。結果中國救總分配第一批的一千噸肥料時，每磅收費是自八分到十分不等，因此大約淨賺二十萬元美金。

第二批肥料一共五千噸運到台灣時，台北的聯合國救總設法把政府剝削台灣農民和外援的事實公開出來。結果陳儀的人馬還是照樣如法泡製，這次賺了美金約五十萬，更有甚者，中國救總的卸貨裝貨及儲藏記錄，一經對照之下，發現百分之二十的貨品在轉手之間就消失無踪了。調查的結果顯出，真正的損失平均為百分之零點四(千分之四)。幾乎百分之二十的肥料就這樣被偷藏起來轉到黑市，或被那位擁有製冰工廠的處長挪為己有了。

為了避免外國人的干預，陳儀和他的處長嘍囉們很狡滑地建議由台北的台灣政府出面向上海的聯合國救總購買肥料二十萬噸，這樣一來中國救總就無權過問台灣肥料的交易，也可因此擺脫在台灣的聯合國救總人員給他們的難堪。假如這一個招術耍得成功的話，陳儀和他的爪牙可以賺得不下一千兩百萬美元，或甚至多到一千八百萬美元，全視「救濟肥料」之種類而異。

當這個議案還在洽商之時，台北就爆發了反抗陳儀的事件了。因為這個重要的肥料分配工作影響每個村落的農戶，所以聯合國救總和

中國救總的衝突到處都被農民討論著。農民正在種植季節，急於取得肥料來用，陳儀的爪牙却一點也不急於分配肥料，因爲只要那些肥料儲放在政府的倉庫中，他們就可向聯合國和中國救總報帳取得儲藏費。農民知道外國人是在幫忙把肥料儘早分出，但政府却故意躭擱分配工作。他們同時也曉得外國人在幫忙阻止大量的物品被偷走。

聯合國救總在高雄的記錄指出，貨物在轉手之間損失的百分比竟高到反常的現象，調查官夏雷(Ray Shea)注意到上船打工的女工們好像在工作時一定都要肥胖許多。這是很奇怪的現象，而且胖出來的重量都更奇怪地分布在褲管的地方。進一步調查發現，她們穿的是一種可以當做袋子的褲子，她們從船上岸時褲袋裡裝的肥料比人還要重！

聯合國救總看到振興工作的每一細節都發生詐欺的事情，他們怒髮衝冠地眼看根本的復興機會已被浪費，人民的生活程度降低到和中國大陸幾乎一樣。例如電力本來是多得有剩，但服務却不可靠，電費一直增加到不能再增加。有一家台灣人的小礦場在一九四五年十一月時付出的電費是每月五千元台幣，可是四個月後(一九四六年三月)電費高漲到十六萬元台幣！許多小商舖和小工廠都付不起電費，許多人因付不起電費，只好用起十九世紀用的油燈和蠟燭。

有大量的煤炭可以使用，並且許多小工廠要是能夠獲得燃料的話，只要給予些微的幫助就能夠恢復工作。但是一經調查便發現，陳清文控制下的鐵路局因爲載人有厚利可圖，所以常常拒絕載運貨物，因爲貨運旣麻煩又薄利。官方的藉口是汽鍋管和潤滑油不夠，當然他們把這個責任推在美國和聯合國救總的身上。

電力和運輸一崩潰，整個台灣又退步到十九世紀的生活程度；但是等到正常的糧食補給也被切斷時，革命抗暴的眞正危機才來臨。

聯合國救總的澎湖之戰

唯一的「饑餓區」是擁擠而不毛的澎湖群島，與台灣西南沿海的海埔漁塩荒村。一九四六年一年之中，海草、甘薯葉、去年剩下的甘薯乾，變成一般的食糧。許多人窮得只能一天吃一餐充飢。當日本人從馬公海軍基地撤退後，全澎湖有一半以上的人民就失業了。

聯合國救總調查了這個問題，報告給中國救總。希望能儘速將救濟品運到那一群島去。

這些「多管閒事的外國人」馬上就發覺，中國救總對於這樣一個窮得連最低的救濟手續費都付不起的地方根本不感興趣，顯然他們沒能力付敲詐費。這個「救濟澎湖」的問題就變成外國工作人員和陳儀政府之間衝突的記號。

當時澎湖的全部人口超過七萬三千人。只有十五個醫生分佈在六個島嶼上，其中有六個住在人口二萬五千五百人的馬公島。有一荒蕪地區人口將近一萬四千，可是醫生只有一個。

馬公島的發電廠每天只從晚上七點到十一點之間有電(只有四個小時)，因爲缺乏柴油的關係。平常每月所需的柴油最少爲十噸，雖然當聯合國救總去調查時還有四十噸柴油可用，只是它們在市政府中國大陸人的控制之中，不肯「浪費」給人民使用。

馬公島一天中只有清晨三個小時有自來水可用。

公共衛生和醫務情形可說壞到極點。一九四六年，二百件霍亂病患中死了一百七十人。隔離醫院只有兩間病房給病人，一間用來檢查，別無其他。省立醫院根本就沒什麼工作。台灣省衛生局局長經利彬命令各地醫院不能接收五分之一以上的免費患者。當聯合國救總去調查

時，醫院裡只住三個病人，因爲醫院的人說他們不能接受任何免費的患者。

我們發現台灣人私家醫生所辦的醫院和患者診療所工作太重。有一個醫生他自己所看的免費病人就多於澎湖政府所有醫務機構的病人。

政府的醫藥和救濟品不是全被藏起來，就是根本找不到。當時有二百個瘧疾病人就醫，但其中只有六十個病人得到聯合國救總供給的阿得乎抗瘧劑(Atabrine tablet)，雖然幾百萬個抗瘧劑被儲藏在台北。即使那些由聯合國救總送出的補給品，經過天大的困難送到馬公以後，仍是整箱原封不動地丟在那裡。五十箱的牛奶粉送到馬公以後，只有十箱到達目的地。

我們使盡各種壓力要中國救總採取行動。台灣領導階級也很關心並且常在地方報紙上提出問題。最後中國救總終於發表了聲明，宣稱七千袋的麵粉已經運到馬公，但是聯合國救總馬上就要大家注意事實上只有七百五十袋的麵粉運出去而已，因爲它們運出時沒人押運，現在它們落在何方根本沒有下文。

七月一日中國救總從台南運出一千四百箱的餅干到馬公，但是馬公的海關官員不讓它入口，又把它們運回到台南，並且報告說入關(澎湖)的申請書上註明是「食品」而不是「餅干」。經過五個月之後(即一九四六年十一月)，馬公海關的官員才同意把申請書送回台北去「更改」。這期間馬公島上的數百人幾乎餓死，而政府機關却在台南收取餅干的「儲藏費」。

就在「澎湖事件」的期間，聯合國救總的調查發現，所有運離台灣的救濟品經過台南關時必須經過五個機構的清查，而運到馬公之後，又有五個機構堅持必須加以入口檢查，其中包括馬公海軍基地司令官

的辦公處。幾乎每一個檢查站或桌子都伸著長長的手。這十個機構每個都要揩點什麼錢，才能讓這些救濟品（聯軍盟邦的貢獻）通過三十英哩的地方到達澎湖的飢苦人民。

聯合國救總經過了三個月的努力，在香港獲得了五百噸的泰國米，裝上英國船運到澎湖去分發。途中英國船最初在基隆停了一下。聯合國救總人員眞高興看到船上有空地可以載運八百噸肥料去給澎湖的農民。可是中國救總怎樣也不肯合作，他們說：「很抱歉，所有的肥料都已經分配完了！」一查之下事實眞相確是如此：因爲澎湖農民太窮了，付不起任何一點費用，所以中國機構不願把這樣貴重的商品浪費在馬公。更有甚者，中國救總的官員說，「外國船在中國港口之間運貨是非法的！」國內港口之間的貨運是招商局和它的附屬機構的特權。

交通窒息

當聯合國救總想運進磷酸壚到台灣供給急需的肥料工業時，招商局堅持要收每噸三十二元美金的運費。聯合國救總不願付這樣氣人的高價，經過長久的商討之後，運費終於降低到每噸四元美金，即使如此，招商局堅持要賺的利益之大，同時也指出台灣人的貨運所面臨的嚴重問題，因爲他們並沒有聯合國救總那樣的權力可以和宋子文的公司討價還價。但是假如應用一點賄賂，同時給對了地方的話，是有點幫助的，等到每關都賄賂、被敲詐之後，到頭來已經無利可圖，根本就不必再徒勞去搬運了。在這種情況之下，小本生意一蹶不振，很快地消失了。

貨物不管是運到上海或運出上海，都必受到一番剝削。如建築水泥在全中國以及亞洲都是極度需要的，在台灣日本人曾經移交了大量

的儲備。高雄水泥工廠也很快就重振起來，並在一九四六年間恢復了每月一萬五千噸的生產量。儘管如此，但在台灣只有從黑市才買得到水泥。聯合國救總發現大量的水泥——比一般戰前及大戰期間日本所需還多的水泥——已經移交到交通處屬下的三個機關去，它們也控制了海運。

聯合國救總同時又發現，從高雄到基隆之間的海運要比陸運貴上三倍。當工礦處決定要運一千噸水泥到上海去試賣時，他們是先由陸路運到基隆，再由基隆經海路運到上海。光是鐵路運輸費就高達每噸二千五百元台幣。此外還要加上倉庫費、轉運費、保險費、海運費。在上海，台灣的水泥是期望和美國水泥競爭，而以每噸相當於台幣三千元的價格售出。而從台灣到上海之間所有有關的部門都加以剝削敲詐，各取其利。鐵路方面運得愈慢，花的時間愈久，鐵路官員就愈有利可圖；貨擱在倉庫的時間愈久，儲藏費和保險公司也就有更多油水可揩。

中國海關一度在外國人經營下的廉潔傳統，現在一經國民政府在台灣的控制就完全破壞無遺了。就拿一九四六年一次由台南將聯合國救總的救濟品運到澎湖的例子來說，十個剝削敲詐的機關當中至少有四個是中國海關的分關。連政府機關、聯合國救總，以及私人機關從台灣的一個港口運貨到另一個港口時，也都被敲詐大量的「入口稅」。

這樣的爭相要錢賄賂，當然把海外的貿易窒息了。一九四六年十一月，基隆港口的船隻假如要出港的話，只能在幾個限制的辦公時間去辦清一切手續，假期週末是不辦公的。船長和外國船商的代辦人員很快就發現在這短短的幾個小時的辦公期間，重要人物常常在重要關頭「剛離開辦公室」，而由他們的屬下小跑堂之類出面解釋，在特別情形(即賄賂)下港口清理手續的困難很快就會解決。當然另外的選擇也

是同樣花錢的，因爲只要船停在港內就得付出高價的港口費！

　　海關、檢疫所和港警都分別屬於不同的機關。複雜而又互相矛盾的法令常常給他們有很好的機會動不動就把船上的貨物充公起來，藉口是違反進口或出口的法規。例如有一次聯合國救總人員的補給品竟被充公了，事後再加價地收了「臨時保管費」，最後再賣還給聯合國救總的人員。

　　到了一九四六年年底，進出口已經形同無法無紀了，整個台灣的經濟已經完全要看這些人的慈悲了，因爲他們既控制了港口，又能夠隨其高興制訂幾條法令，深深地影響救濟品和補給品的使用。

　　但是在最需要法律的地方，却沒有法律了。例如，檢疫所被置之不管，辦公室裡的醫藥設備被剝削一空。當全島的經濟陷入病態的時候，社會福利和公共衛生也隨之崩潰了，最明顯的例子便是霍亂和黑死病以高傳染速度入襲台灣。這是對生命的直接威脅！

公共衛生和社會福利的崩潰

　　聯合國救總的醫生、護士、食物專家和社會福利工作人員，很快就贏得台灣人和一些中國救總的同事們的尊敬和合作，但是他們實在來得太遲——遲了七個月。城裡的街容已經開始淪于汚穢，像中國大陸上的城市那樣骯髒。當蔣介石的「保安隊」於一九四五年把台北的垃圾車隊充公去運輸贓貨到碼頭時，大批的垃圾開始堆積在公園裡、街旁和巷尾。一種很原始的人工推車代替垃圾貨車，只能把每天堆積下來的垃圾搬去十分之一。老鼠的數目瘋狂地增加。

　　台灣的大城市裡本來都有定期的下水道和陰溝的清理工作，以及挨家挨戶的消毒服務。這些工作都是經過仔細規劃督導，並由公共稅

金支付，而且是眾人皆可利用的。現在在中國人統治之下，這件工作變了樣，由每戶人家自己直接和清陰溝收垃圾的人去接洽。因為生活費用不斷在高漲，垃圾的收費也一直在增加，假如用戶不能立刻付錢的話，穢物就沒人收。到處都可看到糞水外溢和聞到糞臭，造成了極危險的不健康的情形。

在一九三七年時，全台灣各城市的自來水設備不下九十七個，此外當時計劃中或正在建築中的還有二十八個。這些設備可供一百二十七萬人口的需要，亦就是全島的四分之一的人口。

中國人無法使這些公共用水設施恢復工作，致令聯合國救總代表們深感不安。中國救總最初的一點努力想恢復台北的供水設施完全失敗了，因為抽水設備大量被偷，就連公共消防水的水龍頭和私家的水管也照樣被盜取。

未經檢驗出的漏水現象，使得在人口聚集的地區無法維持適當的水壓。未經過濾的水與城裡經過處理的水混合使用。有時用於蓄水庫抽水站的消毒品卻賣到黑市去了。

瘧疾、天花和肺病造成了嚴重問題。聯合國救總調查的結果發現，他們檢查過的學童有百分之六十到九十都患營養不良症。大戰期間的艱難使城市居民的一般體力減低，在一九四四年和一九四五年間，數千兒童被送到海濱地帶去站哨，都患了瘧疾或肺病，有時兩者都患，因為他們長期住在防空壕或簡陋的草棚，而這些都是在村落間草草搭建而成的。

港口的檢疫工作在戰爭最末期曾一度中斷，檢疫所裡留下的設備和器具等，都於一九四五年底那段「搶刦時期」和其他被搶刦的物品一樣全被搬走。新政府對於檢疫工作不感興趣，所以來往大陸之間的交通運輸都沒什麼檢疫限制。那些來台的中國人帶進一種特毒的天花而

變成了傳染病。儘管人民公開呼籲，政府一點也無動於衷，根本不想推行戰前強迫接種疫苗的工作。聯合國醫生們調查的結果，確定了中國警衛部隊中某些單位的人員百分之九十患有性病，地方人民被傳染的高達百分之二十五。

醫藥稀少、設備陳舊，並且被嚴重炸燬的醫院，引不起政府修理的興趣。當時大約有二千個登記的醫生，包括一些新來的中國人，但是沒有幾個經過適當訓練的護士。幸好台灣人在日本醫藥學校和短期醫科訓練出來的人，都能與日本醫生及留在台灣的公共衛生人員合作無間。他們都很歡迎聯合國救總的專家們帶來的新意見、新技術、新設備及醫藥補給。到處都有日本人因為受的是德國的老式訓練，所以對於改進或變化常加以抵制，但一般而言，外國專家在各階層的工作中都能獲得支持。

在發展聯合國救總的醫務工作中，只有中國的衛生局局長——出身美國約翰‧霍普金斯醫學院(Johns Hopkins)——一個人拒絕合作。

（譯者註：衛生局在民政處之下）

陳儀還算相當有理地把公共衛生和社會福利的工作從警察局的控制下移到民政處。新任局長經利彬(受過生理學和藥學的訓練)在上海時開了一家藥店而被陳儀看上了！他對公共衛生的行政根本沒有過任何經驗。不久他馬上表示他對公共衛生沒有興趣。原來他被陳儀請來台灣照顧他私人的醫藥利益，當他的台灣醫療物品股份有限公司的主任，這是陳儀的工礦處屬下的一個機構。

經醫生的公共權能是控制醫生、護士、醫藥人員的發照工作，及控制醫藥服務工作。他控制接收的日人醫院、診療所、醫藥補給品和醫療設備。醫藥的進口、島內的醫藥製造和藥品的出售都是在他控制之下。因此只要有人和他的醫務利益或陳儀的利益競爭的話，他就有

極大的權力可以阻撓或限制島內的藥品用途或供給，包括聯合國救總
送來台灣的救濟藥品。

　　經醫生的「私人權能」很快地爲陳儀組織了一個製藥中心和分配
公司。出售專利藥品和處方藥品是一種極有利的生意。我們這位衛生
局局長把他大部分時間用來經營生意。他最初的幾件私人建樹之中有
一項即是製造和出售一種肺病的專利治療品，而且還是用他自己的名
義公開出售。

　　聯合國救總的專家們終於避免不了和這位衛生局局長的正面衝
突。他抓住任何機會貶低聯合國救總的工作，和外國工作人員的資歷，
並且向各個醫學院、醫院、及台灣醫藥學會大施壓力，限制他們聘請
外國專家演講、示範或影片。例如在台灣醫藥學會的第三十九屆年會
中約有七十篇論文發表，事後經醫生要政府的報紙刊出這樣的評語：

　　……聯合國救濟總署的賀薛博士提出的那篇「傳染病的預
　防」的文章不過是初步的報告罷了。那是些基本常識。看來像這
　樣的文章實在不適於在醫學會中提出來一讀，因爲那是浪費時
　間。有些人認爲外國的醫生應該多多熟悉熟悉本省的醫藥標準。
　❺

　　在消滅瘧疾的運動中，經醫生曾想盡辦法阻止抗瘧劑的免費分發，
同時阻止私家的商人接受分配藥品的競爭。大約四千五百萬片抗瘧劑
被儲藏在倉庫裡，而經醫生却提議由他的私家製藥公司來生產處理奎
寧藥品的生意。後來接替經醫生做衛生局局長的，提議應該把這四千
五百萬片抗瘧劑全部從倉庫裡取出平分給每個台灣人，使每個人能分
到六片，這樣便能「把台灣的瘧疾一掃而光」。那些藥品在倉庫裡被放
了一年，政府樂得向聯合國救總報些儲藏費的帳！

台灣人和來台的中國人之間的關係深深地被向井醫生事件弄得不安。向井是個日本婦產科醫生，他開的私家醫院在一九四六年的台北算是最好的婦產科醫院。有一次一個頗有影響力的中國人的太太成了他的病人，經過切腹生產，但她不願照醫生給她的指示做產後的醫療，結果死了。她的丈夫拒絕把屍體帶回，並向醫生敲詐一大筆「慰喪費」。（譯者註：此後利用這種苦肉計來敲詐的風氣大開也！）

不久其他的病人被吵得只好離開醫院；向井醫生也被逮捕，他的醫院被政府搶過去，馬上又轉手由一個大陸來的無能的女人去開業，聽說她也有個醫生的學位。

全島上的台灣醫生和日本醫生很清楚地看到這個向井事件所帶來的危險。他們聯合起來一方面在金錢方面支持向井醫生，另一方面要政府保證類似的事件不再發生，否則他們將不再為中國人醫病。

經過一番強而有力的法律辯護之後，向井醫生終於被釋放。他後來再被他自己的醫院「僱用回去」，但是馬上很明顯地讓他知道在新人的經營之下無法繼續工作下去。雖然台灣婦女曾經為他請願，並向政府要求留他在台灣，希望取回他的醫院，可是他已經受夠了這一切。（這位很成功地為向井醫生辯護的台灣律師，因為敢於擺出事實而使檢察官和那位控訴的官員「失盡面子」，因此在一九四七年的事件中他被殺了。）

私人的醫院和診療所是極值錢的財產；大部分很快就被搶光，有時還算規規矩矩地拿出一大堆蓋有紅印的充公令，有時搶劫的人乾脆就大大方方地走了進來。那些將被遣回琉球的醫生曾要求帶走他們的醫療用具，以便到了被嚴重炸燬的那霸之後，至少能夠貢獻一點醫術給那裡的重建工作，而不致淪為無一技之長，無法謀生。但是美國領事館拒絕考慮他們的請求，連非正式地向中國當局提出這個問題也不

肯。

瘟疫和霍亂復發──「這是中國的土地了」

一九四六年年中,淡水和新竹兩個地區發現了四個黑死病的病例。這四個人是坐舢板由大陸來台,而且沒經過檢疫手續。

台灣的報紙頓時哄鬧起來,群起抗議。三十年來黑死病在民間早已絕跡。這個大威脅,直接可以找出原因──因爲日本統治下嚴格執行的檢疫制度在中國人手中已經瓦解。那幾個患黑死病死去的人住過的屋子雖然被燒成灰,同時在港口採取了一些亡羊補牢的辦法,重新實施檢疫工作,但是對於這些工作已沒有人有信心。

夏天一到,霍亂也重新在台灣出現了!幾天之間在台灣的西南一帶已經傳染得無法控制。自從一九一九年以來,霍亂從未傳染爲害過。衛生局局長一點也不認爲事態嚴重,但聯合國救總的醫生護士們經中國救總人員、台灣醫生和公共衛生方面的人員的幫助,很快地到達了台南和高雄,排除所有的官僚文章的故意爲難,馬上把死亡率高達百分之八十的所有霍亂患者降低到百分之二十九的死亡率。經過一個漫長的夏天的奮鬥,涼爽的秋天終於帶來一點安慰,可是到了十一月一日,聯合國救總的工作隊已經登記了二千六百九十個霍亂病者,其中死亡的已達一千四百六十人。

衛生局局長的漠不關心也使他安插在台南控制公立醫院的人抱持一樣的態度。在這次災害最慘烈的台南,那些人仍是慢條斯理地照常上班,不肯接受午後五點到清晨八點之間送來的霍亂病人,更直截了當地拒絕供給所需的額外醫藥──他們只能「照常」供出固定的少量。

聯合國救總工作隊設立起特別的隔離營,但是他們發現這些隔離

起來的病人的大小便却被丟到附近的商業魚池。他們要求衞生局局長採取步驟解決廢物的處理問題，同時要求他設法禁止當地的魚出售或分布，直到傳染病被消滅爲止，或者把那些污染的魚池適當地清理消毒。他除了在報紙上發表聲明建議民衆在殺魚的時候應該仔細清理之外，什麼事都不肯做。

經醫生這種明顯的阻碍態度引起聯合國救總醫生們的公憤，警告要將此事公開提到國際上討論。這位衞生局局長對其中的一個醫生說：「何苦來哉，只有那些窮人才會染到那種病嘛！」

在這次危機之中，「美國官方的態度」並不比經醫生的態度好到那裡去。聯合國救總的工作隊員和領事舘的僱員被不斷的請求所包圍。各色各樣的台灣人都向美國求助。有些領導人建議我們把這個問題透過美國大使的辦公人員向蔣介石提出以引起他的注意，也有一些希望我們向聯合國提出請求。

例如我們就收到一張明信片，用很簡短而痛苦的語氣說出：

「慘兮！文明的敵人黑死病終於侵入台灣：眞是痛苦！眞是令人惋嘆！我們向美國哭訴，請防止病害的形成。」(譯者註：原文以不通順的英文寫出，卽「Alas the enemy of civilization, pest, penetrated into Taiwan. Very sorry much. It is regrettable story. We cry to America〔for〕 the prevention of epidemics formation」)

可是像這類來自「非官方人員」的請求只有使美國領事覺得難堪，因此覺得台灣人都是些無知之輩。

聯合國救總工作隊的美國成員，副領事和美國新聞處處長都一致認爲，這件事是無數民怨之中的一點小波浪而已。政治上的緊張氣氛已夠危險，現在再加上霍亂和瘟疫爲虐，更達到高潮。美國經過多年來公開宣傳在中國的公共衞生和醫藥服務方面的貢獻，現在是不應該

採取這樣漠不關心的態度的。利己主義的作祟使某些人關心起台灣的霍亂和瘟疫，因為此地離占領下的日本近在咫尺，那裡駐有大批的美軍負責八千萬日本人的生命安全，這種可怕的疾病無論如何也不能讓它傳染到日本。

我曾被指示在例行的每月報告中提到傳染病的事件。當我督促向駐中國和日本的大使舘及華盛頓發出電報的報告時，我只得到草率的答覆。我還得到一個解釋，說以電報報告是違反規定的；而且新開的台北領事舘並沒有官方的表格可以指導我們做成公共衛生的報告。

經我堅持之後，我們終於達到一個協議。這個違反規定的電報由我具名，領事不願出面。而且我必須在隨後的報告中小心地解釋為何我們沒有使用「外交規程」一九四四年六月九日第一百八十八號命令所規定的表格，因為我們的台北辦公室沒有這樣的報告表。

當民眾得知台灣的痲瘋病人不再受隔離、登記和醫治的時候，一般民情對霍亂和瘟疫所帶來的緊張和對公共衛生問題的關心更加劇烈了。聯合國救總人員中的一位美國人，在視察台北南邊的一個政府痲瘋院後提出了一份報告。這個痲瘋院是日本人設立的，其組織之完善除了供給醫治之外尚辦有學校和其他工作。而且在痲瘋院附近還有特別的設備給患者的子女，另外又有一個旅舘是專為他們的親友來訪而設的。法律明文規定，所有的痲瘋病人都要接受定期診療檢查。當一九四六年聯合國救總人員初次去訪問這家痲瘋院時，裡面住有七百個病人。九個月後裡面住的人剩下不到一半，診療所早已關門大吉，而那些病人的孩子們雖然沒有痲瘋病，但已經沒有人加以照顧。聯合國救總的官員報告說：

「痲瘋病院的主任是個對痲瘋病人不關心也沒有受過訓練的中國人，他說：他們一個個地游盪離去。我曾經把事實報告

給聯合國救總的醫務主任，他終於找到陳儀手下那個衛生局局長經醫生。經醫生認為所有的麻瘋病人都應該丟到偏僻的島嶼上去，讓他們自生自滅，這個島嶼大概只有在他的心中才找得到。」❻

幾個月過去了，台灣人愈來愈希望外國人能幫他們說話或設法要求改革，為了消滅霍亂傳染病，外國人的勇敢作為贏得台灣人深深的感激，常常都是很自然地表露出來。他們為了迫使中國救總能夠誠實不欺地履行救濟品的分發、和認真執行重振工作所作的努力，也都普遍地為台灣人所感謝。

聯合國救總工作隊自然地被認為是美國隊，所有好的表現都歸功給美國，因為美國人員占大多數，同時也因為大部分的救濟品是來自美國和加拿大。當時在台灣人看來，這個「美國」隊好像在設法實現他們的宣傳中所答應的「新中國」。因此，戰後的生活當中所有的一切「好處」都無可避免地等於是西方的，尤其是美國的，而那些困苦和失望等等「壞處」等於是中國大陸的。

陳儀的手下，由美國大學畢業的鄭南渭和黃朝琴兩人帶頭，用盡所有辦法去破壞聯合國救總工作隊員的聲望。他們又得到中國救總的全力合作，把救濟品都歸功於國民黨和政府的「慷慨」；而當事情做不好的時候，他們就歸罪於「聯合國救總的外國人」。當坦白的台灣人批評中國救總救濟品的質量、價格和分配工作時，陳儀的新聞處或它的爪牙就歸罪於那些「多管閒事」的聯合國救總工作人員或美國人。聯合國救總為了替自己辯護，曾經準備了一連串的報告送給各地的報紙，解釋聯合國這個組織的來源和目的，但是當這些報告最後刊在報紙上時，「聯合國」這幾個字都被刪掉，而且這些報告也被擅改得面目全非。

這一年以來，爲了把美國拉下海成爲台灣情況惡化的代罪羔羊，中國人所用的各種手段和各種努力達到令人怒髮衝冠的程度，以致於連我們的領事也終於簽署了一份報告向大使舘提出這個問題。

聯合國救總在台北一直繼續工作到一九四七年十二月。價值二千五百萬美金的救濟品(未送抵台灣港口以前的原價)已運到台灣。聯合國救總工作隊眼看着這些贈送品被分發被賣出，同時也眼看着台灣人必須以驚人的高價去購買這些物品。這些送到台灣的救濟品，替宋子文的行政院所控制下的中國善後救濟總署賺了幾倍於二千五百萬美金的利益。

聯合國救總工作隊員替台灣帶來的是遠比大量肥料、工業用電纜和麵粉還貴重的東西；他們曾帶來比物質更重要的民主典型。

第三部 危機及餘波

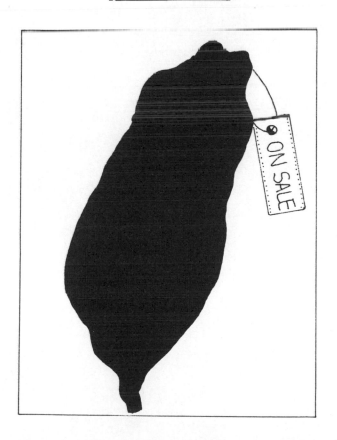

第九章　台灣人的故事——覺醒的一年

新政體下的法律與秩序

　　日本對於台灣的最大貢獻就是輸入一套法律和秩序。雖然，當台灣人和日本統治者的利益互相衝突時，日本警察的管束極爲嚴酷，法律的施行也頗不公平，然而，無論如何，這套法律制度奠定了經濟與社會進步的基礎，這是衆所皆知的。

　　十九世紀的紛亂不安終於轉爲秩序井然的社會，假如每一個台灣人安分守己，不參與謀反的事件，則均能享有生命財產和生活的安全保障。法庭受到尊敬，人民享有訴訟權利。假如一個台灣人在法庭公然向日本人控訴(甚或在街頭派出所爭論)，裁判時常有失公道，但在一般的鄉村生活裡，每一個人都能受到法律的保護。但是，自從日本投降以後，這些保障也跟著消失殆盡了。

　　誠如前章所述，最大的紛亂發生在「接收時期」的頭幾個月。日本首相吉田茂曾宣布日本在海外的財產將移交給同盟國做爲賠償，可是在台灣的日產管理委員會直到一九四五年十二月才在台北正式成立，美國軍事顧問團的代表變成了活躍的委員。由於他們的出面，日本人更決心要規規矩矩的辦理合法移交。然而這却是妨碍中國人想在移交制度尚未確立前動手脚攫取這批財產的舉動。前面已經提到，在這個時候，許多的怨言已經悄悄地「從背地裡」傳到在重慶的美國當局，控訴美國人在台北非法的「愛管閒事」。美國人期望財產合法移交，却被指控爲「想袒護日本人」，於是，魏德邁(Wedemeyer)總司令部指示他的官員，他們是專門處理遣送歸國的「聯絡隊」而不再是「顧問團」。

　　「接收時期」的紛亂現象很容易爲各色各樣的小偷與歹徒所利用，在這些小偷歹徒之中，有一部分居然是省長及高級官員的家屬。在這班人眼中，法律是一件很麻煩的東西，而對於「低級的台灣人」居然膽敢在報端揭發他們的醜行，甚至不斷地告到法院去，感到非常驚訝。

　　這可讓他們痛苦地丟盡了臉！

　　我們可以用一個日本投降後不久的事件來說明陳儀行政部屬的法律道德。他的高等法院總檢察官被發現擅自利用法院的硃紅大印濫發命令，讓他的部下沒收私人的財產，他們強迫淡水一家汽船公司的老板偷運財物到中國大陸去，這件事終於被揭露了，當汽船小老板被迫裝載偷來的糖做一次危險的海峽偷渡時，他僞稱機件故障，把船藏匿起來，然後勇敢地跑到台北向有名的台灣律師和地方報社求助。他終於勝訴，因此陳儀的總檢察官不得不離開台灣，當時這位行政長官自己還不太有把握，在此占領時期，像這件衆目睽睽之下的案件想公然藐視民意是還太早了一點。

　　另一個例子，陳長官的農林處長們命令東海岸所有的台灣漁民將

船隻送到基隆港去「冬天集中保管」，這無疑等於實質上的沒收，很少
人同意照辦，因爲大家都清楚，如此「被保護的財產」很可能被併入琉
球群島當時正和日本秘密交易中的　一支沒收的大船隊，而被用來走私
「解放」物資到上海。各地的報社最喜歡將政府各部門不老實的內幕一
五一十地報導出來，像這種官員爲非做歹的例子可以說是屈指難數。
呈現在台灣民眾面前的，只是一幅政府腐敗貪污的絕景，這就是所謂
的「新民主政治」。

　　處在這種情況之下，要想真正實施法律，最感困難的事莫過於安
分守己的法律機構了，同時，陳儀管轄之下的法律部門也面臨了一件
艱巨而複雜的工作，因爲所有的法律文獻全都是日文，而台灣法律還
得比照中國法律。

　　律師和法官若想發揮點作用，就必須要讀通漢文和日文兩種文字，
而且還要能講一種以上的方言，在處理公事上，固然可技巧地避免使
用日語，但實際上卻仍然不得不使用它。雖然很少大陸人具備語言和
法律上的双重能力，但他們在台北卻占住了最高的官位。

　　情勢所迫，陳儀不得不任用有資格的台灣人做地區或地方的法官
和檢察官，他們大部分都具備双重的語文能力——在高等學校學習漢
文，並在日本各大學獲有法學士學位。我個人就認識了不少人，其中
有幾位是戰前我在台北時的學生，畢業於東京帝國大學，他們廣受一
般台灣人信任，隨時告訴我許多在新法律下影響台灣人利益的事件。

　　和他們作對的，正是陳儀從大陸帶來的警察部隊。台灣在一九四
五年十月日本投降的時候，警察機關共有官員一萬三千人，其中台灣
人只有五千六百人，俱爲下層警員。行政長官命令所有日本警察仍得
留在其原來職位，直到十二月十日，可是台灣民眾對他們頗爲冷漠，
台灣人的下級警察很不易服命於「失勢」的日本長官，而新來的中國人

從來就沒把日本警察放在眼裡。

為了添滿日本人撤離後的七千四百個職位，陳儀並不提升有經驗的台灣籍警察，却起用毫無經驗的新人遞補空缺，無數新來的大陸人被安插進入，這些都是陳儀官署上下官員的大陸籍親戚朋友，他們旣不懂日語，更不會說台灣話，有許多尙且還是十來歲乳臭未乾的孩子，對這些年輕的小鬼來說，這不過是弄個可以撈錢的工作而已。他們對於收紅包、拿小帳比拿正薪更為熱心，當所有日人遺缺被補滿之後，政府便開始開革台灣人，好把職位讓給更多新來的中國人。

正如同在軍中一樣，起先台灣人對於這批老粗揶揄嘲笑，可是這有關中國人最重要的面子問題，警察人員仗著武器壯膽，不久再也聽不到任何嘲笑之聲了。有一天，我在台北市圓環派出所附近看到一些台灣人與三名警察在大聲爭吵，旁邊招來了一群看熱鬧的人，一個警察立刻拔出他的左輪，子彈向那群人飛去，可是他沒瞄準，當群眾一哄而散時，一個無辜的旁觀者挨着亂彈而倒地，那三個警察不再向那些原先鬧事的台灣人追逐，却拖着鮮血淋淋的屍身回到派出所的台階上，整天放在那裡發臭，用來告誡所有「低級的台灣人」，這就是有關面子的問題。

市長控制了所有都市裡的警察力量。日本投降之後，陳儀讓久居海外的黃朝琴當了台北市市長，而黃朝琴找了他的老搭擋陳尚文來當警察局長，他們是在中國外交部任職時的同事。

當黃就任市長之後，立刻掌握所有的警察組織，他的下屬顯然與地下幫會或地方「鱸鰻」有所勾結。

多年來日本人在台灣往往給累犯在兩個辦法中做一個選擇，一是做長期的苦役，二是被送到中國沿岸碼頭做販毒走私以煽惑民眾。他們的惡行惡狀傳遍了上海香港，汙衊了當時所有台灣人的名譽。而在

一九四五年的這個時候，他們都已潛返島內，開始魚肉自己的鄉民。

在台北，每一個「鱸鰻」幫都有他們自己的勢力範圍、自己的區域以及自己應該孝敬的警察，可是在偷竊、搶劫及勒索等行徑上他們却是互為敵手的。入夜之後，街頭巷尾便不得安寧了，鱸鰻成群闖入商店和民房，喧嚷地刧掠財物，然後用卡車運走，他們知道除非警察是來幫助他們，否則是不會露面的，遭殃受驚的人們只有無助地站在一旁，他們知道求救是沒有用的，而且如有任何埋怨而被注意更是危險。警察局常擠滿了許多被冤枉捉拿進來準備坐牢或罰鍰的人，這些人能否被釋放，全視他們賄賂的多寡而定。

例如在一九四六年初，就職於一家紡織廠的一名台灣人控告一個中國同事吞併公款，但該同事却用錢賄賂警察讓他潛返上海，原告却以負有「行政之責」的理由被送進監牢達數週之久，直到他的家庭為營救他而賄賂鉅款以至破產之後，他才被釋放出來。

一天接著一天，台灣報社記載下各種有關警察失責、無能、違章犯法、惡行惡為的事件。我個人記載的一九四六年二月的前三個禮拜的筆記，可以說明一些典型的例子。

二月一日，幾個毫無經驗的中國年輕警察闖進一家擁擠的戲院胡亂開槍射擊，恐慌的觀眾匆忙逃向街面，事後才發覺這批警察正在搜索一個「可能在戲院裡」的嫌疑犯，可是却毫無所獲。二月八日，一個中國商人偕同四個被他收買的警察自基隆來到三十哩內陸的桃園鎮，他們想以無比可笑的低價強迫一家當地商店出售貨物，好在憤怒的鎮民及時發現這項「交易」，把這批可惡的警察和中國商人趕出鎮外，這可丟盡了他們的臉。

二月十七日的夜裡，三十幾個警察——黃朝琴的人——從台北開往近郊的景美進入一個頗有名望的地主家裡，宣布他們要在那裡「進

行一番檢查」，一部分家人從後門逃出來大聲喊「有賊」！附近的鄰居以及地方的警察立刻帶着臨時可用的武器趕來，一時警笛大作，附近的國軍部隊用卡車載着機關槍開進來向黑夜開火射擊，市長的人馬立刻躲藏起來派了兩個人回台北求援，直到黎明來臨，這一場可笑而危險的三面作戰終於揭露出眞象來。誠如事後一位景美村民告訴我的，這件事簡直可與十九世紀混亂的情形比美。

二月十六日，一個警察訓練班的官員——一個福州人——因強刧民房而就擒。二月十八日，高雄警察局長因商人不願以無理的低價出售貨物給他，使他在看熱鬧的人的面前丟了臉，該局長居然開槍射擊。

我們不用對監獄行政及何人不幸落入警察手中的悲慘遭遇多加描述。一九四六年九月，一位聯合國救總官員巡視高雄監獄，發現本來只能容納一百人的監獄却關了七百人之多，同時又發現新近五十個犯人因缺乏醫護照料而死亡，而在七個月中，用在犯人身上的醫藥開支只有美金十八元，依陳儀轄下的衛生局長經醫師看來，任何可以出售的藥品都不會浪費在犯人身上的。

敍述這些關於貪贓枉法和警察惡棍合作無間的史實，無非是想顯示戰後每一個台灣人是如何安置他們自己每日的生活。一九四五年後半年，「鐵箍刑具時期」的作風毫無例外的發生在每一個紀律敗壞的國軍駐紮的都市或港口，但是一般警察爲非作歹的惡風却遍及全島的每一個鄉村鄰里。

一九四六年一年中，台灣人的領袖不斷地提出繫於各縣市長手中的警察控制的問題，縣市長全爲省行政長官所委派，所以很顯然的，解決的辦法端在於一個選擇自己的省長、縣市長的選舉制度。

象徵性的政府與國民黨

對我們來說，很顯然地，軍隊、政黨與政府是充滿着信心進入台灣的，他們認爲在這個「落後地區」能輕而易舉地掌握代表大會。面對台灣的新機會，陳長官再三保證，讓大多數台灣人參與政府。

上面曾說到他的「訓練班」在十二月十日開課，他們巧妙地在日本人撤離職位後的一兩個月中，把台灣的領袖人物一個個套入陰謀，然後讓中國人有機會補進這些空位。

十二月廿六日，行政長官宣布設立「人民意見聽取機構」的計劃，這個機構就是在一九四六年五月以前必須設立完成以協助政府的各種人民參政會。

所有合乎資格的公民都有投票權，任何要參加競選議員的公民則需合乎一些條件，並且要由政府與國民黨審查通過。只有台灣人才有被選資格，每人任期二年。一些大職業團體可選出代表，每個議會都有部分婦女保障名額。各縣市議會選派代表參加省參議會，省參議會再選派代表做國民參政會參政員。

這些安排表面看來甚合理——特別是一份爲來訪的美國重要官員設計的英文摘要。但實際上中國人是採取「監督者」的態度，好像所有台灣人對選舉投票的事都外行。事實上十年來台灣選民已經經歷過投票選舉，競選者已非常熟悉競選步驟——張貼、公開演講及勸票。一九四五年以前，地方評議會上的最後決定只是代表少數人的心聲，這是事實，因爲其中有半數評議員是由日本當局所選派的，但就因爲這個原因，現在台灣人急切的盼望有眞正選舉代表的權利。一九四六年參加競選的人，大部分曾受到威爾遜總統在第一次世界大戰結束時所

提倡的少數民族人民自決的原則所鼓舞，而一致主張設立全島性的台灣議會。

富於深思的台灣人也反對要他們歸順國民黨的誓言，即是：

「我衷心保證遵守三民主義，支持國民政府，服從國家法律和條例，履行公民責任，誓爲建設大中國的一員。」

據這誓言的力量及註冊證明，所有年滿二十歲以上的人民都有選舉權，根據官方記載，到一九四六年中，計有二百三十九萬三千一百四十二人獲得投票權，事實上這個數字是不正確的，因爲大家都知道，當這個數目發布時，尚有許多縣沒有完成註冊程序。

要合乎選舉機關所定的選舉資格並非很簡單，首先，他得把履歷表交給地方政府機關，由省行政長官的嘍囉或是黨的官員認爲競選者的教育水準和「態度」合格，他的申請書才可能被認可，若是被拒絕，則沒有申告的機會。問題就在這裡，通常行政長官的人都是國民黨分子，而要被審查合格，需付出一些代價。

第二個花樣是公務人員檢覆，台灣人若要競選省縣市議員，則需通過甲種檢覆，若要競選鄉鎮民代表則需通過乙種檢覆，在此，紅包的分量決定一切。根據一九四六年十月政府的公布，一萬零六百七十一人通過甲種檢覆，二萬六千八百零三人通過乙種檢覆，政府利用國民黨的爪牙來控制登記名單與審查，他們預計議會的可駕馭程度。

但是在一九四六年早期，政府與黨方尚未建立穩定的支配制度，黨內各爪牙對這種應先做手腳的選舉事務也尚未習慣。

第一次地方選舉在一九四六年二月至三月間舉行。在四月中，有八縣九市召開議會，以後每三個月再聚會若干日。

很少人去注意這些司空見慣的地方議會，大家都把眼睛放在台北——台灣歷史上第一次全島性的參議會將在此召開。

第一屆參議會反對陳儀

第一次會議在一九四六年五月一日召開，會期預計十天，然後休會六個月，很顯然的，陳儀爲要控制參議會議事程序，安排離開台灣很久的現任台北市長黃朝琴爲參議會議長，這馬上引起普遍的不滿，人們認爲應該由地方自治運動的領袖，當年六十歲的林獻堂做議長，因爲他曾花費畢生精力爲建立台灣議會而奮鬥。

行政長官陳儀將軍在開會儀式上致詞，陳腔濫調的提到國父孫中山、國家領袖蔣介石，及民主政治的進步與人民的權利。

會中最老的參議員以諷刺的語氣發言，他說當滿淸政府把台灣割讓給日本時，他年僅二十二歲，曾親眼看見一八九五年短期存在的「台灣民主國」的混雜狀況，以及在日本統治之下台灣發展的全部過程。他演說的主旨在警告新政府，希望其行動與成就不僅要與日本統治下的半個世紀相比擬，而且要與十九世紀由大陸人帶來的混亂腐敗政權互相比較。

當然這些話很不受長官及其嘍囉們的歡迎，但在其他方面，整個會場秩序進行還算完美，然而在當夜，台北因爲一件事件而到處騷動，敎育處長范壽康當天下午在靑年團集會演講，他以一種台灣人很少能聽懂的大陸方言講話，再由一人翻譯爲台灣話，當他的陳辭轉變爲粗暴時，整個聽衆爲之憤怒，根據後來新聞的報導，他斷言台灣人「有獨立的念頭，他們是奴役化了(指受日本人)，他們歧視外省人，他們對公共事務漠不關心」。他又對所有台灣人加上污號：「落後的民族，不配稱爲中國人」。

由於他這番謬論，人們猛烈反擊並嚴厲批評他沒有資格任官職，

報紙時常評及台灣人的演講也討論到台灣的法律地位、國際公法上台灣人的權利，以及與日本簽訂條約把台灣割讓給中國以前，國民政府叫它是中國領土是否為合法的問題。

他的謬論很快在參議會上被報告出來，一個氣憤不平的台灣人郭國基反駁如下：

「這一省有一個獨立自主的意念，台灣人有革命的觀念及精神。鄭成功來到台灣的動機就是因為愛國，推翻滿清，恢復明朝統治意念的驅使，被指為獨立的行動不過是民族的拯救，台灣人擁有這個革命的民族觀念。當時台灣被割讓給日本的目的，就是為了要保全整個中國大陸。」

「至於要與中國分離的念頭，我們愛護並尊敬那些來與我們一同為建設台灣而工作的外省人，但如果他們為賺錢與官位而來，我們絕對排斥他們……由台灣人來統治台灣，是我們台灣人刻不容緩的義務……」❶

第一天的議程，在怨恨不滿的氣氛下過去，其衝突種下了日後的紛爭，每天長官公署的委員及處局長們都要被召到參議會，報告這六個月的「過渡時期」的行政活動及未來計劃，他們一個個都被嚴厲的詢問所懾服。

兩位政府代表的表演可說明他們善於辯解的情形。教育處長被叫來向大會解釋他在青年團集會時所做的談話並做道歉，他却詭辯說是語言不通、翻譯錯誤的過失。大家要他大略報告陳儀所擬的免費、普遍的義務教育計劃，他向這些對教育普及計劃大感懷疑的參議員們解釋說，中央政府將會提供所需要的基金，參議員們心裡明白，這件事將辦不到。教育處長無法解釋，為什麼事實上從來沒有一筆款項被用

在學校上，而財政處却撥一筆爲數鉅大的款項做爲教育預算。當參議員們逼迫他報告現行教育事務的統計數字時，他呑呑吐吐地說：他「想」在首府附近有一萬六百九十名學生進入高級中學，但是因爲「交通不發達」妨碍了各地區正確的調查，他又說他沒有辦法估計學校學童的正確數目，但他猜測，「每校有二班，每班有五十個學生」。

參議員指責他引用的是戰前日本人的記錄，而且摘錄方法有錯誤，又不了解日本人的記錄。他們指出，火車已恢復通行，長途電話也已復線，因此不能以「交通不發達」做爲藉口。當大家指責到最近發現他曾非法「借用」學校基金在上海投資事業，並設法以賠償一萬元來掩飾這件過失時，范處長羞慚地離開大會。

更爲陰森的空氣圍繞着警備總司令柯將軍的談話與對他的質詢，柯將軍小心地選用字眼來表示他對「人民」的全然輕視。他說軍隊沒有任何法律義務去向人民的參議會報告，這是民主政治型態所特許的，因此參議會必須感謝他對參議員們準備發表的談話。他要台灣人民了解，軍隊不需承擔任何民法與秩序的責任，也不能忍受任何有關軍紀與軍隊行爲的批評，因爲這些是民衆所不能干涉的，任何人若是要控告軍官或士兵無理的態度，或是批評軍隊的道德，則必須以書面控告並簽名。

當柯將軍結束談話後，參議員們不顧他的警告爭相從座位上躍起，紛紛列出那些由於軍隊士兵濫用權力致使人民損失的財物、受害的人民、發生的時間地點與例證。幾分鐘以後，這位警備總司令氣得臉色蒼白，出人意料地離開參議會場。

范處長的證言已經表示了陳儀行政的無能爲力，而柯將軍的談話更記錄下了他的殘忍無道。

會期快終了之時，參議會列出不滿事項，做成一張表，這事實上

是對國民政府行政的普遍不滿。他們又向行政長官提出未來的幾個月間應遵守的勸告和建議。綜合來說，這爭端可分為四個重點，其中以經濟弊端為首，台灣人要求廢止形同政府公司經營的商業以及產品專賣，他們要求以一些行動來約束警察與軍人的無理行為，他們並要求政府加強實現其諾言，仗著這些，他們攻擊行政長官拒絕讓台灣人參與實際的、決策性的高級政府職務。

關於第四點，行政長官宣布（五月十二日）他已得到中央政府的許可，在「邊疆及遙遠地區政府人員執政資格臨時條例」規定之下，台灣人得以被安插在「落後」地區，這就是中央政府對於「偏遠的」台灣的態度。

五月會議給與台灣領袖們第一次真正參加如同政治性活動機會，很多議員以議壇做為私人廣告的場所，這是很不幸的。台灣社會生活的零亂傳統充分顯露無遺，一些較有名聲的爭論，地方黨派並不能祛除歧見去達成共同原則。

十天以來，參議會議場變成發洩不滿與不平的場所，一家不負責任的報紙急切引用每個意氣用事的辯論、誹謗的謠言，不過同時也做了不信任陳儀及其官員的真實報導。

反對派領袖的崛起

一群反對派（由郭國基領導）發表猛烈的自治演說，攻擊陳儀和他的夥伴以減弱中國在台灣的地位。他聲明台灣人必須要武裝起來保護本島，他說：「畢竟，台灣人不如他們有重慶可以避難。」另外一派的談話則來得溫和多了，他們建議必須加強地方政府的改革，以備設立全國性的憲法政府。

　　參議會開會過後，一些較會表達其想法的、受過高等教育的人士，非正式地組織了一個溫和的反對派領導中心。一個新的中國憲法正在籌劃中，預計也許到一九四六年底才能生效──到那時，台灣人期望能在憲法的名稱之下，要求公民應享的權利，他們期待能經由選舉而成為台灣代表，去參加將在南京召開的全國性國民大會。

　　公眾的注意力集中在律師兼編輯的王添灯身上，大家期望他能代表台灣人的利益參與國民大會，他在競選時並不隱瞞他將在南京告發陳行政長官，或勸告蔣委員長來改革並清理台北行政的希望。行政長官陳儀卻將王添灯的言論指為造反的證據而將他逮捕，控告他有「煽動造反」的罪嫌，這項逮捕其實是事先就計劃好的，目的在擾亂王添灯的競選活動。

　　廖氏兄弟的故事也頗引人深思。他們是臺灣中南部富有的基督教地主家庭的子弟，兩兄弟在一九二〇年代離開台灣到外國求學，兩人都持有美國大學的博士學位，並各娶一個高加索妻子(廖文奎，威斯康辛大學碩士，芝加哥大學政治學博士；廖文毅，密西根大學碩士，俄亥俄州立大學化工學博士)，廖文奎曾在上海、南京參加政府公務及學術界的工作，廖文毅(弟)則在台灣任化學工程師，當一九四五年台灣被交給蔣介石時，他們有絕對的理由可以在新政權中任官職，但他們卻被認為沒有資格，他們是老實人，信任民主制度的原則和慣例，但卻不具有陳儀政權之下被雇用的顯著條件。就在日本剛投降之後，廖文毅被命為台北市公共汽車管理處的主管，他很快的放棄這項榮譽。

　　一九四六年一整年中，兩兄弟(利用家庭的財富)獻身於台灣公共政治教育的運動，廖文奎大多留在上海演講、寫作，並與自由「第三黨派」的非共產黨中國人協商，這第三黨派想要快點看到國民黨勢力退出南京，以免太遲而不能號召全國反共，看起來，台灣似乎是宣揚新

領導者建設「新中國」最理想的機會。在廖氏兄弟眼中，台灣若經過適當的治理，可以變爲重建中國大陸的一個主要資產。廖文毅一九四六年整年在島內作競選演講，提醒一般受過高等教育的年輕人對於需求一個有效的憲法政權的重視。廖氏兄弟兩人都明白表示，爲了要在中國國家的組織之下尋求一個好政府，以及保障台灣人民的自由與權利，每個受過教育的台灣領袖必須有承受個人生命財產將遭受嚴重威脅的決心。他們用最強烈的言辭來苛責以共產主義或國家主義爲名的極權主義。在下一章中我們還要談到他們。

與王添灯律師一樣，廖文毅也參加競選國民大會代表，他標舉「合法立憲主義」來爭取選票。

選舉的結果，廖文毅獲得足夠當選的選票，但是選舉機關宣布廖氏一部分的得票「筆跡不完整」，所以他的得票數不夠當選的票數，其當選無效。

林獻堂，這位鄉土自治運動的老鬥士，由於太軟弱，以致無法在長達一年之久的政治紛爭中扮演有力的角色，他常被指責爲過分順應日本帝國制度。但批評他的人很容易忘記在一九四五年西方聯軍侵入台灣之前，人們從來沒想到台灣也將會有脫離日本帝國組織的一天。他辯解稱，那是由於他的時代情勢所使然，但是現在局勢已大大改觀，地方自治運動應由年輕的一輩來領導，要尋求被承認的對象不再是東京，而是南京。

在一九四六年中，台灣人不要求改變政府形式，只要求調動中央政府在台北的人事，要求恢復尊重法律的政府及合理的、保守的經濟政策，他們要求國民黨「弟兄們」停止無理的剝削。

參議會第一次會議(五月開會)，已明確表示人民普遍不滿的主要範圍，而十二月的會議使大家了解到，政府並無意對五月會議中所提

的警告和建議做最起碼的補救。在一九四六年後半年，公衆的反抗增強了，以參議會的第二次會議爲導火線，公衆的氣憤開始針對着國民黨腐敗無能的事實，因此，這些由人民選出的代表開始公然仇視政府。

第十章　認可的尋求

調停——南京、東京、華盛頓或聯合國？

　　台灣人對於中央政府的信任尚未死心。他們想知道這個地方問題是否可因蔣委員長的注意而有所改善。一九四六年以來，他們表示繼續効忠蔣氏，並對「新中國」的將來充滿信心。可是到這年底，他們却拼命尋求外國的過問及調停。在這一章中，我們要談論他們對蔣委員長及中國態度的轉變。

　　民衆相信，若是經由美國大使及華盛頓政府能使蔣氏注意到台北，他或許會馬上下令改革。但有些台灣人則想辦法避免盟國的干涉，並認爲只要能讓台灣人選舉自己的省主席，中國的新憲法將足以保障台灣人的利益。還有一些台灣人更是堅強反對求情於華盛頓或聯合國，以避免重蹈「外國干涉」的陰影。

一九四六年一月，陳將軍宣布徵集令，將台灣青年併入在大陸的中國軍，地方領袖雖然聲稱他們的子弟極願爲保衛鄉島而接受軍訓訓練，但他們提出台灣法律地位的問題，報紙編輯及演說家均主張台灣是技術上「被占領的敵國領土」，因而不受「占領勢力」的徵兵命令。當然隱藏在此背後的是，人民極不情願讓任何台灣青年加入中國軍到遙遠的大陸邊疆，台灣人已經瞧夠了毫無軍紀的國府軍隊，既飢餓又襤褸，他們對中國軍的將來已喪盡信心，許多人更相信陳儀此舉的陰謀就是要搜盡台灣壯丁，以防將來大陸和台灣局勢惡化時這批台灣壯丁將和中國人對抗。

向東京盟軍最高總司令請願的呼聲逐漸增強，有人建議應呼籲聯合國，更有人建議直接向美國請願。

陳主席看到時機尚未成熟，立刻放棄徵兵的主張。中央政府對於任何有關領土主權的討論都極端敏感，並且深深地氣憤任何外國干涉的建議，無論是友善與否，都竭盡一切力量來平息此一事件。他們積極而強硬地建立新的官方宣傳，說日本的投降即是自動地將「被竊的領土」歸還中國，開羅宣言已達成此目的，台灣人民已團結起來支持國民政府，只有不滿的共產黨才批評政府。

但是台灣人有他們的想法，他們提高警覺觀察蔣氏大陸軍隊的分裂、政治及經濟地位的瓦解，以及馬歇爾使節團(Marshall Mission)的失敗，他們下意識地逐漸傾向美國，就在這年夏天，謠言遍及全島，說美國就要來調停以阻止共產黨的入侵，而且只要共產黨繼續威脅，華盛頓即將建立爲期十年或許更久的託管，謠言又說，蔣介石將把台灣交給美國以償還戰債，或做爲大宗新軍援的擔保。

由於大家普遍相信美國軍隊就要進入台灣，機警的商人開始求助於美國領事館，希望保障他們在軍事基地附近的商業特權，他們以爲

一旦美國三軍進駐，這些特權將被接收。同時，領事舘又收到無數的要求，要我們證實將來台灣和美國的貿易可以不必經由上海而直接由台灣處理的消息。謠傳又說，一所美國贊助的大學即將設立，以便訓練地方智識分子及政治領導人才。

我們的領事覺得這一切頗爲無聊，令人困惑；然而，並非「現在這是中國了！」就可以把這事拋開不管，他似乎不了解這件事所加諸美國新聞處的壓力，新聞處的計劃畢竟是領事舘組織的「另一半」，它要我們發出大批宣傳來讚揚美國對「民主中國」的援助。

台灣人對美援的期待非常迫切。所以，就當時的情勢(一九四六年)看來，美國的行動被認爲是解決地方問題的唯一辦法。

台灣報社造成事端

顯然地，如果台灣向美國求助，用英語將是有利的，一九四五年學習中國語的熱潮已成過去，英語會話班到處林立，廣播電台增設空中英語教學節目，翻印美國故事及新聞評論頓時也匯成一股新的出版洪流。

在這批翻印書中，很多是由美國新聞處免費提供的，美國對戰後新世界的構想被許多年輕的台灣編輯急切地投射出來，「出版自由」及「集會自由」的口號成爲公衆辯論的主要論題。

一九四六年一月及二月間，林茂生博士(一位哥倫比亞大學畢業生)出版了一連串的文章，提出「如果孫文的三民主義不能在台灣實行，中華民國的前途是黑暗的」，他率直的評論正好受到那時中央政府派遣來台的調查團的注意。調查團的代表以慣用的姿態宣布他們將接受「人民」的口頭請願，但是台灣人深深了解中國的歷史，知道這不過

是傳統的粉飾太不罷了，他們建議採取更為犀利的行動，從時事輿論開始，終至政府的組織。

二月二日，台灣人民協會誕生了，它不久又改組為台灣政治重建協會(Taiwan Political Reconstruction Association)，一九四六年三月十一日，林茂生主編的「民報」發表其職員及全部會員名單，從名單上可以看出該會是代表許多地主及專門職業的組合，該會並不是後來國府所指責的秘密叛亂組織，而是一個在日本統治下長期為台灣人民權利奮鬥的台灣地方自治聯盟的復興。

同時出現的有「人民自由防衛委員會」，這是由一群決心保衛地方利益的人士所組成的自治單位，用來阻止新來的中國人所造成的威脅。第一次委員會於一九四六年三月五日在台北成立，僅僅是在日本投降後的第五個月，不久，其他的委員會相繼在台灣各地成立，這是用來告訴大家，他們覺得不能再坐視以地方警察維持法律與秩序的問題了。

政府利用一切可能的方法來阻撓這些頗受歡迎的團體，報紙上有無數的論戰，民報在這一點上領先發表社論，標題是「保護人民的自由」，辛酸地指出台灣「光復」才不久便要採取這種自我保衛的措施。

台灣人民已經準備為久被日本政權否認的言論自由而戰，但中國人則以同樣的決心來壓制言論批評，於是民報被封禁了，而以五種日文報紙合併的「台灣新報」代之，它發刊於一九四二年而止於一九四五年十月二十五日日本投降時。自由前進的台灣人苦於長久無發表意見的媒體，因此所有美國宣傳刊物及美國電台所做的閃爍承諾中，再沒有比保障出版自由更令他們嚮往的了。

另一方面，在台北的中國大陸人頗受挫折。他們原來以為，控制台灣人不會比控制邊疆各省更困難，可是在一九四六年一年當中，他們完全低估了台灣島上發展良好的通訊設備，及普及的識字能力。

　　在日本投降的幾個禮拜後，島上計有十家報紙問世。過去的「台灣新報」(擁有最好的技術資產及最大的組織)被政府接收改名爲「新生報」，成爲政府的喉舌，但銷路突然由十七萬份降至五萬六千份甚或三分之一而已。與它對立的是林獻堂所領導由舊「台灣新聞」改組的「民報」，在林茂生的編輯指引下，該報很快地成爲爲台灣人民利益奮鬥的十字軍。

　　與民報同一陣線的有「人民導報」，該報於一九四六年一月一日成立，爲數位從大陸回來的台灣人所有，但他們的政治意識多少是中間偏左的，發行不久，卽宣布破產，而由著名的地方律師王添灯收購重組，由於它勇敢地攻擊陳儀政權的腐敗，受到大家的熱烈歡迎。

　　富有的林家負責發行台灣唯一的晚報「大明報」，其對象是地方的知識分子，它是一份相當前進的報紙，催促政府實行內部改革以及發展全中國的自由憲政。

　　所有獨立經營的台灣報紙均受到政府及黨的干涉，三月七日政府吊銷在花蓮市唯一的束海岸報紙的發行權，理由是編者大膽的批評一位剛從大陸來台官員的談話。有一陣子，「出版自由」成了主要論題，在五月廿三日，陳將軍與美國領事館代表的談話曾提到這個問題，他強調對保障言論出版自由的意願，可是三天以後，我們發現工礦局的代表曾企圖霸占大明報社，並帶了幾個打手想抓報社的人。

　　下面的引言可以說明王添灯對中國大陸的態度。在新生報的社論中，政府一再強調台灣人應該感激台灣情況要比大陸好得多，而不應該拿目前不好的情況與日治下的台灣相比較。王的社論答覆後來常被引用：

　　　是不是因爲中國腐敗，台灣也就得跟著腐敗？是不是中國

普遍飢荒，台灣也要一樣飢荒？……問題的核心是：這裡的人民有自己的看法，與中國人的看法不太相同。

　　當然，在復原的過程中，困難是難以避免的，羅馬不是一天造成的，這是事實。但是我們不能依靠腐敗的官員來解救現狀，成功的保證端賴賢明的行政以及正直的人民，我們同意台灣的中國化，但這不是說台灣也一定要腐敗和貧窮……❶

美國的責任嗎？

在許多小型的新聞及雜誌中，有一些是以英文或中英文發行的。「台灣青年報告」(『台灣青年』的英文版)鼓吹學習英語，並強調需要迎合國際新潮流來啓發台灣的發展。台北的週刊「自由報」上充滿了建設台灣成爲中國最進步最發達的省份的藍圖，而「台灣人雜誌」(副標題爲給新台灣人的雜誌)則是最爲苦心經營的「年輕」刊物。

這些雜誌的發行人與編輯都是年輕人，他們曾由富有的家庭送到日本大學深造過。在一九四六年時，他們視美國爲現代化的領導國家，英語爲唯一不可或缺的國際語言，也是他們必須迎合世界局勢及技術發展的工具。但是他們維持台灣人是中國國民的這項前提，除了做一個獨立的憲法省份資助中國的發展之外，台灣應享有地方自治政府。美援必須普遍供給中國，因爲它顯然是國家政治安定與經濟復興的主要因素。同時，因爲華盛頓正無限度地支援蔣委員長，他們要求美國保證，對於蔣介石在台灣的行動必須負道德上的責任。

一九四七年，血腥的三月危機過後，陳儀的宣傳機關人員(鄭南渭及其人馬)指控「台灣人雜誌」「台灣青年報告」及「自由報」爲「共產黨

刊物」，記錄上有：台灣人雜誌第一期(一九四六年九月發行)的三十七篇文章中，至少有三十四篇文章的題材與美國有關，其中首篇是杜魯門總統的傳記，繼而是「日本致命的錯誤」(由美國步兵雜誌—— U. S. Infantry Journal轉載)，然後是美國國務卿E. R. Stettinius的文章，標題爲「和平的大義」(In the Cause of Peace)。其他文章則有些論及美國軍事制度、英語、美國工業專門技能知識及四十八州州名，另外還有一篇薩拉揚(Saroyan)的短篇小說及一個母金星的回憶，被列爲這種「共產黨」刊物的泛作品之中。

就第一期發行時的背景，該雜誌的社論引述一篇曾於三月二十九日刊載在華盛頓郵報(Washington Post)上的「台灣醜聞」(Formosan Scandal)，文章內容把造成台灣內部混亂的責任推給美國。

> 隨著日本的無條件投降，台灣管轄權歸還給原來的所有者中國已經很迅速順利的實現。曾以人力船隻援助我們的美國，在這段交替時期中占有一個很重要的角色。美國船隻把中國的軍隊及政府人員帶到這島上來，也把日本人遣送回國……

至於談到日本人在戰前想把台灣與中國隔離所做的不厭其煩的努力、壓制新聞、阻止英語的使用、審查台灣人想要讀的中英文書籍，該社論又說：

> 蔣委員長派陳儀來台灣，雖然他是正直的人，但我們很遺憾的說，他的手下行爲不檢，因此引起台灣同胞的誤解，他們相信這班人來台的目的是來尋求財富而非造福台灣……

編者提到中國推動改善公共事業的失敗，這些事業是台灣與大陸各省份大不相同的。

　　海上陸上的交通漸漸更困難了，在陸上，我們看到破爛的老火車頭與殘破的卡車在崎嶇失修的鐵路與馬路上行駛，在海上，只有少數的汽船在港口間勉強充數維持行駛……兩世紀以前，我們的祖先乘帆船來到這島上，然而今天我們的同胞仍然還藉著這個老方法過來。

現在我們希望美國立刻以船隻幫助運進原料，以供工廠的緊急需要，我們也希望省政府能與美國權威人士商討解決這項重要問題……

　　台灣現處中國旗下，島上居民應事事採取中國化，並斬除日本的偽善思想。自從台灣被交還中國以來，許多官員還未弄清楚一般富有抱負的愛國青年的意念，在對中國知識語言認識不夠的藉口之下，他們被指為不夠資格。學識並非指對中國語文的認識，而是指對一般事情的了解——包括科學、哲學、政治等等……

隨著科學的進步，被太平洋分隔的兩個強大勢力——美國與中國——之間距離已日益縮短……兩個大陸上的人民已漸漸變為親密的朋友。

　　由於中國人是愛好和平的民族，美國樂意幫助中國，台灣人民要了解美國的文明及近年來美國人民的鉅大進步，第一就是要學習英語，然後在各部門的學習上，採用美國書籍。如果有機會立即赴美，您將會覺察美國人如何處理每天的生活，並且接受對於改進國家有利的東西。假如我們無法和美國並駕齊驅，這是羞恥的事，若如此，我們至少必須儘可能跟隨著美國的進步。❷

在國民黨眼中，這就是「共產黨論調」，或者這就是受過美國教育的中國人對一九四七年陳儀人馬的看法。

「台灣人雜誌」第三期(一九四六年十一月)，主要在討論國際利害關係，包括有關英國政府與人民及聯合國戰後救濟總署的文章。其中題為「偉大夢想」的每期連載，試圖描繪台灣在技術發展與民主制度上做為全中國實驗省份的可能性。有些文章則批評國民政府。雜誌把台灣的情勢比為大颱風來襲前的窒息狀態，它警告如果情勢沒有改變，大陸政策不換新，則將有大混亂。有篇討論台灣命運的文章以這些句子做為結語：「台灣人，繼續掙扎吧！不要屈服，向我們的目標前進！然而我懷疑台灣將會變成什麼？？？」

美國領事館本來就充分了解台灣人民的意願，聯合國善後救濟總署(UNRRA)的人員們也報告島上各地強烈不滿的意念，台灣人民自己也再三竭力，設法把他們自己的問題引起外國居民的注意。七月二日，我與七位在戰前即非常熟悉的台灣朋友吃飯，他們剛從國外帶回有關台灣在英國、葡萄牙、法國、荷蘭與日本占領之下，種種不同的殖民政策，其中有幾人已經觀察到在一九四二年以前，菲律賓即準備獨立，然而在日本人占領期間，菲律賓人民的命運仍然註定要効忠美國。現在他們討論到台灣作為「被解放」的土地的特殊命運，所有的人都同意這個小島應該被認為是中國的一個省份，但是他們感覺到台灣與中國之間若是維持一個聯邦的關係，將會使這個島的權益更臻完善。他們都認為台灣缺少統率力、成熟的政治及組織。幾乎沒有台灣人能獲得全島人民普遍的尊敬與支持。但是其中有一人說：「如果中國本部發生內亂，則唯一解決的方法，就是由美國來託管十年或十五年，以菲律賓為例，台灣人相信當中國政府改善之後，美國人會給與他們自由，歸還中國。」

　　八月二日，由一群在戰時被徵去菲律賓做戰爭苦役所組成的團體向美國領事舘發出一項請願，綜合他們的親身經歷，他們以這幾句話結束請願書：

　　我們以複雜的感覺回到台灣，我們在高興之餘，不免又悲傷，因爲我們昔日的家園已被占領，我們被比爲奴隸，因此，我們熱切希望美國政府看在我們的命運上迅速來拯救我們……

　　九月三十日，一封更爲動人的請願信函反映出一九四六年秋天以後，困擾著台灣的極度不安的感覺：

　　我們應該替那些爲了世界和平而犧牲的美國士兵默默禱告，同時容許我們向美國致無限的謝意！

　　老實說，當我讀到一篇文章(刊載在六月十日發行的美國雜誌上)強調「如果台灣人有權投票選舉他們的主權國時，他們會一致選擇美國爲第一個意願，然後是日本；我們深深同情他們。」後面一段我們覺得它有點言過其實，我們只有感謝他們……

　　我們可以想到美國就如同上帝，她不僅可以領導我們也能領導世界，我們現在所有的，是一個腐敗的政府，它把我們當奴隸看待，它將會把全人類引入地獄。

　　當光復之初我們拍手歡迎蔣主席。但是現在我們的處境就如同趕走了一隻狗(指日本)却引進了一條豬。

　　這是何等痛苦,何等悲哀啊！爲了拯救我六百七十萬人民，我們先要依靠美國，然後才是同爲黃色人種的日本，這是我們的期望。

政府高唱「三民主義」、「平等」與「大同世界」，其實它是在暗中採取壓制的手段，我們的意願就是要現在的政府引退，建立一個強大、負責任的政府，爲此，我們會不間斷地禱告。侵占聯合國送來的救濟物品，以市場價格來分配，這不就是眞正的腐敗嗎？我要向你們介紹，我們現在的政府，它的名字應該是「大中國聯合儲藏無限股份公司」，蔣介石是董事長，宋子文是副董事長，而陳儀這條蠢豬就是分公司經理。請把這轉告給救世主美國人，做爲他們的參考。

蔣氏夫婦訪問台北

有少數台灣人眞正「神化」美國人民，至少以爲美國人是全能的，然而大多數人對於不可破損的「中美友誼」的象徵——蔣委員長及蔣夫人則無多大的評價。他們在十月二十五日證實了此事。

在南京，馬歇爾將軍(George C. Marshall)耐心地尋求一些可以使中國永遠停止內亂、使國民政府免於毀滅的根本方法，但是蔣介石拒絕接受美國軍事顧問的勸告因而後來失去了中國華北地區。現在他又拒絕透過調停的方法來解決問題，他相信美國很快就會進軍中國替他趕走共產黨，就像美國、英國把日本趕出中國大陸一樣。

馬歇爾將軍說服了共黨領袖周恩來在南京做進一步的談判。顯然地，馬歇爾將軍也希望蔣介石能到場，因爲只有蔣介石有權替國民黨政府講話。

蔣介石却不買帳，公告發布他必須到台灣參加日本投降後的第一個週年慶祝，然後到一個安靜的山上去歡渡他自己的六十歲生日。

從宣傳眼光看來，蔣氏這次訪問是國民黨的一項大錯誤，十月二十五日光復節被選定爲政府光榮進入台灣的紀念日。政府頒布這一天爲例行假日，在慶祝會之前幾小時，學生、教員、政府職員及其他很多人列隊排在通往台北的大道兩旁，等待蔣氏經過。當一輛卡車及吉普車載運一些聯合國善後救濟分署官員駛過公路時，這冗長的等待隊伍頓時熱烈歡呼，台灣各階層人民揮舞著旗子，興高采烈，繼續不斷在路旁以日語高呼，「萬歲，美國人萬歲，嗨、喬！」

半小時後，蔣氏夫婦經過同一路線，但路旁靜寂，只在少數地方才能聽到那些受窘的大陸教員及政府職員試圖帶頭歡呼的叫喊聲。

在這段不合時宜的拜訪程序中，國民黨領袖及其妻子所受到的接待是出乎尋常的冷漠，他們因此痛苦地丟盡了臉。然而他們所過之處還頗平順，馬路都已修復，建築物也都重新修整完畢。只有適當的島民才能被安排與這位國家元首見面。

在發表演說時，蔣委員長提到他所看到的每一面都顯示出建設的成功，蔣夫人在對美國領事舘人員的談話中，按照她以往的作風，談到無依靠的孤兒來表示她對於兒童及社會福利工作的關心。但當我們談到台灣的富庶時——她加上一句話——她說她願當十年的台灣省主席。

蔣氏夫婦的訪問，顯然增強了台灣人民意識的覺醒，這個國民黨頭子對於台灣的每樣事情都感滿意——所以他說——他讚揚陳儀辦理地方行政的才能及進步。

委員長也許相信他自己所說的，因爲甚至於經過陳儀一年的貪婪無饜的行政，台灣的一般民生情況仍與大陸上的蕭條景象有天淵之別，但是地方軍隊及黨派的領袖都清楚蔣氏威望在消弱。溫和派的台灣領袖們已經再也不能相信「若是委員長知道實情」，情勢可能改變的保

證。

為要引起蔣委員長的注意，十月二十八日民報評載：

> 台灣非常可能成為中國的一個模範省份，但是目前島上情
> 況却證明與事實剛好相反⋯⋯對省行政長官的善意我們頗為讚
> 賞，但是我們很惋惜，他的下屬昏庸腐敗。失業者人數的增加
> 顯示出社會危機的迫近，隨著到來的是政治與經濟的危機，每
> 天我們都能看到年輕人在尋找工作，却發現上上下下每個位子
> 都被陌生人所填滿。報紙上，搶劫與盜竊案件層出不窮，我們
> 甚至聽說大陸來的弟兄們已經組織了竊盜團。
>
> 每天，失業青年的思想在敗壞，由於不滿貪官污吏的腐敗
> 及奢侈，很多青年淪為強盜或小偷。這個年頭就要過去了，我
> 們必須採取步驟防止最後危機。❸

在前一天，一群傑出的台灣人曾經宣布成立台灣憲法促進協會，
他們期望十二月二十五日中國新憲法的頒布，在一年後會生效，到這
年年底，島上報紙利用各欄來討論憲法的問題及程序。保守的編輯及
演說家常常提及美國的聯邦結構，建議在中國省制之中，台灣採取最
高的地方自治。

美國的宣傳煽動不滿的怒火

然而，較無經驗的年輕人因美國新聞處在島上所散布的不適當宣
傳而開始想要採取直接行動。

此刻台灣的情勢——悲劇即將來襲——預示著後日波蘭及匈牙利
的暴動，在那兒，被壓迫的少數民族輕易聽信美國人對他們所做的允

諾及美國要來「解救」他們的宣傳。

　　從華盛頓發出來的宣傳品，內容千篇一律，因此對其所宣傳的對象常有不適切的地方。舉例來說，台灣人絲毫沒有一點能享受政治上自我表達的機會，而在美國宣傳佬眼中，則認爲這是每個人必不可少的特權。一反台北美國新聞處的較好判斷，華盛頓當局要求在台灣普遍宣傳「美國式的生活」及「美國式的民主政治」。

　　舉個例來說，在一九四六年年末，領事舘接到華盛頓數萬份印刷精美的小册子，題爲「美國政府的故事──其發生及功能」。這主要在說明美國代表制政治機構的起源，英格蘭移民如何在新土地上尋找自由，革命之初，新英格蘭區域鄉鎭會議的發展，及在憲法保護之下立法及司法制度的最後發展。其中也提到北美殖民地反對無代表權却有納稅義務的政策，並且也提到各人準備爲爭取地方自治政府而犧牲的理想。

　　這本小册子──像其他很多手册一樣──附有插圖，以發給中學生程度爲對象，這年齡正是對政治充滿單純想法，以爲只要經過直接的方法，萬事似乎皆可達成。從這小册子中，台灣人很清楚地發現類似的情形──他們的祖先，也如同美國人一樣，早年離開中國大陸來開闢天下，他們也曾再三反對無代表權却有納稅義務的政策(其中，茶稅是件很熟悉的案子)。他們的父老們曾以四分之一世紀的時間，在日本統治之下奮鬪，達成經過選舉大會成立的地方自治政府。現在，輪到他們自己需要採取自我犧牲式的掙扎了。

　　從下列的幾句話，可以看出不負責任的美國宣傳小册之一斑，而在當時，它格外不適合當地人民閱讀，這足以引起反叛：

　　　約翰是一個美國公民⋯⋯他了解早期美國殖民地人民如何

奮鬥而贏得了獨立與自由來治理他們自己……在這些殖民地
中，每州有他們各自的政府。

　　他知道在各殖民政府之下有很多地方政府……這些地方政
府是由人民集會投票所形成的。

　　約翰了解自治的政府使公務人員易於管理公共事務，反映
民意，按照地方需要行事……使地方民眾容易看到地方官吏執
行任務。

〔這本小冊接著描述憲法的發展〕

　　政黨是在憲法保障人民有權安靜集會之下所組成的……政
黨組織幫助鼓舞民眾對政治的興趣，啟發領導能力，然而，這
些組織也可能被少數蠻橫不講理的政客所把持，然後他們再按
照他們的私利而不依據民眾的利益去選舉代表。從這些經驗得
來的結果，約翰所憧憬的政府對他來說是珍貴的——這是一個
准許宗教自由、言論自由、出版自由、集會自由以及自由選擇
統治者的政府。今天約翰以及世界上成千成萬像約翰一樣的人
正在為維護這些自由權而奮鬥。❹

　　這些分明是在說明美國政府及美國人民已經準備好要來「拼命努
力」支持台灣實現民主制度。

　　美國新聞處主任察覺到在華盛頓的宣傳總部對領事的報告漠不關
心。在一九四六年早期，這些已經是夠嚴重了，但在這年年底，他們
警告宣傳總部，危機已布滿島上各處。十一月又帶來更多有關台灣人
與中國人衝突的新報告，反過來說，這些事件的鑄成具有其特殊的意
義。這些衝突絕大多數是高級中學軍事教官與曾受日本軍事訓練的台

灣學生的口頭衝突。大學學生採取輕鬆的態度，在隊伍中嘲弄教官，他們並高聲向新來而能力低劣的中國人表示，要提供示範如何用「日本方式」操練密集隊形。這些忿怒的教官們狼狽地離開操場，大聲叫囂要報復這無法忍受的失面子情事。暴動的可能性就在眼前，考慮不週的宣傳文章在煽動著，然而領事館仍然繼續在分發宣傳。

參議會第二次會議把危機帶近

如我們所知道的，十二月十二日台灣省參議會召開第二次會議，顯然爲企圖減少會議的效果及限制公衆辯論，陳儀部下不准參議會利用台北市公會堂開會。參議會只好假狹小而且距離中區頗遠的教育會大樓召開。教育會大樓只有有限的地方可容納與會人士，根本沒有其他空間可容納聽衆。當台灣代表起立發言的緊要關頭，擴音系統却失靈了。

在十天之中，參議會激烈辯論，政府也發表正式報告，然而這些報告顯然沒比五月召開的第一次會議中所發表的更爲正確眞實，行政長官直截了當地刪去了參議會在春天所提的大部分建議。

台灣人的領袖到最後終於了解參議會本身只不過是橱窗粉飾，根本就是中國官吏用來玩弄民主程序的手段，其中有很多爭論發生。台灣人要求以家鄉自衛隊代替大陸來的駐守軍隊，並在台灣征軍訓練以對付任何將來可能的侵略，可是陳儀部下却把這個建議歪曲解釋爲台灣人民懷有叛亂思想。參議員們一點也不含糊地表明，他們不相信蔣介石有能力在大陸樹立紀律，也不相信他能保護台灣人的利益，軍事發言人却歪曲事實，說台灣青年「不忠」，「有打倒政府的傾向」。

參議會會場頓時轉變爲激烈、忿怒的狀況，台灣代表群起辱罵陳

儀及其部屬，並且議論每件謠言。雖然沒有具體事實可以說明這些嫌疑，然而每件事都非常真實，並廣爲大家所見，因此，台灣人是準備要相信任何一件中國人最糟的行徑了。由於全島報紙都普遍報導每次會議的風暴，因此各地情勢也都非常緊張。後來茶商同業公會主席王添灯在十二月中旬告訴我，說有人鼓勵他組織示威隊，但是他沒有接受，原因是他希望中國新憲法一旦成立後，將會自動地緩和行政長官兼軍隊領袖的獨裁力量，然後提供一條改革路線。激進派與保守派將都會有代表派駐南京，勢將引起全國關注陳儀統治之下的台灣問題。但如果新憲法(預定一九四七年生效)不能解決問題，則台灣人就必須採取強硬的行動了。

到這年年底，幻滅的波瀾捲入台灣，長久爲人們所期待的全島性參議會，終於無法保護人民來對抗污爛的政府。參議會中的領袖人物被忿怒的政府及選民挾在中間，民衆對參議會期望過高，過分相信它有力量與權威，但另一方面，政府愚弄選民，低估台灣人民尋求良好政治的堅強意志，及民衆普遍性識字能力的影響力。陳儀所要對付的，並不是中國大陸省份的鄉下佬，而是在很久以前卽已接受西洋文化、並爲亞洲最進步的一國所統治五十年的台灣島民。

美國現正處於艦尬的地位。由於中國是美國的同盟國，台灣人驕傲地把自己與美國人相提並論。一九四五年，中國在台灣的聲望，不少是由於台灣人對「祖國」的情感所造成的。而美國所引導的同盟國(The Allies)前不久才把台灣從殖民地奴役中解救出來，現在——一九四六年年底，台灣人却又要仰望美國再幫助他們逃離新的奴役極權了。他們由於領事舘所處的地位而受挫折，一方面，領事舘散發大量的印刷資料標榜以「一七七六年的路線」來推翻政府，但同時領事也明白表示，站在一個公務機構的立場上，領事舘不願管台灣問題。因爲

它職務的對手是陳儀及其部屬。

我們了解到，只要陳儀對南京高階層人士說一句怨言，就足以把我們從台北調走。很簡單的方法就是對南京暗示美國人同情「叛亂」與「共產黨」。由於我們敏銳地意識到國務院的決定——「現在這是中國」，而當我們急切地要使陳儀的部屬們認清這點時，在社交禮貌上(指中美友誼曾受到祝福)及在送達大使舘及華盛頓的「官樣」文章上，我們有時難免做得肉麻一點。

我們在處理相關的事務之時，一向故意低估其意義及重要性。每件事情的敍述幾乎都是騎牆性的官僚文章，我們老是說「台灣人聲言……」或「台灣人斷定……」，就好像領事舘及聯合國善後救濟分署的官員全然不見當前的事件及環境將要導致危機一樣。整個事情被看成是中國家務事中一點小小的誤會。

十二月時領事飛往南京及上海做短期休假，這次休假算是提供一個非正式討論台灣情勢的機會。從正式公文中看來，事情似乎不很糟，他以爲我們與陳儀部屬有極好的公務關係，美國人在台北的態度是「正確的」。然而在他離開台北這段時間內，我們的台北「官方朋友」却來個反美示威，用來向全世界表明「台灣人」多麼討厭美國。

政府的「排外」運動

我們現在正處在四面楚歌的尷尬立場。台灣人仰望外國人幫助他們脫離陳儀之掌，美國領事舘再度向國民政府保證堅決支持，而在同時，國民黨却盡其所能，破壞台灣人對華盛頓的領導及承諾的信心。

一九四六年中，由於美國對台灣的宣傳影響，及聯合國善後救濟分署工作的頗得人緣，陳儀的顧問及宣傳人員已提高警覺，因爲美國

軍隊不像軍紀不良的國民黨軍隊，這使台灣人對美國軍隊有良好的印象。

相反地，陳儀的嘍囉們非常清楚地意識到，台灣人瞧不起中國人，並且對於眾所週知的事實——國民黨政府完全依賴美國政治經濟的支援才得以維持其力量——非常敏感。這又是一件有關面子的問題。

因此，陳長官的辦公室開始從事一項暗中破壞台灣人對美國政府和人民以及聯合國的信任的工作，這實在是一項極不道德又人盡皆知的事。鄭南渭知道台灣人對於學習北京話或國語已無興趣，而且加緊學英語，並盡量尋找英文讀物。他因此創辦一份英文雜誌『新台灣月刊』(New Taiwan Monthly)，這月刊的創辦含有兩項目的，一、對台灣而言，它可以用來做爲反美宣傳的工具；二、對外而言，它可以取代已經風行的『台灣青年雜誌』及『自由』兩份刊物。因爲這份新雜誌用政府的經費來印刷及推銷，這又是一項打擊掙扎中的台灣報紙的好方法。

一九四六年十月，這份雜誌樹立正式路線。行政長官被描繪成一個極慷慨熱心的人物，是人民的父執。攻擊他的，不是親日的台灣人就是共產黨。美國人民則被描繪成殘忍、頑固、斤斤計較、貪婪、但却又善以慈善工作來掩飾的人。

就第一點，主編這樣寫道：

> 關於中國在台灣的行政，很明顯地分成兩派想法。其中一派認爲台灣人應享有最大限度的自由，台灣人若不獨立，則應該生活在地方自治之下，免受中國國民政府的統治。其口號是台灣應該是台灣人的。另一派則以素來與日本人交遊頗善的各地上流社會及知識分子爲首，他們抱怨現在的行政當局在政治

上、經濟上過分控制人民，他們相信閉關政策，堅決認爲台灣只有由台灣人統治才能趨於完美。

還有一派〔中國大陸人〕指出，經過日本五十一年奴役統治的台灣，要能達到完全的民主政治，必須剷除日本化教育和經過一段中國國民政府的統治才能達成。他們指出，立刻把民主給與一群沒有準備的人民，對他們只有害處而無益處，賢明的政治應該是漸進式的民主，這將會幫助人民來控制自己。這一群人同樣指責現行政治〔指陳儀〕，他們批評現行政策太匆促地把民主政府的理想與方法賦給地方人民……❺

其中一篇長文標題爲「一位日本教授的台灣回憶錄」(很明顯是捏造的)，隱含著對美國及美國軍隊的惡意攻擊。在其譏諷的文詞中，暗指美國人輕視所有亞洲人。(「當然，美國人的心理，有些是我們遲鈍的東方人所意想不到的！」)他說，大戰末期籌劃一支聯軍進攻台灣的計劃之所以失敗，就是美國懦弱不敢面對日本軍堅強的防禦，他又斷言說，美國飛機費力地轟炸非軍事地區，而忽略工業地帶，卽是美國想要在日本投降之後取得不受損害的工業地區的特權。台灣人民在戰爭末期幾個月所遭受的損害，其實就是無情、輕率、愛玩鬼把戲的美國空軍所帶來的。陳儀重建台灣所遇到的困難，也應該歸咎於美國人只顧自己利益、喜好破壞的魯莽行動。

當鄭南渭以書刊及無線電廣播方式直接將大量反美宣傳灌入台北時，參議會議長黃朝琴帶頭公開製造有新聞價值的反美言論，由於他曾在美國居住多時，因此以美國政治制度權威自居，他說，美國式的民主政治，最不適合在台灣推行，因爲台灣現在已經有了享受「眞實的」或是國民黨民主政體的機會。他又說，台灣人沒有能力了解他旅居

美國時所實地觀察的民主制度，暗示美國式的民主制度充其量也不過是一項無聊事罷了。

行政長官的代理人利用散布謠言、捏造故事來毀謗美國及西方盟國，他們的論點常常諷刺美國及英國並沒有比以前的軸心國好到那裡去，唯一不同的是日本及德國總是直截了當地收取戰利品，而美國及英國則是以不正當的手段，暗中利用聯合國善後救濟總署的物資及其他救濟物品來達到帝國主義者的野心。

台灣人發現陳儀的宣傳大部分都屬荒謬無稽之談。然而到了十二月，當陳儀代理人要籌劃「台灣人攻擊」美國領事館時，事情就演變得更爲嚴重了。

爲此，他們利用公衆對東京事件在台灣被歪曲報導所引起的反應。他們鼓動一群曾在東京下層社會居住過的台灣人來表明他們「中國公民」的新身份。東京澀谷看守所發生的警察與暴民衝突的事件，暴動主謀曾被麥帥總部逮捕、審判並驅逐出境。鄭南渭攫取這「事件」歪曲解釋爲美國意圖振興日本軍國主義，捏造說台灣將有再重蹈受日本控制的危險，以此來鼓勵台灣人反對他們的「弟兄」在日本所受到的判決。

在台北，十二月十一日上午，代理秘書長嚴家淦想與我見面，我當時任領事舘總管，嚴以極秘密、關心的語氣告訴我，行政長官的部下發現台灣人第二天將有一項反美大示威，台灣政治重建協會(據嚴稱是以共產黨員爲首的)計劃在台北公會堂集會，會後，示威遊行隊伍將向領事舘出發。

據嚴稱，行政長官席對這件事深感遺憾，他將提供足夠的武力來保護領事舘的安全。

我婉謝他提供武裝保護的好意，並向這位代理秘書長表示，大部分在台美國人並不以爲在台灣人手中會有任何危險。然而，我沒告訴

他事實上我與即將領導集會的「共產黨員」很熟，他已事先警告領事館，行政長官公署正計劃把這項集會用來做為台灣人的反美示威。

在嚴離去之前，我隨即看出，行政長官會允許「共產黨」在屬於政府的公會堂集會，實在是件奇怪的事，而嚴稱這只是一件行政長官衷心要保證言論自由、集會自由的證明。

第二天(十二月十二日)早晨，卡車裝載憲兵及警察來到領事館門口，在附近街道上架起機關槍，形成一道雙重防線———道明顯的路線，從領事館到公會堂的廣場上。從外表看來，像是領事館已陷入危險中而必須要求陳儀派兵來保護。

然而到了中午，情況忽然改變，不請自來的保護隊沒向我們說一聲就突然解散了，憲兵與警察匆忙向行政長官公署方向跑去。當集會解散之後，群眾向廣場四散，領導們不顧事先為他們安排好的路線，却轉向行政長官公署方向逸去，成群的人民舉旗走向行政長官公署，控告中國政府的懦弱，無法保衛政府權益及在東京新中國公民(指台灣人)的權益。

當天下午，這位領導示威的所謂「共產黨員」——台灣政治重建協會主席——親自來美國領事館要求我呈送一份「抗議書」到東京給最高統帥。這份文件說明國府駐日代表團並不代表被遞解出日本國境的台灣人。要事談過之後，他表示感謝領事館及美國政府在戰後整頓時期內對台灣所有的幫助；他特別感謝美國對台灣青年的引導。這就是所謂的「共產黨員」值得注目的談話。

約在此時，中國大陸上的新現象——職業學生騷動份子——出現在台灣島上。令人回想到在中國大陸各地、上海及各大都市「美國佬滾回去」的運動都是由這些職業學生所帶頭的。現在他們來到台灣，穿著單調的藍布旗袍的中國女子開始在教室、校園及公共場所、街道及公

園內發表下層人民翻身的演說，這在地方學府是一幅不受歡迎的新景象，他們鼓動台灣學生與他們的大陸「弟兄們」合作來把外國人趕出中國國境。

台灣人素來看不慣女人在教室內吵鬧，國民黨的口號少有作用；島上學生對中國的一切並不比對西方世界有興趣。實際上他們相信，唯有向西方列強懇請，才能將學術水準恢復到一九四五年以前的情況。

但是他們發現，如果拒絕參與排外運動，中國人就連珠炮般地罵他們是「帝國主義的奴隸」、「美國人的走狗」。

到年底，這些職業學生發現了新的宣傳題材。一位在中國北部的美國軍人被拖入所謂「聖誕節強姦案」或「北京強姦事件」。鄭南渭的辦公室及陳儀所屬的教育機構很樂意渲染此事件。他們計劃在一月九日舉行一項新的「反美示威」，國民黨分子命令教員帶領學生遊行到美國領事舘，一些反對以這件事來打擾學校功課的人，則遭到滲透在各大學校內的職業學生的辱罵、欺負、恐嚇及威脅。

因此在一月九日，街道上充滿了携帶印有反美口號的大量旗幟、三角小旗及其他標誌的年輕人。幾千人被帶領走過領事舘附近的街道，像是永遠走不完似地，隊伍一再經過領事舘大門，小學生們揮舞著他們不懂的標語，高叫著別人教他們的口號。

事後，陳儀的嘍囉們以極尷尬的態度向富有領悟力、了解事情眞象的領事表示，對於「落後的」台灣人所作的反美示威，他們感到惋惜，但是當天晚上，及接連好幾天，年紀較大的學生及教師們私下向外國人道歉，有關「排外」遊行的事，他們是不得已被迫參加的。

在時間的安排上，「反美示威」運動確是被陳儀的嘍囉們小心策劃著。鄭南渭辦公室確信這件示威事件曾被外國報紙妥當的刊登，也許可能引起美國人民的忿怒，然後使華盛頓方面產生對台灣人的偏見，

而熄滅一切對台北若有若無的關懷。

第十一章　慘案前夕

埋伏的火種

一九四六年年底,由大陸來台的國民黨分子很快地露出其眞面目,但是,已覺醒的台灣領導者,一點也不準備向共產黨求助。

在戰前繁榮的台灣島上,共產主義一點也無法推行。因爲台灣沒有集中工業,無從產生激烈的都市下層階級。在城市及鄉鎮,人們都有工作,生活水準也都慢慢提高,這顯然不是共產主義滋長的好土地。

在兩次世界大戰之間,日本人曾多方追捕從上海、廣東或東京來的騷擾分子,他們或被趕出台灣,或被逮捕入獄,而被懷疑同情左派的社團則受到嚴厲地監視。日本人努力鎮壓共產主義之事,其實應追溯到蘇聯革命開始時,這種毫不鬆懈的努力一直被維持。而中國的蔣介石以及蔣經國,却輪流去莫斯科學習共產主義及共產主義的方法。

　　當一九四五年麥帥命令解放所有日本帝國所監禁的政治犯時，在台灣被監禁的共產黨徒也獲得釋放。監獄門口沒有等待歡迎他們的人群，其中有些人很快地離開台灣，有些則默默地回到他們的家鄉。實際情形立即顯示出在日本投降後的十六個月內，人口超過六百萬的台灣只有不到五十名自稱的共產黨徒。

　　然而到一九四六年年底，國民黨竟創造了有利於共產主義入侵及滋長的好環境。

　　聯合國善後救濟總署工業復興官員，紐西蘭籍的謝克登(Allen J. Shackleton)追查急增的失業人口及罷工次數，曾這樣說道：

　　　　我走遍全島，發現到緊張不安的情形日益增長。原來由於中國大陸人的霸占，導致台灣人的罷工案件極為尋常。十月十日，台灣鋼鐵公司高雄廠所屬工人九百六十人因與警察衝突而罷工。工人們反對把有才能的台灣人調走而以中國人取代。當警察被召來時，他們拔出左輪手槍，然而仍被攻擊繳械。台灣人表示希望能和平公正地來處理這件事情。不久，更多的警察被召來，工人們只好憤然離去。經過二三星期這件事才達成協定。

　　　　一九四六年十月廿八日，高雄台灣鹼廠的二千名員工以類似鋼鐵廠罷工的原因實行罷工，要求與中國人同等待遇，他們於等到管理處同意他們的請求後才恢復工作。不久高雄水泥廠也發生類似的行動。

　　　　台灣開發公司的高級職員也參與這類事情。這個公司係由日本人組成來發展台灣的農、工、商業。在中國政權下的一九四六年九月，一千名員工群起反對這公司以中國人為頭子，

……。 ❶

勞工問題變得嚴重，並繼續不斷地發生，政府堅持說失業人數沒超過一萬人，但是聯合國善後救濟總署的專家佔計失業人數至少有三十萬，這個數目並未包括低資雇用的台灣人，這些人失去了正當的生活憑藉，只好回去依靠已夠擁擠的農村的老家。

在首府，危機情形特別嚴重，最惡劣的行政弊病到處都可見。而從都市回到鄉鎮的台灣人，已把台北的糟糕情勢傳達到偏僻的社區。

示威、罷工日益增加。當工資未付、缺付，或管理單位拒絕改進工作條件的請求時，員工只好憤然罷工。因此在短期內，有幾處重要工廠被迫關門，或因罷工事件而縮短工作時間。公共衛生局員工也開始罷工。台北市公共汽車司機也因為政府的新規定——不管任何情形，公共汽車的損壞都要由司機自掏腰包修理——而憤然罷工。政府的印刷廠工人也在罷工。在高雄，學生與鐵路警察混戰，其他地方，學生拒絕上課，家長也以改良學校行政為由，支持學生的要求。如同世界各地方的學生遇到這樣大的經濟社會危機一樣，台灣學生領袖們建議以直接行動及激烈、迅速的解答來解決他們所不能了解的既複雜又根深蒂固的難題。

到一九四七年二月中旬，食物缺乏現象再次出現。全台灣島的稻米騷動次數有增無減。這就是革命的火種。

台灣人是弟兄表親或外國敵人呢？

台灣領袖們了解，一九四七年十二月新憲法之能否及時運用，將是蔣介石及中國政府有無「真誠」的最後考驗。到處可聽到人們警告南

京必須給台灣同等待遇，否則就會遭到地方自治派系挑戰的危機，這個「地方自治派系」很可能就是一個台灣人民要求「獨立」的黨派。這可是蔣介石在全心致力於北進時所挨到的一個小小的海戰信號。

台灣人實際上還未協議出最佳的行動方式。廖文奎(Joshua W. K. Liao)曾對國民黨將台灣變成他們黨政各派系用來謀圖私利的政策發表強烈的攻擊。他警告說，從歷史上可看出台灣的分裂主義的危機，台灣人想要與戰後的中國重新聯合的慾望已經很快的煙消雲散了。

一九四六年十二月廿日，在南京召開的國民大會，台灣代表向外交部長(王世杰)致函指出，海外台僑(指在東京的)被中國外交及領事官員蔑視，外國政府也不常把他們當中國人看待。下面是王世杰回信中的一段：

> 台灣光復以後，本部即以電報指示各中國領事館服務機構把台灣人看成中國海外僑民並給與保護，本部也曾通知所有外國國家權威人士，謂所有台灣人已在一九四五年十月廿五日起即已重新恢復他們的中國國籍。本部曾收到英國政府的回函稱，在他們與日本簽定和平條約之前即將把台灣人看成友邦的國民。美國政府尚未同意台灣人在形式上恢復中國國籍，我們現在正在交涉中。❷

同時，十二月廿五日的重慶中央日報社論刊出台灣人考慮要求獨立或「隸屬美國」，這段論題立即引起各地憤怒的反應，台灣政治重建協會及台灣的報紙編輯也都激烈的反對這種論調，國民大會中的台灣代表曾這樣說：

> 台灣人的心理並沒有隸屬美國的想法。這些報告誠然足以

阻碍我們國家的團結，我們曾聽到這些謠言，並且，若是這些錯誤的消息再繼續不斷地重覆，可能謠言即變真。但下列是一些事實。

一、台灣是鄭成功反清復明的奮鬥根據地(在十七世紀)，並且也是一八九四年防衛我領土免受日本侵占的基地。台灣人對於祖國及其同胞之愛並不亞於其他任何一省的人民。有腦筋的台灣人認為諂美或依靠蘇聯是可恥的。

二、台灣已準備好行使憲法，台灣人要求及早實現地方自治、普選市長及行政長官的事實正表示台灣人熱切渴望有一個憲政組織，並非表示台灣人反對政府。

三、台灣人最憎惡從中國大陸來的腐敗貪婪的官吏，對於從大陸來的有學識的好官吏，我們總是致以最熱忱的歡迎而不願他們離開，但是一部分貪官污吏，害怕在嚴厲的批評之下不能保持他們的地位，為要隱瞞他們的錯誤，誣指台灣人為排斥主義者。這些人想藉傳播毫無憑藉的謠言──台灣人想要獨立，想親善美國，想共產化或只崇拜勢力等──來煽動政府反對台灣人，以鞏固他們的特權。再者，那些從大陸來台視察的特殊人物，少有接近地方居民的機會，如此將足以造成台灣人與中國人之間的隔閡，因為偏差的觀察常使我們的人民感到非常不愉快……❸

後來，台北大明報(Ta Ming Pao)一月廿日對這事件的評論，編者指出：「這些爭執可用一句話簡化之，那就是當台灣人要求完全的地方自治時，政府就害怕失去它對民眾的控制。」所以，兩方面都要小心行事，並以互相妥協和實際的努力來達成相互的了解。

『台灣人雜誌』(Formosan Magazine)一月號曾討論到台灣年輕人當中思想的混亂，該雜誌封面印有全頁中國國旗，但主要內容却是一篇長篇大論的牢騷，在描寫一九四六年的幻滅籠罩台灣時，評論要求「從大陸來的同胞們應該反省」，並要求台灣人民除行動外要有忍耐性。一九四七年一月份的『台灣青年報告』則隱約暗示一個邊疆島嶼人民固有潛在的自治慾望：

> 現在台灣已歸還給中國……黑暗、腐敗、反革命、反民主等等仍然存在。現在的知識分子、學者、學識階級正在進行一個推翻這些罪惡的決定戰，直到他們全被消滅爲止。他們知道這個戰爭是台灣文化傳統精神的繼承物。❹

一月三日，政府所屬報紙新生報稱，「考慮到台灣的問題，由於過去受到日本長期強烈的壓制，我們現在急切需要政治行政人才」。因此它鼓勵台灣人要虛心向那些從大陸來教導他們的領袖人物學習民主政治的技術。關於這點，台灣報紙「大明報」反駁稱：「有關民主政治的好聽話實際只是陳儀及其隨從私人慾望的粉飾而已。」

爭執仍維持在文字戰的階段，但是所用的字眼漸漸轉爲銳利。向中央政府官員求情的信常常含有少許厭惡的暗示——如果南京不立刻改革現在的情勢，則台灣將陷入嚴重的混戰。根據我們經由南京大使舘送達華盛頓的報告稱，報端文章、電報及社論都表示出民眾普遍的迷惑，他們一方面想立刻成爲中國的一個模範省，另一方面却因陳儀的腐敗而要求成爲一個免於腐敗、享有相當程度地方自治權的一省。尤其是台灣人希望能夠不要捲入大陸的內戰，他們認爲中央政府無力承擔此一戰爭。

約在此時，廖文毅正在島內做公開演講旅行，講述有關「實施憲法

疑問」。憲法規定人民有批評政府之權，這是當時最熱門的討論問題，當時，高等法院剛剛解除政府對於商會會長蔣渭川的控告案，然而在同時，法院再度傳訊王添灯審問有關他在競選時揭發高雄警察局極端腐敗的事件，這就是所謂「暗中破壞公衆對當局的信賴」的案件。

很多衝突事件從私人的恩怨及爭執演變爲共同的反對論調。一九四六年時，一位有名的台南醫生非常好意要幫助新任的台南市長，不久，他發現這位市長的爲人及行政，最後他不得不在市議會中一連串地控告市長的無能及腐敗的行政。開始質詢時，他這樣說道：

> 幾個月來，有三個原因使我很佩服像你一樣從福州來的中國人。你們善於執剪刀、握菜刀及操剃刀。（即是說，福州人大多數是裁縫、廚子及理髮匠。）在這三個行業中，台灣人無法與你們較長短，但我實在不了解爲什麼你在辦公室中安插這麼多的福州人。甚至最低職位的工作也都以福州人取代台灣人。

市議會的會場頓時一片混亂，市長失面子的故事馬上成爲街頭巷尾的話題，第二天，一群福州移民糾集，企圖動武謀殺這位醫生，這位醫生不久即失去其生命。

一月九日，政府宣布土地稅收將提高百分之三十以合乎中央政府的規定。行政長官說，增收的稅金將用來做爲教育基金。

但是沒有任何人相信這事。在一九四六年中，全島教育制度基金已被掠奪一空。地方財政機構已府庫無存，而這些由於日本教職員的撤退而空缺的職位，却已由大陸來的渣滓殘民補上──這些食客，因爲太無重要性，所以不能得到更好的貪污職位。「在上海，鞋子無法獲得修補，只因所有的修鞋匠都跑到台灣了。」從這天起到事件爆發前，學生的罷課在全島各地普遍增加。

一九四七年沒有憲法嗎?

一月十日──在台北扮演「反美示威」的第二天──行政長官兼將軍發表三大打擊的第一項, 他宣布說, 在中國大陸一九四七年十二月廿五日生效的新憲法將不能適用於台灣。他說, 因爲中國人民較爲先進, 所以才能享有憲法的特權, 台灣人民由於受日本長期專制統治, 政治意識退化, 不能以理智的態度來實行自治。因此需要兩三年的國民黨「訓政」才能使他們成爲完全的公民。

一月十二日, 政府再度頒布, 由於「經濟的原因」, 百分之二十以上的政府員工將被解僱。台灣人相信, 這項計劃是企圖用來解僱所有仍在政府機關服務的台灣人, 以便安插新來者。

台灣人不滿的情緒已經快要接近極點了。外國觀察家們發現, 陳儀政府猶無視於這些危險信號, 實令人難以置信。隱藏在後面的底細到底是什麼?

台灣和上海的危機

一月給上海帶來一項大危機, 蔣介石千方百計想從美國獲得五億的「借款」, 但華盛頓並不表示熱心, 看來國民黨及國民政府崩潰的可能性日漸增加。每個黨派每個人都盡量搜括他們所能獲得的, 並且早已逃之夭夭。

在台北, 我們隱約知道幕後有關台灣的第二次奮鬥。如果國民政府在大陸崩潰, 台灣將是一個最有利的地方; 利用中國全面內亂的時刻, 台灣將可獲得解脫, 以達成台灣人民自治的宿願。然而, 台灣人

却不能依他們的意願來左右大局。

我們察覺那時地方政府及中國空軍之間的衝突仍然繼續着。爭執到底誰將控制在台北的主要機場？

在這段時期內，南京的一些高級官員接連來訪台灣。行政院副院長王雲五飛來，交通局長Yu Fei-Peng出現，軍務局長抵達，另外，代理海軍總司令桂永清來拜訪。

一月十日、十三日、十六日，一連串的行政會議在台北舉行，我們懷疑他們的來訪是想在這兒做大陸撤退的準備工作。

談到占領區的法律地位問題時，就像憲法事件一樣，強迫徵兵制的特殊題材又再度提出來。國民黨高級軍官在縣市長會議上發表演講，以笨人也可以猜測到的藉口，說強迫徵兵制將「比日本人的方法更糟」，所以陸軍建議免用法律命令，而改用「志願」徵兵制，以行政長官公署所屬的民政處來代替陸軍機構執行這件事。

這是很難使用的，一方面，台灣人曾一直嚷着要組織台灣人家鄉防禦軍專門防衛台灣島；由於眾人皆知的一些原因，陳儀尚未準備去武裝那些可能把全部「乞丐」趕走的台灣人民。另一方面，一個醜惡的謠言正在傳說，少數台灣志願軍在聲明書上曾表明他們只願意服務台灣島，但實際却被偷偷送出島外而有一些逃兵被槍殺。陸軍的提議，通常被解釋為中央政府的舉動，要把所有熱血的台灣青年搜括一空，以便使台灣成為蔣介石安全的撤退基地。

二月揭開另一項事情的眞象，陳儀的黨派正在計劃：如果上海捲入中國內戰漩渦時要如何完全控制地方經濟。

行政會議的結果造成行政長官的另一項宣布，即地方普選要等一九四九年才能舉行。但是民眾反應之激烈使得國民黨地方黨部不得不提出一個妥協的辦法──選舉將在一九四九年以前舉行，「假如民眾

的準備及籌備工作完成的話」。

台灣政治重建協會立刻向南京中央政府請願說:

> 台灣曾有完全的戶口調查、地籍測量的記錄、完整的警察
> 制度、良好的衛生環境、便利的交通及普及的教育。同業公會
> 普及各地, 荒廢之地已闢為良田, 台灣的一般文化水準很高,
> 台灣人民有足夠的能力了解及實施地方自治, 換句話說, 我們
> 已經達到夜不閉戶、路不拾遺、地盡其用、貨暢其流的地步了。

> 目前由於政府的行政效率差, 給台灣人造成了一個很奇怪
> 的情勢, 即台灣有能力的人沒有做事的機會。

> 為重新恢復一個安樂文明的台灣, 省府當局只需改革他們
> 自身無效率的制度以及不健全的態度, 想辦法迅速歸復戰前的
> 情形, 同時, 任用官員必須更合理……而政府不必每件事都從
> 頭做起。❺

上述有關戰前安定滿足的大同世界的描寫並不完全正確, 但它清
清楚楚地表現出, 在一九四七年初台灣人回顧日據時代的統治, 並以
它做為衡量中國國民黨政權行動的標準。當時老一輩的領袖均反對效
忠祖國, 而年輕的一輩則尋求其他變通的辦法。

一月十五日, 一群忿怒的年輕領袖, 全島財政及教育的精英
——草擬了一份準備呈送給新任美國國務卿馬歇爾將軍的請願書, 至
少有一百五十個人簽名, 還有一些機關或公民團體的發言人, 所以合
計約有八百名請願人。

但當一切都準備好了, 而各種副本也都弄妥了, 這些領袖却決定
遲延呈送給美國大使舘, 他們想向國民大會、中央政府及中國民眾請
願, 也許可以使蔣委員長來台北調停。

二月的壟斷

二月一日，陳儀又給台灣人的希望帶來了第二次的打擊，政府發表了拍賣沒收日產的政策，大家立刻都明瞭了，幾乎沒有一個台灣人有辦法以現金或信用的方式與中國人競爭購買。

民眾準備來一個大的抗議集會，陳儀立刻假藉「清理市區」、「加強交通管制」以及「準備慶祝新生活運動」為由，加強警察巡邏以阻止這個抗議遊行。

在台灣，傳統的中國地主制度是眾目昭彰不受歡迎的，很清楚地，比較有效率的日本地主三井、岩崎及皇家經紀人等不久將被孔、宋、蔣三家取而代之。因此民眾向行政長官請願，要求改變拍賣計劃讓台灣佃戶優先購買，並將一九四五及一九四六年所付的租金算在最後的賣價之內，最好能以最高標價打七折的優待價購買，假如他們仍無法購買，那麼政府就擁有沒收地的收有權，然後以長期低利租給佃戶。

陳儀似是而非地辯稱，時代的潮流需要大機械來耕作大田地，台灣人與中國人應該經營集體農場。

當民眾繼續反對時，二月廿五日行政長官指責台灣人之批評土地政策是「無道德」的，他忿然地拒絕任何爭論。

我們已經知道有關陳儀在任福建省主席時，與日本戰時的沿海貿易及強有力的中國招商局航運公司(China Merchants Steam Navigation Company)之間的關係。

當南京一度陷入危機時，島上經濟的基本控制權很明顯地落在一群操縱航業、有權隔絕台灣與大陸關係的人的手中。

一九四七年二月一日，所有海洋商業，包括外國船隻在內都受到

嚴重的控制。台灣航業公司(以沒收日本船隻之利益爲基礎)經由台北政府及招商局投資廿萬之台幣重新組織。陳儀的交通處長任顯群變成了僅次於招商局經理徐某(Hsu)的第二號人物。

這是一項巧妙的安排，我們不知道要多少金錢才能獲得蔣介石的同意，但在這一刻他急需一大筆錢，正在半乞求半恐嚇地向美國交涉五億美元的「貸款」。

這新組成的公司被授權控制所有超過一百噸以上的出口船隻，以及所有任何國家的進口貿易，包括沒收的日本農工商產品，所有聯合國戰後救濟總署的進口船隻也都受到控制，所有外國商品及外航代理商均在新行政的統轄之下，沒有一項進出台灣的物品是不必納稅的，假如外國商行想自身運輸貨物時，他們也得向政府的航運企業公司取得昂貴的執照及繳納每一次的手續費。尤有甚者，台灣貿易公司得以抽取所有進出貨品的部分價值。

同時他們又設立了另一企業公司來控制所有島內的運輸及倉庫業，這公司也是在做生意，但它同時也有權力撥發或取締所有與它競爭的獨立競爭者及倉庫代理商的執照，並抽取私人代理商的部分勞務所得的利益。

二月十二日,財政處發布一項有關外幣及滙兌比例價格的新規則。假如向唯一合法的台灣銀行申請時,大家發現銀行並沒有美金可兌換,不久大家就發現最好的黑市美金來源是政府自己的官員。由於美金稀少致使價格飛昂,但任何台灣人秘密地與官員私下交易却隨時會受到控告及沒收財產,用錢來賄賂某一官員(或勾結辦事員)並不保證其他的官員不來恐嚇勒索。

這種賄賂壓榨的風氣遍及全島。

二月十五日, 一個歷史悠久規模最大的外國商行怡和商行

(Jardine-Matheson)的英國代理到基隆準備迎接一隻到岸的英國船隻。但那天早上須要事先向海關報稅的新規定剛才發布。港口辦公處拒絕辦理，除非他們接到台灣航運公司的一份報稅單，這些新措施的頒布並無事先調查一切與新規則有連帶關係的事項。然而當這位外國代理回到港務局局長辦公室時，港務局長口頭罵他一頓，並要他把這些報稅單送到基隆市長處去簽署。

在預期的地方，他找到這位市長，他已經登上船隻搜索船艙了，船上看不到一個海關人員，但却擠滿了市長的警察。士兵們擁擠在甲板上，使得這位外國代理無法進入他自己的船。

市長當場宣布他有控制基隆地區貨幣的責任，而這些警察則有海口事務的最後特權，而在這些事務上，他們必須獲得滿足，這裡他所指的滿足當然是說對那些適量的額外付金感到滿意。

市長無法出示這項新任務的證據及權利狀，因此他吹牛說這是行政長官「自己規定」而直接撥給他的特權。

同時，所有留在船內的過境者及上岸的旅客都被強迫顯現身上所携帶的現金，他們未沒收這些現金，但所有登陸的旅客却被強迫以極無理的比率兌換中國鈔票。這些警察人員再在賤價的黑市中充當「銀行員」。

當這個令人迷惑不解的搜索仍在繼續時，這位外國代理被通知所有的貨物必須要送到通運公司的倉庫去，這個公司是一個交通處長所組織的分公司。所有貨物必須被存放在該倉庫，然後在警察的監督之下，封好送到另一運送公司的倉庫。

這些貨物實際上早已賣給台灣關稅組織用來修理關稅大樓之用，然而在警察的命令下，碼頭工人拒絕把貨物送到關稅局的倉庫。不但如此，台灣貿易公司現在反而以他公司的價格，把這些貨物賣給關稅

局，如果價格沒有談妥，那麼這些貨物就要被送回原來台灣航業公司的船隻暫時存放，並得繳納適當的存放金。

當這些神奇狂妄的步驟被宣布時，市長假裝殷勤地說他是依照不能被洩露的指示行事。

如果讀者們弄不清楚這些手續，那麼你就像這位被弄胡塗的外國代理及後來所有想在台灣做生意的外國人一樣。這事主要在說明所有陳儀政府的各部門都被後來橫掃上海的那種動盪不安的情緒所影響。他們每天的原則是想盡辦法不擇手段地搜括金錢，以便當危機到來時逃之夭夭。在這種情形之下，地方政府所屬的各部門都想互相壓榨，或向國民政府及外國商人騙錢。

繼基隆港這件把戲的第二天(即二月十六日)，台灣航業公司發表它自己新的運輸規則，聲稱這是台灣貿易公司頒布的。為要打擊怡和商行的代理店，一家與它競爭的茶葉公司把自己所擬的新規則呈給怡和商行的代理。從此，這家公司長久在中國建立起其首位貿易公司的地位。

此後(根據新規則)台灣航業公司將操縱所有怡和商行的生意，而怡和商行在台灣的領海中將無權控制自己的船隻及貨物。新的航業公司將分發貨物，制定稅率，所有旅客及貨物的運輸也都必須僅向台灣航業公司登記。

二月十八日，政府的報紙公布四項新規定，說是「為要簡化日用品的清理及收集交易帳單」，航業公司又加上三項新規則公布大眾。

同時在二月十五日，台灣銀行又更進一步取消與之競爭的所有台灣人的利益。行政長官下令台灣銀行收回商業貸款的百分之二十。一些與財政處長嚴家淦的辦公處缺少交情的台灣人都無法付欠帳，馬上破產。到二月底，全台灣私人商業的投資實質上已陷於癱瘓狀態。很

多商店因此關門，那些有資本的人則準備在資金尚存時靠其生活，不少人開始堆藏食物及燃料，更多的人則從城市搬回鄉村的老家，「待看情勢」。

在這二月中旬，嚴家淦本人是在南京，當私人企業受到嚴重打擊之時，他却巧妙地缺席了。

此間人士普遍推測陳儀及其嘍囉們正在準備與大陸斷絕關係，他們期待上海來一個政治、經濟最後的混亂終局。一些部下們——政府階層中第三第四級的人員——整日忙於頒布全面控制台北的規則。在這時，二月結束之前，上海危機暫時休止，南京仍然安定，但美國與英國隨時都可能對台灣合法貿易所受到的干涉提出強烈的抗議。不久，超乎情理的命令馬上被取消或修改，然而心理所受的損傷已經鑄成。公衆的信心殆盡無遺。

當台北發生這些經濟搖蕩不定時，我曾有機會在二月十四日與聯合國善後救濟總署的訪問團到高雄去參觀。在南下的快車上，我們與以海軍徐中校(P. H. Hsu)爲首的五個國民黨海軍官員同坐在第一等車廂內。不久徐中校立刻讓我們知道他曾在美國受訓兩年，他不喜歡美國及美國人，他又表示希望我們都滾出台灣，他爲加強這一點意見，直截了當地要我們離開第一等車廂，他說：「與你們同坐，對我們來說是太擁擠了。」

當時，我是以領事的身份去高雄迎接二月十五日來「禮貌拜訪」的美國軍艦佛郎克‧諾克斯號(Frank Knox)。根據事先的安排，軍艦預計八點進港靠岸，所以我們在上午七點半就抵達高雄海關的小屋。

但出乎我們的預料，軍艦進港三小時仍無法辦妥入港手續，港務局主任說，除非他接到遠在五哩外的中國海軍基地司令官的特別命令，否則他不能讓該艦入港。然而那時到處早已有諾克斯艦來訪的通告。

終於，軍艦被准入港，但除了艦長伯索夫(Captain Berthoff)送給海軍司令官高上校禮貌上的信件外，我方沒收到任何反應。

在一群接艦的台灣人潮擁到碼頭之前，我在樂隊的敲敲打打之下登上軍艦又走回岸上，但是官方的表現冷漠，也許中國人把這不受歡迎的海軍的出現，解釋爲美國政府正暗示着它在干涉台灣的地位。根據我所了解的，美艦諾克斯號實際上只不過從上海運來十二箱液體的「領事舘物資」而已，而這些物品已在上海的領事舘等待多時，才有船位運來台灣。也許諾克斯號的來訪也在「顯示雄威」，但除此之外，它並無其他的意義或任何秘密的企圖。

一份台灣人呈送美國國務卿馬歇爾將軍的請願書

二月中旬，一群年輕的台灣人(鄭南渭所謂「共產黨徒」)，最後終於來到領事舘呈送一份致函馬歇爾將軍的請願書。按照規定，這份只呈給國務卿而非總統的函件，不一定要送達華盛頓，然而，這件事仍需要報告上峯，也許有些高級官員想要看它。

如果有人送給我們一個麻瘋病人的鈴鐺及一個乞丐的破碗，這個人將是最不受歡迎的。

這封請願書的英文詞句缺通順，但意思却是十分透徹。全文如下：

我們是一群年輕的台灣人，爲了要向我們所尊敬的聯合國及所有外國兄弟們求情，我們將從內心的最深處叫出我們的悲傷。我們美好的土地，美麗的台灣，現在正受到中國醜惡政權的摧殘、踐踏，我們的痛苦已達頂點⋯⋯(就像是)我們以前所沒有經歷過的。

……我們自己的民主組織必須重建，這是我們所有的目標
……在憲法未實施前，我們要注意到台灣人的國籍在聯合國中
仍是一個未解的問題，以此不動搖的事實，難道我們還要服從
他們的命令去自掘墳墓嗎？我們害怕聯合國會把我們台灣人看
成與中國人一樣，我們確實與他們有血緣的關連，但是，你們
要知道我們的原本，經過日本文化及學術五十年之久的薰陶，
已經提高了，特別是(由於)他們的關係，我們已學會了要愛國、
反對奴役。開羅會議把我們驅入這個「人間地獄」，半世紀以來，
六百三十萬的台灣人已經不冉受到祝福了，開羅會議的代表們
應該負起此刻我們在困苦中掙扎的責任。我們嚴重反抗把我們
所有台灣人送入奴役生活的這項決定。

聯合國應該關心到荷屬印尼、法屬印度支那、緬甸及我們
的鄰邦菲律賓，他們為什麼而掙扎？正是，他們在為自由的生
活而奮鬥，我們的情形也相同。

以革命的槍枝及原子彈反對昏庸的政府應以筆做開始，加
上聯合國對我們的同情以及友善的干涉中國當局將是唯一可走
的道路，因為在聯合國與日本的和約締結之前，台灣還未完全
歸還給中國……

在這些情形之下，我們幸運地發現台灣仍然存有一線希望，
大多數台灣年輕人都受過教育，並有奮鬥的勇氣，這是決定我
們命運最主要的兩點因素。

請給我們這些年輕的台灣人在你們保護之下有政治訓練的
機會，讓他們有自信心。然後我們確信能夠推翻一個錯誤的政
府。

總之，我們敢說改革省政府的捷徑，就是全部依靠聯合國

在台灣的聯合行政(United Nations Joint Administration in Formosa)切除與中國本部的政治、經濟關係幾年。除此之外，台灣人將身無一物了。

我們希望能在最近的將來得到好回音，謝謝你們的幫忙，祝好運。

這些請願者是一群台灣青年運動的中堅分子所領導的，他們已準備好——或至少想要嘗試「把流氓趕出去」，他們認為沒有理由接受陳儀的恫嚇、威脅；孫逸仙、蔣介石，現在只成了當代中國反動、落伍的象徵。

沒人知道有幾天可活，但就是在這幾天之中，他們準備出版三月號的「極端派」的『台灣人雜誌』，其中大部分資料是向美國新聞處求來的，其中有一篇是廖文奎撰寫的連載論文「台灣往何處去?」，文章主題撰述歷史的隔離乃是台灣人與中國大陸關係的傳統特徵。

還有一些文章寫到英國女皇、鄉村教育、美國自由言論，也有一篇是有關伊諾•弗來因(Errol Flynn)的文章。在這份「極端雜誌」中，主要的文章是「一個美國公民在鄉村集會的演說」，更有一篇美國領事寫的「台灣在變遷中」。讀者致編者欄則是懇求讓大家有更多機會讀到美國人及英國人對公眾的演講辭。

有一些聯合國善後救濟總署的職員們很樂意自動教授英語，英語的學習在那兒是非常熱切需要的。有一組「美語、英語會話聯合班」分兩小組同時進行。負責的台灣人想要找到能夠容納第三班的上課場所。當時從台北並有每日英語會話的廣播教學。

然而到二月底，一些較不安靜、缺少耐性的年輕人開始質問美國的宣傳。美國領事館則顯露兩種不同的面孔。在南京的美使館或華盛

頓政府甚至都不表示對台灣問題有絲毫的關心。

　　當年長的領導者想尋求解決恐怖局勢的方法時，分歧出現了。有些中國大陸人催促他們對美國要小心，說華盛頓只想把台灣做為它謀圖自己利益的工具，就像在中國大陸把蔣介石當傀儡一樣。老朋友在失望之餘跑來找我，告訴我說，如果美國大使司徒(Stuart)要參與意見，或東京的麥克阿瑟將軍(General MacArthur)要表示關心，或華盛頓要在台灣被毀滅之前牽制國民黨及陳儀的話，就要趁現在做，「否則以後就沒有機會了」。

　　火苗就在那裡，導火線已擺好了，事件就在一九四七年二月二十七日的晚上爆發。

第十二章　一九四七年二二八事變

公園內的謀殺及街頭上憤怒的群眾

　　二月二十七日傍晚，有一個賣香煙的婦人帶著她的二個小孩在圓環附近的一棵榕樹下擺起攤子，攤子上有幾條香煙和幾個銅板，若她運氣好而能賣出一二包香煙的話，這幾個銅板便可供找換零錢之用。

　　不久專賣局的巡邏員出現了，指控她買賣漏稅的香煙，並沒收了她少得可憐的幾條香煙和極少的現款。圍觀的人愈來愈多，她大聲呼喊求救，不甘心地緊抓住一個巡邏員的手不放，想取回被沒收的香煙，想不到卻狠狠地被推倒在地上，還被手槍柄打傷頭部。這種兇暴的行為，使憤怒的羣眾開始圍住這些酷吏。理屈而害怕的中國官員們趕緊胡亂地開槍殺出一條路，逃往鄰近的警察局，留於現場的是一個被亂槍打死的觀眾，及奄奄一息的賣香煙的婦人。

當被警察局召來的憲兵出現時，羣衆才讓這些專賣局官員離開，但立刻就把專賣局的卡車及車上的東西放火燒掉。

第二天早晨(二月廿八日)，約有二千多人的羣衆手裏拿著昨夜準備的、寫上標語的旗幟，排隊由圓環向專賣總局行去，他們不但要求專賣局長究辦那些惹事殺人的官員，且要求局長本身引咎辭職。同時也要求政府當局重整所謂專賣制度——這殖民制度之餘孽。

示威者在近中午時經過美國領事舘而終於到達專賣局門口，當他們抵達時卻發現門禁森嚴，局長「因公不在」，沒有代理人出現。

經過一段冗長的等待後，他們決定轉往省政府直接向省行政長官陳儀請願。

城裏另一個地方同時也發生嚴重的糾紛。在距離聯合國救濟總署辦事處不遠的街上，專賣局人員又在凌辱二個賣香煙的小孩。這種事情已經太多了，因此在距專賣分局幾百英呎的地方，一群憤怒的台灣人把幾個中國官員打死後，就衝進倉庫去。憲兵車火速趕到現場，把中國人護送上卡車載走了。等他們一走，台灣人立刻湧進屋裏把東西一件件丟到街上，然後放火燒掉。當一位憲兵威脅著要殺一個拍照的聯合國救濟總署官員及另一個口袋有香煙的老百姓時，經群衆發覺，立刻把他圍住，痛打一頓，命令他跪下向台灣人求饒後才讓他倉惶離去，他沒被打死已算是很僥倖的了。

我正跟我們美國新聞處處長及幾個台灣朋友在附近吃中飯，正當我們試著衡量圓環事件的重要性及其因果時，突然傳來了機關槍的掃射聲。我們立刻趕到專賣局去，因為獲知早晨那一群示威者曾意圖要到那兒去，可是鄰近的街道廣場均空無一人，原來他們已轉向省政府了。

當我們的吉普車開到蔣介石銅像的十字路口時，發現我們正陷入

重重武裝的國民黨軍及隔著廣場面對我們的一群沈默的台灣民衆之間。

碎石路上躺著一些因企圖衝進省政府而被槍殺的手無寸鐵的老百姓。

預料的危機終於來了。

我們正處於爲難的地位，一方面應該火速地報導這事件，因爲有些中國官員將會得很意地控告我們「領導台灣人民反叛」。可是另一方面又必須突破這僵局，防止更進一步的暴動及救護傷患。

還好，就在這時，聯合國救濟總署的記者Edward E. Paine開車進入廣場。在極專注地研究鑑定這對抗的場面後，他把吉普車開到介於長官公署守衛軍及口出怨言的老白姓之間。他做手勢要軍隊退到一邊，因此當Paine檢查六個躺在地上的軀體時，經他這出乎意外的大膽行爲所嚇阻，守衛軍竟一直閃避至門邊。檢查後他發現六個人中有二個仍活著，就召喚群衆幫忙，用兩輛人力車把傷者儘速送到附近的醫院去。當大家領悟這剎那間所發生的事體時，都爲Paine之勇敢行爲大聲喝采。

這時我及同事趕到領事舘去。這種在長官公署門前發生的暴動，可能意味著一般民衆的叛變，應該立刻報告給大使舘。

正在午後——大約在省行政長官警衛們在門口槍殺請願者之後——一個台灣人的播音員突然在一個正進行著的節目中播入報告，說一個示威行動已經開始，有一個請願者已獻身並呼籲所有的台灣人應該支持此一運動。他一說完，這廣播電台也就爆炸了。

黃昏時分，台北市的正常活動都停止了。群衆蜂擁街上，聚集在十字路口，如有新鮮消息或最新的新聞，他們就滙集，否則就散開。大陸來的中國人都躲起來了。偶而可發現一兩個中國人急急忙忙地穿

進巷子裏，但他卻儘可能假裝成台灣人。一直被大陸中國人所輕視的日本式木屐，現在對他們來說，變成流行物了。台灣的學童若提到台灣時，常被譏爲「日本蕃薯」。現在大陸人在街上也受到挑戰了，他們會被問：「你是蕃薯仔，抑是豬仔？」如無法立刻說出正確答案，就會遭追趕，有時還要遭搥打。

　　在這兒必須註明一下，台北的這場騷動很快遍及其鄰近小鎮，整個島上的中國人在一、二天內都儘可能躲起來，但是在島內之外國旁觀者，後來都一致報告說，他們從沒見過台灣人携帶任何武器。中國人時有被丟石頭或棒打的可能；可是從沒發現過有刀槍劍影在這些憤怒的台灣人手上，並且也沒有行搶刼掠的事發生。偶而有些物件由屋子裏或辦公室裏拿出來在街上放火燒，但我們也注意到，被翻倒的公家卡車及成堆的傢俱一直遺留在街上，沒有人去拿它，這些東西正反映了所有發生的「二二八」流血事件及因它而引起的羣衆反應。

　　近黃昏時，大多數的中國人已躲藏在他們的辦公室、家中，或他們台灣朋友的家中（如果他們有的話）。憲兵隊異常忙碌，倒鈎的鐵絲及砂包防禦工事堆於主要的省府建築物前，機關槍安裝在大門及主要的十字路口。軍用卡車載著機關槍及背著來福槍的士兵開始在重要街道上巡邏，有時碰碰磅磅地開幾槍。

　　下午六點鐘宣布戒嚴令，台北頓如嚴冬酷寒、黑暗籠罩著的緊張而不愉快的城市。

　　廣播電台是第一個受重重守衛的省府建築物，黃昏時刻，一個生在台灣但在大陸長大的女醫生，被行政長官推出來做台灣婦女發言人，開始對大衆廣播，他若無其事地說她當天中午如何在場，並且宣稱沒有任何槍殺在行政長官公署前發生。一小時後，憤怒的鄰居們闖入她的房子及醫院，搬出傢俱在街上放火燒。在整個事件期間，她一直躲

在長官公署安全人員的保護下。

這事變是如何善後的？

　　台灣人的領導者立刻察覺到他們本身正處於極端的危險中。三月一日早上十點，台北市參議會議長，以及國民大會和省參議會的代表拜訪省行政長官，請求他組織一個官方的「專賣局事件處理委員會」。當長官的守衛向沒武裝的群眾開槍時，這問題變得比僅是懲罰專賣局及對死傷者的金錢賠償還來得大些。這時如果省行政長官不做出令人滿意的努力以打破專賣壟斷的現象，不把警察控制好，同時如果不改革省政，他可就要面對著全島公開性的反叛。這些問題政府應慎重並堅決處理。

　　他們力勸省行政長官立刻解除戒嚴令，以避免未武裝的老百姓和軍隊之間更進一步的衝突。這項要求，他同意執行，答應於午夜解嚴。但他同時也聲明禁止所有公共集會及遊行。

　　但陳儀並不浪費這午夜前的幾小時寶貴時刻；軍用卡車帶著持來福槍及機關槍的士兵，用他們所能的最快速度出現於街上，槍殺的數量正增加著。這是將這城市陷入恐怖狀態而迫使台灣人接受行政長官擺布的一項明顯陰謀。

　　五點左右，陳儀在廣播電台宣布專賣局事件已付大量的金錢而解決，這激怒了公眾。他一點也沒提及在他的行政長官公署前發生的射殺，反而控告台灣人「遞增的反叛」，但他還是慷慨地允諾在午夜解除戒嚴令。

　　「另外有一點，」他說：「市議會議員希望派代表與政府當局共同組成委員會來解決這次暴動，這點我也同意。假如你們有任何意見，

可透過這委員會來告訴我。」❶

「台灣人進攻美國領事舘！」

當行政長官廣播事件已由大量的金錢賠償而解決時，美國領事舘第一次直接捲入此事件。我們領事舘的圍牆靠近北門十字路交叉口。在領事舘的東邊是郵政總局，西北方是陳清文所管轄的鐵路局。從北門圓環，有一主要街道通往城內台灣人居住區，此區擠滿了商店及住家。從我們的陽台，我們看到群眾蜂湧入街上。

一輛載著持來福槍士兵的卡車駛過領事舘時，開槍射死了二個路人，並繼續行駛。群眾圍了上來，剛要把屍體移開時，在幾碼遠的地方，幾個由鄉下來的學生進入鐵路局，詢問火車何時恢復行駛，他們於前天就在台北流浪，他們很想回家。

鐵路局長的私人衛兵太緊張；當槍聲響起，就不再看到這些男孩了。接著，鐵路特別警察在圍牆內，將他們的槍口朝向街道，又有二個路人被射死了。

這時一大群的民眾已聚集在北門交叉口，可能衝向鐵路局，就在這時，一輛軍用卡車駛近，似是鐵路局所召來的。通道被阻塞，但機關槍及來福槍突然掃射，把人群驅散。至少有廿五人被殺，一百多人受重傷，不知道有多少人被擊，只是他們尚能逃離。後來醫生在醫療傷者時，發現有一種柔鼻彈(一種軟頭或平頭子彈，打中後即膨脹擴大)被使用，造成了可怕的傷害。

這一血淋淋的牽制性攻擊給廿五名鐵路局員工有機會跑到對街的領事舘。他們各個自顧不暇，殿後的婦女或雇員活該倒霉。一些最先衝入領事舘大門的人們馬上試圖在與他們同逃的同事面前關上大門。

最後進來的幾個是費力爬牆過來的，當他們在爬牆時，街上的群眾向他們丟石頭，擊中了領事館的圍牆。

少部分民眾仍徘徊於附近的街上，一直到黑夜來臨。我們一些台灣籍職員由外面回來報告說，圍觀者彼此警戒，且說明他們不存心把領事館捲入此事件，並道歉把一塊石頭丟入館內的事實。

領事館內一片騷動，廿五個臉色蒼白、受驚嚇的大陸中國人被帶到二樓領事的起居室，並給予茶及一些清淡食物。

當然領事非常憤怒。他立刻打電話給在長官公署內的鄭南渭，要求他馬上把這些難民移走。這是非常破格的事，況且有一塊石頭被丟入領事館內。鄭向領事保證這事將立刻被處理。

六小時後，二輛警衛森嚴的公共汽車駛入大使館的院子。此時台灣人早已回家去哀悼死者、照顧傷者或討論下一步該做什麼了。

不久，我們察覺到何以行政長官公署的新聞官員是那麼忙碌以致無法把難民迅速移出，因為在他接到領事電話到公共汽車來之前的五小時間，長官公署的電台對外廣播台灣人正攻擊著在台北的美國領事館，不過所有在台灣的美國人都在行政長官的人手保護下。這實在是很漂亮的宣傳伎倆，計劃把台灣人推入國際報端最惡劣的形象中。

當此事件被報告給南京的美國大使館時，得到的反應是簡短的一句話：「只支持現時的行政當局。」

但這三月初的階段誰是「現時的行政當局」呢？

三月二日　陳儀讓步答應改革

整夜都可以聽到槍聲。早晨的曙光將那些匆忙起稿而已被廣泛張貼的布告及傳單顯露出來。「豬仔，滾回去！」是最通俗的口頭禪。現

在專賣局事件已完全演變到要求陳儀行政當局做一般性的改革。

同時我們看到,那三月一日在城北廣布的巡邏活動已擴及飛機場。那兒在重重的守衛下紮起營來。中國權貴們把他們的家財不斷地搬來。他們打算留在那裡直到危機過去。一輛一輛的卡車把巨量的家用品、鈔票及值錢東西,當然還有婦女們及孩子們往那裡送。不過到底有多少人避難到那裡,我們永不知曉。

行政長官的辦公處和一些重要建築物(包括廣播電台)都在嚴密的守衛下。實際上,在這星期內陳儀能夠發號施令的地方只有行政總部和營區。

三月二日中午,陳儀接見台北市參議會的「緝烟血案調查委員會」。台灣領導者企圖由此開始澄清導致此次危機的政治及經濟種種基本難題。

此時和行政長官在一起的尚有秘書長、民政、交通、和工礦等處長。財政處長嚴家淦在台中被阻,暫避林獻堂家。

戒嚴令到三月一日的深夜仍未被取消,因此陳儀被警告:如果巡邏的軍隊肆意開槍放火,台北市恐難平靜。事實上,正常活動已趨癱瘓;不久糧荒一定接踵而至。

陳儀及處長們非常清楚,若沒有大量的軍力,政府根本沒有一點力量。若在這一天還有任何挑戰,台北市民可能比巡邏隊更有威力。並且可能消滅那些只在城中心及長官公署和城郊營區之間行動的巡邏。

當市民們提出基本改革要求時,陳儀除了接受幾項要求外別無選擇餘地。他邀請他們表達公眾的意見,於是他們決心把問題弄清楚。這些「暫時要求」如下述:

一、行政長官同意:在全島人民代表磋商對策以後,於三月十日

以前，將基本改革擬妥，提請研議；

　　二、行政長官答應：在政治協商期間不加派軍隊進入台北市；

　　三、一個學生自願團體，配合其他隸屬市長以及市警察局長(該警察局長係中國人)的青年團，將臨時維持法律和秩序；

　　四、立刻恢復交通，以免食物供給不濟。

　　陳儀接受上述要求，答應於當日下午三時廣播他的允諾。同時，巡邏兵隊把來福槍及其他武器置於卡車內，僅於發現台灣羣眾鞭打大陸人及擾亂安寧時才能使用武器。

　　三月一日以後的台北，很少對中國大陸人的身體攻擊。一旦正式的調停委員會成立以後，自發的憤怒轉變成一種新的公眾情緒，對於台灣人領導者所組成並維持幾近一星期的有效的政府，羣眾顯示相當的合作。

　　三月二日在領事舘，我們忙了一早晨，調查美國公民的住處，和聯合國救濟總署的官員談論緊張的局勢，並且準備向南京的大使舘提出書面報告。我們的工作被一個台籍醫生的來到所打斷。這位醫生跟幾個朋友帶來一顆軟鼻子彈。這顆子彈是前天中午一個路過的巡邏在任意開火時射入他的醫院，剛好打穿在診所架上的一部厚厚的醫學書。他要求領事舘向有關當局提出抗議。理由是國際協定上明文禁止使用軟鼻子彈。書本和子彈證實國府軍確曾使用過這種非法武器。

　　領事舘表明了立場，認為這不幸事件是中國兩個集團的內部糾紛，美國沒有理由介入純屬省行政長官和他轄區裡人民間的任何糾葛。此刻的台灣已是中國的一部分。

　　旣經拒絕受理，他們就把這顆軟鼻子彈拿到聯合國救濟總署辦公處，把這子彈包好附上一紙條，請求將這顆軟鼻子彈送到聯合國去做

指控陳儀政權不遵守國際法的明證。救濟總署駐台北的官員們對此請求很表同情，可惜在台北的辦事處跟紐約的總部沒有常規可提出這種請願。

午後一大羣人集攏在市公會堂(今中山堂)。二點半時，陳儀的代表們與民間的處理委員們入席。代表陳儀赴會的有台北市長、民政處長、交通處長、及警察局長。

陳儀的代表們宣布說，早上開會的結果，陳儀已決定重新調整處理委員會人選。將再加上由商會、工會、學生團體、其他有名的社團以及重要的台灣政治重建協會等派出的代表。

在這午後的會議追加下列數點「臨時要求」：

一、釋放所有在過去三天內因此次暴動而被捕的人。

二、政府須給付死者家屬撫邮金，並對負傷者給予賠償金；

三、凡與此次事件有關者，政府須旣往不究；

四、立刻停止武裝巡邏；

五、即時恢復各種交通。

有一部分領導者覺得奇怪，爲何陳儀要引入這麼龐大的一個代表團。委員會可能變得無法操縱，況且，委員會一大，分子複雜，利益就難以歸納。事後我們才恍然大悟，陳儀的詭計顯然徹底明瞭每一位台灣代表對國民政府、國民黨，和陳儀政權所持的態度。委員會開會的過程裡，黃朝琴就充當陳儀的密探。

會議一再地被在廣場內或附近的槍聲所打斷。陳儀所承諾的午後三時的廣播一延再延，於是謠言滿天飛，說陳儀背信企圖向南部請調軍隊進城。如果軍隊在廣播前抵達，陳儀將不會公開接受委員會要求的屈辱。如果軍隊能在羣衆離開公會堂前抵達，他更可乘機捉拿在場

的反對勢力，而將他們一網打盡。

但是陳儀終於在下午五點鐘，向大眾廣播。他結論說：「一個委員會將組織起來以解決這事件。除了政府官員及議員代表外，各社團將被邀選派代表參加。如此組成的委員會當能反映多數民意。」❷

當天晚上全台北市民發覺陳儀背信，已向南部請兵。但機警的新竹市民把市郊主要鐵道的鐵軌破壞，使滿載軍隊的火車無法前行，且在附近公路的一個穿道上設置障礙，使十輛載運援兵的卡車不能北上。

這是第一個值得注意的例子。它顯示台灣在緊急時有一良好的島內電報及電話的交通系統可資利用，也可證明台灣人組織能力之高。

三月三日 請求美國諒解

交通系統在這次悲慘事件中有了很特殊的貢獻。一方面，台灣人的領導者很熟練地把全島公私電話和電報設施加以充分利用——包括了公有系統、警察網、以及糖廠、電力公司等自日據時代就已裝設的私人設施。雖然島民的技術程度已能維持全島性交通，陳儀一直未曾將維持交通的責任交付島民。台灣並不是「落後」的中國。

另一方面，陳儀的親信鄭南渭控制廣播電台和海底電報設施。他對於運用謠言、製造故事和歪曲事實頗有一套。為嘗試他運用宣傳伎倆的高明，他不惜誇張暴民對美國領事館丟石頭的事件。當天（三月三日）馬尼拉電台報導一節與事實大有出入的消息。該電台稱：一支頗有組織的台灣民軍攜帶機關槍向美國領事館攻擊並嚴重進攻中央政府。另一方面，日本大阪的電台則反覆這愛面子的故事；該電台稱：台灣島上平靜無事，陳儀長官並對所有台灣人的要求嚴予拒絕。當然，拍到日本去的通信稿的確很難承認中國人沒有管理台灣的能力。

台灣領導人當然發覺到這些與真相不符合的電台報導，並意識到這些不實報導在要求美國居間調停或當聯合國介入時，可能對台灣人利益產生不良影響。

三月三日上午十點，處理委員會派遣一個由五個有名望的台灣人所組成的請願團携帶請願書到美國領事舘，要求領事將真相電告華盛頓，以糾正前此不實的報導。他們所迫切願望的是美國當局對台灣人立場的同情與了解。

他們的請願立即被拒絕。理由是：「此時的台灣已是中國領土的一部分。」

在市公會堂開會中的代表們得知陳儀企圖從新竹調兵北上。這一次謠言的證實引起了很大的騷動。處理委員會裡比較溫和、保守的代表們，願意與陳儀妥協。年輕而不易屈服的代表們則在附加條件之下同意支持處理委員會代表的妥協努力，但保留任何對台灣人不利的軍事行動所須的反抗權利。

會議中討論到民衆安全問題。一個熱情的代表發言提議組織一個十萬人防衛團來維持公共秩序，且準備對抗任何從中國大陸來的武裝軍隊。他警告聽衆們不可再因循舊習讓自己被警察利用，然後一等到全島恢復秩序時又被當做歹徒處置。

直接跟陳儀交涉的代表團現在擴大為二十餘人，包括一位婦女會代表及幾個其他有名社團的代表。很顯然，此刻每一團體均希望能派遣代表參與磋商政府改革事宜。

在與陳儀的五位處長以及參謀長柯將軍開會之際，處理委員會一再強調要求撤退街上的軍事巡邏。陳儀答應召回這些巡邏已有三天之久，但他們此時仍然在街上遊蕩，任意開火。

經過冗長的討論後，陳儀的代表(包括柯將軍)答應下面七點要

求：

一、所有軍隊在今天(三月三日)下午六點以前撤退；

二、由憲兵、警察、學生以及其他年輕人組成治安服務隊，負責維持公衆秩序；

三、將於下午六點以前恢復交通；

四、提撥一部分軍糧以濟民間糧荒；

五、任何擾亂公共秩序的軍人將送至柯將軍處懲罰；

六、非軍人擾亂公共秩序者，處理委員會將予審訊並依法處罰之；

七、絕不由南部調兵北上。

關於最後一項的協議，假如萬一受到破壞的話，柯將軍發誓「自殺」。但協議中一點也沒提到從海外來到的軍隊。

台灣人似乎把柯將軍的話信以爲眞，但這「誓言」其實不可採信，柯將軍矮小、端莊，卻以殘忍、粗野、頑固、輕蔑「庶民」而聞名。他不是陳儀派系的人；他是蔣介石的耳目，派來制衡陳儀的勢力。蔣介石慣常用不同派系的人，使之互相對抗監視、制衡。柯將軍和陳儀的關係就是一個佳例。

此際，柯將軍已嶄露頭角，一躍而爲國民政府的象徵，回顧以往，我們知道這詭計。台灣人的反抗不但不被解釋爲不滿陳儀的暴政，相反地，它被解釋爲反叛國民政府當局。

關於完成上述七點協議的第二點，處理委員會建議了台北市臨時治安委員會下的「忠義服務隊」的幹部人選。(此治安委員會約定秩序一俟恢復，立即解散。)處理委員會的會員立刻捐贈七十七萬台幣以資助該隊。

在三月第一週裡所成立的各種新組織中，以「忠義服務隊」爲最重

要，但事後的演變也以該隊的命運最爲悲慘。中國警察早已不見，因爲他們是衆怒的第一個目標。過去在警界服務的台灣人此時成爲新的臨時武力主幹。高中年齡的年輕人或者剛由日本中學畢業回台的靑年都踴躍加入這支臨時武力；這些人在日治下已經訓練有素，對於所賦予的任務能迅速了解。「忠義服務隊」的臂章給他們一種權威的感覺，並且一年來所幽禁的憤怒點燃起他們的決心與勇氣，毅然要表現給中國人看看，一支負責任的警察力量應如何去執行任務。

在這時候如果台灣人眞想要把陳儀和中國人趕出台灣島，他們是可以一下子就辦到的，而留給國民政府另一次海上戰爭。這一切陳儀和柯將軍早已很淸楚。

除了陳儀公署一帶、軍隊屯駐區及臨近營帳區域，三月五日全島皆在台灣人控制之下。

台灣人這時所要求於政府的是改革，不是造反。「我們應該淸楚這次反政府行動的目的：除了要求政府改革，別無其他願望。」❸

第十三章　美國式的鄉鎮會議

公眾意見的全島性流通

三月四日，柯將軍在大眾面前流下一把鱷魚淚(譯者註：據說鱷魚一面吃一面哭牠所吃的動物)。當他向處理委員會致詞，間接觸及台灣人對美國或聯合國的信心問題時，他稱之爲「可恥的困境」。

從整個國家及中華民族的立場看來，政府及人民都應該爲此事件感到羞恥。在第一天中……我收到兩項報告，第一件是美國人在事件發生處拍攝相片，第二件是日本人爲此事件大肆慶賀。

由於這消息的報導，帶給我的痛苦打擊比聽到政府人員及平民的死傷來得更甚，我覺得很難過，淚水充滿在我眼中。

　　關於這事件，從我們國家及民族的立場看來，如果我們意見不分歧的話，每件事情都可以獲得解決，我情願死在這裡而不願做任何分離我們國家及民族立場的事情或允諾，這是我身爲一個軍人的責任。這也是我們國家所賦予我們來實現的責任。❶

在一整天中，一千以上的民衆擁擠在公會堂，聆賞委員會的討論及政府發言人對民衆的發言。

到這時，台灣人開始注意全島性的不滿。除了擬定改革計劃以外，也需要維持基本的設備及公共服務。

當天的主要結論，反映出首府的情勢。

一、處理委員會要求全島普設分會。代表們須從各級的參議會及各縣市的傑出民衆中挑選出來。這些分會將把有關地方政府的改革建議及決議送到台北。

二、根據要求，政府要實現恢復交通及通訊的諾言，如果有「意外」發生，有關人員應被召去說明。

三、三人委員會(包括黃朝琴)將與柯將軍交涉有關在街上游盪的士兵問題，如果他們來到街上尋找食物，則應該解除武裝。(自從陳儀答應撤退在街上徘徊的軍隊士兵以來，已過五天了。)

四、必須向中國大陸及海外廣播，解釋「台灣人民只是要求省行政長官公署的改革，別無其他用意」。

五、所有新聞廣播完全由二二八事件處理委員會播放。

六、台灣電力公司將循要求做持續不斷的服務，以維持全部通訊網。❷

公共事業的操縱確實發生問題，首先發生的是鐵路問題。鐵路局長陳清文甚受人民的不滿與不信任。他對島民極大輕蔑的事實尤其遭人民厭惡。雖然他的行政能力還馬馬虎虎，但他的傲慢卻令人難以忍受。鐵路局對火車機件的操作是夠熟練的，但陳局長所掌管的令人討厭的特種鐵路警察團，卻是最無理的一群，人民普遍相信他們完全無能力擔任防衛工作，他們另外的眞正工作是用來掩護組織良好、有系統地在城市、港口之間輸送貨物的搶劫。

三月一日，在鐵路局辦公室殺死數名高中學生的事件，使得陳局長成爲「改革」的第一攻擊目標。一個代表團拜訪交通處長任顯群時，台灣警備司令部　位中將也在場，他們同意將陳局長免職。從三月五日起，當重組警察制度正進行時，鐵路警察暫不執事，一般行政重組期間由鐵路工人服務隊（服務於鐵路局的台灣人）維持秩序。那些向美國領事舘尋求庇護的鐵路局員工必須免職。決議事項並包括制止台灣人攻擊外省員工。

同時，有人在公會堂所召開的大會上，報告有關電力操作的情形。由於所有中國人都離職，島上全部電力操作工作均由台灣員工來維持，公眾被要求從各方面合作，以維持整個電力的操縱，因爲它對公衆安全太重要了。

來自全市各地的全台灣總工會集會來聽取支持處理委員會的動人演說，各個公會均選派兩位代表來與處理委員會合作。

約在三月四日中午，處理委員會、台灣文化促進委員會及學生組織所選派的代表們與陳儀見面，解釋有關暫時由靑年組織來代替警察職務的安排，然後他們再與五位省行政長官公署的處長會談，詳細討論有關要目，並且在下午三點三十分報告陳儀。歸結來說，他們徵詢陳儀的意見，要求他指示處理委員會提出一項改革計劃與政府安協，

之後，他們要求他多多與公衆直接接觸，解釋他自己的看法及政策，使一般民衆能夠了解。這些請求的本意當然是要使陳儀直接和改革計劃的交涉有關。這隱藏一些客氣的暗示，就是他確實不知事情到底如何在進行，如果他知道的話，他當然會希望改革。

陳儀的回答卻是模稜兩可，他自以爲他的政治經濟政策良好，「只是還未完全實施而已」。有關失業問題，救濟工作已開始在進行。他表示有關這些問題的看法普受歡迎，他急切地想與人民做密切的接觸，至於爲了行政的目的，讓青年團暫時武裝代替警察工作，他說因爲他已命令所有憲兵及警察禁止携帶武器，因此學生們也沒有持武器的必要。

隱藏於他和藹談話中的，是一篇掩飾即將要發生的事件的陳述，省行政長官敍述他在調整地方問題及國家政策問題時所產生的困難，他要求台灣人對地方問題多多表示關心。

代表們在下午四點鐘離開陳儀，到公會堂向民衆報告。

同時在上海的台灣協會也向蔣介石呈送一項緊急信息，要求他對二二八事件做一番詳細的調查。在當天(三月四日)中央政府監察院命令著名教育家楊亮功博士做調查與報告。在台北，陳儀派代表前去各醫院「慰問」受傷的人們。

到這天會議結束時，王添灯宣布，台中打電話來說台中已成立分會，台中市現在已全部在台灣人手中，委員會將在交涉改革期中管理全市。人們要求台北的委員會請求陳儀禁止及取消武裝部隊繼續在台中市區內開槍射擊，如同在台北一樣。

「星條旗」及其他

有關這週內事變的記錄，我們很幸運的收集到目擊者的報告，派駐在全島各地執行任務的聯合國善後救濟總署的會員曾編輯所有的報告，這些報告附加信函在該週內分送給聯合國善後救濟總署總部及美國領事舘的外國朋友們。

現在，我們已親眼看到台灣人民曾做了一番非凡的嘗試，想要實施華府在戰時及戰後曾向海外所做宣傳的民主原則。如果台灣人一九四七年三月曾做一番類似他們祖先在十九世紀所做的努力一樣，那麼他們早已把台灣島上的中國人掃蕩一空了。如果他們曾這樣去做的話，島上的國民黨軍隊可能早已被克服或趕得無影無蹤了。也許他們可輕易的向中國人來次大屠殺。

但是台灣人民只想在既存的政治結構下尋求改革。在一週間，他們曾掌握優勢，然而，他們循規蹈矩，小心翼翼地走「正當」的途徑，他們希望從此聯合國或美國將關心這事，或者美國駐華大使將勸告蔣介石召回陳儀並另派新人來做徹底的改革。

台北事件立刻傳遍全島各地，民眾在各地與中國士兵或警察發生衝突，在某些地方，中國軍人很乾脆地繳械，當他們清楚看到台灣人準備反抗時，也就沒有絲毫戰鬥的勇氣，在台灣人方面，他們做廣大的宣傳，勸告中國軍人不要幫助這內戰。

占領政府機關及私人企業絲毫沒有困難，因為中國人狡猾躲避，盡量足不出戶。

在台中、嘉義的巷戰雖然短暫，但卻相當嚴重，在高雄一支強硬的軍隊(由彭孟緝指揮)占有其基地，他們不管省行政長官所做的諾

言，也不顧參謀總長柯遠芬的保證，繼續在市內騷擾。

居在東海岸花蓮地區的中國人，自動向地方勢力投降，而無發生事件。新竹區的人民則保證將食物不斷地運入台北市。任處長報告處理委員會稱，所有鐵路交通已在三月五日恢復行駛。

高山族領袖及山地青年從中部山區下山，想要盡他們的可能來幫助平地台灣人，在該星期中旬，有一泰雅族及阿美族的代表團來領事館找我「尋求指示」，我勸他們趕快回到山上的家中去照顧他們自己的家族，及保護村莊的利益，盡可能遠離擾亂的核心。

我們的新聞來源指出，中國人提心吊膽，害怕「不知高山人將會做什麼」，最無憑藉的謠言在台北市輾轉相傳，說「成千獵人頭的山地人」已經下山，並已抵達首府城外。這消息實在可笑，但它卻代表歷年來中國人對於台灣的觀念，把台灣想像成為蠻荒島嶼。

正當山地人前來美國領事館拜訪「尋求指示」時，遠在南部的屏東人民也響應台北提出的有關改革計劃、組織及建議的號召。兩位在地方醫院指導聯合國善後救濟總署之訓練計劃的加拿大護士，曾好奇地觀看地方領袖在召集鄉鎮會議，以準備台灣南部地方行政的改革。

一輛裝有擴音機的卡車在鎮上巡廻，並在適當的十字路口、民眾集合地點廣播，當卡車從一處走到一處時，擴音機播出美國「星條旗」國歌，——雖然當時並沒有任何美國人居住在屏東區。從這項事實，我們可看出台灣人民已下定決心，依循「純美國式」的方式來開鄉鎮會議，各地人民都深信美國已準備好要來支持他們所曾熱切宣傳的民主政體。

雪紅小姐與共產黨

當時，何處有共產黨呢？

在一九四六年中，共產黨無法在台灣人心目中留下印象，一年多來，共產黨徒只能在台中鄉間秘密活動，但是，現在他們公開出現；相信他們能趁此危機，或許可以掌握機會，領導全面的革命。

我接到一封從前的學生自台中寄來的信，發信日期是三月七日。其內容如下：

> 請容許我報告台中縣最近發生的事變。
>
> 首先，我不敢相信在台北發生的事件，會給全島帶來多大的影響，然而，在二月二十八日的清晨，台中市參議會(前市民館)開門後，馬上擠滿了發狂般的市民及市參議員，他們熱切地辯論，後來一致同意現在情勢已到了忍無可忍的地步。他們將要求政府儘快來解決它。
>
> 他們選派一位代表到台北，同時在台中縣內密切磋商，但是與台中縣，市參議會絲毫沒有關係，一度曾經隱蔽的激進份子突然在當夜出現來引導學生及敢死份子。為首的是謝雪紅小姐──一個好戰的共黨嫌疑份子。
>
> 然後在街道上，「你是豬仔或蕃薯」的問話開始了，任何過路人看起來像豬的都遭挨打，(即是說，任何看來像中國大陸人的都挨揍。)但是，惹得民眾最忿怒、使人怒火衝天的是，去見縣長的兩個男孩遭到衛兵的槍殺……第二天，台中人民已經聯合起來，學生團也形成，並向鄰區發出電話求救，他們占有了

第八營第三十六空降部隊與警察局。

與台中市配合，各區與各鄉鎮也開始工作，他們逮捕一些聲名狼藉的中國人嫌疑份子及少數倒霉的傢伙。台中縣的進展似乎還好，大部分的中國人勢力都在我們控制之下，同時，我們已持有一些武器。

然而，我擔心有很多手槍及長槍在混亂中分散在人民手中，當然曾有不少壞人利用混亂的機會混入。為此，大家希望（即要求）新近成立的治安隊將武器集中管理，以便做更好的用途。

這幾天，我盡量想收取共產黨徒活動的消息，但是除了一些暴民領袖與共產份子秘密私通外，我不認為他們對於人民將會有多大的影響，每個受過教育的人都認為此刻沒有他們挿足的餘地，對共黨份子來說，他們的困難是島上沒有他們的立錐之地，而目前的機會對他們柔弱的勢力來說是太好了。

當然，在鄉間有些地方，我們可以看到窮人群集在富人門口要求分配食米，但他們不知共產主義的正確意思是什麼，而且他們也沒有領導者。

對我們來說，食物的問題仍然非常嚴重，這個事件來得很辛辣，它確實給共產份子活動的良機，但是鄉村婦女及窮苦百姓究竟能了解多少呢？對他們來說，決定事情好壞的主要因素是稻米價格的高低。難道聯合國的救濟麵粉不能解決這個問題嗎？

昨天，台中地區時局處理委員會重新開會，編制各項活動，各機關的代表很熱誠的集中討論，並選出十五位執行委員，在下頁，你可看到開會結果。會議的本身非常嚴肅，如果你曾看到開會情形，就可以了解台灣人民如何渴望民主政治，會議中

的主要論題是台北處理委員會(或台北縣委員會)應該更膽大心細，才不會成為中國人秘密陰謀的犧牲品。他們認為現在他們已向前邁進了一步，應該再向前進，以達到目的。

看來，台中人似乎比較頑固，使人難以抵抗，自從這事件以後，我第一次看到中國人身上穿著類似台灣人穿的襤褸衣服在街上走，在台中的中國人現可分為四類──軍人、壞人(即是流氓壞蛋)、好人及受傷者。軍人及壞人現在都在我們的守衛之下，受傷死亡者我就不大清楚了，但是看起來台灣人與中國人死亡的數目似乎極少。

先生，我相信你一定非常清楚這件令人哀悼的事件之起凶，所以我也不想在此多提，但是，我希望知道美國人的看法。如果事情變壞，美國有什麼計劃？在國際法律的觀點上，台灣是不是合法應歸還給中國呢？我也愛我的國家，我的意思是中國。但是，在這種情形之下，一個單純的愛只帶來失望，愛應該是有實質的，你的看法如何？」❸

在此呈現在我們眼前的是一幅一七七六年美洲殖民者曾經經歷的苦痛戲劇式的重演。他們熱愛英國，但更熱愛自由，在台灣，人民所憧憬的戰後新生活是一個新的中國，以美國為領導，與美國合作。現在這希望已經被殘酷地粉碎了，到底，美國的看法怎樣？

答案是簡短的，「現在台灣是中國的一部分了」。

青年聯盟及地方政治表現

三月四日的代表團要求鐵路局長陳清文下台，他們的行為代表了

政府特別部門的某些特殊需要而逐漸形成組織，處理委員會的領導者倒是更希望先解決重大事情後再來處理這些細節——重大事情是指針對代表性的組織做最廣泛的委託以發展一個合理的改革計劃。他們開始感覺統一的需要——站在同一線上來與政府會談。

有關大陸可能派來軍隊的謠言仍然持續傳佈著。一個有力的新因素在鼓動委員會逮捕島上所有中國軍事工作人員。委員會相信，這一舉動將會帶來最嚴重的結果，實際上這就是等於革命，而他們現在所要求的只是政府機關內部的改革。

當委員會繼續不停的努力想要策劃出周全的組織時(全島有十七處分部成立)，台北的情況有了很大的改進。公賣局被翻倒在街上的車子仍沒人去處理，這景象提醒了人們在圓環發生的事件，但是商店再度開門了，國民學校也已復課。

一個業餘的無線電操縱人員在與福建沿海的人聯絡，證實軍隊正集中在福建沿海並準備向台灣進發，人們開始又傳說陳儀已決定三月十日做為聽取改革計劃的日期，因為他相信軍隊在這之前將可以抵達台灣，因此他就沒有必要來承認這些改革的文書。

每個謠言加強了「活動份子」的主張，使得委員會的工作更加困難。

這時，台灣青年聯盟剛剛成立，創辦人為蔣渭川。(蔣渭川因特殊緣故而有號召台灣青年的力量，其兄蔣渭水在一九三○年代曾因從事台灣地方自治運動工作，而死於日本監獄。)其政綱有六大原則。

1、台灣必須達到最高程度的地方自治，以成為新中國的模範省份。

2、台灣必須堅持人民普選省主席、縣長、市長，「以達成國父孫

　中山先生的建國大綱」。

3、台灣人必須表現其宗法精神，以提倡民主政治。

4、爲達到中國人民及人類的福利，台灣必須提倡中國文化。

5、政府必須重新振興工業、增加生產，以鞏固地方經濟、增進
　人民生活福利。

6、政府必須鼓勵人民達到最高社會水準。❹

　　三月五日，蔣渭川向大陸廣播稱，賣香煙的攤販死於公賣局代理
人手中的事件是導火線，而遠因卻是人民幾個月來對陳儀政權強烈的
不滿與痛恨。他向聽衆保證島上沒有反叛及獨立思想，他們需要的只
是立刻的全面改革。蔣渭川後來在台北向青年聯盟大會演講，他如此
說：

　　　我們絕對支持中央政府，但要完全根除在本省的腐敗官僚，
　　這是我們的目的，希望你們每個人完全了解，同時，我們必須
　　了解我們的目前處境，我們需要組織，但我們必須盡我們最大
　　的可能達到一個和平的解決，而不輕易動用武力。❺

　　台北處理委員會接到「台中地區時局處理委員會宣言」，此宣言代
表了偏佈全島所設立的十七個委員會所有意見的大概樣本。在此，我
抄錄三月七日送給我的原文如下。

我們的政治目標

1、我們要恢復秩序，維持政治和平及福利，爲政治建設而工作。

2、我們要選賢與能，與各私人及公共機關合作。

我們的聲明

1、我們要求憲法之立即實行及選舉台灣省主席、縣市區長，我

們的目標是自治的政治。

2、我們要求重新組織台灣官吏，從台灣人民中推選賢能者任高官位，以建設台灣。

3、我們要求分配軍公儲藏的食糧以解決島上糧食的不足。

4、我們要求廢止公賣制度，任何屬於公賣局的工廠，必須為台灣人所管理。

5、我們要求法律獨立，嚴厲肅清軍人警察之獨裁，我們真誠尊重公共權利及七大公共自由──生活、言論、思想、出版、集會、結社及居住的自由。

6、我們要求任何法律的追訴(控訴)不能加諸所有正當參與二二八事件者身上。

7、我們要求政府對於物價之提高及失業問題應採取手段(對策)。

我們的口號

1、建設新中華共和國。

2、保障民主政策。

3、我們支持國民政府，我們的目的在廢除腐敗的貪官污吏。

4、立即推行台灣之行政首長民選──選舉省主席、縣市長。

5、我們反對內戰。

6、反對專制政治。

7、反對非民主政權。

8、放棄武力；我們需要能夠和平相處的政府。

9、我們厭惡軍事干涉，並視其為敵人。

10、全中國的善良、賢能、誠實及愛好和平的人們，為我們輝煌的前途共同合作罷。中華共和國萬歲！台灣省萬歲！

三月五日，約在蔣渭川向靑年聯盟集會演講時分，一個台灣政治重建協會的代表團携帶一封短信及宣言前來美國領事舘，該宣言再次主張台灣人要求現行政治組織的改革——行政人員及政策的改革，而非與中國關係的改革或破裂，向美國領事的請願書這樣說：

> 先生：爲保障台灣六百萬人的生命，我們竭誠地要求您把這封信轉呈美國大使司徒雷登博士(Dr. Leighton Stuart)以轉達給中國的國民政府。
>
> 　　　　　簽名者　台灣政治建設協會

請願者並未被領事接見，後來在南京，我們沒發現有關這「宣言」的記錄。

台灣人所要求的「三十二項要求」

從大陸傳來的醜惡謠言刺激了處理委員會，使得處理委員會加速進行改革計劃草案的工作，以便呈給行政長官做參考，再送往南京。

陳儀已訂三月十日爲接受計劃的日子，但是大家開始懷疑陳儀要求進兵，使他不必忍受這項屈辱。

委員會之執行組以改革計劃之直接負責人身份行事，這一組包括四位國民大會的代表、兩位國民參政員、六位台灣省參議會議員、五位市參議會議員及兩位「保留名額委員」或「普通委員」。

這裡要再強調一點，這一群人並不是不負責任的激進份子，每位委員都曾在一九四六年被政府承認爲民意機關代表的提名人選，他們代表全島的高度經濟及技術。處理委員會的委員又是陳儀本人所委派

的，現在他們對陳儀提出這些「要求」。

　　顯然遠在二二八危機之前，關於這些問題已經考慮很多，剩下的工作只是把它們編為全文。文件，早已在三月十日截止日期前呈送陳長官，感謝全省十七個處委會支部有系統的聯絡，最後的草案包括全省各地方，各行政階層所需要的改革。在總檢討時，我們看出所有項目可以大略分為六大綱目。全文及附註，我曾在南京呈送給司徒大使，現列為本書附錄一。其摘要如下：

　　為保證台灣人民在台灣島上的政府中能平等忠誠，最少需要十項改革。這些改革將保證言論、集會與出版的自由。關於委派主要行政長官，必須經過選出的參議會的同意。國民黨不能再以控制候選人或管理選票來控制選舉程序。

　　第二項「要求」有七條──要求立刻保障人民及財產的安全，這些要求觸及對警察的控制、法律的行使、地方法院的組織及行政。第三項──經濟改革──有六條，用來尋求一般經濟政策的改革及以自由化來消除胡為的專賣制度、保證公平處理沒收的日人財產。

　　第四項包括有關台灣軍事事務的三條改革。這些具有特殊意義。後來蔣介石參照這三條要求，用來做為其辯護「處罰」台灣人的苛刻及仇恨的政策。台灣人的領袖要求憲兵不可逮捕軍人以外的平民，他們要求軍隊──包括陸海空三軍，應該盡可能任用多數台灣人。他們要求必須撤消台灣警備司令部，以終止軍事特權的濫用。並要求不得以占領地之戒嚴令來處理台灣。

　　關於社會福利的改革包括勞工應受法律保障的要求，及釋放那些因「戰犯」及「通敵」罪名被監禁的巨富及知名之士。山地人民的政治、經濟及社會權利應受到承認及保障。

　　至少「要求」項目中的三項是給與挽回面子問題及妥協機會的附

帶項目，其中一項是有關政治再教育及「其他不需要的機關」之職業指導營。另外一項，要求中央政府付清自一九四五年日本投降以來十五萬噸出口食物。第三項，要求付清宋子文任行政院院長時命令輸出台灣的巨額蔗糖費。台灣人相信這些蔗糖是被送到私人倉庫去囤積。

在提出這「三十二項要求」時，處理委員會深深了解自己的重大責任，因此當陳儀政府一度無軍事援助而陷於癱瘓時，處委會在行動上非常自制。

當一些處委會以外的人士提出一些不可能的、要求政府考慮的改革計劃時，處委會的工作受到很大的困擾。尤其是公布出來的要求改革事項中說：「只有」台灣人才能在台灣握有武器，所有中央政府軍隊都必須撤銷。處委會更覺進退兩難的是，另外出現一些傳單及公告，其上印有對於政府某些官員的嚴重威脅，處委會也為此覺得非常尷尬。

改革——而非反叛

到現在(三月六日)到處在傳說陳儀已不顧他自己所做的聲明，正從大陸引入軍事武力。

直到最後，台北的領袖們及其他十七處附屬「鄉鎮會議」中心，仍非常努力致力於這項合理計劃的準備工作。這計劃本身並無最後通牒或「你不這樣做，就……」的威脅及宣布獨立的成份在內。從報紙上的每天社論及登載宣言中，我們在此節錄兩段以清楚地呈現台灣人所受的屈辱。

第一……我們承認這事件的起因及發展，只是自光復以來公眾情緒連續不滿的一種反應。這行為足夠解釋一年半以來，

政治及經濟的措施已經引起島上人民普遍的極端不滿。這事件只是不滿情緒不可避免的發洩而已。

一年多以來，人民不滿的情緒與日增加，公共輿論部門依其任務曾做報告、批評及建議。關於這點，有關當局是不能視若無睹的，然而，他們卻未曾表示過關心。結果，情勢至今演變成最悲慘的局面。事件一旦爆發，即成為不容否認的事實；實際上，我們不能不苛責有關當局對於政治事務缺乏敏感，因此，我們盼望有關當局由這事件帶來教訓，衷心反省，將處委會提出的要求付諸實行，與我們共同做出有關二二八事件的最後解答，聽取公眾意見，改革政府，恢復人民的信心，使六百萬台灣兄弟恢復以往與政府之間的密切關係，團結一心，重新建設台灣。

因此，我們(中國人)不能只對六百萬台灣人發出熱切的呼聲說，「我們都是中國人，大漢民族的子孫」，從原本來說，我們是同血緣的兄弟，只因受日本半世紀的統治，才使我們一度分離。

自從光復以來，當家庭仍未能有足夠團圓的時間，此刻實不容許他們存有敵對的感情。更糟的是我們自相殘殺，不管現實情勢對不對，兄弟們，互相殘殺是我們的恥辱，這種不名譽的行為，不僅引起外國人恥笑，日本人狂喜，而且會使我們榮耀的台灣島歷史蒙羞……❼

三月六日，台北具有影響力的民報登載一篇社論。社論說，自台灣人適當地代表地方各階層行政以來，處理委員會已採取不輕視島上他省人民的原則。此文也談及民事糾紛事件。

關於這件事，外國已收到很多錯誤的報導。有關其他目的及其他意願也都被誤解，然而，無論台灣人如何激動，他們認為自己是中華民族的一部分的觀念仍然沒有改變，因為我們同屬一種族，我們必須以兄弟之情對待彼此，我們怎能以武力互相敵對呢？

我們希望(國民黨)士兵，放下他們的刀槍，讓我們台灣人有安靜的片刻來討論情勢的癥結。或許憲法的早日實施與立刻準備民選省主席、縣市長，將會使現在的情形早日獲得解決。❽

當然，這些是鼓勵的話語。大陸沿海一業餘的無線電廣播員繼續警告台灣的朋友，說是報復的武力已經在那邊集中好了。陳儀已定三月十日為接受改革計劃的日了，台灣人在三月七日把改革計劃交給陳儀並公布全文，因此他有義務接受此公文並加以考慮，但是他苛刻地警告說，他只能將影響省行政的有關部分付諸實行，任何觸及國民政府行政的部分必須交給南京處理。

當夜，裝載國民黨軍隊的船隻離開大陸，帶著蔣介石有關台灣問題的解決方法向東出發。

三月八日，星期六上午，處理委員會終於看穿疑雲，發現一個重裝備、勢力非常強大的武裝部隊即將登陸，並且國民黨軍隊繼續在中國沿海各港口集合。顯然陳儀及其嘍囉們——及國民政府——已經出賣了他們。

一些委員開始在對這一週開頭所做的聲明做一些修改或刪除，或否認二二八事件以後，處理委員會所做的建議及行動，但事情已經太遲了。

第十四章　三月屠殺

出賣

三月八日星期六中午，第四憲兵團司令張武佐往訪處理委員會總部，做如下之聲明：

假使人民不企圖解除士兵的武裝，則本人保證社會將無紛擾發生。本人願特別報告有關本省行政改革之要求係屬正當。

中央政府不會派遣軍隊來台，本人懇求台灣人民與之合作，維持秩序，切勿激怒中央政府。

本人以生命保證中央政府不會對台灣採取軍事行動。

本人基於對本省及國家之衷心敬愛而作此聲明，希望台灣在這些政治改革以後成為一模範省。❶

當日下午，基隆數名外國商人在碼頭附近聽到機關槍聲大作而驚駭。隨著槍聲之擴大，射擊已伸入通往市區的道路。

國民黨軍隊來了，蔣介石及時呼應了陳儀的求援。

來自大陸的船隻停泊在港口。由預定之信號，岸上的駐軍開始掃蕩碼頭附近的街道，不分青紅皂白地射擊。

事後，一相當可靠的政府人員告訴我們，起初有二千憲兵登陸控制著碼頭地區，隨後八千名正規軍跟著湧入。同時在高雄，約有三千名官兵乘海平輪登陸。這些軍隊攜帶著適當配備，其中大部分武器係來自美國，在當時，該批配備已轉入中國之手，然而在忙亂中，漆工未能及時將配備上原有的明顯字跡塗掉。

這就是美國人對台灣人求援的答覆嗎？

當天晚上吃飯後，我們與朋友討論來自基隆的消息及其隱藏的恐怖含意。突然間，夜晚的靜寂粉碎了，我們聽到附近從北面通往城區的大道上槍礮聲大作，僅數分鐘之間，國民黨軍隊的卡車緩緩從我們屋前通過，同時機槍從卡車上向黑暗中任意發射，子彈穿越了門窗、牆壁，在黑暗的小巷中奔跳。

整夜步槍聲和嗒嗒的機關槍聲響澈市區，軍隊已自基隆抵達。

這就是政府對改革建議的答覆，就這樣，在那個星期日的清晨開始了對台灣人民為期一週的赤裸裸的恐怖襲擊。

趁著大道上的戰鬥稍為停息，我們跑到附近的馬偕醫院，在那裡我們會見了美國新聞處處長和他的妻兒，以及一些外國僑民，他們認為那有高牆的佈道處所或可給予若干保障，免遭街道上流彈射擊。

從一個高處的窗戶，我們看見對面窄狹街道上國民黨軍隊的行動，無辜的台灣人在路上被刺刀戳殺，有一個人被搶劫、遇害又受踐踏。另外，又有一個人在街道上追趕從他家中搶走一個女人的士兵。我們

也看見他被射殺。

這令人痛心疾首的景象僅是台北市大屠殺的一小部分。從一個孤立樓房的窗戶所能看到的整個市區內到處都是軍隊。

隔一會兒，從這個有利的位置，我們看到醫院的加拿大護士赫曼遜小姐由兩位台灣護士和三位助手陪同，帶著擔架跑了出去，他們大膽地越過馬路，跑到對面的巷子裡。不久，他們帶回一個無望的傷者。當他們進入醫院門口時，士兵從街上開槍，但是沒打中護士，只打碎了幾塊在加拿大國旗下的簷板。這回，官方新聞廣播沒有報告國民黨軍隊攻擊了加拿大傳教團所屬的醫院。

整個陰森的星期日，很多傷患被送進這個傳教團處所，有些被射殺了，有些被砍得不成人形。一位有名的台灣女教師在返家途中被人從背後射殺，當她躺在街上時又遭搶劫，然後才有人把她弄到附近的醫院。

夜晚來臨，但槍聲繼續可聞，尤其在擁擠得像貧民區似的萬華一帶，槍聲特別密集。

我們第二天會看到什麼呢？

星期一上午，陳儀將軍對局勢的看法

台灣警備司令部發表了模稜兩可的公報：「所有不合法的組織必須於三月十日前解除，並且禁止集會及遊行。」❷報紙僅有政府所屬的新生報在三月十日出版。

由於軍隊登陸，陳儀和他的嘍囉們突然勇氣大增，他現在認為所有反叛的行動已不是針對他而是針對中央政府和蔣介石。根據蔣介石讎敵必報的個性，今後發生的事情將確保獲得全力支持，因此，這將

是「平定福建」模式的重演。

三月十日陳儀對記者和民衆發表下列聲明：

> 三月二日下午，本人曾廣播說，中央省市所屬之政治協商會議議員、國民大會台灣代表及人民代表可以組成聯合委員會，以接受人民有關二二八善後工作之建議。

> 不料該委員會自成立以來，不曾關心過醫療撫卹等善後工作，反而擅越職分在三月七日發表包含反動成分的調停綱領，所以該委員會(包括縣市分會)應予廢除。今後，有關本省政治改革之意見可由省參議會提出，有關縣市則分別由該縣市參議會提出，人民有所建議者，可以書面呈交參議會政府本部。❸

當濫殺在台北達到高潮時，主席又發表如下廣播：

台灣同胞們：

> 本人昨天再度宣布臨時戒嚴令，現在本人願以至誠告知本島絕大多數的善良同胞，本人宣布戒嚴乃爲保護你們，你們不可聽信惡人散布的謠言，不要驚疑，我對守法同胞不會有絲微的傷害，諸位大可放心。

> 本人再度宣布戒嚴令，完全是針對極少數的險惡叛徒，只要他們不被趕盡殺絕，善良同胞就不得安寧。

> 自二二八事變發生以來，本人曾做三次廣播已將專賣局肇事官員交付法院審判，被害者家屬已予賠償，傷者亦經療補，參加毆打(專賣局中國大陸人員)之民衆則不予追究。

> 至於政治改革，本人允予改革政府本部，以便儘可能採納本省人民，縣市長可由民選，其他政治改革可容緩依法研討決

定，因此，多數人民所企求者，只要它在合法的範圍內已經予以接受。無論如何，本人相信今後秩序將全部恢復，而無麻煩發生。

然而，自從戒嚴令於三月一日解除後，台北不斷發生掠奪財產、搶劫武器、襲擊政府機構、及公開宣布反政府言論等。其他各地亦有劫掠財物、搶奪武器、逮捕公務人員及圍攻政府機構等情事出現。請反省此等行為是否適當合法。本人相信諸位善良同胞能了解此等行為絕非合法而屬叛亂。

同胞們，自二二八事件發生以來，諸位所要求的是解決專賣局人員殺人事件及政治改革問題。

然而，極少數的兇殘叛徒却乘機製造謠言，醞釀糾紛，報導謊言，施行威脅，以實現其陰謀。在過去十天中，所有善良百姓都已嘗盡恐怖生活。

同胞們，這些苦痛都是那些兇殘叛徒們所造成的，為了解除人民的痛苦，政府當局不得不宣布戒嚴令以消滅為害民衆的匪徒，本人希望諸位能充分了解這一點。

國軍調駐台灣除了保護民衆、消滅暴民叛徒外，別無他圖。本省只有極少數莠民，大多數人民皆屬善良，他們多方給予受毆打的外省人保護，對這種手足之情的表現，本人深為感謝。（這可能暗指林獻堂給予嚴家淦的保護，嚴委員曾避難於台中林寓；或指像黃朝琴之類的善良台灣人在處理委員會會議上給予長官的幫助。）

本人對善良台灣人民致以衷心的感謝，本人更希望他們鼓起勇氣，發揚正義，互救互愛，以建立新台灣。

長官的圓滑話語被印製成傳單後，由飛機散布各城鎮。這個聲明概略構成日後省及中央政府對二二八事件及其餘波的解釋。「少數惡徒在三月的第一週曾以恐怖威脅反叛中國政府，國民黨軍隊開入保護良民，而正在安撫保護所有忠誠正直之台灣人。」

在那時刻，道路、河畔和港邊，屍體遍地，國民黨軍隊亦出現在鄉野，正給予國民黨式的「和平與保護」。

不受歡迎的外國人看到了什麼？

日後，當聯合國救濟總署的人員、傳教士、外商及我們領事館人員能聚集一堂比較該週發生的事時，發現全島各地所發生的事情極為相似。因為省行政長官公署已決定純粹的恐怖政策，任何企圖逃避的人都註定遭殃。例如，有一個外國人看到一個少年在街上飛快地騎著自行車，顯然是要回家或趕到他祖父母家傳信，他被人從自行車上打下來，又被強迫伸出手來加以砍打，然後國民黨軍隊把自行車劫持而去，任那孩子無助地在街上流血。

接著掠奪物品的工作馬上開始。士兵習於敲打關閉的門戶，打死來開門的人，戶內其他的居民若能免遭傷害的，實屬僥倖。

星期日晚上我家擠滿了尋求庇護的朋友，我很樂於幫忙，這當然是「不合規定」的，緊接著一整星期，送達外僑集團的信息、詢問及要求的文件川流不息。所有聯合國善後救濟總署及大多數的領事館人員都為此氣憤不平，痛心疾首。

省行政長官公署迅速對積極參與起草政治改革方案的處委會委員、編輯人員、律師、醫生或商人展開廣泛搜查，一部分人慘遭戳殺，這些台灣領袖們不像幾個當地共產黨徒，他們個個都沒有躲避的技能

及經驗。一些人躲藏到村野或山裡，想暫時置身事外，少數人則設法逃出島外，然而多數人立即被捕。

處理委員會主席王添灯，確信於三月十三日被處死，哥倫比亞大學畢業的銀行家兼某大信託公司主持人陳炘被從病床上捉出弄死，民報主編林茂生係另一哥大畢業生，爲前英德語教授，他在半夜裡被從床上拖走，就此下落不明。顏欽賢，重要礦產的所有人及主持者也被捉，但在被處死之前，幸被救出。

身爲處理委員之一的黃朝琴不僅平安無事，經歷二二八事變後，反而大收漁利。他被任命爲台灣第一商業銀行董事長，他還是省議會的議長，並且成爲國民黨中央委員，他簡直成了職業的「台灣人代表」，所有訪台的美國人都得聽他發表高見，在未來的歲月裡，他會是巧辯「二二八事變」的貴重資產。

三月十一日，我由一位極可靠的台灣人士得知，當處理委員會於前一週繁忙之際，爲數不少的年輕人斷言與陳儀商議毫無希望，並開始發展地下組織。當軍隊登陸時，這些年輕人有比較充分的逃脫準備，而較爲保守的老年領袖則被捕，遭受酷刑，並在市區附近被殺害，較爲堅決的反抗集團的領袖們則設法藏匿，最後逃至香港、上海或日本等他們能發展連繫的地方。

在陳儀黑名單上，列於處理委員會之後的是青年組織人員——忠義服務隊，這些都是教員和學生，他們曾於三月一日當大陸人背棄職守後，自動接管警察任務。

政府根據服務隊的登記名單，展開了一項有系統的查尋，如果沒法立刻找到某一個學生，則他的一個家屬或同學得被押爲人質或被用以替死。命令規定所有武器必須於限期內繳出，然而却又同時嚴令任何人不得携帶武器在街上行走。那麼，在這種矛盾的命令之下，一個

老老實實的年輕人如何服從呢？如果挨戶搜查找到了武器，全家都會遭殃，而擔當責任的年輕人必然被射殺。但是，假如他被發現拿著服務隊發給的武器走到街上去繳納，他一定還是會被清算掉。

在台北街上濫行射殺三天後，政府軍隊接著開始向市郊和鄉間推進。架在卡車上的機槍隊沿著公路行駛一二十英哩，向鄉村街道濫行掃射以求瓦解任何可能存在的抵抗勢力，並做挨戶搜查工作的準備。搜捕人犯的行動並擴展至台北後山。

到三月十七日，恐怖和報復的型態很明顯地表露無遺，首先要摧毀的是廣為人知的政府批評者，然後依次是處理委員和他們的主要助手，所有參與暫時警衛的台北青年、中學生、中學教員、律師、經濟鉅子和地方豪族的成員，最後則是在過去一年半中，冒犯了大陸人，使他們丟臉的人。據三月十六日報導：任何能操流利英語的人或曾與外僑有密切連繫的人都被捕接受「審查」。

許多在台北的大陸人對於這種殘忍的行動當然非常驚駭，但是很少人引以為奇。一個非常激動的要人告訴我，他曾目睹日本人在一九三七年所做惡名狼狽的「南京大屠殺」，但是，此尤勝於彼，因為南京大屠殺乃是一個戰爭的產物，是戰爭下激怒的迸發，而這却是一個由國民黨政府加諸於自己人民的冷酷報復。

國民黨政府想要世界忘掉「三月屠殺」。從那時候起，國民黨的主要官員就不斷地在洗刷這件事，但他們却忘掉了島上各地都有外籍證人。

陳儀對學生實施報復工作，是他以前在福建模式的重演，他曾在那裡幹了類似的野蠻惡行。大陸人通常畏懼與日本人或受日本訓練的勢力發生衝突。在台灣的學生團體中，國民黨人所面對的不僅是將成為社會領導者的熱血青年(如同過去的福建學生)，而且是實際受過日

本多年編練的龐大學生團體，這等於是雙重威脅。並且，陳儀這一班軍事頭目，過去在本質上曾反對知識分子，現在仍然如此，這愚昧的軍閥不信任聰明的知識分子。

我們看到學生被綁在一起，被趕到刑場，這些刑場，通常是台北附近的河堤和壕溝，或是基隆港邊。有個外國人在台北東區的路旁計數到三十多具身穿學生制服的年輕屍體，他們的耳鼻被切除，還有很多被閹割，有兩個學生在靠近我前門的地方被砍頭，一些屍體橫在馬偕醫院附近的路旁沒人認領。

假如持有學生名單的搜捕者到家裡找不到所要的人，那麼他的一個家人，可能是父親、祖父或是兄弟就要被捉走，家家都被嚇得不敢找尋失踪的家人，有些人則惝惶得不知道去那裡尋找屍體。

據報導稱，在三月九日晚上，有五十名學生在松山被殺，三十名被殺於北投。三月十三日，我收到可靠的報告，說是過去五天之中，有七百名以上的學生在台北被捕。

聯合國善後救濟總署的會計官員(一位勇敢的紐西蘭女子，Louise Tonsett小姐)曾訪問了台北、基隆和淡水，隨後她在救濟總署的駐在地北投報告情勢：

> 我一直到星期二才抵達台北……曾去辦公廳，然後去馬偕醫院……無論走到那裡，我都聽到許多有關掠奪物品、槍擊、謀殺和強姦的事實，並且，卡車滿載全副武裝的士兵架設著機關槍巡邏市區。後來，我們判斷可能必須離開本島，我被召去見英國領事(在淡水的George Tingle)，得知我們可把笨重的行李寄存在那裡。Jim Woodruff開車送我下來……
>
> 同一天晚上，北投似乎受到襲擊，猛烈的射擊持續了卅分

鐘，然後中國士兵向道路、樹叢四出搜索，曾經過救濟總署招
待所。大量的台灣人往山上搬移，有幾回我散步時看到很多人
住在山洞裡。有一個人對我解釋說，士兵射殺了他父親，所以
他不得不把家搬到遠離市區的安全地方。顯然地，士兵捉到了
一些難民，因爲時常可以聽到一陣陣的槍聲，尤其是在夜間，
槍聲更清澈可聞。

　那個週末，我去基隆⋯⋯看到許多建築物被損毀。有些台
灣人告訴我有關大屠殺、掠奪的事情，我親眼也看到了中國警
察拖著兩具遭槍殺的屍體，附近的台灣人告訴我說，過去一星
期裡，已有許多屍體從這港口運走。❺

一連好幾天，大量屍體被冲進基隆港，碼頭和窄灘被選中作爲刑
場。愚昧的國民黨士兵顯然在期待潮水能把屍體冲走，但是那些屍首
只在漲潮時在環抱的港口漂盪。外僑們看到受難的家族駕駛著小船在
海港內搜尋屍體，尋認他們失去的孩子和兄弟。在基隆一地，有關在
過去數日裡被殺人數的估計，多少不一，最低的估計數目是三百，沒
有理由不懷疑這是最低數字。

有一回，救濟總署的Hirschy醫師開車進入台北，看到一個受傷的
人躺在路上求救，雖然有規定車子不准在進城的途中停留，他和他的
助手還是試試看，一個中國警察和他的手下站在近旁，Hirschy醫師請
求准許帶那人去醫院，警察拒絕了，但是爲了面子問題，該警察答應
立刻把那人送去醫院。然而經過六小時後，當這醫生回程路過原地時，
那個台灣人還躺在那裡，已經死了。

三月十日，救濟總署的代理署長，法國人克里蒙先生(Paul Clem-
ent)去台北的國民黨陸軍總部交涉公事，在廣場裡面他看到十五個衣

飾良好的台灣人，個個都被綑起來，跪在那裡引頸待戮。在南台灣，紐西蘭的謝克登先生(Allen Shackleton)去高雄警備司令部想要調停最殘暴的報復行動，彭孟緝是當時的警備司令。在司令部裡謝克登認出一個台灣朋友，是一個仁慈的領袖，曾費盡心力想防止當地台灣人和大陸人發生衝突，現在却被當做叛徒拘押，當然他的罪名是高雄地區的領袖，頗具影響力。謝克登和他的翻譯員看到這位領袖被殘酷地綑綁，又被銳利的鐵絲扭住脖子，他的頭挺成很難受的角度，當他想動彈時，衛兵用刺刀削入他的身體，顯然他已刼數難逃。

在高雄，國民黨為消除直言無諱的批評者而做的暴行，甚至比台北的集體屠殺和酷刑更令人憎惡。彭孟緝將軍須為此負責。其後，蔣主席任命他為中國國民黨陸軍總司令，然而在全台灣各地，私下他仍被稱為「高雄屠夫」。

三月十日以後的那個星期，我們開始發現報復已是普遍的事實。現在，任何台灣人在過去十八個月中，若曾致使新來的大陸人失去面子，他們便成了合規則的獵物，只要被冒犯的大陸人能說服士兵、憲兵或警察採取行動，任何懷恨的政府官吏都可採取報復行動。

三月十五日，我從前一個學生的妻子和兩個幼兒來找我，這位朋友曾在一九四六年初因試圖揭發某政府機構的貪污案而開罪於人。在處理委員會他並沒有充當重要角色，因為他知道正受到注意。如今他已被捕又將處死，所以特地遣其妻兒來到美國領事舘，他確信在此，他們可獲得保護。他們非被送到別的地方不可。

有一位台籍檢察官，曾於一九四六年在台中以謀殺罪起訴一大批警察，這些警察在三月八日獲釋後，即在台北逮捕這位檢察官，並把他處死。參與審理本案的台灣法官也被從法院辦公室拖出，據報告，後來他也被殺。那位在一次戲劇化的質詢中，批評台南市長的著名醫

生也被殺害了。

隨著恐怖政策的推進，只要和政府有關聯者，皆遭報復性的謀殺甚至可以不必引用上述的藉口。那位在一九四五年底爲日本婦產科醫生Mukai辯護獲勝的台灣律師如今也被槍決。在基隆，一個台灣航運公司的會計被拉到辦公廳前的街道上，當著他的同事面前被射殺。罪名是他曾冒犯一個具有影響力的大陸籍經理，他在一九四五年底曾嘲笑那個經理不會開汽車。

在高雄地區，國民黨強迫受害人家屬在大街上目睹親人被殘酷地處死。在台北，夜晚的靜寂則被射擊聲、尖叫聲弄得猙獰恐怖，偶而，也可聽到受害者被士兵驅使過黑暗街道時發出的求饒聲。

其他有些受生命威脅的人，可以用錢買回生命與自由。曾有一個台灣人因揭發公營紡織公司盜用二千萬元公款的案件而被捕，事情發生後，這個人的父親向工礦公司理事鮑國榮說項而獲釋放，因他本人過去曾有恩於鮑國榮。但是，類似這種有利的調停很少。

在臨海的小城淡水鎮，英國領事和他的部屬目睹鎮上陷於恐怖。好幾個人在領事舘庭園的附近被處死刑。有一位父親報告說，他在唸中學的兒子被一個遊蕩的巡邏兵殺死，兒子的兩個同伴也受重傷。當這位父親叫他另外一個較年長的兒子去收屍時，這個兒子又被捕，然而，當他付了三千元台幣給國民黨軍隊之後，他的兒子和那具屍體才被釋放。

在醫院和急救站工作的醫生和護士們都聽到類似這般的數不清的事件，而且擺在他們面前的是血淋淋的證據。聯合國善後救濟總署的主任醫官事後報導寫道：

　　少年們在騎著單車時被槍彈打下來。有一個人在家中讀晚

報時，士兵闖入他家，搶去金錢、手錶和一枚戒指，然後又從背後開槍射穿他，第二天早上，當他躺在擔架上被家人送去一家加拿大教會所屬醫院求救時，他的家屬又在醫院門口遭到槍擊。有一個人下班後在回家的路上碰到一群士兵，他們叫他舉起雙手，搜查全身，因沒找到錢，他們就用刺刀刺透他的腿，當他倒在街上不能動彈時，這群士兵又命令他站起來，他當然辦不到，於是他們對著他的頭又打一槍才離開，但是他們只打掉了他的一隻耳朵，所以在次日，他仍能在醫院病房裡說出他的親身經歷。陳儀曾在電台廣播說，一切秩序都已平靜，並要求台灣人開始恢復營業。第二天早上，六個台灣人推了一車魚要去市場販賣，中國軍隊卻從路旁向他們開火，射死了幾個人，其餘均受傷。

在屏東市，為期甚短的民主政治在進行就職典禮時，曾以留聲機播送美國國歌而被注目。將近四十五位在地方政治擔任各項職務的台灣人被帶到附近的一個刑場，事後從機場傳來一連串的槍聲。一名台灣人代表家屬向軍隊指揮官說項，國民黨軍隊卻把他捉來，又召來他的妻子兒女，在公共廣場上，讓他們目睹親人被砍頭，以此來警告所有其他人勿管閒事。❻

他又報告基隆東南方宜蘭地區的情況。當事件發生時，那裡的中國人市長、政府官員和所有中國人警察以及軍事人員都退到一個山裡去躲避，當這批人不在時，市民領袖們接辦公務，為首的市民領袖是一位外科醫生，當時他是一個由救濟總署所重建的醫院院長，他暫時接管大陸官僚逃走後的社區公民委員會的領導工作。但是當蔣軍進入後，這個中國市長和他的手下從山裡跑出來，一大堆的當地市民立刻

被逮捕，那位醫院院長、另一個醫生、五位委員會同事及一百人以上的「普通」的台灣人全都被處死。

到最後，人們認爲美國一定會在南京或本島出面干涉來制止委員長的報復。許多救濟總署的職員聲稱這種堅定的願望是人們處在絕望之境無形中產生的。我永遠忘不了四位服飾良好的年輕人眼中所流露的無言申訴，這四人曾在三月十三日中午經過我們掛著帶保護色彩的美國國旗的門口，他們的手臂被反綁著，脖子被銳利的鐵絲綑住，四人被繩子連綁在一起，如此被驅向附近基隆河河堤上的刑場。衣衫襤褸的中國兵以刺刀頂著他們前行，當他們看到我吉普車上所掛的美國國旗時，向我致了一個他所能想像的最漂亮的禮。最簡單的說，這就是出賣：台灣人向我們求援，我們却以武裝和金錢捐助國民黨份子，並且，假如國民黨人能夠的話，他們確定再也沒有任何對美國和「民主政治」求援的理由了。

於回顧美國對這血腥事件的立場之前，我們必須先注意蔣介石自己的那一套「解決辦法」。

蔣介石對台灣事件的看法

假如還有任何台灣人對中央政府仍持有懷疑，他們將會從幻想中覺醒。

三月十日(當軍隊抵達台灣兩天之內)，蔣介石在南京紀念週會中(在中國各地，每禮拜一都舉行例行週會)爲陳儀及其他政府官員向公衆辯解。如同往常，他指摘批評他政權的人爲「共產黨徒」，下面是他的本文：

　　因為在台灣發生的不幸事件的原因已經各報報導，本人在此無需再解釋詳情。事實上，自從台灣於去年光復後，鑑於該省之良好公共秩序，中央政府未曾決定派駐大量正規軍。公共秩序之維持全部委諸少數憲警支隊。

　　在去年一年中，我台灣同胞在農業、商業及教育方面之工作，衷心表示出他們的守法精神及對中央政府之支持，他們的愛國精神及自尊心之強烈未嘗稍遜於任何一省之同胞。

　　然而，近來一些過去被日本人強送南洋地區參與戰爭的台灣人，其中一部分為共產黨徒，乘專賣局試圖管理香煙攤販而發生糾紛之際，煽動群眾。於是，他們製造暴動，並提出改革政府之要求。

　　由於國民憲法即將簽署，加以台灣之行政必須儘早納入正軌，中央政府已決定依照憲法各條款之規定，儘量授予各地方政府所應享有之權利。陳長官業已宣布遵從中央政府之指示，定期改組台灣省行政長官公署的一般部門，使它成為正規省政府，並於定期內舉行縣市長普選。所有台灣人都很樂意接受此一宣布。是以，該不幸事件業已調停平息。不料所謂台灣二二八事件處理委員會，突然提出辦不到的建議，其中包括要求廢除台灣警備司令部、武器繳由該委員會以保安全、在台灣之陸海軍人員應全部為台灣人。中央政府當然不能同意如此超越地方權利範圍的要求，此外，昨天(三月九日)發生了攻擊政府機構的暴行。

　　因此，中央政府決定派遣軍隊到台灣以維持該地公共安寧與秩序。根據我們所收到的報告，部隊業已於昨晚在基隆安全登陸，本人相信不久即可恢復正常狀況，同時高級官員將奉命

赴台以協助陳行政長官解決此一事件。

本人亦已嚴令在台軍事及行政人員，靜待中央政府派遣官員之來臨，以解決該事件，而不得訴諸任何報復行動，使我台灣同胞得以和諧地一致合作。

本人希望每位台灣人都能完全認清他對祖國的責任並嚴守紀律，才不致受叛黨利用及日人取笑。本人希望台灣人能抑制危害國家而且危害其本身之輕舉妄動。希望他們能毅然分辨忠奸，認清利害，並能自動取消不合法的組織，恢復公共安寧及秩序，以使每一位台灣人都能儘早安居樂業，並得以完成建設新台灣之任務。唯有如此，台灣人才能償清他們所欠負全國過去五十年來為光復台灣所做的諸多犧牲及艱苦奮鬥。❼

這個充滿譴責及告誡的聲明經印成傳單後，於三月十二日空投於台灣各主要城市。就台灣人而言，這就是結尾了，只要蔣介石、他的家族或他的黨和軍隊壓制著台灣，這一個「出賣」，將永不會被遺忘，也不會被饒恕。

顯然地，蔣介石的論調並非真為台灣人而說的(他一點也不在乎他們會怎麼想，因為那時他的軍隊已經牢牢地控制住)，他是說給南京的民眾聽的，以及為了要在歷史上留下好記錄，好讓人追念那世襲的政府曾如何虔誠地在偉大的中國歷史中留下仁慈的功蹟，並謹慎地記下來供後代子子孫孫景仰。

他的聲明表達官方對這事件的看法，並記入檔案中。在他的評論上，顯露了很多蔣介石本身的性格，以及他身為領袖的觀念。任何批評國民黨的行為就是「叛逆」，而叛逆罪該受最嚴厲的懲罰。「輕舉妄動」的行為，可能指台灣人向美國和聯合國的申訴，這是「危害國家」

的。然後又有「面子問題」及因失面子而引起的報復。蔣介石不能忍受「被日人嘲笑」，並且他知道他以武力報復的能耐。這個因失面子的報復因素，是三月九日以後所有遍及台灣島所發生的悲慘事蹟的成因。

我們或許永遠不會得到正確的生命損失數目，因為各方都在誇大它的損失以使對方處於最壞的境地。我們必須假定有數百具屍體一直沒有被找到或辨認，但照所有的聲稱和外國人在全島各地的見證看來，我們可以獲得一個大概數目，大陸人聲稱在當時有卅名至「一百人以上」的中國大陸人被殺害，而三月初有很多人受毆打但並未受重傷。

台灣的流亡領袖控訴在三月裡有一萬人以上被屠殺，我必須假定不會少於五千，並且我有接受那較高數目的傾向，假如我們加上自一九四七年三月以來被逮捕及處死的數千人，這數目可能達及經常由台灣作者所說的二萬人。

政府從未鬆弛它報復性的搜捕，任何「討厭份子」都會被加上參與一九四七年叛亂的罪名，而被遣送到惡名昭彰的綠島監牢。根據中國人的說法，那是特別用來禁錮曾在危難時期尋求外力支援及調停的「通匪叛徒」的。

第十五章　餘波

美國在台北的處境

三月八日，六位年輕的台灣人來到領事舘，表明願爲領事舘做守衞工作。他們曾聽說我們處在危難中，不惜從遠離台北的住家跑來。我們和他們素不相識，如今才知道他們是一個被遣返的軍俘協會會員，他們過去曾在菲律賓被捕，以戰俘身份遭拘禁，然後被遣送返鄉。現在他們說是要來「報答美國人的慷慨盛情」。

但是，「現在這是中國的地方」，我只能勸他們趕快回到他們偏遠的鄉村家裡。我們後來得知，他們只因爲曾表示願意幫助在危難中的領事舘而受到嚴重的刑罰。

我們那時確是在極爲狼狽困窘的境地，以「官方團體」的身份，我們被認爲只能和陳儀政府的人員辦交涉，但是，我們大多數人發現，

連與他們保持冷淡的公務關係都很困難。同樣地，聯合國救濟總署內大多數的工作人員也覺得厭惡與陳儀的手下恢復工作關係。

外國社團對於台灣人民從來無所懼怕，但是三月八日國民黨軍隊登陸以後，我們便岌岌可危了。在公事形式上，我們忽視政府的反外運動，但是我們不知道台灣人對增援軍隊會抵抗到什麼程度，也不知道我們被涉入這強烈的危機會有多深。譬如，假使台灣領袖來投奔，我們將給予庇護嗎？或者，我們是否會正式認為那是干預中國內部的糾紛？我們懼怕的國民黨軍隊來臨遠甚於島民。所以我們與英國領事及救濟總署人員取得協議，準備於必要時撤退外僑。我們要求駐南京美國大使館為危急訊號做準備。

三月十日，星期一，一位大使館武官來台考察當前情勢，引起台北所有台灣人的注意。他們揣想：美國終於要出面干涉了嗎？美國大使館會向蔣介石抗議嗎？

全副戎裝佩帶勳章的美國上校是乘國民黨空軍飛機抵達的。一個由中國高級官員組成的護衛隊前去迎接，擁他上吉普車，並由國民黨軍儀隊隨同巡視市區。他在市內到處受到國民黨軍時髦俐落的敬禮，然後他被送到行政長官公署做例行的禮貌拜訪。

陳儀明白地指出他認為這次暴動是一個「幸福的喬裝」，現在他知道每個人的立場。那位上校事後告訴我，他當時的結論是陳儀的敵對者天數已盡了。

當地的無線電和報紙──現只剩一家由政府操縱的報紙了──報導說那位上校訪問陳儀，顯示出美國的「調查者」贊同陳儀的措施，並相信此一地方問題已獲解決。這再度向台灣人證明了來訪的外國人是多麼容易被哄騙！

當時我們設想來訪的武官將希望有機會在領事館研討局勢，因此

一個新聞處官員的太太爲領事舘官員和那位上校準備了午宴，但是，很出乎意料的，未經她同意，這個午宴居然也邀請了幾個陳儀的助手，這使人確信，陳儀了解美國官方是同情那一方的。這使對中國方面的非難汚損不致於留在南京美國大使舘的記錄，我們的女主人婉然拒絕與那些不受歡迎的赴宴者同席。我們前一天在大門口所看到的令人嫌惡的殘酷景象仍然牢牢地占據她的心靈。

當天下午，那位上校由他的中國空軍侍衛陪同飛返南京，他看到了人家要他去看的地方。駐在南京的美國大使舘在處理這事上顯然不太高明，或許這件事無關緊要吧。(後來，我由那位上校得知，他沒有聽到足夠有關台北事件重要性的簡報。命令突如其來，使他來不及從洗衣店取回便服，而且中國空軍提供交通工具的態度使他覺得，若拒絕的話，將很難堪。實際上，他因爲陷入這妥協的圈套而深以爲憾。)

國民黨式的事件處理

控制消息當然是處理這個危機的關鍵。直言無諱的民報印刷廠於三月十一日及十二日一再被襲擊而致搗毀。三月十三日的通報宣稱，除了兩家以外，所有的報紙都被禁止發行，因爲它們曾報導二二八事件的始末，以致使政府困窘爲難。

三月十一日，在上海的台灣民主同盟發表聲明，要求聯合國託管台灣。新聞局長彭學培立刻罵台灣人「不負責任，沒有敎養」，但他說中國將寬大爲懷。這還不夠使大陸上的評論家閉嘴。上海的報紙對這件事均曾做嚴屬的譴責，可是台灣的報紙卻隻字未提此事。前福建安撫總部情報署長毛恩章少將(可認定他係陳儀的老部下)被指派爲政府在台報紙——新生報之總經理。

　　三月十四日，政府宣布要舉行戶口普查，全省各地都會有徹底的
逐戶搜查，我們也得知政府要在那一天開始審查留在島上的日本人。
他們之中大多數都是因政府的請求或命令而留下的，但顯然地有很多
謠言傳抵台北，說是「成百的」日本人突然從山區藏匿處出來正要幫助
台灣人抵抗大陸軍隊，這些謠言雖毫無根據，可是却印證了大陸人面
臨有關任何日本份子時所產生的神經質的恐懼。他們懼怕日本人所傳
入台灣的教條。

　　政府同時宣布，國防部長白崇禧將軍將奉派來台「聽取民意」，並
協助陳儀安定政局。

　　白將軍於三月十七日抵達台北之後立刻發表宣言，策勵台灣人
「感謝蔣主席對台灣人民的愛護」並且「維護他們守法的美德」。

　　來訪的白將軍受到極度慷慨的款待、導遊，報紙也大量引述他的
談話。他說，他對受降以來台灣的進步印象極為深刻，他認為台北動
物園是個卓越的地方，偶爾也暗示他認為台灣人是一群深受日本人遺
毒的卑賤人民，而且不能體會重歸祖國的幸福。三月二十九日，白崇
禧廣播一項通告，開頭就說在事變中有四百四十名軍人傷亡，而台灣
人和大陸人傷亡只有一千八百六十人，他認為叛亂事件的遠因有三：
①日本人把台灣人教育成仇視大陸人，②台灣內部有經日本訓練而成
侵略中國大陸工具的賤民存在，③由於台灣「不可避免的」經濟衰退而
造成失業問題。暴動的近因有四：①現行的專賣制度與經濟衰退有關，
②大多數的台灣人因能力不夠而被摒於公職之外，③極少數腐敗無能
的中國官員來到台灣，④由於共產黨徒的存在。

　　白將軍完成了他的「粉刷」任務後即飛回大陸。

　　同時，在台灣的大陸人都極為不安，根據報導，有五萬名軍隊來
台灣與自三月一日以來就在島上的三萬名軍隊會合。在外國人的眼光

看來，大陸百姓之畏懼他們自己的沒有軍紀的部隊，就如同畏懼暴動的台灣人一樣。爲消除這點疑慮並「恢復信心」，國民黨軍隊中有兩名行爲不檢的士兵當衆被槍決，這是國民黨及政府「誠意」的一種表示。

然而，在三月二十四日星期一，七十名台灣人在嘉義被槍決，由此事，人們可看出陳儀曾得到充分的時間去進行報復工作，並善加利用它。

同時，甚至連蔣介石都了解全大陸的輿論已深深地被台灣事件所喚起。這與一九三〇年代在陳儀統治之下的福建的情勢太相似了。在目前的情況，中國的對外利益已被涉及；外國人曾親眼看到了這事件，而且中國在台灣的合法地位並不像政府所假裝的那樣穩固。

三月底，南京政府通知大陸報社說台灣事件已正式結束，叛黨匪徒和共產黨徒都已被壓制，所以日後不應再論及這個事件。

國民黨中央執行委員會在三月二十二日以絕大多數票採納了一項彈劾陳儀並要求陳儀去職的決議，這種決議若不是深深涉及蔣介石個人的利益，通常總被認爲是命令性的。

蔣總裁面臨了進退兩難的情況，因爲陳儀是曾有大恩於他的浙江將領，爲國家利益起見，應要有所行動；陳儀被認爲是「改革團體」中所謂的政學系，而笨拙到家的美國政府正在要求「改革」，以做爲考慮給予一筆新的五億萬元貸款的條件。

陳儀受命讓步了。三月二十八日他提出台灣省行政長官的辭呈，爲了「保留他的面子」，蔣介石直到三月三十一日才正式接受他的辭職，其意在暗示陳儀並不是立即被撤職，而是蔣總裁在勉爲其難的情況下接受這項辭呈的。

在美國的中國新聞通報及宣傳

紐頓氏在一九四六年的新聞報導曾驚動了國民黨徒，在台北的宣傳機構從此便發展成美國接受國民黨政權津貼的宣傳或公共關係機構。台北經常會從海外報紙或廣播報導知道美國對於和中國有關的事件、人物及時事的一般反應。省行政長官辦公室則控制了所有對外發出的無線電報和有線電報，以及例行的「新聞公告」。

一個「事件前」的實例足以證明上面所述。一九四六年十二月底，當我正準備對台灣即將發生動亂的危機做預報時，附近的鄭南渭辦公室却在準備令人欣躍的宣傳品。一九四七年一月，中國新聞服務社（登記有案的中國政府代理人）在美國發布一張長達四頁的新聞，它以這種筆調開頭：

中國接管台灣一年後
完成重建百分之八十

在去年十月間訪問台灣一星期後，蔣主席頗爲滿意地宣稱，台灣光復一年後，該島的重建計劃已完成百分之八十……❶

可是，當這項新聞由省行政長官的部下在美國發布時，台灣的經濟其實已降低到四十年來的最低點。

在二月事件發生期間及事後，由台北發出的歪曲新聞的事實已廣爲人民所注意，聯合國救濟總署的一位紐西蘭官員觀察到了這件事被處理得極爲圓滑，此事情之成功，若非完全歸功於美國民眾的容易被哄騙，就要歸功於造就了新聞服務處處長這項人才的新聞學院。她寫道：「每天晚上（在屠殺期間）我們收聽來自一個中國和一個來自舊金

山的廣播，該廣播說，中國駁斥此項暴動，指責它是受日本人唆使的恐怖份子反抗合法政權和良好中國統治的暴動……」

三月末，當血腥的的報復行動達到高潮，全島被恐怖籠罩而癱瘓時，美國農業部一位官員在美國的華盛頓報界透露了他的觀察報告，他剛參加了國務院、國防部、海軍部和農業部代表聯合組成的官方考察團回來，一般認為，該團的推薦對美國在亞洲的援助方案有相當的影響力。在標題為「台灣被視為遠東糧倉」的文章中，他被詳細引述。他在台北收到的完整統計數字顯示，台灣在一九四七年輸出砂糖三十五萬噸。這數字取悅了他，但沒有人告訴過他，在豐收的年頭，島上的砂糖生產量曾超過一百四十萬噸，而在國民黨統治的第一年生產量低於二萬噸，一九四七年可能還會下降。(這三十五萬噸的數字，如果和事實有任何關連，顯然是指日本投降前的砂糖儲存量，中國人儘速將它運出。)

這位美國糧食專家繼續寫道：

> 在我所訪問過的中國地區中，最具建設性的是台灣……。儘管那裡最近可能有紛擾發生，但是，中國政府已派遣若干最有效率的行政官員去島上。由於與中國大陸的不穩定有着隔離，該島正有顯著的進步。❷

四月六日中國新聞服務社發給美國報界一篇白崇禧將軍承諾台灣將有全面改革的報告。一個月後，這事又在「台灣新政」一文內被提及。以下是官方對三月事件的說明，該文在台北作成，於舊金山發布。

> 白將軍極力主張保護無辜，寬恕暴徒，公平審判魁首。當人們憶及島民在暴動中傷害了一千六百六十名以上的政府官員

及其家屬，使保安部隊蒙受四百四十名死傷，並且企圖以武力搶奪該島政權時，白將軍的主張實屬安撫措施。

這次暴動似有預謀，並且組織完善。戰鬥首先於二月二十八日迸發，猖獗至三月四日隨即布及全島，三月八日，戰鬥再度進發，叛徒圍攻台北省會之政府機構。一位中央官員於奉派調查糾紛時遭受伏擊。中國軍隊為要恢復秩序，制止敵對行為，他們在頭兩天採取了較為嚴厲的措施。

外僑證人承認，當地暴民忙於煽動人民對中國統治的敵意已有多時，加以有如白將軍所指出的五十年日本教育和共產黨份子的行動，更助長了他們對中國人的反感。❸

三月事件之後的數個月裡，美國報刊，尤其是西岸的報紙，出現了香港、上海、南京、東京的通訊員從難民以及離開台灣的聯合國救濟總署官員所採訪到的新聞報導和評論。例如波特蘭奧立崗人報在九月十日刊載了一則以「中國人給台灣帶來腐敗」做標題的報導，其副題是「中國在台灣的統治之惡劣一如日本，人民要求美國提出抗議」。西雅圖時報在十一月十五日報導說：一位受過教育的台灣人曾如此解釋主權問題：「雖然中國是我的母國，我卻不認為我自己是中國人。我是台灣人。」

然而，在台北，省行政長官公署撰寫的評論中，一位受過美國教育的中國新聞從業人員卻採取了毒辣的反美論調，他吐露出一個中國知識分子對美國栽培的反應。緊接三月事件之後，大量出現的宣傳品充滿極為刻薄的文字，更奇怪的是，一部分的宣傳品係以英文印成。有一篇宣傳品更極盡挖苦之能事：

兩位本地（指上海）的美國記者（即Tillman Durdin 及 Christopher Rand)赴台採訪，不出所料造成了美國人的喧囂吶喊，他們要求台灣永久畫離中國而歸美國「託管」。

具有影響力的華盛頓郵報在一篇典型而生動的社論中，亦把在台灣的中國行政當局描寫成一個蠻橫無度的「荒淫」政權。

這種對長期受難的中國人民不負責任的控訴，我們也無庸答覆。近年來，國際間及國家道德標準的價值已被美國所貶低，從大部分人眼光看來，美國的道德和世界文明種族的道德顯然極端相背……他們搬弄口舌，沾沾自得，低落了國際道德，而美國一向已成這些象徵的代名詞，這「自由派」的美國記者似輕易地忘掉了下列幾點：台灣所面臨的經濟缺陷主要是因為美國的轟炸及摧毀工廠、農場和交通所造成的無可避免之後果……

當然，美國不欠台灣人任何道義責任(除非台灣受託管)，而且美國斷然堅持由中國去履行因美國戰爭工具所造成傷害的債務。……❹

南京美國大使舘的情勢

我受命向大使報告。三月十七日，當大使舘的飛機正準備飛往南京時，白崇禧將軍的飛機正好滑入上海機場。白將軍受到軍禮歡迎，而我在南京所受到的接待可就失色多了。一位大使舘的高級秘書在機旁接我，把我匆匆遣到大使舘的招待所。到第二天上午十點多，我已知悉一切，很明顯地，一部分使舘人員很不歡迎我。大使舘秘書處的一些人員想要把尷尬的台灣情勢儘可能地深埋在公文卷宗下，另外一些人則想要把它公開以帶給蔣介石更大的壓力。另有一些大使舘重要

人員好像並不太清楚台灣到底在那裡。顯然我們一九四六年從台北提出的報告沒有多大分量，在南京的大使館眼中，台灣島遠離大陸前線，而且我們的駐台領事一向不太熱心屠殺之前的事件重心。

司徒雷登博士那時從青年基督會的演講旅行回到大使館工作，在戰前我曾在北京的燕京大學短暫地當過他的客人，現在我們再度聚首長談台灣情勢。他說他想要一份有充分證明的書面報告，作為他再與蔣介石商談的根據。我獲准參考我以前在台北擬呈大使館的報告。

我先做了一趟禮貌上的拜訪。首先見大使館武官，他一開頭就說：「既然國民政府軍隊已經抵達，大概無需考慮撤僑。」我說就是因為國民黨軍隊抵達，我們才需要考慮撤僑，他把這些話撤開。接着，他問我一些似乎離譜的問題。譬如，「該島南部自從日本投降後，就被共產黨占領的廣大地區怎麼樣了？」我解釋說那裡沒有「在共產黨手中的廣大地區」，台灣很少共產黨徒。那位將軍粗率地反駁我說，他的報告顯示有一大片地區自從戰爭期間就被共產黨占有。我再次說在台灣沒有那種地區，聯合國救濟總署的代表曾在全島各地工作，而我本人早在一九四五年前已走遍全島各地。經過一段長久的沈默和冷冷的凝視，那位將軍一句話也不再說就走回他的辦公桌。

我退出時，疑惑我是否一下子變成了一個「農村改革者」。陪同我的那位助理武官低聲地懷疑說，那位將軍恐怕是把台灣和海南島弄混了，共產黨在海南島的確掌握了一大片地區。我們同意，萬一我們在台灣被國民黨徒宰割，那位武官可能把救援飛機派到幾百哩外的海南島去。

在會談中，我發現司徒大使對台灣人充滿同情，但對他的朋友蔣介石也充滿不移的信任。有一天他注意到我手中的一本西奧多爾·懷特新出版的《從中國發出的雷鳴》，悲傷地搖頭說：「這些年輕人不

了解蔣主席，他們應該──他們必須多給他一些時間，再多一點點時間……！」我立刻想到成百的台灣青年在三月八日的那個星期裡曾耗盡了時間。這又是那古老的傳教夢想──假如你能使皇帝信教，全中國都會得救。

在我爲司徒博士草擬台灣事件備忘錄的那個星期裡，發現大使的私人秘書不是美國人，而是駐在國的國民，這種情形在美國外交史上可能沒有前例。那個人能對蔣介石負責，並不對美國政府負責。他可能私下看過大使辦公桌上最機密的文件，也可能看到了我列有曾向我們求援的台灣領袖名單的秘密報告，那些人的確是在國民黨軍隊抵達後第一批遭受捕殺的犧牲者。

蔣介石在與司徒博士討論台灣問題時，承認說他不知道我報告大使有關那項事件的詳情，所以他請司徒博士交給他一份書面報告。於是我的長篇摘要被我輯成了一篇「公文書」。刪去了一些美國領事館的人證及曾經請求美國及聯合國託管的台灣人名，以免煽起蔣介石向來爲人所知的反外偏見。爲保全蔣介石的面子，許多修飾用的外交辭令如「似乎…」「據陳述…」也都引用上。顯然的，讓他讀我們目睹而未經粉飾的記錄也沒有用。所以，我們沒把我對目前可能採取的措施的觀點包括在內。這一切都經翻譯成中文，循正當途徑交給了蔣介石。＊

＊司徒雷登博士本人在他一九四七年八月二十七日在南京給國務卿馬歇爾的報告中陳述了這一個不可思議的情勢。魏德邁中將在考察團離華前曾當蔣介石的面對其政府加以不留情面的苛評。司徒說：「八月二十五日晚上蔣介石把大使的私人秘書菲立普•傅召喚到他的私邸，考問了很久有關魏德邁考察團的背景。他想知道本大使是否參與該團的組織與派遣。除了他曾告訴大使館，他是『小心翼翼』與『不表示立場』以外，本大使舘不知傅氏如何應付該會談。」國務院《美國與中國的關係》，華盛頓、一九四九年、第八二五～八二六頁。有關傅之爭論

地位，見司徒回憶錄《五十年在中國》、紐約、一九五四年、第二九三頁及魏德邁將軍之《魏德邁報告》、紐約、一九五八年，第三八九～九〇頁。

英文全文出現在《美國與中國的關係》、第九二三～九三八頁，原文長達五四頁，在準備該文時，我曾特別描繪在十二月我從台北寄出的半年政治報告，該報告曾由我簽名並送至大使館。然而在大使館的檔案中，我又發現一簡短、秘密、沒有註明號碼的從台北來的附文。上面說，事實上大使館不應該過分真誠採納我十二月所做有關面臨危機的猜測。

以我的觀點看來，如果中央政府希望重拾台灣人民的信心，就必須除掉刑罰的威力，馬上廢止報復政策，並以一平民省主席來代替陳儀。被承諾的憲法不管它何時才能適用於中國本土，它必須馬上在台灣實施。台北政府的重新組織必須極小心地考慮台灣領袖們在三月七日交給陳儀的改革綱要。

我注意到如果蔣介石繼續支持陳儀，繼續以苛刻、嚴密的軍備來占領，則將會失去台灣，台灣的合法地位將被詰難，而中國做為一暫時的託管國的資格將會被聯合國重新列入考慮。我又注意到，所有尋求美國或聯合國干涉的台灣領導者非常清楚台灣未解決的法律地位，他們會繼續在每一個機會中提出這個問題。

至於共產主義，我們沒有發現任何有影響力的共黨領袖和組織，卻發現人民對於共產主義的宣傳普遍缺乏同情及興趣，這點最不受蔣介石歡迎，因為它與國民黨素來用以請求美國軍事、經濟援助所做的宣傳互相抵觸。美國社會已被引導相信「所有反對蔣介石的批評者，事實上即是擁護共產主義者」，但是在台灣，事實並非如此。關於台灣與中國本土的關係，在原來的備忘錄中曾這樣說道：

到三月八日，台灣人領袖熱切表示要使全世界、中央政府及蔣介石了解他們對中國的忠誠，他們所希望的只是要影響陳儀政

府的改革，軍隊的登陸及隨後肆無忌憚的抓人行爲引起所有對於
陳儀及其嘍囉們的指責，不管那些高級軍事官員如何保證，卽使
最保守的台灣人也相信中央政府並不比陳儀政府的組織更令人
信賴。自三月八日以來，每件慘無人道的行爲，每天軍事壓迫的
事實，已經使人們對於蔣介石的忠心與信任洗刷無遺……

　　可能當美國不會來幫忙時，台灣堅強的領導者將會向遠東方
面其他的力量尋求幫助，而將會歡迎共黨的干涉……

　　在中國沒有其他地區像這個島那樣熱烈地擁護美國，這島從
北海道到菲律賓連成了我們所影響、控制或在戰略上占領的一條
鏈子，現在，若因爲疏忽而使我們失掉它，來日，如果我們要占
領的話，將要使我們耗費更多。

我爲大使列出了深謀遠慮的台灣人所曾向我建議的七項相同形式
及程度的調停辦法。第一項並且是最無希望的一項就是「仲裁」的進行
方式，在這項辦法中，身爲蔣之朋友的大使想企圖保證蔣介石對於台
灣的危機及其緣由有全盤的認識。最極端的建議就是要求聯合國成立
託管機構或成爲台灣之保護團。關於託管的成立，必須清楚寫明時間，
然後在到期以前，按每段合理的期間加以覆查，或者一直等到以地方
選民直接投票使台灣人自己有機會決定將來的地位。

司徒博士採取了溫和無效的「仲裁」方式來進行改革，並且過分謹
愼從事，以免觸怒蔣介石。這位大使，贊成採用平民來繼承陳儀，他
告訴我他已建議採用宋子文而遭宋子文拒絕，因此這個職位就落到國
際聞名的律師，前任駐華盛頓大使魏道明博士身上。

當我離開南京取道回華府前，接到一位以前的學生三月二十六日
從台北發出的一封信，信文說：

　　我希望在你回美國以前，會接到這封信，也許這封信將會把你的心再帶回這可悲的台灣，可能你會稍感安慰，某某先生還活著，現被監禁在憲兵監獄，但我很悲傷的告訴你，某某先生的父親已被捕殺害了。

　　當你離開以後，國民黨軍隊每分鐘都在全台灣的每寸土地上，到處濫捕、屠殺及搶劫。現在戰場中心已移到木柵、關子嶺及高雄等高山地區，要知道，平定之後，全面的屠殺、抓人及大規模的行賄將接踵而來，我不能預測下一分鐘我的生命要遭遇到什麼？唉！多可怕的黑暗時期啊！每個人都因害怕而戰慄！每個人都抱同樣的想法，那就是台灣只有靠你們美國才能獲得解救。

　　求你盡最大的可能把這美麗的島嶼從那些野蠻的猪口中搶救出來，請不要被政府慣例的反宣傳欺騙了，不要忘了台灣，請記住，無數的人民正在這兒熱切的祈禱「美國的幫助」。❺

外交癱瘓的開端

　　我從南京飛到北平，共產黨已漸逼近，那些有錢有勢可以弄到交通工具的人都已開始逃亡。回到上海後，我看到外國控制勢力撤除後的老租界呈現一片失去秩序的混亂現象。在東京，明顯可看出美國軍力要在西太平洋的邊緣做長久的停留，毫無疑問的，衝突馬上就會發生，共產勢力基於廣大的土地，正在向外伸張其勢力，而美國正在介入日本、琉球、菲律賓這條防線上，如果成功的話，就形成了一道海防線。台灣在我看來就像是阿契力斯的足踝。＊

*譯者註：阿契力斯係荷馬史詩特洛伊戰爭中的希臘英雄。佩特斯及海女神色
提斯之子。當他出生時，母親色提斯爲要使他刀槍不入，曾提起他的
足踝，把他全身浸入司提克斯河的流水中（相傳該河之流水可使人刀
槍不入），但他疏忽了全身只有足踝部分會受傷，在戰爭末期，特洛
伊王子巴瑞斯得阿波羅之助，一箭射中其足踝致死。

五月二十六日我回到華府，下午五點三十分，我坐下來與國務院
遠東司司長討論台灣危機。

談過有關「事件」之後，我卽提出我不受歡迎的「帝國主義」看法，
如果我們要維持美國及聯合國在西太平洋防線上的利益，台灣就必須
在友軍的手裡連成這條防線。而在那時候（一九四七）年，沒有人能預
知占領日本的期間會維持多久，也不知和約何時會完成。

不管在公開場合如何聲明，在北平、南京、上海及東京，私底下
大家都確定蔣介石在中國大陸會遭到失敗，他已失却中國人民普遍的
支持及信心，並且又拒絕接受美國軍事參謀給他的勸告。

如果蔣介石被允許退到台灣，在台灣建立其勢力，我們將揹上巨
大的黑鍋。顯然他會期待我們繼續不斷給予軍事、經濟的援助。如果
共產勢力在大陸發展成極大的雕像，則我們在台灣將等於支持一個湯
姆的姆指。如果蔣介石及國民政府能得到台灣人民的支持，這還辦得
通，但是三月事件已使台灣與大陸的關係惡化到無可挽回的地步。

爲什麼不趁我們在法律上仍有地位時來干涉？爲什麼不堅持以聯
合國或聯合行政來管理直到中國的內戰停止？如果我們一直要等到簽
訂合約規定主權移轉以後，那麼我們將會陷入無可衡量的困難境地。
我們必須使蔣介石及國民政府停留在中國大陸，至少不讓他們插足台
灣。給與台灣人們所追求的暫時性的託管政府，然後，必要時讓蔣介
石以平民身份避難到該島。用一切可能的辦法，使蔣介石不要像他正

要失去大陸一樣地失去台灣。為什麼我們不讓台灣成為聯軍或美國控制之下的一個政策基地，直到戰後的亞洲達到某一程度的政治安定呢？

我想，這是我最後一次以半官方的身份提供我個人「帝國主義」者的論點，遠東司長結束這項談話後送我到門口，有意的評論說，在聯合國及華府沒有任何人會對台灣發生興趣。

如果他加上「做為一個殖民地」「做為一個託管地」或者甚至於「在道義上的責任」的話，他還可能比較接近於實際，但是，他正講出國務院的政策，即對於這島「無政策」，「不管台灣的事，也沒有台灣的問題存在」。很快的，一個政策指引者就要公開聲明華盛頓認為台灣係「地理上、政治上、戰略上」屬於中國大陸之一部分了。

然而在國務院有些地方正埋伏了一些不安。六月五日（這天馬歇爾計劃正在哈佛召開），我被叫到國務院來準備一份長達一頁的個人觀點，以便在馬歇爾大會中發表。我在想，一個人怎麼可能在陳述一件案件時在基本政策與辯解上做完全相反的論點，一面指出美國可能受攻擊之點，一面又指出無助的台灣人尋求援助？我寫完報告之後，有一感覺，就是國務院中必須有人把這些「帝國主義者」的看法轉呈給馬歇爾將軍，但是在國務院中，沒有一位有經歷的人願意把他自己的名字與帝國主義者並列，而我的名字，對馬歇爾將軍或公眾來說，藉藉無名，沒有份量，如果他想說服這論題，他會這樣做。

另外，還存有一些令人畏懼的利益，但是他們馬上都心冷了，參議員 Joseph Ball 約我去用午餐，駐聯合國大使 Warren Austin 要我告訴他有關三月事件，但這些並沒有什麼特別的意義。

當我帶著這些空洞的使命進出國務院的同時，我也跑了幾趟其他在戰爭時期曾關心過台灣的其他機關，他們也繼續表示非常關心台灣的將來。如果蔣介石失敗了，將來會再發生什麼呢？

　　海軍方面也正關心著，他們害怕這個大島淪於共產黨控制之手，則共黨將可能占有介於日本、琉球與菲律賓之間的海域，只靠沿海豐富的財富，就將使中國共產黨足以發展其軍事及貿易的建立。在海軍機構中，我們很遺憾的回想起在日本投降之前，曾意圖把台灣安置在美國海軍行政之下這件沒有成功的事。

　　在五角大廈，我遇到以前的同事，他們正急切想要得知最新的消息及三月事件目擊者的報告，在那時候，他們更直接關心的是蔣介石軍隊在華北地區即將面臨的崩潰。在國防部看來，台灣就形同一個遠離沿海的良好基地，有一道「壕溝」保護著，在這兒，他們又後悔美國沒有趁台灣合法地位確立前堅持以美國或聯合國來分擔地方行政。海軍少將魏得邁更曾在中國看到中國軍隊的不穩情勢，曾設法提出在台灣建立一個特殊的中美訓練基地。

　　但是，國防部及海軍部要通過這些事情之先，得經過國務院的同意及贊同，就在這兒，「不要干擾」的政策占優勢。我無法建議把美國的長遠利益放在蔣介石的臉色及一般中國利益之前來考慮。我的看法是，這些友善的、既非共黨也非國民黨的台灣人民將是我們最受惠的。

　　一些「老中國通」或有傳道經驗的外交官員，出於一股盛大的仇恨而提出反論調，這些理論仍唱著十九世紀台灣紛爭時袒護中國人的老調子，那時，外國人為要恢復台灣島上的秩序，曾想把它與中國的關係切開。看來，那些與我爭論的人，與中國人的看法一致，他們以為台灣是因長期與日本的關係而受到「惡影響」，因此不應予以考慮，或者因為出於真正的傳道者放棄權位的精神，我們美國人應該總把中國人的主張及利益放在我們利益之先。當然，也有一套令人寒心的邏輯堅持說，以台灣人民和中國大陸眾多人口的利益來衡量，台灣這僅有六百萬人口的小島是不值得考慮的。可能也因此，沒有主張分立台灣

的建議出現。

第十六章 「革新的行政」

陳儀將軍獲報酬

　　台灣人在震驚和迷惑中等待，痛念逝者。其次是什麼? 白崇禧將軍虛偽的訪問，以及如下雨般印有蔣介石文告的傳單，也不能改變這緊張的情勢。

　　在三月底及四月，很多緊張的中國高級乞丐溜回大陸，帶走了他們所能帶走的東西。居住在面含敵意的台灣人中，前途未見得光明。有一些早期移民來的好人也開始離去，他們曾充滿希望來這裡，希望最後可以把所有事業也搬過來，現在他們認為這也許是乾脆離開中國的好機會——這很難下決定，移居香港、美國或歐洲去開拓新的生涯。看來，台灣顯然將要走上像大陸各省份所遭遇的命運——受國民黨統治。

在此，我要引用一個工程師的話語來介紹無黨派人士的看法，他們期待的只是中國的和平、國家的復興，他讓我們了解中國人對台灣國民政府及美國的大概態度。

他寫道，「你估計，到底有多少中國知識分子把美國支持蔣介石政權的事看成是使中國人民繼續苦悶的主要因素……」。談到台灣的託管情勢，他猛烈抨擊說：

> 　　對一般中國人來說，這樣的結論顯然太不公平……從血緣與歷史上看來，台灣與中國有關連，因此，若是只因美國人在中國所支持的政府腐敗無能，使得美國人贊成台灣與中國分離，那就是雙重的錯誤。（這裡他指陳儀為蔣介石的代辦）……在我有生之年，已看到台灣人因受日本教育及宣傳的影響與我們已漸隔離，其裂縫已經擴張到相當的程度，以致當一九四一年，台灣人參與日本軍隊中來到中國時，我幾乎無法認出台灣人來。戰後和平的歲月不夠長久，台灣人沒有重新教育自己的機會，因此若是再加上美國行政的影響，台灣人則將更遠離我們，這趨向將可能是永遠無法挽回的。❶

在論及陳儀的失敗時，他相信中央政府屬下有太多的代理人直接受中央政府控制——其中軍隊、國民黨、稅關及司法就是。因此，陳儀不能有效掌握情勢。然後，他非常坦白的談及對政府的看法：

> 　　陳儀手下有一些壞蛋，例如柯秘書長即是其中之一，此人正是蔣介石心腹，當然，多數低級官員的素質確實非常低劣。再者我以為陳儀追求自由政策是完全不適合他的任務，幾個簡單的原因是：

第一，中央政府已下定決心來壓榨台灣。

第二，上述所提到的各獨立機關互不能協調，在暗中破壞
陳儀能為台灣人所做的好事，因此，從頭開始，就有
一隻強手配合著洗刷政策(經由出版物、賄賂會評論
的人，如知識階層、學校教員、商人等)促成這個詭計，
因此整個世界就無法聽到任何有關台灣的錯誤統治。

我提到後者的原因，是因這種形式的政府曾經在中國發生
過，並且現在仍然很成功地在中國推行。其主要工作是在壓制
不受歡迎的新聞，在各種場合都表示要是任何其他人處在陳儀
的地位上也要宣布戒嚴令，並以大肆抓人來警告台灣的領袖們，
嚴屬的監視將替代流於混亂的自由⋯⋯❷

這些評論說明了一個受過教育的中國人，竟不能體會過去三百年
來開拓邊疆的台灣人民生活的變化，以及半世紀來有規則的技術發展，
他們繼續把台灣當成落後偏僻的省份來看待。

這時蔣介石為使其政權可以苟延殘喘正向華盛頓乞求另一筆巨額
的借款。一些人順勢指出改革是必須的條件，陳儀必須以他人來頂替。

在華盛頓魏道明夫婦過去於戰爭期間曾因好客出名，為要使華盛
頓的野蠻人安靜下來，魏道明被任命為陳儀的繼承人，這個選擇看來
使大家樂於接受，也保證魏道明可以受到華盛頓官員們的支持，因為
這些官員常誤以為一個外國人能說英語，即表示熱愛民主政治及美國
式的生活。

陳儀被容許繼續在台北滯留六星期，好讓他有足夠時間去清除很
多舊帳，當陳儀的嘍囉們賣清房地產捲款回上海時，地方經濟受影響
而發生動搖。

　　儘管南京仍高唱「改革」的曲調，恐怖的統治却仍繼續，在古代中國的「互相牽制」制度(保甲制度)之下，每十戶組成一小社團，每戶推派一長者以負責所有家屬的個人行爲，從十戶中推選出來的代表們，再選出一位代表他們參加另外第二社團，因此，這第二組的人就負責所有這一百戶人口的行爲，以及附屬的團體中的每一個人。若有任何侵犯法律的行爲，或任何行爲被認爲侵犯軍隊、國民黨組織或政府時，懲罰按照情況而有不同的程度，這些處罰的程度，輕的如公開的口頭辱罵、或罰金，重則如財產充公，甚或監禁入獄，鞭打或處死刑，因此在整個社區中，沒有半點通融的餘地，必要時一定要製造出有關當局所要抓的人的全部資料。

　　陳儀利用此制度再加以改進，把每十戶一組的組織，改成每五戶爲一基本單位，因此，在每一區中，就有雙倍的家長直接對每一區負責。除此制度之外，加上爲出賣同伴所設的褒獎制度，使得台灣人的領袖要暗中糾合他們的武力時顯得無比的困難。

　　從一封台灣人在此時致聯合國善後救濟總署主任醫官的信中，顯示出台灣人對於聯合國將出面干涉的堅決希望，信中並暗指在鄉區、山野中抓人的事實持續不斷的發生。

　　　我盡我的可能向民衆傳佈聯合國將託管台灣的可能性，然而在目前的情形下，似乎不可能把這件事盡量傳開，並且，也很難讓民衆相信聯合國會關心這問題，大家都以爲台灣太小了。

　　　現仍有數百人困在山間，他們正處在困難的情勢之下，食物短少，而有勢力的山地人又受政府攏絡，不與平地台灣人合作。

　　　秘密的組織進度雖慢，却也在增加，經過這次「血浴」之後，

大多數民眾變得非常膽小，我希望他們會很快忘記這件事情。

若是讓全體人民投票表決，我保證由聯合國（尤其是美國）託管的建議將會受到百分之百的支持。

所謂「肅清城鎮與鄉間」的運動，現已在實施中，人民硬塞給「聯帶的責任」，如果有民眾犯錯，所有人都要受到刑罰，這是一個多麼惡劣的黑暗時代啊！❸

這時，另有一個台灣人寫信來告訴我有關恐怖的黑夜突擊搜捕的事。「警察半夜突然來搜查 ——這是最近常發生的事，如果他們發現家庭人口數目有異，則全家不論老少全被逮捕，甚至他們的保證人也要受到處罰。」❹

聯合國善後救濟總署的隊員們從全島各地送來報告，敍述恐嚇、報復、威脅正在繼續不斷地替國民黨、政府、軍隊算舊帳。中國人在一九四八年海盜般的開拓行為曾被阻撓而懷恨在心，現在多少因為已做了血腥報復而感到高興。在基隆有十七名的台灣人被捕，如果他們不能繳出十萬元的現金或相當於十萬元現金的稻米，就得被處死刑。在台北，十三名台灣人被迫在三天內繳出四萬袋稻米。在各地，與此類似的事件層出不窮，使得聯合國善後救濟總署的觀察員們相信，這種沒收的舉動是要使得隱居在山區的逃兵無法獲得糧食的補充，也讓新抵達的軍隊能在平地上生活。

所有的犯罪行為——包括國民黨士兵的搶刼行為——現在都加在台灣人頭上，稍變化一下藉口便可逮捕處死。一位聯合國善後救濟總署挪威籍的職員曾這樣寫道：

四月十四日星期一，約在上午十一時卅分，兩位年齡介於二十五至三十三歲的兄弟，在高雄火車站前廣場被處死刑，海

> 琳娜看到民眾群集，警察在旁邊……這兩位兄弟被指控為二二
> 八事件領導叛亂之人，殘酷的是，這兩位的家族必須到現場觀
> 看親人被處死。
>
> 這件事會使你記起，瑪瑞俄曾提到當軍隊進兵時，有一個
> 出面想替那些被監禁在屏東的人們求情，這位仁兄並沒有參加
> 任何組織，竟被抓到省立醫院前的廣場，被強迫跪綁著槍殺，
> 他的太太及兩個小孩被迫在場觀看……❺

四月十九日，一位聯合國救濟總署的南美醫生，看到約有廿位穿著整齊的台灣人被國民黨士兵趕過市街，每個人都被繩子綑綁著，所有人頸子間又被粗繩綁在一起，一個連著一個，他們被引導著走向市郊的河邊，毫無疑問的，在一個鐘頭之內，他們將被鞭打、酷刑以至於死。

陳儀應在五月一日離開。新命令訂四月廿六日為「感恩節」，所有學生必須貢獻感謝紀念品(當然不外是感謝金)，以答謝三月間國民黨軍隊的保護。每個小學生被迫樂捐五元，中學生則捐雙倍的錢。

所有屬於天主教及基督教的學校全部反對這種無法無天的「感謝」儀式，但是反對只有帶給他們麻煩，學校在二月事變後立即停課，當復課之後，傳教人士被強迫書面同意重新組織學校董事會，以大部分中國人為董事，此後，董事會可全權決定學校課程編排及教員的僱用與解聘。在東部沿海山區，傳教人士不准在各地恢復工作。

約在此時，聯合國善後救濟總署很驚奇的發現台北政府(財政處長嚴家淦)已安排好一筆將在上海取得的四百九十億國民幣的貸款——而以大量蔗糖、稻米等農產品，加上一筆由加拿大與美國所捐助但透過聯合國救濟總署運交台灣的為數二十萬噸的肥料為擔保品。聯

合國善後救濟總署想要知道誰將在大陸領取這筆貸款及其用途。推究其原因，大家以爲這可能就是陳儀有關台灣的最後一筆結帳。

蔣介石一直對公衆意見表示最大的冷漠，爲顧及華盛頓一般野蠻人的利益，他委派魏道明爲主席以表示改革的誠意。陳儀被召回南京後，馬上變爲政府資深顧問，過了一段日子後，他即被任爲浙江省主席。這省有大於台灣三倍的土地及二倍於台灣的人口，並擁有輝煌的經濟發展機會，還有，浙江省在蔣介石眼中有特殊的地位，因爲那兒有蔣介石及陳儀的祖墳，是一塊眞正的家族領土。

魏道明夫婦的改良行政

陳儀及其日籍情婦曾滿足的居住在一幢座落於偏僻街道、沒收而來的平凡公舘，而利用一幢裝飾華麗的首長公舘做爲政府貴賓憩息、開會、宴客之用。然而魏道明夫婦則要求一幢官邸，這位魏夫人(一八九四～一九五九)是第一任魏太太，他喜歡被稱爲鄭玉秀或鄭三美(Tcheng Soume or Soumay Tcheng)，這幢華麗建築物幾乎有華盛頓的白宮之大，座落在公園式的花園內，它建築於本世紀初期，爲日本帝國權威象徵的一幢建築物。多年以來，它變成類似博物舘的建築，裡面裝飾著很多珍奇的古玩。

魏夫人是一個有權力、有色彩的人物，她常被誇耀爲曾在年輕時代身懷炸彈參與革命的學生，然而，這段日子早已成爲過去。不久就看到她控制整個省主席辦公室，在南京、上海，大家稱她爲台灣的「超級省主席」，因她與中央政府有極傑出的關聯，在台灣，她則任用其外甥鈕先銘爲警備總部副司令官。

魏氏就任省主席後，立刻引起金銀市場的波動，據說有少數要人

因此得到不少的財富，當兌換率反覆無常，而台灣人正以白眼觀看魏氏的所謂「改良行政」後，一位消息靈通的台灣人這樣寫道：

> 我們希望魏主席可以不要步上陳儀的後塵，然而我却聽說許多與宋子文來往密切的人物跟隨魏氏進入台灣經濟圈中，現在政府又計劃假借「民主政策」的名義，啓開工業界的大門，台灣人怎能與中國商人或宋子文之輩競爭呢？……❻

所有陳儀的嘍囉們現已退隱無蹤，但是陳儀的財政處長嚴家淦却是唯一留下的人物，新任秘書長是徐道鄰博士，他是在德國受教育的法律專家，一度曾是蔣介石的秘書，爲要粉飾起見，七名台灣人被任命爲廳長，這數目占魏道明「內閣」的半數。這些頭銜只是徒具虛名，因爲這七位台籍委員均無自由用人之權，並且每一副廳長職位都由中國人所占，他們才是有實權的「上司」。在魏政權的第四階層中，有多數台灣人被任命爲「副科長」，可是每個人的四週全被中國人包圍，以確定所有人都不出錯。另外有個熟悉的面孔仍在官僚政權的邊緣徘徊一陣子，他就是陳儀手下的衛生局長經利彬，他仍留在台灣指揮陳儀曾極感興趣的製藥廠。

魏主席上任十八個月又二週，盛行於大陸的消息說他正面臨無可挽救的情況，每件他想做的經濟改革及社會重整都遭失敗。原料缺乏，而技術方面又因事變後技術人員遷居出境而遭瓦解。由於工業生產的下降，失業問題日漸嚴重，銀行的貸款仍只限於商業上的目的。

當新主席上任不久，嚴廳長想挽救通貨膨脹之際，上海的經濟混亂日益嚴重，台北方面有專門人員在調整台幣與廣泛波動的國民黨金元券之兌換比率，但却非常困難。如果台灣不與大陸的混亂局面完全脫離關係，則台灣的經濟界將永遠無法獲得穩定。

聯合國善後救濟總署的組織一直到一九四七年十二月才解散。到一九四八年十二月，台灣整體經濟已降低到自一八九五年割讓給日本以來個人平均生產量的最低點，這意味著台灣確已回到中國時代。人口止急速增加，戰前每年食物及輕工業品輸出曾超過五千萬元的價值，然而到一九四八年，經由合法的貿易系統輸出台灣的貨物竟然不超過一百萬元，日人輝煌的製糖工業現已轉易於中國人之手，現在稻米的種植畝數已減少，以便讓更多的土地來栽植甘蔗。

現在，台灣的一切也漸漸回歸傳統的中國思想及習慣，台灣的商店老闆埋怨他們不再能保持合理正確的帳目，因為中國人不接受台灣人習慣的「固定價格」制度。商人倉庫中的單一物品在一天之中，可能會有十個不同的價錢，這就要看店員與十個不同顧客討價還價的能力而決定，每件物品上的標價單現在已沒有半點意義了。貨物清單再也不能做為估計獲利或虧本的根據，「壓榨」早已沒有限度了，現在商人得付錢向軍隊、國民黨組織或政府方面取得買賣執照的特殊權利，或者只為平安無事的做生意，也得向這些機關塞錢。

被日本人長久禁止而成本極高的固有宗教儀式現在又恢復了。由於婚禮、祭神、喪儀的鋪張，常使得一個家庭破產，年長的一輩對日本人的限制鋪張均表憤怒，然而一九〇〇年以後出生的年輕一輩認為，這是一項經濟的利益。他們對於鋪張的恢復感到難過。相反的，新來的中國人鼓勵台灣人們恢復傳統的禮儀及宗教儀式，他們認為這就是與中國本土「再度同化」的象徵。根據觀光的美國人表示，這種慶典儀式是多彩多姿、神奇有趣的，因此它很合宜的被刊登上《國家地理雜誌》《生活雜誌》及其他圖書期刊上。然而這却代表著一種退化的記號，它回復到十九世紀的中國標準。

魏主席行政的全盤無能可由總結報告中窺知，政府曾慎重考慮要

放棄整個東海岸區域自蘇澳以南的停泊港，因為它「太困難，處理起來太浪費，並且只住少數的山地人」。有人建議只以海運與花蓮市聯絡，放棄日本人多年前為要便利行政而開發的崎嶇危險的海岸道路。山地區人民及丘陵地帶的混血人民的可憐生活，在此時已由史奈德寫成辛辣的《一桶牡蠣》(A Pail of Oysters)的故事，一九五三年由布德蘭書局出版。

恐怖仍繼續著

魏主席上任的第二天(一九四七年五月十五日)立即宣布解除戒嚴令，並不再逮捕與二二八事變有關的人，這粉飾工夫就是華盛頓所期待看到的改良樣子。

逮捕、處刑仍繼續著，平民出身的魏博士很少有左右國民政府軍及國民黨壞蛋的能力。沈重的負擔現正加在台灣的中等階級人民身上，這些人是小地主，他們有多餘的金錢送子女在台灣上中學，到日本本土上大學，並在城內做小型的商業投資，這是產生一九四七年早期領袖人物的階層。

此刻政府特別關心的對象是高等學校，這是反中國意識的中心，教育制度呈現一片不穩的現象；一九四八年台灣大學有五十名中國教授、八名日本教授，及兩位副教授係台灣人。甚至於台籍的工友也被解僱而由中國乞丐所遞補。在短短一年內，法學院接連地就有五位以上的主管被調換，而每人上任時都引起職員的全部變動。有一時，變動帶來異常混亂的局面，政府只好要求日籍教授充當財產保護人，因為他們是唯一能代表學府中穩定的象徵。

搜索學生和地下組織的行動更是殘忍，他們製造莫須有的故事，

說政府已經發現一個遍佈全島報復中國人的陰謀組織，將在八月二十二日造反（即 8-22,2-28 的反寫，二二八事件）。彭孟緝將軍定十月三十一日為所有「共產黨員」登記的截止日期，彭及嘍囉們不放過機會宣布說，若是有「外國干涉主義」或「獨立」念頭的人就是等於「共產主義」，與共產黨徒同罪。

著名的台灣人被迫簽名作為「新文化協會」的會員，宣布他們自己堅決反對託管這個念頭。省市及地方議會、學校及私人組織都得訂閱這些宣言，若稍微遲疑即會被指控為「共產破壞份子」，反對外國干涉的聲明由數千人簽名後被送往華盛頓或紐約，做為「沒有一個『真正的台灣人』要求獨立或願使台灣成為託管地」的證據。

現在，顧及自己家族安全變成每一個家庭中第一要事，每個人都盡量避免鹵莽不謹慎的言論，以免使家人遭殃，政府提供可觀的獎金來收買有關「干涉」、「獨立」言論的小報告，有人說，若有十個台灣人聚在一起，其中就有一個人是政府的奸細，據說在高雄的一個聚會上，有人問所有與會客人，若是敵人攻進來，他們將怎麼辦，其中有位不小心的台灣人，想起一八九五年一位台灣人與日本人合作而獲得一筆豐富的報酬的事，因此他笑說願意做「第二個辜顯榮」，幾天之後，這個人就失蹤了，從此再沒有人聽到他的消息。

與外國人友好的出名台灣人開始變成警察特別注意的對象。省主席夫婦曾在太平洋彼岸的華盛頓培植外國人的嘉許，這是很有用的，但是反過來，台灣人在台灣把自己的悲哀、憂患訴說給外國人聽，卻又是另一回事。當魏就任省主席的當天，報紙就隱約透露外國人是不受歡迎的，他們將受到更嚴厲的監視，「因此，我們將加強護照查證及外國人出境管理，並在他們逗留台灣期間，好好控制他們。」❼

有外國朋友的台灣人現在發覺他們的家常受到警察的再三搜查，

甚至於他們的親戚及附近的朋友也受到頻頻的查問，他們若被發現有
外國人來拜訪附近的台灣人家，則必須立刻到附近的派出所去報告，
如果獲知談話內容，則可得到一筆獎賞。政府又公布一張為數多達三
十人的「通緝犯名單」，為要使外國記者迷惑，並要使他們對已經發布
在外國報紙上的故事發生懷疑，政府把一些在三月初確已被殺死的人
名也列在通緝名單上。政府又把一些對聯合國與美國干涉感興趣的知
名之士與謝雪紅及其他共黨份子的名字並列，以假設他們犯同樣的罪
行，這些人都被冠以三月事件的「首謀」罪名，他們被警告要悔罪、自
首、改過自新，否則就要被處死刑，魏主席的大赦令對軍隊來說是沒
有半點意義的。

　　Pierre Sylvain博士是從海地來的聯合國善後救濟總署的農業專
家。他曾在一九四七年六月撰文指出政府繼續在狹窄的街道及小巷做
「軍事演習」，以維持其恐嚇村民的事實——槍上刺刀俱備——使得每
個人都不敢出門，並隨時提醒他們無助的處境。他又說高雄尤其受到
特別的壓力，稍為富有或小康的農人、鎮民，都被逮捕並加上莫須有
的罪名，說他們曾參加三月事變，必須繳出一筆金錢做為贖金。❽

　　然而，即使處在這種情況之下，台灣人仍繼續請求幫助。他們要
求美國領事館組一個台灣人代表團到紐約或華盛頓去申訴他們的處
境，有位熟人寫信給遠在美國的我，說道：

　　　　每天，為數甚多的中國人從大陸逃到台灣，他們破壞了這
　　個美麗的島嶼……
　　　　我們知道中國人與台灣人是永遠不相容的，現在，我們在
　　台灣已經絕望了。
　　　　百分之九十九的台灣人要求台灣與中國分離，並受到美國

的託管，這是真正的事實，要台灣來支持國民政府的戰爭費用是一項過重的負擔，事實上我們沒有興趣來効忠中國，自二二八事變以後，除了少數傀儡之外，所有台灣人已認清唯有託管一途才是使台灣從「地獄」解脫的方法。

我們相信，我們可以在美國的幫助之下自己實現民主政治，當然我們可以盡我們最大的能力從各方面與美國合作，抵禦我們將來的敵人……❾

魏德邁將軍的訪問

馬歇爾將軍在一九四七年一月結束他在中國的使命回到美國，他確信無法將共產黨與國民黨合在一起。「如何處理中國」的問題已經變成美國內政及外交上最重要的問題。馬歇爾相信，美國必須減少對分化的國民黨政府的許諾，以減少在中國內戰中的損失。但在另一方面，杜魯門總統受到猛烈的攻擊，批評他扣留對國民黨的軍事援助，使得共黨無形中獲益。在做最後決定之前，總統派魏德邁將軍去中國再次估計軍事情勢和蔣介石的生存機會，以及提供國民黨政權進一步大量援助的實際情形。

這是一項尋找事實的使命，在離開中國之前，魏德邁飛到最近脫離陳儀魔掌的台灣去查看。魏主席雖看出魏德邁缺少興趣，但仍盡其所能說服他，使他覺得台灣確是實行民主政治的堡壘。依照以往慣例，永久的「本土代表」黃朝琴以「台灣人民發言人」身份被安排與魏德邁見面，談到有關「干涉」的干擾時，魏德邁向黃朝琴保證，美國對於台灣沒有任何領土野心，黃起身敬禮離開後，出門立刻告訴等候在外邊

的記者們說，將軍宣布「美國表示對台灣沒有興趣」，這個宣布使得期望魏德邁會建議美國政府來調查台灣實情的台籍領袖的心涼了半截。

魏德邁報告總統說，中國人並沒有好好利用我們給他們的援助，並且只盡量要求巨額的美國援助而不好好開發自己的資源。「私人擁有的外幣滙兌資產(中國人的)至少達六億，總共約有十五億元美金，但他們不想利用這些私人的資產來做任何的重新建設工作」。❿魏德邁詳細敍述蔣介石是個無能的軍事領袖，軍官不能勝任其職，國民黨與國民政府內部腐敗，他建議美國完全從中國舞台上撤除，並邀請蘇聯來參與五國「保護」東北的計劃。然而，令人奇怪的是，在同一文件上，他卻矛盾地鼓勵以大量軍事及經濟力量援助蔣介石，並在每一國民黨階級中安挿一位美國「顧問」，事實上，他要使蔣介石變爲一個「名譽領袖」或傀儡。

爲了一些顯而易見的原因，國務院當時無法公開魏德邁的報告。在華南地區，每一個類似的國民政府行政當局常隔夜就消失無踪。因此，國務院將不可能建議把中國的部分(東北地區)安排在國際的託管之下。這報告被束諸高閣，保持機密。

此後不久，美國宣布將幫助國民政府在台灣發展一項軍事訓練計劃。

這是個轉捩點，至少，它承認如果美國國防部辦得到的話，將不可能也不會把台灣拋開不管。自從第一個有關要在台灣南部發展一個戰後治安基地的建議之備忘錄在國防部起草以來,已經有五個年頭了，此刻這重要性看來是被察覺到了。

台灣籍的領袖們聽到這消息，似乎有無言的痛苦，他們一直盼望美國或聯合國會直接出面干涉，使台灣能與中國的內戰脫離關係，就像我曾收到的一封信文中說的，「目前中國加強軍隊防衛台灣的行動，

將使人誤會而致生怨。」

由於這項計劃的宣布，謠言隨之又起，說魏德邁將軍已建議美國政府增加對中國的經濟援助，以籌建巨大的陸海軍基地。據說，這整個計劃，與華南地區的一般性建設計劃有關，當時宋子文剛繼任廣東省主席。

十月三日，香港華商報以大號標題刊載——

美國在台灣設立多處海空軍基地，
將與地方上流社會合作計劃託管事宜，
恐怖氣氛未息，人民仍繼續掙扎。

根據全文內容刊載，一個美國空軍少校曾向一位台灣名流保證稱，國民黨政府將會在短期內崩潰，所有台灣人應準備將來事宜，共產黨將可能占領整個大陸，然而共產主義不利於台灣，如果台灣人希望改善台灣島內的情況及要求美國輔助，則必須與台北美國新聞處主任商洽。

據香港方面的描述，後來這位台灣人曾在美國領事館與新聞處主任會談兩小時，當這位新聞處主任注意到台灣未定的法律地位時，他說台灣在理論上說來仍屬於麥克阿瑟將軍的管轄，因此，他樂意接受台灣人要求幫助的請願。美國在此希望引用大西洋憲章的條文，讓台灣人有機會「決定他們將屬於那一國家的意願」。

這篇文章又說，如果台灣人民要求美國幫忙並且願意與中國脫離關係，這位新聞處主任將向美國求助，在美國託管政權之下，他們將有權決定託管期限的長短，同時，美國將盡其所能來幫助台灣恢復其原來的經濟狀況，最後，南京政府崩潰以後美國將立刻解放與二二八事變前後有關的所謂政治犯，並取消強迫徵兵制。

關於這點，該文還很清楚地指出那些希望脫離國民政府統治的台灣領袖們的意願處境。然而這篇文章是由被放逐、後來投到共黨組織下的人所寫的，這人的看法是「任何不同於國民黨的東西都是好的」，而割讓給外國的事萬萬不可重演。在他們看來，計劃中的中美共同訓練事項，即是舊式軍事帝國主義的重演。「我們可以看出現在美國想盡其所能與地方上流社會合作，並已開始託管的行動，在設置一個有利的情勢以便侵占台灣。」❶

繼此不久，聯合國善後救濟總署撤離台灣，十二月十五日工業復興官員阿倫‧謝克登從澳洲雪梨以短波無線電廣播，報告有關魏道明「改良政府」手下的台灣情況，這項廣播傳到台灣之後，立刻普遍引起憤怒的反應，鄭南渭的宣傳人馬立即抓住這點，說英美帝國主義者對台灣存有他們與納粹及日本作戰時同樣的野心，但所用的手段却更狡猾。英美兩國形式上把聯合國救濟物資送來台灣，實際上却是想要以「援華」的魚餌來吞併利用，「奴役」台灣。

十二月廿日，魏主席訪問南京，發表簡報聲明所有外界對國民黨在台灣的行政的輿論，都是意圖把台灣與中國割離的共產黨份子及「某一國的野心人士的陰謀在作祟。」他警告說如果和平條約未簽訂，台灣人不滿現狀的謠言將永遠不停息，然而中國擁有台灣的權利却是不可抵抗的。❷

當一九四七年接近尾聲時，美國發現她正處在自己造成的最不利情勢下，新聞處繼續大量在台灣宣傳美國是世界上最擁護自由及少數民族權益的先進國家，然而在同時，我們却也擴大對蔣介石的襤褸軍隊的支持。在另一方面，國民政府正在積極地想辦法摧毀台灣人對美國的信心。

有八位天主教傳教士(非美國人)在遠離台北的幾個村莊渡過漫

長的新年假期，他們隨身携帶美國領事館提供的美國影片，前後共放映七次，所到之處，觀衆都非常擁擠。下面是這些神父所記錄的親身經驗……

> 某某市長發表演說，呼籲民衆感謝美國人民，使他們有這麼輝煌的機會從我這裡看到他們從沒見過的神奇東西。所有民衆都非常熱烈的鼓掌。

> 其中，有些人抱怨影片是以北京語而非以英語發音，他們情願看到英語發音的影片。每到一個地方，台灣人都表示對美國來的東西感到極大的興趣，不僅如此，有不少人多次問我，美國何時要來管理這個島嶼，他們說希望有一天能脫離中國的「豬仔們」（他們這樣稱呼他們）……多數人希望學習英語……❸

二二八事變的週年接近了，魏主席防備著麻煩來臨，約在二月二十日，大規模的逮捕搜索又開始了，政府組織一個新的警察力量來輔佐省主席，全島各港口也都受到嚴厲的戒備。這一天全島在極緊張的氣氛籠罩之下過去，沒有大事件發生。但爲數可觀的台灣人感慨之餘寫信給他們的外國朋友，提到這個可怕的週年祭日，一個人對我這樣說：「幾次我想提筆來寫，但是每次總有一些事阻止我這樣做，你知道，我們在此並無『冤於恐怖的自由』。」另一個人說：

> 自從經過那次我們必須面對的恐怖黑暗日子以來，到現在已經一年了，然而，至今我們心中仍然存有顧慮及不安的感覺，我們擔心，目前中國反覆無常的領導力量將會帶給我們什麼呢？……

> 在此第一週年祭日，謠言威脅著中國人，說是有些台灣人

將再度做出與去年類似的事情。在另一方面，台灣島民有一種想法，現在他們是站在懸崖的邊緣，可能將以共產黨之名被現在島上的軍事力量推入峽谷，如此這般，島上民眾正分爲兩半，彼此觀看著。

但是，一年的時光已經過去，外頭仍沒有明確的變動可使台灣轉變成世界輿論的中心，我的心感覺下沈。雖然，台灣的國際地位沒有顯著的改變，但不願意使自己變成與中國人一樣的感覺仍在台灣人民心中滋長著……

在台灣也許仍有一些地下活動存在，但是他們沒有周全縝密的組織，彼此沒有聯絡……

無論如何，我猜想台灣島民並不受自由之神所庇護。⓮

這作者隨後費心討論他從朋友處聽到的有關干涉問題及台灣日本之間的未來關係。他們擔心中國長久的內戰會使台灣面臨經濟窮困、行政混亂的地步，然後，日本會再回來嗎？或者美國將會在台灣建立託管政權嗎？

在台北的所有中國人都清楚這些情緒與輿論，中國人對於非中國人打從心裡的輕蔑與不喜歡變成了公開的事實。現在在台灣看到「低級的」島民居然這麼熱切地呼籲野蠻人的干涉，實在令人傷腦筋，更糟的是，現在國民黨政權爲了要生存，需完全仰賴美國軍事與經濟的援助，這已是很明顯的事實，這些深埋的怨憤常會呈現出來。從整個國家立場看來，這是面子問題，由於需要藉外國的恩澤來保障，使得「落後」的中國得付出其傳統的宗教、社會、政治理想，以換來西方世界所讚許的生活方式及衡量價值的標準，這是一百五十年來文化自尊的破損……。，在此，我們沒有篇幅可探求此一問題，然而我相信，積存一

世紀的怨憤可能埋在心裡，並對西方加以野蠻、頑強地反對，她把傳教士們當做西方保護的象徵，以非人道對待，並且保持「摧毀美國」的可怕決心。

十月香港報紙所刊載的消息，敍述台灣人對於在美國政權下建立託管地位的興趣，引起了南京及台北的警覺，因為這與事實太接近了。

孫科：「美國領事舘內有共產黨員嗎?」

為取悅美國人，他們需要一陣強烈的反駁。魏主席以很多細節來粉飾其「改良政府」的外貌。其中之一卽是利用國際扶輪社台灣分社。如果適當的運用它，扶輪社全球性的出版刊物將可傳佈恰當的宣傳，首先種下的兩個「秧苗」之一就是一篇孫科博士的演講詞。孫科當時是立法院長，又是「國父」之子，這是一支大槍炮。他們需要的正是許許多多的大槍炮。

孫科從上海飛來台北，站在扶輪社講壇之前，開始抨擊外國報人所提有關台北將來地位的問題及關於台灣情況的不確實報告。孫科說台灣的社會情況是「最和平、最有秩序的」，而魏博士的行政，若與世界上其他某些地區比較起來，代表著一個非常安定的政府及經濟。他觀察到，盡管日本人曾占有台灣達半世紀之久，但至少有百分之九十的台灣人口係中國人後裔，從相似的文化傳統上顯示，台灣與中國是非常接近的，他說：「我深深相信，台灣將永遠是中國的一個省份。」至於有關台灣內部情況，他向全世界扶輪社會員保證，「所有在台灣的技術人員，在過去兩年中已盡了他們最大的努力，地方工業已逐漸在復興。」❺

孫博士再度表示，他相信僅要從美國借來一億美元，就可以使台

灣的生產量達到最高峯。

就此，他再飛回上海。

在台北發表了簡報之後，三月一日，他又召開記者招待會，又一次嚴厲指責外國記者的「不實報導」。他說，這些記者在台灣沒有和政府的負責人員及「各個不同的領袖」談過話。有關台灣要與祖國分離之意願的一貫故事是虛假的，這些新聞記者「被那些傳播共產主義言論的人民所愚弄」，再者：

> 在美國，事實已被揭發，那位有關的人士正是台灣美國領事館新聞處的一位官員，他利用這些美國記者不諳地方語言而故意歪曲事實。
>
> 有些人民受宣傳的影響，認爲所有中國政府派到台灣去接收日本人所留下的職缺或去台灣工作的人都無法勝任其職，以及他們把日本人留下待重建的好基礎弄得一團糟。可是，這與我在台灣中南部所看到的事實正好相反。
>
> 我們應該向我們的友邦(指美國)提出質詢，爲什麼讓這一個在暗中破壞中美友誼的人到現在仍留在其政府中……至於有關在美國新聞處任翻譯、嚮導工作的中國人，我們希望他們將被查出來，受社會輿論的制裁。 ❶⑥

在南京的美國大使舘及在台灣的領事館立刻抗議，幾乎同樣迅速地，在台北，上從魏主席下至其新聞室的最低職員都一致否認他們事先知道孫科發言的內容，中國新聞服務社奉命發表「更正」，並把這故事從新聞檔案中撤銷，可是，傷害已經鑄成了。

這位美國新聞處官員是眞正目睹血腥的三月事件而唯一仍留在台灣的美國官員，因此，他是「帶有危險性的」，當時正是他即將要去就

任另一新職的前夕。孫科的宣傳文章或可解釋爲他的「勝利」，可是事實也證明，太平洋兩岸的蔣介石嘍囉及朋友們從此已決定了往後的宣傳基本路線，即：任何批評蔣介石及其軍隊、國民黨、政府的人，事實上就是共產黨員、共產黨同路人或是受共黨欺騙的人，任何建議來外力干涉台灣的人都要受到嚴重的懷疑。

至於美國領事舘本身如前述的結論，領事舘人員再也不能盼望從翻譯官員、嚮導那裡聽到有關與中國大陸人之間双方關係的坦白言論了。

美國替台灣建立基地嗎？

南台灣的屛束新成立的中美軍事訓練計劃使美國與台灣的關係完全改觀。

一九四八年三月十九日，孫立人將軍正式開始執行這個計劃，他的軍營整理得井井有條，人員皆受良好訓練，沒有任何謠言說他腐敗。台灣人很快看出了中國人之間居然有這麼一個素質優良的軍官存在，這引起了美國記者們的好奇，大家趕快去一探究竟，雷伯爾門寫道：「訓練團本身是一個行動的整體，比起其他由中國空軍海軍在此地所建立的其他新基地都要來得有秩序。」瑞恩德則預測很快將有一個全面的中美聯合占領台灣的情勢出現，以連接成一條從日本經琉球到菲律賓的防衛線。

然而，孫立人的派任存有一些含糊的意味。他當時也是中國陸軍副總司令，而且，毫無疑問的，他是第二次世界大戰中與他同在中國、緬甸、印度等戰場上合作的美國軍官們評價最高的中國軍官。＊

＊孫將軍持有普渡大學工學院學位(一九二三年)，曾畢業於馬歇爾將軍所唸的學

校維吉尼亞軍事學院(一九二七年)，並曾以極大的殊榮與史廸威將軍共事。

當他任「新一軍」總司令時，就曾在中國東北有傑出表現，雖然後來失去滿洲，但他個人的聲望仍很高。在他手下的官員們都特別努力，當他被任命到台灣去時，據說有一百名軍官立即渡海去加入他的陣營，其他還有三百名軍官在上海耐心地等待孫立人召集他們去成爲他的手下。

可是，這些却無一處能獲得蔣介石的滿意，蔣介石挾恨的嫉妬心早就出名，他不能容忍在黨內、軍隊或政府中有任何具潛在能力的對手存在。謠傳他派孫將軍到偏遠的台灣——以可憐的軍備去做一個訓練營的工作——意思就是解決掉這位當時頗受歡迎的軍官建立一支反對共產黨的「第三勢力」軍隊的可能性。然而，更可能的是，美國人堅持要找一位可以勝任的人來就任這項工作，才同意安排這項聯合事業。

「台灣可能孤立」一事變成了廣泛的推測題材，一位上海編輯權威以數項主要問題來討論，其中之一爲台灣人民不滿意國民黨統治，其第四項問題是：「如果台灣的南北海港變成自由港口時，對於美國、中國及台灣本身會有些什麼影響?」所謂「CC派」(一個以陳立夫爲首的有勢力的黨中之黨)開始致力使民眾相信美國將再提供中國一項大宗援助，但它却不是足夠大的規模。CC派的「申派」提出反對說，任何提供給台灣的援助，應該不列入美國援助中國的全面預算計劃之內，該報紙另外又提出：中國需要一支強大的海軍。

這又是個大新聞，自從慈禧太后在多年前把一筆建立海軍的款項拿去北平皇家花園(即頤和園——譯者)做成一隻大理石船後，世界上不曾再聽說中國有海軍。

現在，忽然了解到台灣是一島嶼，有一支海軍總是有用的，然而

建設海軍終究要一大筆款項，這筆錢除了從美國來以外，別無其他辦法。「我們特殊的興趣是，」申報說，「要美國幫助我們完全實現在台灣建設海軍的計劃。」❼

　　陳立夫立刻探索這個報償的可能性，他假藉參加道德重整會議，飛往華盛頓及紐約，在那兒，他受到國會議員、軍人及道德重整會員的熱忱接待。

　　可是他發現中美關係的全盛時期已過，九月他回到中國，抱怨說：「幾年來，共產黨在美國的宣傳已經改變了美國對中國的看法。舊有的同情現已變成普遍的失望。」

　　在這事件上，卒美國普遍失望的方式是我們在一九四八年七月十六日，在第七十九屆國會會議上通過公共法第五百一十二條，以價值一億四千一百三十一萬五千元，把總數一百卅一隻的海軍軍艦轉讓給中國，從此蔣介石在台灣的海軍基地才開始有了生命。

　　由於美國採取的新「援蔣」計劃，因此台灣人再度喊出他們的痛苦，一位外國醫生指出：「人民歡迎此地為數尚少的美國軍隊，他們相信美國軍隊的出現至少可以多少限制國民黨軍隊。」

　　美國人之到台灣，到底是要保護台灣人民的權利與利益呢？還是要幫蔣介石來控制台灣人民？

第十七章　退居台灣

如何重獲美國的支持

到一九四八年中旬，國民黨將被趕出華北的事實已很明顯，蔣介石已失去戰後美國給予他在運輸和補給上極大的優勢，因爲他仍繼續堅持要防守圍有城牆的城市，而共產黨則像流水一般地湧入鄉間，很快地把那些城市孤立起來。

有一陣子，看來蔣介石很可能被他自己的人擺到一邊，對於他的領導能力的批評已變得公開而直接，他的最重要的競爭者之一——李宗仁將軍——被升任爲副總統。知識分子的領袖輩企圖組織非共產主義的第三勢力，它可能取代蔣介石及國民黨，並積極清理中國政治，重獲美國政府的信心與支持，若要不使共黨份子侵入華南地區，則需要有位新起、能幹的領導人物。華盛頓方面已考慮到支持第三勢力集

團的必要。

　　但是，如果蔣介石仍存有一些可利用的軍事天才的話，那麼他那陰謀、私通的能力也是不能被抹煞的。

　　現在，唯有美國的干涉才能拯救他，使他保持高高在上的地位，重新間接的援助是不夠的，在某些地方，美國軍隊必須直接參與其事。

　　很顯然，民主黨的行政當局已準備勾消國民政府的政權，並不想再度和蔣介石交易。因此，勢必要做一番努力來說服美國人民去強迫民主黨的行政當局給予國民黨幫助。「如果你不能改變政策，就改變策劃政策的人。」

　　如何處理這事可由參議院外交委員會的報告中得到良好的說明，這委員會探查外國非外交界的要人在美國的行動。外交委員會的目的是在挖掘外國政府在美國境內為達到政治目的而使用的手段，在過去，此委員會曾暴露一個以處理公共關係為業的公司被國民政府僱去影響美國所有階層的輿論。在參議院聽證會中被揭發的該公司與國民黨所訂的契約條件說出了所要發展的主題、採用的方法、以及昂貴的費用。

　　至於有關影響美國輿論的一般活動大綱，究竟是國民黨要員自己所擬訂的，或是由被僱用的美國國內輿論分析專家及公共關係公司所提供的，我們暫且不談。如果魏德邁將軍的估計正確，蔣家及其他受優寵的中國人在美國國內至少擁有六億，也許高達十五億元美金的財產，這筆鉅大的金錢足夠推動一項全面的擁蔣運動。

　　在此，我們不難看出尋求支持的活動針對三個有影響力及有利害關係的團體。每個組織都被說服，說是援助蔣介石對他們自己的利益來說是需要的，因此，每個組織都準備好拖引他人來做支持工作。這三個有利害關係的團體是a.美國軍事當局、b.共和黨、c.所有基督教傳道會及其所屬教會。

　　美國軍事當局很容易被說服，那時美國民眾已痛覺日漸成長的蘇俄軍事力量，一九四五年中期以後，美國已在倉促混亂中急切地解除武裝和復員，由戰爭狀態變成和平狀態。但是蘇俄卻明白表示共產黨的目標是征服世界，如果可能則採用狡計和顛覆的手段，必要時也可利用武力來達到目的。當美國人民了解這醜陋的事實之後，不安的情緒困擾著他們。在美國軍事當局的領導者中，有一些「活躍份子」，他們認定與蘇聯的戰爭將是急迫、不可避免的，他們以為，如果我們趁早行動，蘇俄將會來不及應戰。而現在有蔣介石，他本身就是一個大元帥，供給我們一個機會，從中國把共產黨遠遠趕回蘇俄在亞洲領土的邊界。

　　為顧全蔣介石的面子，他被公開尊稱為盟友、軍事英雄、曾經勇敢大膽地站立起來反對共產黨的一個人物。他本人只要求武器及一些海空方面的支持。任何負有重責的美國軍事官員都會相信蔣介石可能想自己試試看或「自己單獨來」打共產黨，但這是很難令人置信的。有蔣介石做為傀儡的好處是很明顯的，只要他是名譽的國家領袖，我們能夠利用他的人力及土地。為達到宣傳的目的，這些美國軍事當局的「活躍」軍事領袖們，開始接納蔣介石為他們的「英雄」，並把他介紹給美國民眾，說他是一位在自私及可能擁護共產主義的美國政策下犧牲的軍事天才。在華盛頓有一些感情比較穩重的軍事官員，看清只有蔣介石控制遠東唯一的「友邦」軍事組織，然而，這個組織現在殘破不全，如果一位有能力的人能有機會做這項工作，國民黨的軍隊還是可能恢復原狀。

　　如果光是考慮到軍事方面，維持蔣介石軍事組織的存在是很重要的，並且可藉此利用他能控制的任何領土。因此，他必須得到公眾的支持。

　　軍事集團獲得了反對黨，共和黨的贊同及熱烈的聲援。共和黨就是國民黨極力宣傳想爭取的兩大集團中的第二對象。共和黨失勢已久，黨中領導份子都處於絕境中。沒有一件國內的政治問題能促使他們進入白宮，但在「援蔣」的口號下他們找到了最完整的外交政策的出路。由於對蘇聯擴張所引起的恐懼使美國人民頻臨心神不寧的情況，不難把「援蔣」事件與較大的國家安全問題扯上關係。脾氣暴燥的大使赫利(Patrick Hurley)在他的辭職書上就有攻擊現行政策的語調。國民黨在中國的失敗曾被認爲是因國務院的陰謀及有親共份子存在所致。任何人只要以事實來評論蔣介石的就被認爲是同情共產黨，類此爭論愈演愈烈，遂使麥加錫在他的全盛時代，得以指責馬歇爾將軍爲叛徒，並宣稱凡對蔣効忠的就是對美國効忠最好的試金石。

　　更激烈的共和黨員在攻擊政府時就曾說，若蔣不安全則整個美國社會的結構就會走上瓦解之途。傑出的共和黨員不久就發現到在中國戲中扮演的角色一如高貴的基督鬥士單獨與亞洲的共產黨作戰，或爲拯救在絕境中的美女而戰，總歸一句，就是爲道義原因而戰的鬥士都有號召群衆的價值。

　　把援助蔣介石的事變成在亞洲抵制反基督的道德運動，使蔣家開闢了爲國民黨宣傳活動的有力財源。全球每個教區的任何美國教會的傳道社團都覺得蔣家的福利是與他們息息相關的。

　　一世紀半以來，傳道團體早已把每週捐獻的每分、每角的錢捐出以企圖「拯救中國」。每位獻金者都受鼓勵，認爲感化中國人成爲基督徒並使他們過美國式的生活是他們的責任。幾世紀前耶穌會曾夢想如果他們能夠改變皇帝的信仰，那麼皇帝的多數子民就會皈依基督敎。依他們的新見解，宋、蔣兩家——中國最有名的家族——被認爲是所有美國人所希望的中國象徵，他們是獻身於民主及基督的現代男女。

每一種使美國人民相信蔣委員長及蔣夫人均熱心促使中國成爲基督化國家的手段都用到了。現在，一九四八年，一個無神論的共產群衆，莫斯科的傀儡，正在掃蕩全國。如停止對蔣介石的援助將是對信仰的最大出賣。

因此，軍隊、黨派及教會，每個團體都有理由相信援助蔣介石對他們自己的福利非常重要，於是對民主黨政權之「擺脫」政策的攻擊更形慘烈。軍隊與共和黨兩方面都做過分的諾言及宣告；好像美國的命運就決定在蔣介石的存亡上。

蔣委員長本身的問題是很清楚的：如何才能以空間換取時間來爭取最人的利益？他必須纏住不放，一直等到第二次世界大戰爆發，或是等到他挑起美國與中共公開發生武力衝突。

蔣介石之尋求保證

蔣介石目前的主要難題是要確信他並沒有被他的人民所遺棄，同時也要確知美國今後的援助，他仍能全權控制。

在華盛頓，經過一場最激烈的辯論，美國同意繼續兩項最小規模的援助中國計劃，該計劃係一九四八年經濟合作條約下全球性計劃的一部分。同意書在七月三日於南京簽訂。

不久事情就弄清楚了，這援助只對蔣本人，而不落入任何蔣的潛在競爭者手中。九月二十二日，有位國防部副部長被派到上海去加速分發聯合國善後救濟總署及美國儲存在倉庫的巨額物資。由此開始，所有物資即大事轉運台灣。經拆除後的上海工廠也相繼渡過海峽。隔著一層又寬又深的海水，這些物資可以在台灣囤積起來。

然而，蔣的助手卻遭遇到非常棘手的問題。台灣人倡議外國干涉

是否已嚴重地影響到美國的公共輿論？是否眞有被干涉的危險性存在？美國或聯合國是否會不承認蔣委員長對台灣的權益？

爲要試探美國對干涉主義及託管建議的反應，魏道明主席於一九四八年秋派遣新聞局的鄭南渭到美國做短期的訪問，以便與同行記者們重溫舊情，並與公共關係公司洽商繼續「引導」美國輿論。

沒多久，一大批的故事就出現在美國的報紙上，這些故事如果具備了眞正有趣的內容，一定會引起公共辯論。這些內容有很大的差異。有些很顯然是親蔣的文章，有些則是嚴屬批評國民黨及其政府的。綜而觀之則可看出其共同主題。「如果國民黨在大陸上被擊敗，美國將如何處理台灣？」「是否有人對『台灣要求外力干涉』這件事付出眞正的關心？」這些是主要的問題。

有名的專欄作家很快發表了一連串的故事。在這裡我不準備討論他們如何對干涉問題突然發生興趣。哈若德•艾克斯(Harold Ickes)指責任何的干涉觀念爲「新的帝國主義」的形式。由於他的文章中很顯然地在一段不眞實的情節中間接提到我，我就針對這點做反擊。他說從可靠的來源提供了他這個故事，若有機會他將再查一查。同時，提供他資料的人曾向他保證說，凡是建議台灣人欲得美國或日本統治都是「可笑且不眞實的」。「成立台灣自治國的想法純粹是一種製造出來的產物。」艾克斯在他連載的專欄中，堅持美國託管的主張是一個美國人的計謀，由此計謀「美國帝國主義者」渴望剝削苦難的台灣人。 ❶

皮爾森(Drew Pearson)提出了人民投票的辦法，但康士坦丁•布朗(Constantine Brown)的評論很清楚地揭示出這批突來的文章的目的及原因。以「台灣要求保護以阻止共產黨」爲標題，他編造了一個向聯合國的請願，及讓美國託管的計劃。他說在台灣大部分人民是中國人，人口總數有六百萬人，其中不足百分之五是日本人。(很顯然的，

當他努力研究該問題時，所參考的是戰前的資料。)他繼續說：

> 這種據說在最近才發生的運動，是起於台灣居民害怕當南
> 京政府崩潰後，整個華北地區將淪於共產黨之手，而長江以南
> 地區形成內戰戰區後可能帶來混亂的局面。
>
> 據說這個要求聯合國託管的運動，是年輕的魏道明主席所
> 發起，他是蔣介石的親近朋友，也於一九四六年前曾任中國駐
> 美大使。❷

另外在美國也根據了一些關於魏博士提起人民自由選舉的記載及
評論。很顯然的這是一種故意要混淆美國對該問題的輿論的計謀，因
為在台灣島上並不曾聽過任何所謂魏博士所提的方案。

魏的公共關係代理人在耍弄一種頗為穩當的賭博；最好的結果當
然是在國民黨的監視下舉行人民自由投票，如此將顯示人民要求在美
國保護下繼續國民黨掌權的慾望。最壞的結果是在聯合國忠實的監視
下舉行的自由投票，如此也將表明人民熱切的希望受到保護以免被捲
入大陸內戰。因此，將有足夠的時間來堅持讓國民黨領導份子在聯合
國的保護下繼續行使其政權。

一九四八年末，以前在台灣服務的聯合國善後救濟總署的職員分
散在世界各地。他們仍繼續互相通信，信中討論的主要是華盛頓對該
事件所採取的冷漠態度，及台灣人民既沒法說出、也沒辦法來表達他
們的意見以使外界了解。

由於這個原因，一位前任聯合國善後救濟總署的通訊官員及經濟
分析人愛德華・潘恩與我共同準備了一份簡短的五頁油印聲明，題為
「美國將會面對台灣問題嗎？」，文中我們涉及有關人民直接投票的背
景問題。這只是一份參考資料而非正式文件。我們將這份資料分寄給

國內一百六十五位編輯及專欄作家 ❸。不久，我們自己就找出了魏博士的問題的答案。答案是「不」，「將不會對台灣發生興趣」的看法也仍是有效的預測。有些新聞界的聞名記者寄了感謝函來，但我們的努力只促成了一篇社論，登載於一九四九年一月三日的巴爾第摩太陽報。很顯然的，美國對台灣人民的問題並不感興趣。的確，台灣到底位於何處？

捐給傳道團體的百萬元

鄭南渭已盡他最大的努力舖好了路，現在需要的是一個真正的大活動來爭取美國支持。對於在大陸上的國民黨和軍隊來說時間已不太多了。

蔣夫人要求美國政府供給一架飛機，以便載她橫越太平洋到美國。她有緊急的理由離開，因為共產黨已逼近南京。十一月廿八日她飛走了，十一月卅日美國大使舘人員也開始離開首都。

蔣夫人在戰時的華盛頓曾有過很大的成功。

一九四三年，她曾在美國國會上發表演說，而在走遍美國各地以戲劇性的請願獲取美國人民的同情及支持後，她也曾向加拿大議會發表演說。那次的旅行是一大勝利，然而現在，她發現事情已完全不同。

十二月一日在華盛頓，她受到中國大使顧維鈞及她的姊夫孔祥熙博士的歡迎。國務院接待組也派人去歡迎她，但絲毫不表熱忱。她的魅力已經消失了。

等了九天之久，她才被邀參加總統的茶會。無論如何，仍有相當的新聞報導幫助她吸引全國注意她此行的任務。她請求全美基督徒為中國祈禱。在她被白宮接見的前一天，巧合地在紐約宣布有位「匿名的

中國基督徒」捐了一百萬元救濟及幫助在美國的美國傳教士，這當然也包括成千被迫離開中國的傳教士們，此刻他們正向美國各地的傳道社團及教會報導他們的親身經歷。

但是，蔣夫人之從南京飛來華盛頓，並不單是爲了美國總統的一杯茶，或鼓勵某人捐百萬元給傳道士。她尋求的有三件事：第一，她要求美國政府發表一篇清楚的聲明，表示美國要繼續支持國民政府。第二，她要求大量的物資援助。第三，她要求美國派遣一位高級軍事人員到現場調查中國形勢。

如直接提名麥克阿瑟將軍未免太不夠圓滑了；於是就把這件事留給在巴黎的中國外交部長王世杰，他建議「麥克阿瑟將軍或克拉克將軍」。這個有禮的建議給美國總統一些選擇的餘地，但並不多。

更有趣的是，如衆所週知她準備供應美國在台灣的軍事基地，作爲這些幫助的報酬。

當蔣夫人在華盛頓等待之際，一連串的謠言傳遍世界，說國民政府將退居台灣，然而在十二月八日，中國駐聯合國代表蔣廷黻博士發表一項聲明如下：

> 中國代表團在此堅決否認並鄭重駁斥有關中國政府將在台灣建立政府的計劃，及中國領導份子拒絕遷居台灣而準備「尋求在南京新共黨政權下隨遇而安」。❹

陳誠將軍部署海島爲避難所

一九四八年十二月二十九日，魏道明主席突被撤職，在一週年的省主席公舘內，包括貴重傢俱及古玩，均被一掃而光。魏博士及其夫人取道香港而前往加州過其舒適的退休生活。

這時蔣夫人正極忙碌地奔走於紐約與華盛頓兩地，她有理由相信她已得到了保證，即使蔣介石在大陸被擊敗，美國將不過問他占據台灣的權利——如果他能占據的話。

為了使台灣安全，蔣介石派了強硬而忠心的陳誠將軍駐守該島。陳誠將確保台灣準備好防衛力量，他也將不容任何台灣人的獨立運動或聯合國的干涉，也將撲滅全民投票這件無稽之談。總之，他將實施軍事統治。

陳誠將軍於十二月二十九日正式就職。事情已惡化到極點，所以沒有多少時間可浪費。在十二月十五日左右，由沿海港口開始了大逃難。難民人數逐漸增加，估計每天約有五千人湧入台灣。其中有些人擁有無限的財源及影響力，例如孔、宋兩家，他們帶了整船的私人財產、工業原料、經解體的工廠及食物，渡海到基隆和高雄。而大部分的難民則盡其可能的橫渡台灣海峽，他們不只在主要港口、甚至廢港、河口或海灘等，只要他們能上岸的，都成了他們的登陸地。那種混亂的情形是難以形容的，因之給予台灣人的壓力再度達於頂點。同時間也發生了共產黨間諜偽裝難民進入台灣的問題。陳誠於二月中下令封鎖港口二週之久，以便建立檢查制度，蔣介石的兒子蔣經國也被派來管理內部的安全，其時他的職稱是「台灣省國民黨中央黨部主任」。從此以後，只有帶有證件的軍事人員、政府官員、「合法商人」及其眷屬才准予進入台灣。

陳誠的新政府被用來盡量安插對黨、軍、政有功的難民。大部分魏博士的人員僅僱用於地方行政機關，但在地方行政機關之上，將開始建立所謂的「國民」政府的雛型。很多新的各式各樣的委員會紛紛成立，所增設的職位用以安插及犒賞自家人。由於此項措施，在台灣竟有約一千六百名將軍、將近二百名的海軍將官及足以管理整個大陸的

官僚。這一大批人的居住和吃飯的問題都得由台灣人來設法供應。

當共產勢力在中國向南推進時，鄉村人民不是把他們當解放者加以歡迎，就是把他們當做代替以前的軍方獨裁者而採取聽天由命的態度。學者、軍官和公務人員都得做最大的決定，有些人逃到香港、東南亞或歐美各地。有的則僅渡海到台灣，希望當奇蹟出現時，他們能很快地回去。也有很多人宣布投共。

在有名的軍事及政治人物中，必須面臨選擇的是陳儀將軍，他是以前的台灣省行政長官，目前，靠蔣介石的恩惠及寵愛，出任富庶的浙江省主席。

一九四九年一月，蔣介石的地下工作人員發現陳儀與謝南光有往來，謝是一位變節的台灣人，在戰時的重慶曾使美國情報人員非常迷惑，又曾在占領時期短期地代表國民黨駐東京。目前他與共產黨又有了密切的關係。據傳言，陳儀正在談論在共產政權下如何設立一種適合浙江省的「必然的國家社會主義」。

他在二月十四日被捕並立刻押送台北。三月三日，台灣人才聽說陳儀已被捕入獄，他以前在台灣的胡做非為將被懲罰。

台灣人對該說明卻抱著懷疑的態度，因為他們知道陳儀曾受到蔣介石非常優厚的報酬，而只在被發現他背叛了他的朋友及監護人蔣委員長後才遭到逮捕。

陳誠將軍及蔣經國兩人，以殘忍及徹底的手段來處理內部安全問題。被捕及處刑的人數都沒可靠的統計，但據台灣領導人物估計，在一九四九年一年中，至少有一萬人被逮捕，其中有些人被拘留做嚴厲的審問，有些人被判長期徒刑，有些人則被處死刑。據說省主席本人就曾在街上停下來，命令逮捕行為使他不悅的國軍士兵，並當場用他的手槍處決該人。

　　安全網傳佈得非常廣，共產黨員、提倡「第三勢力」的民主同盟黨員、曾參加一九四七年二月事變的台灣人以及所有提倡台灣獨立或要求聯合國干涉的台灣人，都在羅網之中。

　　一九四九年在台灣人的記憶中是恐怖的一年。這裡我只引述一位目擊當時情形的台灣人寫給聯合國善後救濟總署委員的一封信，由信中，我們可以看出在陳誠將軍統治一年下的台北景象：

　　　自從上次我寫信給你到現在，中國大陸與台灣兩地的情勢都有劇烈的改變。前魏道明的政府比起現在的政府來得穩定些，然而，除了少數當傀儡的台灣人被任命於政府高級職位外，台灣島民所關心的經濟情形及政治地位並沒什麼改進。

　　　情勢惡化得很快，尤其是去年秋天，當政府力量在大陸前線崩潰以後更形加劇。約有五十萬名腐化的政府官員及難民湧進本島，有幾個師團的軍隊也被送來台灣做為後備及訓練之用。而台灣人民得養活這批殘軍敗將。

　　　CC派及祕密警察盤據了全島。他們的主要任務是直接對付共產黨及美國託管運動。自從陳誠任省主席以來，他採取了以前他在滿洲所用的嚴厲壓制手段。

　　　這裡有個最近的例子。約在一個半月前，國立台灣大學及師範學院的學生與警察發生衝突，事發時，省主席是在南京。經過游彌堅市長及台灣代表的努力，該事件被局限於一地而沒擴大，而且做了有利於學生的調停。

　　　當省主席返台後聽到這項消息，他非常的生氣，告訴他的部下說：「這些流氓應處以嚴厲的懲罰。」

　　　他在四月四日採取行動。六日半夜，所有國立台灣大學及

師範學院的宿舍，都被武裝的士兵所包圍，約三十名學生被捕。次日，有數名秘密警察再度前往師範學院的宿舍逮捕學生，而導致學生與警察間的衝突，結果使師範學院約三百名學生被捕。

師範學院奉命暫時停課，並重新改組。

轉過來看國立台灣大學，情形並不那麼嚴重。只有廿五名學生被捕，學生集會決定，除非釋放被捕學生，並保證其自由，否則學生將罷課。這件事經學校與省主席決定，凡與上次衝突無關的學生將被釋放，而有反抗嫌疑者將立刻送到法院。❺

在人批難民被阻止以前，約有二百萬的大陸中國人濱海來到台灣。該數目包括強迫徵來的士兵，他們是受命而非自願來台的。(他們純粹是被強迫上船而載到台灣上岸的。)

大部分的普通難民也在戰爭的巨浪下無所選擇的踏上逃亡之路。他們並不喜歡台灣，也不喜歡台灣人。在傳統風俗上說，大陸中國人認爲台灣是蠻荒的邊疆地區，當然不是一個可讓眞正中國人留下他們的骨頭、祖先神位及家庭族譜的所在。而更糟的是，台灣人曾受過日本人的腐化，被認爲他們是仇視中國大陸人。

因此，由事體的本質上看來，要難民們和台灣人相處融洽是很不可能的。

這一點是很難被外國記者及美國專欄作家所了解的；例如克來德‧法恩斯沃爾斯(Clyde　Farnsworth)在思克列補‧豪爾土(Scripps Howard)報導說：「台灣的土著中國人與大陸中國人已被深深的拉在一起合作。」台灣人討厭每個新來的人。過去已發生了太多的事，對將來更是難以逆料。其他外國記者則對突然加諸於該島的重壓所引起的緊張局勢提高警覺。一位倫敦日報的記者記載：

台灣人民，他們對於日本投降後就來台的貪得無饜的中國人即不採取和善的態度，目前對國民黨的軍事力量仍無動於衷。對於蔣介石政權將來的命運，當地人並無興趣。……過去三個月內，物價已上漲了將近一倍……

台灣人可能是唯一希望日本人會捲土重來的東方人。這當然是難以辦到的事，所以他們樂於接受將台灣轉到麥帥的統治下，謠言傳布了全島，如果國民黨的防禦失敗，美國將介入來反對該島讓給共產黨……❻

有位著名美國記者紐約時報的提門•特爾丁(Tillman Durdin)記載道：

……偷竊、搶刼財物及其他非法行爲(國民黨士兵所做的)不曾改變本地台灣人對大陸人的態度……。

國民黨一貫的作風與政策，運用到台灣的行政上，及由此地從事反對共產黨的戰爭，證明其效果與在中國大陸時並無差異。……❼

中國戲院：委員長「退休」的上演

每一個人都會佩服蔣介石於打擊國民政府組織內部的競爭者時所採用的最完善的技巧。他的對手認爲只要有人取代了他的地位，就能創造出一個全新的政體，就能恢復美國的信心及支持，在長江以南，也就能成功的建立起反共的立足點。他很巧妙地設了陷阱，然後摧毀他們。

雖然在一九四九年初，委員長早已看出國民黨的軍事情勢已然無望，他自己並不準備求和。然而，在他的新年文告中卻又表示願意和平解決，且說如果已被安排的話，他將不加阻撓。

當然他知道政府中正滋長著不滿的情緒。於一九四九年一月十九日，行政院提議停火及與毛澤東和談。

兩天後──一月廿一日──他宣布由總統寶座引退。

此後的十三個月，全世界都注視著大規模的中國戲的上演。我們必須了解李宗仁將軍是蔣介石少數重要的非共產黨敵人之一，他常常批評蔣氏在政務和戰務方面的作為，在華盛頓有時被認為是取代蔣介石的人選。在蔣介石的眼中，李宗仁已經變成了對他地位很明顯的威脅。一九四八年四月，他已無力阻止李氏之被選為副總統，現在，蔣氏就想讓他來負起失敗的責任。

從一九四九年一月廿一日到一九五〇年三月一日，軍隊、官僚、將軍及各院長，公務員及外交人員，在中國舞台上由一位有名無實的人在左右調動著。按理說，蔣氏是引退了，但這次的引退是設計來證明只有他一個人才能代表中國的國民政府。

李將軍並非「總統」，僅是「代總統」，史書上將把國民黨在大陸上失敗的責任記在他身上。蔣氏「引退」後的隔天，北京淪於共黨之手。

蔣氏由南京撤退到較安全的台灣之行動，是經過小心的安排，以免造成他有臨陣脫逃的感覺。像所有盡責的兒子們一樣，他最初是退居到浙江奉化的祖居，以「祭掃先人的墳墓」，從浙江奉化，他到過杭州，然後到廈門，扮演著退休學人到處尋求可以靜思的地方。最後，他終於找到了一個地方，就是在台灣的台北背後有著美麗溫泉的草山。

這是一個奇怪的「引退」。離開總統寶座後，他仍保留隨時返回任所的權威。他仍然是「黨領袖」（總裁或領導者），他也仍是三軍最高統

帥。他留給李代總統的權力是太少了。在這些總裁及委員長的職位上，他的命令超越於僅為代總統的平民政府之上。

當然，美國公眾及大多數的美國領導人都認為他是真正退休了，而李將軍是中國總統。

從草山，一連串的命令下達給散處華南的軍事人員，也到達了政、黨人員手裏。這些命令常常與正試圖重組長江下游的國民政府勢力的李代總統的命令相抵觸。例如，蔣氏越過李代總統的控制，而命令將國民政府的黃金準備運來台灣，還有無數的資產，包括故宮博物院的寶藏，也被轉運到海的這邊來。其目的當然在於保證這些不會被共產黨所得，同時也不會落入蔣氏的非共黨對手之中。

為了堅守華南防線——如果在這最後的一刻仍可能做到的話——李氏絕對需要國外的軍援、金錢及堅強的支持。但是，本來運送美國軍械及救濟物資到中國港口的船隻，卻受蔣氏的命令而轉道台灣，由蔣氏而非李氏接收。

李氏也受到行政院長孫科的騷擾，他命令政府機關移到廣東，以便受到由陳立夫為首的集團的支持。但孫科本人因失職及盜用公款而受到嚴厲的攻擊，終於在三月被迫辭職。他立刻離開，去過舒服的逃亡生活。

孫之繼任者為何應欽。四月十六日，美國大使向華盛頓報告說：「行政院長仍希望獲得美國的貸款，他建議以台灣島的留置權(lien)或其產物為抵押。」❽

從這件及其他公文上，美國大使記錄下蔣氏干涉李氏鞏固華南國民黨軍力的企圖，並拒絕發放被他扣留的台灣的軍事及經濟物資給李氏。❾四月十八日，大使報告：

　　白崇禧將軍今天上午來找我，報告代總統鑒於最近共黨的
要求，將建議委員長在和平無望下，他(蔣氏)如果不再負起總
統的全責，則應離開中國，而把所有的權力及國家資源轉移給
李宗仁。用這些手段，代總統將強迫委員長做一個清楚的決定，
以終止由他製造出來的目前的混亂現象。❿

　　南京在四月廿四日落入共黨之手。代總統飛到桂林，廣州，最後
飛到位於更內地的戰時陪都重慶。他不敢訪問台北。其時，蔣氏用台
灣為基地，使全世界都知道，雖然他「隱退」，他仍然代表著「中國」。
這是一場精彩的表演。他安排被邀去菲律賓和韓國訪問，建議成立一
個太平洋組織或遠東反共聯盟，並以國家元首的姿態代替中國講話。
四月廿七日，當南京淪陷，而上海也將失守時，他理直氣壯地宣布他
自己決定要「平定共黨叛變」。七月二十日，他宣布所有共黨控制下的
海港一律停止國際貿易活動。

　　上海，世界上最大都市之一，於五月廿七日落入共黨之手。蔣氏
把保衛上海的責任委託其親信湯恩伯將軍，湯氏認為適當的戰略是建
立一道木樁——一座木樁圍牆——於離城約四十里處。這就是湯氏的
能力及蔣氏「軍事天才」奇異之行為的證明。

　　共黨之占領上海，使它與台灣的關係告一段落。自從一九四五年
中，上海成為台灣與大陸間的主要連接港，且控制了台灣的經濟生命。
這個大港市的失陷打破了這個關係；從此以後，台灣以北接日本，橫
過太平洋接美國，南鄰菲律賓，經東南亞而連接遙遠的歐洲，而恢復
了海洋世界的地位。

　　上海到處擠滿了無法逃到台灣的難民。六月廿九日，蔣氏由台灣
派飛機向該大城做殘酷的攻擊。台北形容這次的行動是對軍事目標成

功的攻擊，在上海的外國人則稱其為不負責任的一般性攻擊，非但沒
損毀軍事目標，反而殺傷了成千擁擠在難民區的難民。歐洲的記者們
說，蔣氏並沒有辦法採取繼續攻擊的行動，因這些飛機的汽油及軍火
全是美國供應的。共黨曾對此大事宣傳。

英國政府對此深感不安。英國在上海有很大的財產，他希望經由
與共黨協商談判的方式能夠加以搶救，同時在香港的殖民政府的地位
及安全也應該加以謹慎考慮。這塊租界地與中國大陸接壤。如果在北
京的共黨要求倫敦與美國絕交，以確保英國在中國及香港的利益為交
換條件時，英國將如何應付？

台灣的法律地位問題在下議院被提起，台北在聯合國的地位也成
了強烈辯論的題材。美國的盟邦及朋友們願意繼續相信蔣氏是真正代
表中國的這種信念將保持多久？在流亡中的蔣氏對美國的價值是否比
英國及大英國協為大？

據有影響力的倫敦經濟人(London Economist)的觀察，自從臺
灣交給盟國，麥克阿瑟將軍任聯軍最高統帥——包括大英帝國——以
來，在等候以條約為依據來解決台灣地位期間，目前可能是將台灣收
歸聯軍最好的時候。

一九四九年中，在華府的國務院癱瘓了，由於在國內失去了民眾
的支持，又和軍事活動家不合，該院失去了決定策略的原動力。該院
不能採取實際的方法去解決國際問題。

國民政府份子在各處混亂撤退，但為爭取美國支持者的恩惠，他
們宣稱他們有「二百萬最佳的軍隊」，隨時準備上戰場作戰，只是他們
缺少必要的裝備。八月一日，退位的總統宣布在遠離前線的草山公館
重建國民黨非常委員會總部。國民黨的秘書處也建立在台灣山丘間的
安全地帶。台灣主席陳誠將軍，從在大陸上的代總統及不定的「中央政

府」說來，是處於一個頗含糊的地位。他絕對忠於蔣氏。

外國政府不得不仍與法定的代總統李將軍往來。蔣氏本身也感到他必須盡量保持與法定的中華民國政府連在一起。爲了達到這個目的，他時常飛去與代總統「會談」。

八月廿日，美國駐中國的大使舘沒舉行儀式就關門了。在世界的另一端華盛頓，國務院發表了惹起爭論的「白皮書」，題爲「美國與中國的關係」，該院希望由此提出結束援華計劃的種種理由。

十月一日，共黨宣布北京再度成爲中國的首都。這是一個決定性的時刻，打開了近代史的新紀元。蘇聯立刻承認了命名爲中華人民共和國的共黨政府。國民政府即刻與蘇聯「斷絕邦交」，而華盛頓也跟著強調承認國民黨。

退位總統到處跟隨李代總統，同時也繼續發送一連串的干擾性的信息給其密使，以瓦解代總統的計劃及其對部屬的命令。李氏於十月十二日將首都遷到重慶，蔣氏及時飛往「會談」，十一月卅日，重慶淪陷。總部移到成都。蔣氏也飛到那裏。

就如蔣氏所期待的，李氏已陷絕境。最後，在十二月七日，代總統離開中國飛往華府，以尋求獲得美國援助的方法，並想「窒息」蔣介石。杜魯門總統是準備以國民政府元首的身份接待李氏，甚至在這最後關頭，若沒有蔣氏擋在途中，也許美國仍能幫助李氏在華南組織一個有效的防禦力量。

台灣成為「自由中國」

第四部

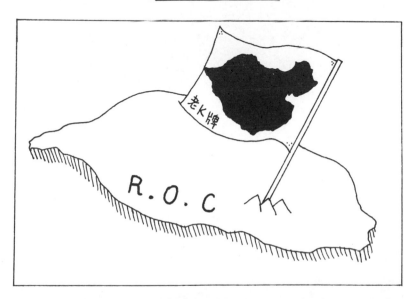

第十八章　轉捩點

華府解救了蔣介石

一九四九年十一月十六日，一個紐約時報編輯在重新檢討台灣問題時，指出中國大陸人「多少」不受台灣人所歡迎，在技術上，該島仍然是敵人的領土，而由盟邦負責。聯合國的託管將解決這難題嗎？

蔣的黨徒聲稱，任何台灣非中國合法領土的提議都會污辱他們，這觀點美國當局尚能大致同意。例如約瑟(Philip Jessup)大使就於十一月二十八日在聯大強調中國領土之完整性，用以做「反對接管台灣」的理由。美國外交使節也正暗地裏準備終止對蔣援助的公開聲明。

背地裏有一些人正想像，行將來臨的宣言將導致蔣朝的突然崩潰，因此假如華府必須突然在台北加以干涉，則有一天我們可能必要與台灣人直接交涉。

十二月初，我被秘密地要求提出一些「可配合美國利益」的台灣人領袖。

唯一能提出的是一些保守的台灣人領袖，因爲那些於一九四七年哀求我們援助的人物不是死就是逃了，等新一輩的人才出現還須一段時日。可能由於二二八事件及以後我們官員的行爲，使台灣人對我們失去了信心。

但國務院走向抛蔣棄台路線時，美國軍方領袖堅持著相反的意見。我們無法沉默地忍受共產勢力的逐漸擴張，而將來可資反攻的基地却逐漸縮小。巴都恩(Hanson Baldwin)代表軍方利益宣稱第七艦隊協防台灣，並保證龐大的軍援團有職權管制美國軍火之援助國府軍。外交委員會參議員亞力山大‧史密斯敦促美國迅速接管台灣，並說他的建議得到麥克阿瑟將軍的支持。史密斯剛從亞洲回來六週，他說：「我從麥帥處所得的印象，他們甚至不願想像我們讓台灣落入敵手。」參議員威廉‧諾蘭建議送魏德邁將軍回台灣當軍援團長，再者，「美海軍親善訪問團必會產生穩定的影響力。」一些國會議員決定組成一個「援助反共中國委員會」，不久蔣介石利用他的「軍事天才」及軍隊，發表一個誇大的聲明，說國府在中國大陸有超過一百萬的軍隊等待武器上陣。蔣造謠說正要準備一堅強的攻擊部隊向共黨進擊。蔣的黨羽開始響亮的冠稱台灣爲「自由中國」和「民主的堡壘」。

沒人敢公然破壞這議案。美國的軍事利益需要將台灣孤立起來使之安全，蔣終於見到美國終於不得不要他。

僅管魏德邁將軍提醒亡命海外的中國大富翁，他們的錢財未曾在中國本土動用過，許多國會大員們及門外漢的共和黨員們被遊說，假如華府送足夠的錢給蔣，他必能迅速地阻止共產洪流。援蔣法案極爲繁雜，第八十次國會通過一九四九年度援助一億兩千五百萬美金，參

議員諾蘭鼓勵增加大量額外支出，參議員布力(William Bullitt)初步預料需要之援款從十億到八億之間，參議員亞歷山大•史密斯想兩億元大概對這時有點幫助，麥克藍(Pat McCarran,印州的民主黨參議員)建議十五億的援款，而且提議大部分援款最好用純銀幣運去中國，杜威(Thomas Dewey)先生建議大增援款。蔣夫人曾要求每年十億元而且先預付三年的援額，一位可敬的參議員甚至提議再邀請她來國會解釋她的需求。蔣幫曾被保證過假如共和黨取代民主黨，則中國大陸將會被恢復到蔣的手中。

　　但是蔣的困難就是美國總統的改選非要等到一九五二年年底不可，且共和黨接掌政策之時間可能要等到一九五二年，蔣只好找一個逃難地點來等待被拯救的時刻。

台北，「中國的臨時首都」

　　李宗仁將軍在華府出現，打破了「蔣可能是中國的唯一救星」的印象，李宗仁的部隊尚在南中國作戰，假如杜魯門總統說服李宗仁與蔣分裂而成立第三勢力的政權來換取美援時，情況會變成怎樣呢？

　　蔣乾淨俐落的處理了這危機，他命令李宗仁的部下來台，第二天蔣自己也來台，宣布台北為「中國臨時首都」，並著手重整破碎的國民黨、國府、國軍等。台灣不像那些荒涼未開發的中國大陸，這裡是一個完整的海島，有組織良好的社會體系、進步的工業技術加上穩固的社會安全措施，外國記者倘若沒得到允許就無法自由進出，而且他報導若有些「不正確」時，一下子就會被吊銷入境許可。海島內沒有不合法的廣播，對於台灣人的「叛亂」份子的搜捕更是加倍進行。時常大大表演他的渴望——假如需要的話靠自己打回大陸——的蔣介石，在台

灣能夠耐心的等著美國理淸自己的雜務，再來替他取回失去的中國霸權。

蔣撤退到台灣，順便給他擺脫了一批不太順眼的夥伴，例如患有錢財飢渴症的宋子文舅爺也辭謝了台灣溫床，寧可定居在紐約哈德遜河谷，孔祥熙夫婦也早已經在那兒，蔣的大姨子寧可加入北京的共產黨。

那時共產黨旣無海軍也無空軍，不能跨越台海，同時台灣對西方張開等待經濟軍事援助的大口，期望美國改變「袖手旁觀」的政策。

蔣介石有足夠壓迫台灣人的軍力，據估計在他被趕出中國後的幾星期內，近五十萬的軍隊被推擠上船運到台灣，連蔣介石自己也感到來了太多。不久，疾病使兩萬五千人喪生，另外有十五萬人被遣散，數十位將官奉令退休。

在國民政府組織內，委員長的主要軍事對手(那便是支持李代總統的人員及一些過去不曾十分服蔣的軍閥)，此時正被共產黨追趕到海南島、兩廣及西南省份。在海南島，國民政府註定了他的最後抵抗，一些戰敗的將領冒著軟禁、丟臉及失勢的危險，遵從命令渡海到台灣，信不過蔣的人則逃亡國外，另一部分人收拾殘兵敗卒投共去。

假如台北政權充分革新，是否會使蔣介石的美國軍人朋友認為他有「活躍的軍隊」？是否會使共和黨的朋友們以為他是在「誠意革新」？這值得試試看。

十二月二十一日陳誠退出省主席職位，升任為行政院長，相當於內閣總理。此後，這位嚴酷衰老的將軍仍能通過該院督促及監視台灣的民政及行政，就像台灣只是中國的一省一般。

取代陳誠的是吳國楨博士，他就是美國人所熟悉的K. C. Wu。一些權威者認為這一著實在是蔣介石的失誤，因為吳國楨是位眞正的自

由主義者，他有完整的人格及卓著的行政經驗，他畢業於愛俄華的格利寧大學及普林斯頓大學，戰時曾任重慶市長、外交部次長等職，不久前才當上海市長。他上任不久，台灣島民就開始說，輪到了吳國楨他們才找到一位真正顧及島民利益的主席。吳國楨在國民政府最倒霉時就任。

十二月二十三日，美國務卿向國內發布外交政策聲明說：「台灣無論從政治、地理或戰略的觀點上看都是中國的一部分……雖然被日本統治了五十多年，歷史上曾屬於中國所有，政治或軍事上完全是中國的責任。」

那天中國駐美大使正式向美提出要求繼續軍援。得到的回答是「不」，但在同一天，美國外交部在薰黑的台北領事館大樓重新設立使節團。駐華大使史徒雷登博士和他的中國秘書菲立普·傅留在美國，把他的辦公室留給代理大使去接管。

一九五〇年元月五日，杜魯門總統正式宣布「放棄」政策，他依照慣例說是為了尊重中國領土的完整性，因台灣已經由開羅宣言及波茨坦宣言裏言明歸還中國。

> 美國對台灣或任何其他中國的領土沒有掠奪的企圖，美國也不企圖取得任何在台設立軍事基地的特權，也不企圖用其軍隊干預目前的情勢。美國將不捲入中國內戰的漩渦……同時美國也不向在台灣的中國勢力集團提出任何軍事援助或指導。❶

總統聲明完畢，一些出名的共和黨領袖即迅速為台灣人的權益呼籲，參議員搭虎脫早已構想了一個「台灣共和國」，參議員亞歷山大·史密斯建議草創一個「美國、國府、台灣人民間的政治及軍事的聯合指揮所」。參議員凡登堡（Arthur Vandenburg）說要「考慮到台灣住民的權

益」。

這一些開明共和黨員的呼聲不久就消聲匿跡了，也許是被其他向民主黨叫得滿天價響的反調所淹沒了。

國府稱杜魯門總統的聲明是「背信」，中國人根底的反外情緒迸發出來了，台北進行著痛苦的磋商，元月九日，昏了頭的年輕軍官登上國府的砲艇武陵號，向一艘駛往上海的美國貨輪開砲。

華府如何對付呢？假如美國保衛自己的船隻則無異承認資援中共，但假如美國接受蔣幫的封鎖中國大陸聲明，那又無異承認雙方之交戰狀態。這將造成美國與其他不承認國府的國家間的緊張氣氛。

在地球另一端的紐約市，蘇俄提出將國府轟出聯大，說國府的代表僅代表一批亡命在台北的難民集團，假裝他們是「世界強國」是很荒謬的事。但是中國代表當時正任安理會主席，因此蘇聯的議案終被擊敗。蘇聯因之憤而退會(元月十一日)。這舉動是結束安理會在這世界組織的重要性的開端。大會是否有一天也要因為台灣問題而分裂呢？

第二天，極度困擾下的國務卿艾奇遜宣布了美國西太平洋防衛圈，包括阿留申、日本、琉球一線，南伸到菲律賓，而韓國與台灣則屬於圈外。

台灣是屬於「陸地問題」而不是屬於「海洋問題」，蔣氏註定只能盡其力自己防衛了。

在改革聲中

當時台灣人處在何種情況呢？

杜魯門總統的聲明使台灣人的領袖陷入失望的深淵，這是日本投降後美國第二次錯失替台灣島民行動的機會。在艾奇遜宣稱台韓屬美

國利益防衛圈外的當天，我收到一封沉痛的來信說，今後台灣人將在
蔣幫特務統治的踐踏下等待中共來接替，該信透露台灣人是如何細心
的探索每一個從外國發出來的信息及對外的聲明，看看是否能給予台
灣人一線希望，信寫著：

　　　　想到這可能是你接到我的信的最後機會，我下決心給你寫
　　這信……

　　　　我曾渴望再度在較明朗的情勢下與你在台灣島見面，現在
　　我幾乎確定，我必須放棄我的希望，因局勢已經十分明顯，台
　　灣已經被美國劃除，因此再過幾個月，我將發現被中共所統治，
　　除非我成功的離開此地。期望國府軍會抵禦住二月以後隨時會
　　發生的共產黨攻擊，那是極端的樂觀。

　　　　事實上台灣人對於杜魯門總統的對台政策是徹底絕望了。
　　我懷疑，假如前任的羅斯福總統還在的話，不知會採取什麼措
　　施。我想他作夢也想像不到他答應將台灣給予中華民國而不是
　　將台灣給予中華人民共和國，顯然六百萬台灣住民的意願都沒
　　被考慮過。

　　　　自從馬關條約訂定迄今，當台灣人命運在被占卦的每一重
　　要關頭，台灣人的意願從沒被重視過。

　　　　從地圖上看，台灣地形略像一個橄欖，難道台灣人因此註
　　定像政治橄欖球一樣在世界政壇上被踢來踢去嗎？

　　　　我十分驚訝的在美國新聞處的新聞刊物裏看到如下的文
　　字：「底特律自由報的漢密頓•巴特拉，評台灣島的戰略重要性
　　時說，永久占據台灣當做美國前哨，不但把我們及台灣住民捲
　　入無窮的紛爭裏，而且如此做極不正當……。」（自台北美新處

十二月十七日的每日新聞第一百四十號)

　　我不知巴特拉先生根據什麼如此說，我也不知他預測的紛爭是什麼，無論如何，沒有台灣人會同意他的意見的。

　　相反的，在一九五〇年元月四日的舊金山合衆社電訊引用曾任美駐台北領事的麥唐納(John J. MacDonald)先生的話說：「大部分台灣人希望他們能經由聯大的託管而從蔣幫手下解放出來，但自從國府逃竄到台定居台北後，這一希望逐漸落空，目前他們似乎期望卽使東京的最高統帥部能來接管也是好的，設使他們能保證日後給台灣人自由的話。」我遇到的台灣人當中，沒有人反對麥唐納先生的意見。

　　一些台灣人想：「政治上台灣只是一個嬰兒，在掙扎著成爲自由人民的過程上需人救助。但台灣將不會永遠是個政治孤兒！假如情勢像現在一樣不改變的話，有一日台灣人可能將在克里姆林宮影響與指導下，成爲美國可怕及咒罵的敵人。

　　我當然知道美國做爲自由世界的領導者尚有許多難題要應付，而其能力亦有限，從這點看來，那麼台灣人這點要求就未免太自我中心了。

　　另一些台灣人認爲美國決定對台政策的態度，不應在利與不利之間取捨，而應在對與錯之間選擇。假使只因曾受日本的殖民統治五十多年就要將台灣關入台灣人所不喜愛的共產世界，而最大的戰爭主犯日本，只因怕她可能發動另一次戰爭，就幸運的安享民主自由，這是何等不合理！歷史將會給予公正的裁判。

　　當我寫此信時，我聽到一隊沿街行進的台灣新兵在合唱一首日本軍隊進行曲，這一隊台灣兵是日本投降後第一批被徵召

入伍的兵丁，台灣青年充滿熱情地被應召入伍是十分神奇的，
甚至使在台的大陸人害怕疑慮起來，相信你想像得出爲何他們
充滿熱情吧！

　　我腦子裡充滿著像這類的人物，他們隨時隨地都可能死於
慘無人道，然而我仍然禱告，期待有一日，情況會好轉。請告
訴我你的意見好嗎？假如可能的話！❷

針對像寫這封信的台灣精英，吳主席上任後首先開始減除地方痛
苦，以及爭取台灣人對國府的支持，因他內心已經十分明白，蔣介石
將無法光復大陸，因爲保住台灣已夠困難了，而難民們將需要島民的
全力支持。

元月十三日，吳主席答允促進地方自治的政府，四月五日當局公
布，行政院授權省主席舉行全省縣市普選，形式上最少這將給台灣人
某種程度的對地方行政警衛的管理權，這實在是一九四七年三月事變
當中台灣人向陳儀的衷心要求。

吳主席起用的省政府委員二十三位裏有十七位委員是出名的台灣
人擔任，有些甚至是二二八時反抗陳儀而一直躲藏未敢露面者。吳國
楨的原意是主張當地人必須在其地方政府中有相當的發言權。

可是眞正選舉時，國民黨嚴厲指定候選人之提名、投票者之資格、
監視及控制選舉之進行。那些被吳國楨選任的台灣籍廳處長也發現了，
圍繞在他們周圍的竟是一群陌生的中國籍助手、屬從、顧問等。雖然
吳主席盡可能走向開明治理，同時減少弊端，然而不久他便發現每一
措施都會遭受到蔣經國的爪牙的干擾。

吳國楨受到的困擾極大，鐵腕宰相是其頂頭上司，蔣經國的特務
又滲透每一行政及軍事單位，經常的逮捕搜查恐嚇，在島民間製造了

極恐怖的氣氛。經濟方面，宋子文的陰魂似乎仍不散，在金融界，有兩個熟悉的面孔，嚴家淦是前數任主席陳儀、魏道明、陳誠的掌櫃，現在嚴家淦已升任爲財政部長，這無疑賦予他超越省主席權限獨立控制全省經濟的特權。吳國楨被迫任命任顯群來替代嚴家淦留下的空位，任曾是陳儀時代的交通處長，在一九四六年到四七年間是嚴家淦的同僚。

我們一點也不驚奇吳國楨在就任後的五十天內(元月十一日到三月九日)竟然兩次被威脅去職。他的第一次困境是「職業台人」黃朝琴對財政措施的質詢。黃朝琴這人在陳儀時代就被御用，二二八事變時以出賣其同胞而被任命爲一間台灣最大銀行的董事長。眼見吳國楨的改革計劃影響到自己辛苦舖好的財路，黃朝琴開始強烈的反對，但吳國楨硬把計劃呈到中央蔣介石處。蔣知道他必須擺出改革的姿態，因此吳國楨獲勝。

蔣介石復職

在台灣這些刺激的改革中，蔣介石一點也沒參與。李宗仁代總統一直是蔣介石的威脅，李宗仁以治病的理由在美國進進出出，會見美國人士及在美國企圖組織第三勢力的中國人士。最後終於被安排在三月三日和杜魯門總統會談。

三月一日，太平洋西緣的台灣，狡猾的蔣介石宣稱他又恢復爲中國的總統，李宗仁在華盛頓的情況一下子變成「前代總統」，他在華府的出現也演變成例行的外交儀式。

一兩週內，蔣介石以「失盡職守」的理由布署彈劾了李宗仁。於是李宗仁與宋子文、孔祥熙走同樣的路，退休到哈德遜河谷。

因此，史書上將說沒有蔣介石在朝時，中國本土淪入共產黨手裏，李宗仁必須負全責，今後中國人民必須等待蔣委員長來把他們從共產匪徒裏拯救出來。

爲配合吳國楨在省政上的改革，蔣介石也宣布黨內及軍中改革。

爲了影響華府當局，蔣介石起用孫立人中將爲陸軍總司令兼台灣警備司令。這算是最佳的宣傳伎倆了。

孫立人迅速的建議徵訓台灣青年，他認爲台灣兵是他進行的工作中最好的合作對象。他打算第一次先徵四千五百人，然後由這第一批人中訓練出三萬五千人來。這是一極端的步驟，因爲從中國來的老兵須被迫遣散而由台灣人取代。新兵可能會奮勇保衛台灣，但他們是不會替中國人反攻大陸的。

外國記者們有一印象，認爲孫立人將軍是靜靜地採取合理化的態度，他僅有能力來防衛台灣，談到「打回大陸」是一粉飾門面的論調。

對蔣來說，任用吳國楨及孫立人實在是一項討厭的事，多年來他善於製造黨派，使其互相對抗，然後再由其特別的技巧來使之平衡。現在他卽開始改革黨與軍，爲了保證其子經國太子可以穩繼王位，因此令其子監督、困擾吳國楨、孫立人或其他把台灣當做「第二中國」、當做「託管領土」、當做「一獨立主體」的自由人士。

一步步的，整個黨政軍的內部漸漸改變，直到蔣經國變成重要人物，而在這三種權力中，其重要性僅次於其父。蔣介石在軍中有無上的權威，其子也就被帶到第二權威當國防部長。蔣介石在黨內有最大的權力，以政工的陰魂附著於各部隊，其子也就當政工頭子——總政治部主任。蔣介石在行政方面，以安全措施的伎倆來指派及監視這「民主制度」的各階層，用以控制行政單位，這方面其子被帶到控制黨務的中央執行委員會。當中華民國總統老蔣享有特別戒嚴權力，那便是遇

到危機或戰爭時期的專制權力。在這種緊急狀態下，其子便可透過國防部長之職控制住行政單位。

蔣經國之繼承其父已準備多年，但到一九五〇年初蔣政權面臨危機才開始顯現出來。被迫讓步改革及任用吳國楨、孫立人等措施，必須由背後抵消。

蔣經國最主要的權力來源在於控制軍隊的秘密警察、黨部和政府，並且把政工排入每層軍事機構內。

這就是自由中國，「民主的堡壘」。

他於一九四九年移到台灣替他父親安排之後，蔣經國用恐怖政策來掌握台灣人。一九四七年的損失是相當嚴重的；一直到一九四八年中，他繼續逮捕、囚禁或處死台灣人，但是蔣經國在一九四九年的進展，帶來了全島恐怖的新年代。

任何人稍對黨、政、軍各單位，或甚至對私人，表示一些不滿，都可能以「親共」罪嫌加以判刑處決。隨便給人戴頂紅帽子眞是易如反掌。並且虛假或惡意的密告都受報償的鼓勵。Tillman Durdin在《無分別的兇殘》裏評註說，不分青紅皀白的殺人開始於一九四九年，而在一九五四年蔣經國自吹自擂地說他在三年半裡平均每月破獲了十三件「匪諜案件」。這令人不寒而慄的數目豈不總共有五五〇個「匪諜案件」。十年後的一九六四年，據估計受蔣經國直接控制的警察約有五萬人。至於打小報告的份子可能要在這數目字的十倍以上。❸

蔣介石首先關心的是陸軍。狼狽的從大陸及外島撤退來台後，蔣介石對這批軍隊的軍官是不予置信的，不久蔣經國爪牙就開了一批在忠貞上可疑，並且據說有通敵嫌疑的許多軍官的名單。

一九五〇年初開始的整肅，持續了數個月，連一向大聲高呼蔣軍陣容強大的美國人都感到受窘。官階爲中將而被審判、處死的就有新

兵訓練司令、國防部次長、聯勤司令、第七十師司令等人，很多較沒名氣的軍人往往就被逮捕槍決。

同時，在中國大陸，蔣軍的戰果是一連串的敗績，海南島於一九五〇年五月二日陷落，五月十六日蔣軍撤出在揚子江口與台灣中間的舟山群島。

為了轉移注意力，蔣軍的空軍在沿海增加出擊的次數加強攻擊的範圍，於是中共為了報復，開始準備跨越台海結束蔣介石的政權。

當年夏天台北各界民心惶惶，大有風雨欲來之勢。台灣人始終迷惑的問題仍然是：「假定中共來攻，台灣人將怎麼辦呢?」

為了使台灣人對蔣有好印象，蔣終於將他的老朋友陳儀槍決。宣槌槍決理由是為了懲處他在一九四六到一九四七年間屠殺迫害台灣人之罪。六月十六日那天發動集會，燃放爆竹以示歡慶。陳儀在一年的囚禁後終於被帶出正法。

台灣人興奮的看陳儀被槍決。但當他們燃放鞭炮時，不少人記得蔣氏在一九四七年三月對於陳儀「幹得好」的獎賞。

一星期後，改革之需要似乎逐漸淡然消逝。

蔣氏被救但被牽制

華盛頓聲明對朝鮮和台灣沒有興趣。對此聲明，北京認為美國默許中共將勢力向朝鮮延伸，並准予跨越台灣海峽。

六月二十五日，共產黨開入南韓。蔣介石終於被毛澤東無意中拯救。

杜魯門總統迅速改變美國政策。六月二十七日，他宣稱美國將抵抗共黨在韓國的侵略行為，並呼籲聯合國共同行動。他接著說：

在這種情形下，共黨若占領台灣，將對太平洋地區及美國
在該地區執行合法且必要的防務構成威脅。

因此，我已下令第七艦隊協防台灣。附帶的，我要求在台
的中國政府停止對大陸一切海空襲擊。第七艦隊將負責監視此
附帶要求的達成。至於台灣未來地位的決定，要等到太平洋區
回復安寧，與日本成立和約，或由聯合國作考慮。

這對蔣介石實在是一道不客氣的命令，告訴他行動受掣肘完全是
對他的好處。美國與聯合國部隊已足夠應付韓戰，美國總統堅稱此行
動只限於圍堵共黨侵略。與美國並肩作戰的其他聯合國會員也無意協
助蔣「打回大陸」的野心。

台北只好接受杜魯門的告誡，但為挽回面子，蔣立刻提議派遣三
萬國民政府軍援韓。

這是很困窘的場面。聯軍統帥部裡有誰要這支素質低劣、忠貞可
疑的軍隊？華府方面更是不願給北京在台海開闢第二戰場的藉口。因
此在東京的麥克阿瑟將軍奉命拒絕接受蔣的提議。❺

無限惱怒的蔣介石是在得悉今後將有源源不斷的軍經援助之後才
平靜下來。

第十九章 「美國共和黨五十年代」 的台灣

代表問題——錯誤的代表

杜魯門總統六月二十七日的政策聲明使許多台灣領導者大感興奮。一時似乎美國將以新觀念面對台灣問題了。中立台灣島使它與大陸切斷的決策，意味着台灣在海洋防衛前哨上的價值已被察覺到，因此它將與琉球、菲律賓等基地並立於防線上。杜魯門對台灣法律地位尚未確定的暗示也引起台灣人一線希望，台灣人盼望台灣能在東京的聯軍總部或美國的治理下。魏德邁將軍不是告訴過杜魯門有理由相信「台灣人將會接受美國的保護以及聯合國的託管」嗎？當然，這與國民政府之間將會有麻煩，但在他們須處處仰賴美國的狀態下，這項困難可運用巧妙的外交手腕予以克服，從而在聯軍的利益內打通一條路去發揮台灣的全部潛在能力。

當時國民政府在美國進行了一個前所未有的大規模宣傳運動。結果台灣受美國保護的計劃並未實現。一個外國集團試圖操縱輿論，並對華府行政當局加上不可抗拒的壓力。白宮決策人士除非放棄台灣中立化政策，否則將被迫離開白宮而由一個親國民政府的新政府所取代。被美國援助而得以延續的台北國民政府直接給這宣傳運動補助金，或透過和它有契約關係的公關公司去做宣傳。

三十年過後，參與此宣傳的重要人物死了之後，這整個宣傳的重要性及其詳細內容才會被揭發。讀者們只要查一查一九六三年美國參議院外交委員會的作證，就可以知道國民政府的全盤規模及所用的方法。❶

華盛頓似乎屈服於該項宣傳壓力。此項屈服打擊了美國主要聯邦對美國的信心，也降低了美國在國際政治上的聲望，且減損華盛頓在聯合國的領導地位。聯大討論中國與台灣問題時，將會面臨艱苦的考驗。

共黨一九五〇年對台灣的威望可說是千眞萬確的。在此以前，美國已迅速地裁減二次大戰後的軍備，凍結其艦隻並拆除其航空設備。同時，狡猾的蘇聯則暗中擴充軍備，並對非共國家進行全球性的顛覆行動。克里姆林宮發誓要埋葬資本主義世界。但共軍的入侵南韓把悠哉悠哉的美國從夢中驚醒。

蔣介石的要求遠超過躲在美國第七艦隊背後而獲得的安全與中立。他以打回大陸爲藉口，在台北樹立政權，但他知道唯有美國軍隊才能送他回去。首先他要求美國參與訓練裝備、運輸國民政府軍到大陸。他確信一旦他的部隊能搶上灘，美國必不會遺棄他而讓他孤軍滯留在中國沿海地域；依蔣的看法，美國對他的承諾一定包括道義上支持他打進中國心臟地帶。

此時國民政府所考慮的是：①如何去遊說美國人民，使他們誤信他們最寶貴的利益已瀕臨危險；②如何使美國軍經援助源源遞增地流進台灣；③如何把美國軍隊拖下戰場替蔣與中共作戰。

我們也許可懷疑很多美國將領對蔣介石軍事天才有深切的印象，或者對於蔣的政治野心有特別的興趣。但我們更可以相信蔣的利益與美國全面的軍事利益相吻合。這是基於一個衆所週知的假設：美軍遲早免不掉要與蘇聯及其附庸國家作戰。此時亞洲方面莫斯科正在供應大量武器、工業設備及技術援助給中共。就美國利益而言，在北京新政權能動員大陸上的人力、物力和工業潛能之前，先發性的摧毀是最有利的。在中國側面建立軍事威脅，以解除南韓聯軍的壓力亦是美國渴望的。在如此情況下，儘管杜魯門一再努力把「熱戰」局限於朝鮮半島，台北的建議似不難受到美國當局的支持，更可受到軍界的器重。

蔣希望在中國沿海掀起一場「熱戰」，美國軍界裡一些他的擁護者也如此。當人們警告他們，中國沿海的小衝突極可能導致與中共和蘇聯的一場大戰時，這些親蔣將領常以冷諷熱嘲相對。至於地方性的政治情況及台灣作爲基地的安全性，他們曉得蔣介石足能獨力應付，因爲台灣控制於戒嚴令下，是提供人力的最佳來源。

美國教會最容易接受台北的宣傳。一世紀來，美國人一直夢想把中國變成基督教國家。因此美國人深深地將情感附着於傳教工作的計劃上。美國各城鎮的教會變成現成而便宜的工具，傳布着中國一些有名基督教家庭的消息。傳教團體活躍於各教區，遊說教民說，共產黨在中國的勝利即是反基督教者在亞洲的大成功。從台北的觀點而言，教會的信徒及傳教者的支持是最好不過的了，因它包括民主黨黨員及共和黨黨員，而且可要求和平主義論者及大多數的軍人愛國者。假如被奴役的中國人終被解放，傳教工作便可恢復。

最重要的宣傳對象是國會及美國政治組織的領導者。議員能夠投票決定援助外國款項，同時也有很大的力量影響執政當局。此際他們很容易受遊說，因爲美國現行軍備對蘇聯的不安感，他們必須有所反應。他們不能忽視蔣有一個現成的軍事設備而渴切想利用它來防禦自由的這種論調。

此際，美國國內政治環境極易受野心家利用。自一九三三年以來，民主黨一直執政；在朝者牢不可拔，在野者拚命想奪取政權，杜魯門一九四八年的勝利，使得共和黨支離破碎。民主黨一再得勝，顯示共和黨過去一向的競選政見缺少吸引力。「援蔣」的爭論像神賜一般。這一爭論的出現給共和黨提供獨特的益處。共和黨可利用民主黨既不願對蔣增援也不借重蔣的武力爲由，指責國務院必有共黨同路人滲透其間；這「足證」共產黨將試圖顛覆美國政府並摧毀美國生活方式；任何人反對大量援蔣，不是忽視共產黨威脅，拿安全來做賭注，便是甘受共產黨分子利用。另外一個大益處是台灣距離美國太遠，美國人對這海島一無所知。這就是「代表台灣選區的參議員」能成功的原因，因爲那遙遠的邊疆即令發生什麼變化，美國大陸上的選民不能對他提出什麼附加責任。

因此之故，當時的美國充滿着宣傳八股。但是假如現在把當時的宣傳抽樣觀察的話，我們將不難看到它們是花了多少心機來掩飾台灣腐化的內政，並盡力轉移美國人的注意以忽略多數的台灣人口。一九四七年台灣人的要求干涉從未被提起，二二八事件則被輕描淡寫，說成是共產黨的陰謀和日本精神的遺毒。至於台灣人希望與中國大陸切斷統屬關係，以及台灣人徒勞地爭取各級政府代表名額一節則隻字不提。亡命到東京而竭力爲台灣獨立而奮鬥的鬥士一概被說成是叛國犯，應予處死。

麥克阿瑟訪台

　　共黨一九五〇年的入侵南韓顯示一九四五年決定的政策有一重大錯誤。因爲盟國並沒在台灣留下什麼利益可供日後解決亞洲地區戰爭善後或訂立和約時討價還價的本錢，因此，欲在台灣行事非先覓得蔣介石同意不可。

　　此時美國氾濫着宣傳的洪流，企圖說服美國大衆，說蔣介石有一支堅強的軍力正伺機扑入中國的心臟地帶。這些宣傳故意使美國大衆去猜測所謂「潛在力量」是指現成的軍力(即優良人員、優良裝備、優良組織、只是未曾上過陣的軍隊)呢，還是指那些可望從台灣人口裡徵募建立的軍隊？假使我們仔細研究一下該項軍事問題時，將不難發現三個可能行動步驟。第一步，台灣準備自力防守中共對台灣的任何襲擊；第二步，蔣介石將率領他那「銳不可擋」的國軍向中國大陸開闢第二戰場；第三步，美國將介入而承擔戰事。

　　於是有人建議以這面積不到一萬四千平方英哩(三分之二是崎嶇的山地)、只有兩個海港及幾個簡陋補給碼頭的島嶼，做爲承擔戰略計劃的基地。它穿過海峽就是具有四百五十萬平方英哩的大陸。此時(一九五〇年)，台灣人口僅只八百萬，內部嚴重分歧。外行人無法知悉蔣介石軍隊的實力，然而美國大衆則天眞地以爲這是一支第一流的軍隊。一個出版甚廣的報告曾經如此提及：「美國認爲赤色的侵略將被第七艦隊和五十萬國民政府軍所阻。這些國民政府軍已給出身維琴尼亞軍校的孫立人將軍整頓過。」這只是當時的一個抽樣。是時東京及華府的軍事專家估計國民政府軍裡具有作戰能力的不過五萬人。這數字在第七艦隊支援下是足以嚇阻中共跨海來襲，但絲毫不能冒險反攻大陸。

現在我們不須強調這一點，因當時很多美軍將領相信，蔣軍一定會派上用場，而台灣一旦準備防禦自己之時，該島也當是積極攻擊的基地。惟一可以左右美國總統決策的，就是使大眾相信總統故意忽視一個堅強而熱切的盟邦。一九五一年四月七日，萊柏林很精明地研究當時出版的這類文章，發現相互間極端不一致，而且極端誇張，所以將他們節錄出版在紐約客(New Yorker)雜誌上，用一個極名副其實的標題「橡皮式的軍隊」。就美國當局而言，這不是一件開玩笑的事，台灣問題終於變成了爆炸性的焦點。

內戰時期林肯對抗命將領的頭痛程度，比起杜魯門總統所面對的好戰將領們還真是小巫見大巫。麥克阿瑟就是這群將領的一個典型。他要開闢第二戰場來疏解軍隊在朝鮮所受的壓力。美國人則被慫恿相信，美國之所以不能迅速贏得戰爭，應歸咎於華府政客們不願利用所有可提供的資源。因此這時候從東京聯軍總部經過的重要訪客都會被諂媚，既給予私談，也給予聽取「秘密簡報」的機會。其實這些秘密簡報，也只是不久就會洩漏出來的貨色而已。

記得一九五〇年六月二十九日，即杜魯門總統封鎖台灣海峽的第二天，蔣介石曾慷慨地提議派遣三萬人援韓。但華盛頓的聯合參謀本部決定不願做這麼大的賭注，並立即把這決定通知麥帥。這對蔣來說是大大地丟盡了面子。

麥克阿瑟為了緩和蔣介石所受的打擊及澄清他個人的態度，專程飛到台北。七月三十一日在台北新聞記者的照相機面前，麥帥迅速而高貴地吻了宋美齡的手，然後在隱密的房間裡會晤蔣介石。他保證軍事顧問及武器不久將運到台灣。翌日他就飛返東京了。

數月後，麥克阿瑟因傲慢地指責杜魯門對台灣的政策而被杜魯門撤職。總統不准他把蔣介石帶入韓戰，而且韓戰也沒打勝，因此麥帥

必須說服美國大眾，使大眾認為仗沒打贏是因為美國忽略了一個龐大的軍事資源——台灣島。

回國後他被邀在國會演講，並在參院軍事及外交兩委員會上作證。儘管他與總統有衝突，他在國會的證詞和演講甚被重視，因為一般認為他對於他轄下的重要地區(包括台灣)理應瞭如指掌。他所說過的大部分的話語會不折不扣地被採信。

下面是他在參院證詞的節錄。他宣稱該證詞僅只是他訪台時住了一夜的觀察。

> 我走馬看花式地訪問了台灣。我對該地的自足感到訝異。
>
> 我發現人們過着不比戰前差的生活水準。我發現一套財稅系統，其完善的程度在遠東可說僅次於日本。我發現代議制度施行着。
>
> 我參觀了一個立法機構，發現那裡面的二十一位議員當中有十九位是台灣人。我參觀了法院，發現一套司法系統在亞洲各國名列前茅。
>
> 我進去他們的學校，發現他們的基本教材和其他遠東各國比較，極合乎標準。令我驚訝。
>
> 自然，我亦發現了許多應該批評的事物。但我衷誠地相信，台灣的蔣介石政府比世界上各民主國家並無遜色。❷

上面這段話的語氣頗為個人性並頗為權威性。但若以正常標準看，這些言論是十分違悖事實的。這段文字只有十二個簡短的句子(原文)，內中「我」字則提到十七次(原文)。耐人尋味麥帥所關心的，毋寧只是個人立場的強調。無論如何，將軍只在台灣過了繁忙的一天，他並沒有提醒參議員們，他煩雜的參觀活動是緊密地擠在僅僅一夜的訪

問裡，其間歡迎、接待、儀式、會議、磋商，自然也都是在這短短的行程之中。

　　仔細檢驗一下上面的證辭，就知道它是用來反駁一些人所講的台灣島內部的種種問題。這些島內問題最基本的是有關中國難民與台灣人間不愉快的關係。一些人擔心描述真象的報告也許已經被送到國會裡去，但是任何麥帥的供詞是不得打折扣的。此後任何有關台灣的報告，不管出於官方或非官方，都不能推翻麥帥的證詞。

　　麥帥結束戲劇性訪問之後的第七天，他的副參謀長(霍斯少將 Alonzo Fox) 飛台評估蔣介石需要的軍援數目。他帶來一個調查團，此調查團是受麥帥之命，與美駐台國務院代表沒有任何關連。這是聯軍統帥違背杜魯門對台政策的諸多明證之一。於是中國人見到了擺在眼前的利益。

　　霍斯少將離台後第三天，藍欽 (Karl Lott Rankin) 先生從香港飛台，在台北美國大使館任代理大使。他一九六四年出版的回憶錄《使華》(China Assignment) 一書中反映出分裂的對台政策下所面臨的矛盾與困窘。❸

　　一九五一年五月一日，蔡斯 (William C. Chase) 少將在台北出任操縱全島美國人行動的軍事顧問團團長。該團逐漸擴大，直到顧問及助理人員達數千人之多。這些人員鞏固該島防衛，且準備有朝一日對中國大陸開戰。

　　一九五二年艾森豪將軍的競選得勝讓國民政府歡聲雷動。今後共和黨一向的競選諾言──即使僅是其中的一部分──將會實現，而蔣介石從一九五〇年以來為討好美國在台灣所做的內政改革也將不是當務之急了。當艾森豪進入白宮的前夕，「時事、生活及幸福」雜誌發行人來台訪問，宣稱艾森豪將軍可能不久將終止封鎖國民政府對台海之

行動自由，也就是解除台灣中立化。蔡斯將軍在一次大軍事會報時招待記者，他說：「我不給任何諾言，也不做何預測。但我相信明年事情將會改變。大概你們曉得我的意思。」❹

　　新總統準備在他的國情諮文裡宣布解除對蔣介石的束縛。但在他發表演說之前已先讓新聞界獲悉第七艦隊將予撤離台灣海峽。束縛果然解開了，今後全世界將看到蔣介石在新的行動自由下能做些什麼事。

　　蔣介石讚美艾森豪為「出類拔萃的政治家」，他的就職演說「充滿着新鮮活力的氣息，洋溢着公正與道義」，並稱讚解除台灣中立化的決定「不只是賢明的，而且在軍事上及道德上都是正確的」。❺ 迦南地 (Promised Land) 好似伸手可及，可是他仍然逗留台灣，他和他聒噪的軍隊還是由美軍顧問團供養着。雖然他已不再被拘束，但依舊沒有躍過台海。他曾經一再地揚言只要美國人准許，他就要「自我行動」，但總是有一些海面運送、空中掩護、陸上後勤的問題尚未解決。從一九五○年至一九六五年，每次新年文告及其他無數次紀念演講裡，蔣介石總是向「自由中國」的人民許諾「不久」就要解放大陸。

　　美軍顧問團依舊留駐台北。柏金遜法則 (Parkinson's Law) 正在運行。自從國軍經改組整編用以防衛台灣以來，顧問團就一直在成長。美軍顧問及補給源源不斷地湧進來，這海島可能終會有一天因美援過重不堪負荷而沉沒。到一九六一年，據報蔣軍已增至二十五萬人左右，全部枕戈待旦，準備隨時反攻大陸。可是收復大陸的行動尚未開始，中國籍老兵已經逐漸地被年輕的台灣兵所取代，最後大多數兵員將會是台灣人。對這些台灣兵來說，大陸只是個陌生的外國。一九六一年國民政府總預算是三億七千五百萬美元，其中四分之三以上就用以供養這支不事生產的軍隊。前述預算數字中有二億五千萬元以上是由美國納稅人負擔的。

　　蔣介石的軍隊在防禦這一小島上可以說是太龐大了，但在反攻大陸的任務上來說則又太薄弱，這就是共和黨執政下一九五〇年代末期台灣的情況。縱然如此，這海島實際上已被安置成一個重要的基地。倘若有需要，美國自有辦法接管台灣，當然先決條件必須不讓台灣經由直接談判而交給北京政權。

美國大使舘對台灣的看法

　　麥克阿瑟將軍在台北只過了一夜，但他設法看過一切事物。相反地，國務院的代表到台北設舘，住上七年，所觀察到的則遠少於麥帥的嘗試。

　　藍欽在他的回憶錄裏說他自己不曾成為爭論的人物。他駐在台北的時候正是麥加錫時代，為調查使舘人員有無共黨同路人，各使舘每一篇報告均被擁蔣派參議員仔細查閱過，因此他被迫不得不謹慎從事。他所做的報告因此可說得上溫柔平和。

　　藍欽以美國首席代表身份至少主管過十四個有關台灣經濟與軍事的機構。數千名美國人散布全島，經常或向大使舘報告或經由大使舘向國內有關單位報告。藍欽先生在他共三百四十三頁的《使華》一書中不乏他以前所做的報告、照會、私人函件等資料的登載。這些資料裡充滿了如何打韓戰、如何在與中共軍事對峙上占優勢等建議。他甚至在該書裡提到一九〇九年白地克編著的《旅行指引》一書曾經把美國悠思美地國家公園(在加州)註上兩顆星。

　　但我們在全書找不到有關吳國楨主席的新政績和他如何反抗蔣經國秘密警察的記載。甚至有人謀害吳國楨的重要故事也隻字不提。卽連書末索引裡，吳國楨的名字也找不到。書中倒提到過吳國楨的名字

一次，責怪吳國楨不該把諾蘭參議員飛到台北機場的事不通知他。孫立人將軍在索引裡出現過一次。藍欽回憶起孫將軍曾經告訴他，假如要進攻中國南部地方，台灣的國民政府必須獲得美國的後勤供給和海空護送。孫立人又另一次在該書中出現，記載着孫將軍被革職後悠閑地住在台中照顧他的玫瑰花園。

「自由中國」的軍事準備包括並牽連台灣島內的安全問題。譬如：台灣人是否效忠國民政府，危機當頭時是否肯爲美國軍事利益而賣命等等。我們且看看《使華》一書索引裡對台灣人如何提及。由索引的「台灣人」標題，我們可以溯及正文而找到兩頁的記述，僅僅只是兩頁。這是關於對華盛頓的一次報告。但台灣人一字則加上引號，表示「台灣人」這一字是令人討厭的。文中別處至少有五處提及「台灣出生的中國人」，「土生的中國人」，以及「中國人台灣土著」。好比我們美國人被稱爲「在美洲大陸出生的安格魯薩克遜人」或稱加拿大人爲「在加拿大出生的英國人」。在該書第二〇二頁處，這種小心引用的字眼卻拋得一乾二淨。此頁提及呈給華府的一次備忘錄。文中大膽地說，在台灣的中國人實際上有百分之九十八可以叫做台灣人，他們絕大多數是日據時代出生的。文中進一步承認，台灣和大陸來的中國難民比較起來可以說是體格更優秀的種族，接受更高的教育，也有更好的生活水準。在另一頁上藍欽懷疑蔣政權可能受人普遍擁戴。對於此問題該備忘錄加以建議：蔣介石在從事反攻之前，最好先證明他是贏得台灣之民心的。在提到共產主義國家發動大規模羣眾示威的高明伎倆時，藍欽先生不小心地暗示到，台灣可能盛行着一套森嚴高壓的警察制度。

雖然大使舘致華府的呈文裡有上面幾處不利於蔣介石的評語，大部分呈文都在證明自由中國是如何地實行眞正民主，是「全球愛好自由的中國人的集結點」，就法律秩序言，「亞洲各國均比不上台灣」，「其

遷徙自由確有幾分」。至於其他自由是否受侵害，則未曾提及。

　　一位寫《使華》書評的人如此說：大使先生大概在台灣一住就好幾年，以致於不再感覺那裡政治森嚴的可怖，「猶如一個人走進虎穴，日子一久，連那兇狠的老虎也彷彿是友善的朋友」，而在他任期的後半，藍欽先生與其說是美政府在台北的代表，毋寧說是蔣介石在華府的代表。❻藍欽離任後，美國大使舘更是抱持一種態度：若華府不重視使舘報告，再好不過。據說，藍欽的繼任者之一曾經叮嚀他的舘員避免與台灣人接觸，尤其是，不要聽他們的訴苦。

一九五七年五月對美使舘的攻擊

　　二次大戰結束後的二十年間，我曾與數十位居留於台北或華府的美國人士就台灣問題談過話。這些談話讓我獲得一個深刻的印象：蔣介石是個聽話的傀儡。至少我們認為蔣在外交與軍事方面已一面倒向美國。因此，一旦我們危機當頭，蔣會為我們賣力。但是如果有美國人在台北自鳴得意地吹擂蔣經國也會聽美國人的話，那我就要提醒他們一九五七年掠奪美使舘的五二四事件了。關於這不尋常的故事，藍欽大使有官方的報導。非官方消息則收入力拉（William Ledere）上校所著《一個綿羊般柔順的國家》一書中。在東京的台灣人也提供過非官方消息。

　　三月二十日晚，一個美軍中士射殺了一個在他家庭園中鬼鬼祟祟的人。美國軍事法庭審判該案，五月二十三日開釋了中士，送他飛離台灣。被害者說是個後備軍官，在中國政府某機構當小職員。循着中國代代相傳的古習，未亡人要求支付撫卹金，該項支付要求沒有立刻被受理。中士獲釋翌日（五月二十四日），她跪在美使舘大門口歇斯底

里地尖聲喊冤。這種申訴方法也是中國相傳的古習。據官方消息，她的叫嚷吸引了一大羣人。羣衆不滿情緒漸漲，開始丟了一顆石頭，不久暴徒擁入大使舘圍牆內。美國國旗被撕下，車子被推翻，辦公室被洗刼。一些在大使舘做事的當地人及美國使舘舘員來不及撤離使舘而受了傷。暴動下午一點半發生，持續到夜半才稍平息。檔案被擊破，編號冊和分類碼被亂丟，機密文件四散在建築物內外。

數小時未受阻的暴亂之後，蔣經國的秘密警察來了，把洗刼過的大使舘予以控制。當暴動達到高潮之際，藍欽大使從香港回來。事件稍平息的時候，藍欽視察了現場，但他被在場的中國人請求離開房子，因爲他們預測暴動會再發生。第二天清晨，他與使舘人員一起回來。看到中國人熱心地幫助恢復秩序，清掃房子裏面的垃圾，藍欽受了感動。大約過去十四小時了，美國婦女們迅速地志願協助整理散亂的檔案。百分之九十的檔案被找到。「重要的」未經分類的文件則遺失。沒遺失的字碼資料多得令大使滿意，因爲整套密碼可以從這些找回的字碼中推出來。官方立即的抗議獲得了同樣立即的道歉與賠償。

非官方的報導給此事加添了令人困擾的細節，同時也引出一些麻煩的問題。根據力拉上校的敍述，暴動發生之前，一些中國人、台灣人、及外國人曾被警告可能會有事端。所謂「小職員」的死者其實是蔣經國地下工作組織的一個少校。在暴動進行中所攝到的新聞照片上的禍首人物，事後發現爲蔣經國地下工作組織中的人。那個尖聲叫嚷的寡婦則有嫌疑事前被提供準備好的說詞，以便在暴動現場流利地背誦出來。

此事件在一個很奇特的背景中發生。蔣介石和宋美齡正好在遠處的山中渡假，大使正好不在台灣，軍事將領正好在金門馬祖參觀。就在這麼一天，暴動自自然然地發生了。在這人盡皆知充滿蔣經國秘密

警察的台北市，為何這類暴動居然延續數小時而未受阻？為何美國人或大使舘人員在撿拾散落的文件時，使舘周遭沒有一隊很負責的警衛在巡邏？是不是有人企圖竊取有關美國對島內問題之看法或反國府人士與大使舘來往的秘密文件？

宣教士給蔣介石的素描

要討論美國人對「自由中國」的感想，不能不談到傳敎，以及把蔣介石一家投影為偉大基督徒領袖這一微妙的題目。

依藍欽大使在其《使華》一書的記載，在台灣的傳敎士一九五〇年大約有三十人，一九五七年則增加為七百人。他認為他們之受歡迎不只是他們的慈悲影響了中國政府，而且是因為「當共產黨迫害基督徒之時，提倡基督敎，顯然在國際政治上對自由中國有利」。當然，這「慈悲」影響所及的中國政府很巧妙地指的是蔣本人。

在美國，蔣介石被描繪成一位偉大的基督徒，正在亞洲領導對抗反基督勢力的十字軍。換言之，不會有人去懷疑蔣介石可能有做人不誠實之處。關於蔣介石皈依基督敎的故事有種種不同傳說。其中倒有一個一致的看法：宋家母親答應要把女兒美齡許配給當時紅得發紫的蔣將軍的條件之一就是蔣將軍非信敎不可。

當蔣介石皈依基督敎時，美國各地敎區大為稱慶，一致認為此後在中國的傳敎工作將會收到宏效，並加速實現美國人一向的夢想：卽在基督敎及美國思想的薰陶下，把中國各地人民的生活重新組織起來。當時，宋家是中國最有名的基督敎家庭，所以當人們看到宋家和中國最有權勢的將軍政治家聯姻時，一般人的看法是，再不可能的事也將變成可能的了。

　　蔣介石與宋美齡大概都曾經在美國各教會內被提起、被談論、並被祝福過。這種感情上的推崇在政治方面極容易表現爲熱烈支持國民政府。「如果領袖是個虔誠的基督徒，那個政黨該不會太腐敗；假如用基督的手來領導，那個政府該不致於太殘酷。」在這種背景下，正在進行內戰與革命的蔣介石終於被提升到英雄式的偶像地位。

　　支援中國的基督徒領袖的呼籲幾乎到達美國每一個政治團體。翻閱幾年來的新聞記載即可看到：每一次援華法案將在國會提出時，報紙上總是附加一篇有關蔣家如何屬靈的故事。無疑地，他們也對不得不侵犯蔣家私生活一節表示遺憾。

　　故事的描寫大致循着一定的公式。被肯睞而應邀參與他早餐的報社通訊員，常常要等將將軍做完早禱。在這種環境下，故事便顯得嚴肅了。一位幸運的通訊員設法拿到一張蔣總裁穿着黑袍、手執一本經書的照片。該經書後來被認出是美以美會教徒每日惵思裏的選句。當時總裁正好站在有名的天主教崇拜偶像聖心基督雕像之前。有時候，蔣總裁倒也說說基督教對中國的意義，以及他對台灣人基督徒關心之赤忱。且舉一例吧，據說那是一次聖誕節的廣播演說，此演說收錄於一九五三～一九五四中國年鑑第四百七十八頁到第四百七十九頁。蔣介石說：

> 「……告誡自由中國的人民務要竭盡一切心力來拯救大陸上的同胞及信徒：用信仰的力量把他們從黑夜及嚴冬裏拯救出來。」他繼着說：「他們必須緊握仁愛的盾，穿上自由的盔甲，拿着上帝神聖的眞理之劍，來攻打撒旦，來榮耀耶穌基督，把祂的喜樂帶給他們。」❼

　　蔣經國也跟着他父親的榜樣，與他的俄籍太太及孩子們統統皈依

成虔誠的美以美會教徒。人們常見到他們上教堂，而且據說他外出旅行時也攜帶一本袖珍聖經呢！

第二十章　所謂「改革」背後的眞面目

合作的代價

　　毋庸他人提醒，台北國府人員知道最受敬愛的美國先知之一就是聖誕老人；但台灣人認爲聖誕老人可能會是虛假的。

　　一九五〇年六月，隨同軍事政策的改變，經援計劃也有重大調節。就某一觀點，美國人接下日本人所遺留下來的巨大工作亟待完成，以便恢復悲慘的五年間所受的損失和荒廢。日本人五十年的投資，不該被遺忘──行政技術和金錢的投資──它奠下中美合作的基礎。這點常被那些圖將「自由中國」放在世人面前當做「國際」合作輝煌例子的宣傳所忽略、所抹殺。

　　自從一九五〇年起，大量印刷品氾濫各地，描述和稱讚由美國發起、而且由美國基金輔助的各種計劃。這些書本、傳單、小册子、免

費贈送的複寫本，通常由計劃基金撥款印行。其主要目的在使國會撥款源源而來。

藍欽回憶錄提供，由使舘總監督下援助計劃的摘要。康隆報告在一九五九年為美國參議院外交委員會提供了一則更精湛的分析。

當藍欽先生於一九五〇年八月抵台時，島上只有為數不到三百的美國人，而可用的計劃款項只有二千萬美元，一九五二年款項總額增加到三億美元，自此以後，柏金遜法則便開始運作，年年增加。當藍欽先生在一九五七年準備離台時，已有一萬官方身份的美國人，還有數百人從事私人企業工作。貝利(Matthew C. Perry)提督在一八五三年提議中美共管台灣經濟的舊夢，似乎將實現了。

藍欽大使估計，自一九五〇到一九五七年，美國的經援投資總額已達到二十億美元。康隆報告提到，就每人投資額來算，台灣接受美援勝過其他任何國家。真的，就國府人員而言，已有七個肥年了。

用如此巨額投資於這小小地區，使整個農工產量迅速提高，一點也不值得驚奇。國民政府人員對拜訪台灣的美國國會議員所提的統計數字，常只提示一九四九年以後增加的百分率，議員們極少有機會注意到一九四五年到一九四九年生產量降到戰前日本產量水準之下，國府人員更沒有提到，有些產量甚至降到一八九五年產量之下。也沒有人提醒重要來訪者，當全部數量恢復戰前產量而逐漸超過戰前產量時，台灣全部人口卻比降伏當時增加了幾乎一倍。在一九五九年，人口增加率每年 3.5%，台灣已經超過一千萬人。但國府人員極少提到中國難民和軍隊、政府、國民黨人員是不事生產的人。這些人全要靠台灣農民來支持。當稅務員又提收他的份額時，所剩已無幾。

這時寫信給我的台灣朋友們，一方面表示他們對美國努力改進經濟情況的感激，但也指出其後果將增強中國難民對經濟的控制。由於

戰後沒收政策，大部分台灣工業早已落入大陸人手裡。過去用來補助主要工業的美金，現在已變成對隱身於幕後不具名的中國人的捐助。台灣人相信這些背後人物的首腦是宋子文和一些與「皇族」有關的人物。

　　毫無疑問，國家和地方財政的繼續性可追溯到一九二七年。在一九四九年到一九五〇年的潰逃時期，孔、宋已離中赴美，且自政壇退休，但一些在台負責經濟政策的官員却多年爲孔、宋所左右。俞鴻鈞，這上海聖約翰大學的畢業生，曾擔任中央信託局主任、財政部長、中國銀行總裁，且與其他大銀行財團有很深淵源，這些財團全由孔、宋把持。在台灣，俞氏繼承嚴家淦，任台銀總裁之後，又仕省主席、行政院院長。嚴氏也曾任財政部長、省主席(繼俞氏)，又當起國民政府行政院院長，這是台灣人沒份的一種換椅遊戲。這批人馬在一九五〇年以後，一如他們過去在戰時中國與龐大的美援團密切工作，繼續在台把持美援。台灣人同意，在吳國楨主席主持下，司法行政和經濟管理有重大進步。外國觀察家也同意，官僚貪污、腐化、和舉用親人的情形已大量減少。然而大陸中國人對外來拜訪者所作的典型暗示却指台灣人是相當落後或心胸狹窄的人，並暗示大部分台灣技術發展是一九四五年以後中國人的成就。在這些情形之下，美援團便迅速採取官方路線；美援宣傳小冊子強調美國正在「援助中國的善良統治者」，美援團人員也談到反攻大陸和他們工作關係的種種，他們也知道對台灣本地人的援助僅屬次要。

　　大陸上，橫行霸道的中國傳統地主制度早就被公認爲農民不滿的主要原因。國民政府人員曾談到土改，但多年不曾認眞地做出什麼，共產黨人便利用這些未實行的諾言，爭取無田地農民的支持。到二次世界大戰後，美國駐華顧問人員才說服了國民政府，去組織中美農村

復興聯合委員會(簡稱農復會)。它在大陸沒有什麼成就,因爲土地改革引起大地主們左右不安,這些大地主們都是國民政府的黨、軍、政要員。他們不容任何變革,農復會便在大撤退時期,移轉到台灣來。

在台灣,國民政府大大地推展土地再分配計劃,因爲處分台灣地主的田產,除影響到陳儀和魏道明時代撈取土地獲巨利的官員們之外,並不涉及政府和黨的高級官員利益,故被認爲是公平合理的把戲。

美援宣傳品對農復會主持下的兩項工作給予了顯著地位。其中之一是一九五一年五月二十五日立法成效的土地減租計劃。

在這計劃下,佃農自此以後,不必付超過千分之三百七十五以上的田租。宣傳品稱,這是極大成就和重大改革,而且宣傳品常暗示,在中國人沒來施行這制度前,台灣佃農曾遭受嚴苛佃租的剝削。但事實上,日本人在戰前即已建立佃租管制和土地法院。一九五一年順利減少的苛刻佃租是中國在一九四五年控制台灣以後才開始的。

美援宣傳品中所說的第二大成就是耕者有其田計劃。它於一九五三年實施,在這計劃下,每位農民可持有三公頃以上中級稻田(約七點五公畝)或七公頃以上乾田,超過者將被迫出售給政府。他將取得相當於百分之七十田地價值的「土地債券」,百分之三十官有工業的股券——這些工業大部分是在一九四五年沒收的。

成千的台灣人感激有此機會變爲地主或在本來擁有的小塊土地上再加上一點,雖然他們發覺不易取得化學肥料,也發覺經稅務員收取稅金後,米穀剩下已不多。但對成千的台灣人而言,由於這耕者有其田政策,降低了他們本已相當節儉的生活水準。許多人懷疑,這政策的用意是在摧毀成長中的中產階級基礎(一九四七年的領導者皆出自這階級),而不在於幫助無田的農民。

極少台灣人在一九四五年以前擁有大土地,但卻有很多人有足夠

的收入來維持舒服的生活，他們有本錢可以做小本生意，有能力送聰慧的子女讀高等學校或到日本讀大學。而今，這些地主被強迫接受土地債券或股票，這些收入當然不足以補償政府強收私有土地的損失，更甚的是，他們注意到官營的工業收入被有特權的經理人員拿去塞飽私囊，而這些特權階級極大部分是中國人。我以前的一個學生在一九五三年八月二十八日寫來的信提及這件事：

> ……自一九四五年以來，台灣改變很多，百分之九十的台灣人愈來愈窮。在這幾年中我失去了所有的田地。……政府徵購賣給「自耕農」。我薪水收入一月不足五十美元，不夠維持生活費用，因此我們也無力教育我們的子女了。
>
> 如今只有兩條路；其一，到海外去謀生，不再回台灣；其二，就如某某君一樣，到美國機關做事。至於我，實在不願在台灣待下去，在此沒有自由，沒有希望。❶

我相信這完全是事實。美駐台大使藍欽致助理國務卿魯斯克(Dean Rusk)的信上曾這樣說：「由於急速的人口膨脹和對農民的苛稅，一些在美援機構做事的美國專家相信，島上居民的經濟日見惡化，大不如一、二年前……」

坑埋自由主義分子

當榨取者的口袋裝得滿滿後，讓我們來看看被麥帥所稱讚爲民主的、有秩序的、生活水準很高的、充滿人民代表的政府，其各方面是什麼樣情況？

一九四九年底，任命吳國楨爲省主席是國府孤注一擲的做法，它

成功地挽回了美國的信心，且保證了源源不斷的美援。吳國楨迅速且勇敢地展開了政治及經濟的改善，其中最出色的是給予台灣人民有相當程度的政治表現機會。他需要獲取島民的支持和信心。如果有一天中國共產黨攻擊台灣時，國民政府的難民們將需要台灣人的幫助。

吳國楨的自由思想是眾所皆知的。他從未得寵於蔣介石，而與太子間總有一道互相猜疑的嫌隙，現在吳氏以極大的勇氣告訴蔣介石，他兒子極端不得民心，在島內布滿了恐怖統治，用秘密警察、政治軍官，以殘忍手段迫使人民屈服於國民黨、軍、政之淫威下。省主席警告蔣委員長說，大部分台灣人已被漠視疏遠到相當嚴重的程度。（見附錄二，吳國楨後來寫給蔣介石及國民大會的信。）

蔣經國則認為吳國楨做了過分危險的讓步，表面的自由民主已經不再需要了。既然華府一九五三年一月已保證了源源不絕的美援，吳國楨的利用價值也完了。尤其重要的是，蔣經國在他父親面前丟了臉，豈能讓一個自由主義的官員使蔣經國失面子卻仍安然無恙？因此吳國楨必須滾蛋。

一九五三年四月三日，吳主席逃脫了謀殺。四月十日他被撤職，但准許離開台灣。這裡他經歷了另一次險境。事情是這樣的，蔣夫人得悉吳國楨上機離台之途中將會被伏擊，她向蔣介石指出如果這樣做，美國將會對此強烈反應，才解救了吳。

吳博士夫婦被強迫留下他們年輕的兒子在台北當人質。他沉默地退隱在伊利諾州的伊凡斯頓整整十三個月之久，後來有影響力的美國人士說服了蔣介石，才讓其幼子離開台灣。

當孩子安全離台後，吳國楨終於打破了沉默。他連續寫給台北國民大會的「公開信」中，一再地警告國民大會，假如「自由中國」要存在，就必須實行真實的改革。他指出蔣經國企圖違憲繼承父位的陰謀，也

指出蔣經國牽制軍隊士氣的政工制度其實是抄襲蘇聯的模式，同時又指出蔣經國如何濫用警察權力，製造恐怖氣氛，藉以攫取各方面的絕對服從，而無論台灣人或是中國下層難民，皆沒有集會、出版、言論等自由的保障。這眞是一個有力的控訴。

吳主席要求國民大會出版他所指出的關於台北獨裁政權的六點分析。很自然地，蔣氏的抑壓下來了，並過遲地控告吳國楨「失職」、「腐敗」、「背叛」等。

從伊凡斯頓，吳氏答覆願接受美國或國際法庭之審判，但絕對不接受蔣氏所設立的法庭裁判，這時他向國民大會和蔣氏提出一連串新的問題，每個問題都旨在掀開台灣蓋世太保(過去納粹德國政府的秘密警察——譯者註)組織的眞面目。蔣氏就是用此秘密警察組織來保證「自由中國」之正確輿論的。

吳國楨爲圖喚起美國人對台灣情況的了解，發表了他與蔣經國和其「劊子手」彭孟緝交往經驗的文章，這篇文章於一九五四年六月二十九日以「你的金錢正在台灣建立一個警察國家」爲題，出現在觀察雜誌(*Look Magazine*)。但這時適值麥加錫時代，又是外島漸呈危機時期——若杜勒斯的話必須加以相信，蔣介石是高貴地在防衛美國民主體制。吳氏的呼籲終於被許多援蔣的呼聲掩蓋下來。

吳國楨的命運可作一警告，蔣經國不許居高位者有任何異議，由於已整肅了自由主義者的省主席，蔣的秘密警察便移轉注意力到「改革」時期聲名顯赫的將領孫立人這位中國陸軍總司令。

美國記者曾聽過台灣人說吳氏和孫氏這兩位大陸人領導者可以信任，必會給台灣人「公平待遇」。這種稱讚曾在美國報刊忠實地報導，消息也就通過剪報方式傳回台北。

孫氏曾毫不顧忌地表示台灣青年是優良的徵召士兵，也表示過歷

經挫折才使台灣青年在軍中獲得公平待遇。孫氏也知道有一天國民政府難民可能需要用到台灣人，如眾所皆知，他相信台北當局要先防衛台灣，搞好台灣，才能進一步「光復」大陸。在外國人心目中，人人知道孫將軍是最得民心的國民政府軍官，人人也知道美軍援團人員認定他是中國陸軍最好的職業軍官，他十分地受華府信任。

這些加起來，在蔣經國眼中，確實是一個重大威脅。特別蔣經國並非行伍出身，也非出身中國軍官學校，只是得其父蔭而培養出來的軍權竊奪者，但在一九五五年時，他却已控有重要地位，可毀滅任何軍官和政府人員。他是秘密警察頭子，控制青年團、退伍軍人協會，又是陸軍政治部主任，這政治部派有政治軍官和細胞滲透在軍中各階層。從蔣經國觀點而言，如果孫將軍受美國和徵集入伍的台灣兵所支持，他確是一個危險人物。

孫立人重蹈吳國楨的覆轍，發現有機會可以抗議——當然彬彬有禮地——蔣經國的政工軍官嚴重地干預正規陸軍作業，破壞士氣和軍紀。

一九五五年中，蔣介石為美國泰勒將軍舉行軍事檢閱，當時美大使也參與其中，一群不小心且不滿的年輕軍官抓住這機會，突然向前呈上他們的請願，蔣氏極為憤怒，當場將孫將軍解職，指其為負責人，並將之禁錮。之後，蔣經國的人員便負其主責調查此案。不久孫將軍便被控在軍隊「庇護共產黨員」。

在受審判時，他深知任何「證據」將會被歪曲而把他送到槍決隊。但軍法裁判沒有發現他有任何共產黨關係或共產陰謀，却發現他犯了「不可饒恕的失職」罪。絕沒有一位孫的美國同事會相信「紅色陰謀」的指控，所以他不能輕易地被處分掉。當然，讓他離開台灣——如吳國楨，也是不智之舉。所以，在蔣經國監視之下，他被迫退休，住在一

間離首都很遙遠的小房子。藍欽大使說孫氏在那裡「栽種玫瑰」。

有一點事實可由裁判的話中洞見，因爲檢察的指控不僅包括「不可饒恕的失職」、「庇護共產黨人」，且也包括孫氏已爲其個人的進昇「建立起私人集團」。

爲阻止任何同情舉動之發生，孫氏屬下約三百名軍官在此案件同遭逮捕——這數字足夠讓陸軍中要替孫氏說話或意圖行動的人膽寒。蔣介石其後選拔了蔣經國信任的人物彭孟緝將軍頂替孫氏爲總司令。

杜勒斯先生的立場

有一天，當參議院外交委員會開會時，參議員傅爾布來特起立帶著激動聲調宣布說：「我們所需要的和我們所要支持的是眞實，我們所需要的和所要支持的國務卿是：不要對待我們像小孩，聽到空幻故事便興高采烈，拍掌稱好。」他是針對杜勒斯先生而說的，他的觀點世界許多首都咸具同感。當我們要看看他的對台基本政策時，從公開記錄看，事實上難以決定採信那一報導。

沒有一位美國領導者比杜勒斯更坦率地譴責北京和它的政策，而其高聲爲台北蔣介石和其黨羽的高尚倫理目標、一貫的領導力、和其世界重要性所做的辯護，也沒有人可與杜勒斯先生相比擬。他的「戰爭邊緣」策略在此姑且不論；誰又能在當時懷疑杜勒斯先生認爲國民政府爲美國最重要盟友呢？杜勒斯國務卿並不是一位做事軟弱的人。

當我們瀏覽記錄時，會發覺杜勒斯事實上完完全全摧毀蔣氏在台的法律地位，且很巧妙地阻擋他的大規模進攻大陸的冒險計劃，雖然他一邊喊著不承認中國共產黨，却自己飛到歐洲去會晤中國外交部長周恩來，也安排在歐洲的大使級會談，北京和華府通過此會談，才繼

續保持接觸，而且也談及台灣問題。

華府和北京大使級會談是遠離台北閉著門舉行的。國府人員對這類會談甚為不悅，懷疑他們對中國本土和台灣的主張是否被放在刀俎上，或已涉及任何的妥協。海外台灣獨立運動領導人也猜疑這類會談，猜測華府是否欲達成一個協議（待蔣死後），通過這協議，台灣可經由「談判」成為一個中立國，再由中立國在相當時期轉讓給北京，以便恢復「中國領土完整」。我們還記得國務院早時曾堅持中國領土完整必須恢復，台灣必須立即簽約復歸中國。這是一九五○年四月八日杜魯門邀請杜勒斯擔任國務卿外交政策顧問時的官方立場。隨著來了六月危機——朝鮮事變——和總統聲明：「台灣將來地位之決定，需待太平洋安全的恢復，與日和平解決，或由聯合國考慮。」九月八日杜勒斯先生受命交涉對日和平條約，因此，他通過風浪洶湧的外交折衝。這當然是極特殊的表現，因為他激烈的公開聲明和「戰爭邊緣」式的作風似乎全然支持蔣的領土主張，但他的官式行為和隱密的談判卻另有企圖。

不久，他發現有一個方法可制止或抵消那不幸的「領土完整」的約束。首先，他提議日本應僅放棄台灣主權，其後，島嶼之永久地位將由美、英、蘇和中國採共同行動來代表簽字國家決定。設使四強無法在一年內取得協議，問題應交聯合國大會處理。

蔣氏絕不會同意此法，而中共又非聯合國一員，也非受邀參加舊金山和約的國家之一。一九五一年中，杜勒斯先生便表示，國民政府將不受邀且不簽約，因此，日本在舊金山放棄其對台主權，已將台灣名義移轉給簽約的四十八國，由他們共管，以待聯合國大會作最後的解決。條約在一九五二年生效，而這問題就如此擱下來。

台北宣稱他們不接受條約中任何對其利益有影響的條款，又對杜魯門總統早期宣布的禁止挑釁性的跨海軍事行動冷漠視之。藍欽大使

曾提到國民政府常有偷襲中國海岸的行動；台北美國人對此只避而不問。

一九五三年，當艾森豪就任總統時，他立即償其共和黨競選諾言，解除禁令。但一般人皆知，他也要減少中國海岸總體戰爭的危險性。也許他認爲蔣的軍事顧問可用軍事補給來加以控制。

蔣氏和其不少美國朋友們却有其他想法。他決心要挑撥美國和中共的公開衝突。由以後事態的發展看，我們得不到別的結論。一九五三年間，越峽偷襲之次數頻增，國民政府空軍攻擊範圍也伸展到內陸城市和工業目標，但很明顯地，沒有任何可看出的「自我行動」的努力。

不久，世界注意力便集中在金門和馬祖基地——中國大陸的外島。蔣在金門一面建立其軍事設施，一面大事宣傳。中共却開發其通往沿岸的公路和鐵路，並設立障礙以攔截國民政府軍隊渡金門海的意圖。

華府仍不同意支持大規模的攻擊行動。這時，國民政府在美國國內的宣傳運動已登峰造極，其強大壓力遂加諸艾森豪政府頭上。一九五四年中，蔣氏圖以蠻幹變更均衡局勢，他以空軍支援海軍單位捕獲航行於台海附近的波蘭輪船和蘇聯油輪，這當非偷襲海岸共產漁船所可比喻，此已是公海上的海盜行爲，是一種新穎的「戰爭邊緣」手腕。

到底莫斯科對北京的義務在那一點超越華府對台北的債務？

艾森豪總統用其職業軍事家眼光看看軍事地圖，認定冒險性變得太大了，九月九日杜勒斯先生飛往台北，與蔣氏晤談五小時，離開時他再莊嚴地宣稱「中國並不孤立」。

十二月二日，中美協防條約在華府簽字。在這新文件裡，國民政府答應，如美國遭第三者攻擊，將防衛美國，而美國方面，則承諾防衛台澎群島，美國總統則保留其權，決定是否外島——指金門和馬祖——應由美國協防。

蔣氏似已同意了外國政府首腦可作重大決定去影響自由中國的福祉。杜勒斯先生就其角色，已技巧地將台灣海峽分界線明確劃分了。

蔣氏自不願受任何阻撓，他想維持其台北政權原封不動，須證明他是在採取攻勢，於是在新條約未被國會批准前，他違反其精神和意旨，增加其攻擊行動，遠至台灣和長江口中間的大陳島的北面。

這只有使一九五五年初期危機感和「戰爭邊緣」危機更趨白熱化。華府訓令蔣的美國顧問，告訴他美國海軍單位將協助大陳諸島撤退，但將不支援任何攻擊行動。蔣悻悻地命令國府軍隊撤退，但隨同他們的，卻帶來了三心兩意的一萬四千名大陳島村民，他們根本沒有意思要這樣被「解放」。對他們而言，台灣是異樣的領土，但他們沒有選擇的機會。

三月三日，忙碌的國務卿再度出現於台北，重申美國總統對減少台灣地區緊張氣氛之願望。為對公眾有所交代，杜氏和蔣氏便發表一些關係共同防衛自由中國及自由世界的形式聲明，國民政府再受保證，一旦華府認為中共對金門或馬祖的攻擊構成台澎諸島直接威脅，美國將解除對國民政府的限制。

杜勒斯先生如要與北京進行磋商，要有清楚的領土定義。他間接地表示，中共如不使用武力，可擁有沿岸外島。

自此之後，繼續有大量的互相謾罵，卻不見金門有半點烟火。當然，共產黨會抵抗國民政府越海進攻的，但目前情勢反而對北京很有利。如果共產黨攻取金門成功，他們需要進一步承諾攻取台灣，這步驟就等於把中國城市和工業集中地摧毀。為對蔣地位表示蟻視之意，他們搞起可笑的星期一、三、五炮轟金門時間表，弄得蔣介石也要在星期二、四、六還擊，浪費資源。

同時，國民政府便利用金門作為主要宣傳來源。一位台灣企業家

數一數已發表的記錄，在短短的一段時間，竟有二千多位外國訪問者飛湧到台北，要看看蔣介石究竟下多大決心去「收復」大陸。東京的台灣人則稱外島爲「蔣介石的金馬國立公園」。杜勒斯先生就在那裡拍了一張表情頗冷淡的照片。

流亡外國的台灣人領導者很注意情勢的發展，他們感激杜勒斯的努力切斷台灣與大陸的藕連，但大爲詑異杜氏之大聲稱讚蔣氏在自由世界的道德領導地位，對杜氏稱台灣爲所有愛好自由人民之一個象徵也甚表驚異。他們也熟知杜勒斯先生偶而亦曾示意，聯合國行動和住民投票可解決台灣問題；但沒有人知道住民投票要採何形式，也不知何種選擇將會擺在台灣人民的面前。

把握實情的康隆報告

當「美國共和黨執政的五十年代」已近尾聲，華府參院外委會決定探尋美國在亞洲地位的實際情形，一組專家們受邀提出事實和問題分析報告。（康隆團體提出研究報告，其名稱爲「美國政策——亞洲」。三位加州大學專家爲主要組員，柏吳克教授草擬東南亞部分，而史卡拉必諾教授擬定東北亞部分，其附屬部分是「中共和台灣。」）

一九五九年十一月一日，參議院外委會發表了康隆報告❷，這冷靜而條理井然的陳述，予人一種新鮮的氣氛，足以驅散外交軍事的空談烏雲，這正是外委會久所要澄清的，自此，基本問題不再如此混濁不清了。

一個強大的共產中國之崛起，已爲報告的專家們所一致公認，北京正迅速地建立成世界強國，已不能再用蔣氏的名辭稱共產中國爲一群「匪幫」。其六億六千萬人口每年增加數百萬，其高度發展的經濟人

力和自然資源正支持超過二百五十萬的一支軍隊。

　　美國曾被說服，要用台灣這人民分裂、而力量不足以反攻大陸、卻要島上經濟支持的一支軍隊，去抵抗中共這可怕的力量。其實要台灣能夠生存，還須靠美國大量的輔助金。

　　康隆報告注意到在台灣握權的少數人極不實際的軍事野心，也注意到這少數人和台灣本地人存有一大鴻溝，也警告共產黨會利用大陸人思鄉心切，呼籲他們回家——北京方面說——「一切將被寬恕」。

　　另一方面，台灣人要住在台灣。「回到大陸」對他們來說一點也沒意義，共產主義對台灣人太少有影響力；台灣抱有的理想是取得受保障的中立性自治或獨立。

　　康隆報告檢討並打破台灣是「自由中國」，而「自由中國」是對住於亞洲海外華僑具有影響力的說法；它絕不是「愛好自由的中國人的滙集點」。這報告曾警告美國所堅持蔣政權為「中國政府」而台北是否能單獨被聯合國所承認的危險性。

　　寫報告的作者們在提出各種政策方案時，促請美國取消介入外島糾紛的約束，並促使國民政府自該島撤退。作者並強調，假若政策是真實且可行的話，則從該地區脫離，在海峽劃一條清楚的界線。

　　作者又指出，如果台灣能保持一段相當時期的中立，大陸難民可由島上人民所吸收。但另一面，該報告警告稱，突發的嚴重危機或將迫使華府作緊急決定。繼承問題就是一個主要的危險關頭。

　　報告間接地以下面這些話提到蔣經國和其黨羽：

　　　假如在台灣的領導者與共產黨妥協，美國的立場一定極為窘迫。她需緊急作決定，是否干涉，以保障台灣人的自決權。
　　❸

　　康隆報告倡議成立台灣共和國，其軍事防衛和遣送難民返回大陸或前往他地，可由美國保證執行。文中又謂，將台灣交中共以圖在亞洲尋求一總解決方案，若非經台灣人同意，是「不道德的行爲」，且將會嚴重損害美國與其他求美國協助而維持獨立的較小國家間之外交關係。

　　台灣人自己已顯然表明願意維持與大陸分離，並且這可由住民投票測驗出來。

第二十一章　兩個中國？

中共的台灣

　　我於一九四五年在普林斯頓大學的一場演講中，第一次聽到「兩個中國」的主張。在國務院任職的一位高級官員建議劃分中國的可能性——以揚子江爲界——北爲中共，南爲國府。但從一九四五到一九五〇年，國務院堅持「領土完整」或「現在這是中國的地方」的論調。一九五〇年到一九六〇年，中國大陸被認爲由中共竊據，蔣介石作爲中國的總統，在臨時首都統治著一個自由的省份。自一九六〇年起才有人認眞討論「兩個中國」的問題。但提起這問題的人並非中國人，所以有人懷疑華府或所謂的中國專家是否在誠誠懇懇的討論。華府知道北京及台北將永遠不承認第二個中國的存在。聯合國能接納美國的建議而承認一個「大中國」一個「小中國」，實在令人難以置信。

中共的領導者強調台灣問題必須解決。中美之間的大爭端必在北京對台灣的所有權獲得承認後，才有考慮的可能。他們聲稱要「解放」台灣。

台灣人這方面，視解放爲威脅而非承諾。讓我們不嫌重複，記述一些共黨在島內的活動及有關的宣傳。

蔣介石將一九四七年二二八事變歸罪於「共黨」及「日本化的叛徒」。但我們有理由相信在事變時，參與的共產黨徒少於五十人。六年後——一九五三年，國民政府撤退後三年——蔣經國聲稱平均每月十三次破獲共黨陰謀。由此我們必須相信，在一九四九年到一九五○年間有大量的大陸共產黨員過海到台灣，或是在國民政府統治下有大量的台灣人變成共產黨。

兩者都不是實際情形。無疑的，當時台人投共數目增加，我們也可斷定共黨確曾派遣許多特務來台。但蔣經國的吹牛卻另有作用。他負有內部安全的責任，不需根據任何法規便可捕捉嫌疑犯。批評過蔣政權的人都是正當的獵物，他們被戴上「共黨的帽子」而受長期監禁或被處死。台灣人中提起國際干涉及獨立的人更是危險。

唯一有名的台共是謝雪紅小姐，我們已在前面談到她在台中的出現及活動，她的事跡應再加補述。她的名字也許是她唯一羅曼蒂克的地方，她的個性倔強，全心全力貢獻於滲透的使命。

謝氏於一九○○年左右生於台中地區。少年時代親歷日本壓制反叛的平地台灣人及山地土著。在一九二○年早期，她加入林獻堂領導的地方自治運動。當苛刻的日本警察報復性的刧掠，驅使一大群不願妥協的台灣年輕人走向亡命之途時，她跑到上海，並於一九二五年加入共產黨。不久她步蔣介石之後塵，到莫斯科勞工大學就讀。當蔣經國赴莫斯科(一九二七年)接受教育時，她已回到上海。不久，她溜回

台灣，與由東京控制的地下共黨人員合作。至少被捕三次後，她被判刑入獄，接受十三年的徒刑。但入獄八年後，因健康不佳獲釋回台中，就在嚴密的監視下度著寂靜的生活。

那時有人以為她將死於肺病，但她的精神極強靭。一九四五年，當麥帥的大赦令宣布，釋放所有政治犯時，謝氏已準備迎接她的同伴到台中。一九四七年當地方反叛之前，很少有他們的消息。而當時機來臨時，台中集團的黨員們企圖成為攻擊富農及囤積糧食者行動的領導人物。

台灣人仍未達飢餓邊緣，這並不是馬克斯或毛澤東敎條式的階級鬥爭，而是台灣人與大陸淘金者之間的鬥爭。當國民政府的軍隊於三月八日抵達，共黨就逃往山區。有些人被捕，但一般相信謝氏是於七月十六日左右潛離台灣。她到香港以後，企圖在海外新逃亡者中建立威望，但沒有成功。其後，她由上海轉到北京，變成在中國大陸代表台灣共黨分子的領導人物。

北京準備解放台灣

沒有人知道，一九四九年仍留在中國沿海一帶的台灣人有多少。在上海、廈門、福州、廣州等地，有古老而健全的台灣同鄉。一部分台灣人嘗試與共黨相處而居留大陸，但許多反共的台灣人無法找到回家的工具，受困於港口，進退兩難而無法歸台。

在長久而健全的台灣人組織中，後來加入了許多被日本軍徵召入伍的青年，這批數以千計的青年因日本投降而在中國大陸變得走頭無路、謀生無著。他們常被國民政府看作「日本化的叛國者」。

一九四七年，在中國的這兩個台灣集團，又加入了一批因二二八

事變而逃離台灣的青年男女。許多人因他們認為「美國之背叛」而感到難受,其中有些能幹的青年曾於事變前特別賣力以期博得美國的注意,然而他們卻看到侵入台北的中國軍隊携帶著印有美國標記的武器。

各地共黨立刻接受二二八事變,作為宣傳的主要重點,他們聲稱二二八事變是他們所策動的。他們呼籲台灣人,去紀念這週年紀念,以見證毛澤東理想,把台灣從這「美帝國主義的走狗」的國民政府解放出來。

不久,大陸的台灣人被集中、登記、並「再改造」。他們為準備即將來臨的「解放」運動,分派許多人到「光復台灣訓練營」,該營位於上海附近。

或許有些人熱心地參加訓練營,不過大多數人是因為沒有選擇的餘地。對於「解放工作」懶於合作的台灣人是反動分子,而反動分子在毛共王朝下是無容身之地的。

一些學習者在新莊訓練營內接受精於再改造技術的職業共產黨徒的訓練。共黨保證他們在毛澤東治下的生活將比在蔣介石治下來得好,許多人認為任何改變一定是比以前好的。中共控告美國非法侵占中國領土──台灣,而蔣介石乃是華府的傀儡。

共黨早期對台灣的宣傳都針對中國官員和軍人,共黨鼓動他們叛蔣回鄉。但因蔣介石在政府及軍隊中徹底實行清黨,遂促使他們改變宣傳的重點。其後乃針對難民。共黨催促他們回大陸,將給他們特赦及職業。如果出於自願則一概既往不究。北京的宣傳是堅定的,凡談及聯合國干預、自治、託管或獨立,均被視為「叛逆」。這一點,蔣毛雙方的意見倒是一致。

北京曾一度表揚台灣的共黨積極分子。曾在日本占領時期為蔣介石手下的叛徒謝南光,當時任職於北京共產黨中央,並為「光復台灣訓

練營」的顧問；訓練節目督導人曾由台灣婦女朱成珠擔任，她的實地工作副官把台灣劃分成幾個操作區域；蔡孝乾被派到台北、基隆地區；謝雪紅派回台中。傳聞陳錫民是南部主要工作人員。朱氏爲此潛回台灣，但遭捕而被殺。（關於共黨之組織及活動的消息，通常無法證明，且無案可查，讀此處的報導時請銘記此點。）有一時期，謝雪紅爲廣播及訓練節目的主角，並兼任中國青年團副主席。未被選入「解放訓練營」的台灣人，仍然熱衷於其他工作。一些自願入黨獲准者，後來准予組織「台灣民主自治同盟」。

在大陸的台灣共產黨員與在日本的，利用香港爲中間站取得互相聯絡，並且也組成 個「台灣民主自治同盟」。他們如此命名，使在東京更人、更活躍的反共台灣人組織感到困窘。台盟之主要目的在於污辱東京反共台灣人企圖要求聯合國干涉台灣問題。

所有逃難者到目前都採用二二八爲主要紀念日。二二八不但作爲宣傳之用，而且也成爲一種口號。國民政府及美國首腦準備把二二八這件事化小，甚至化無，然而這一代青年所受的創傷永不會痊癒。

不過二二八及其餘波眞正帶來了一些難堪的事。共產黨的宣傳家必須巧辯以解脫台灣人所明示不想和任何大陸中國人——即不和共產黨也不和國民政府——有關係的事實。況且一些新加入共產黨的台灣人——台北三月大屠殺及其後搜捕僥倖生存者——曾經是蔣軍入台幾週前要求美國援助的年輕佼佼者。

一九四九年二月二十二日，共黨出版的《中國文摘》（*China Digest*）中，有一篇紀念性的長文章，標題是「台灣——大理球與大理獅」，文內預測美、日、中（國民政府）將爭奪台灣，但台灣將如大理球銜於大理獅的口內，永遠離不開中國共產黨。

作者李純靑斥責台灣人對美國之態度，當然也寫出美國祕密特務

包括美駐台北領事館官員，「對於滲入這紛亂的群眾，給予甜頭及香煙，並大大地煽動他們。」根據此文，一個被領事僱用的年輕人提議國際干涉，而被羣眾所拒絕。另外，描述李萬居訪領事館的故事，曾於一九四七年在香港印行，後又於一九四九年適度修改而再版。關於台灣人不喜歡大陸人，作者有段話說：

> 無知的暴民無法分別陳儀手下的行政人員以及無辜的外省人，結果使一些人受到不應有的打擊。因此可以下結論說，民變中有反中國人的趨勢確實失去常軌……在廣大的中國，每省都有地方主義者，只有這點可以使人了解反叛者地域的意識，但他們真正痛恨的乃是陳儀，這蔣介石手下的丑角。從大陸來的人不幸被一些沒有正確認識的台灣人認為與該魔鬼政權屬於同類。民變主要顯示了台灣人巨大的潛能，甚至連陳儀也曾感嘆地說：「如果在大陸的中國人有此力量，國民政府早已垮台。」❶

共黨的宣傳書刊開始偷運入台，他們的論調指美國帝國主義是邪惡的；他們不變的目標是喚醒台灣人要求國際干涉的無望。共黨一再重提美國戰略調查處於一九四五年底所做的「民意測驗」，極不正確地證明美國老早就計劃把台灣從中國分開了。一九四六年十二月及一九四七年一月陳儀主持的反美示威運動，共黨則如此報導：「為抗議美帝國主義侵略中國，台灣北部萬名學生於一九四七年元月九日舉行一次令人難忘的示威運動，高喊『美軍滾出中國』。為反對美國傀儡的國民黨專制政治，台灣人民於兩年前發動了二二八事變，整個台灣採取了強大的軍事起義。」❷

一九四九年香港出版的一本小冊子《憤怒的台灣》，敍述說美國如

何引誘台灣人民。依書上所說：在美國領事舘工作的柯喬治，Catto及康隆只是帝國主義的鷹爪。藉着對島民的友善，他們希望建立情報來源及第五縱隊。柯喬治製造出「人民之聲」，要求美國之支配。Catto透過美國新聞處的設備，通告全世界此一消息並敎導台灣人如何採取步驟以得美國干涉，其後康隆又狡猾的改變宣傳路線，由「美國之支配」變成「要求獨立」。❸

蘇俄因北京而提出下述論調。莫斯科《紅艦》(*Red Fleet*)雜誌宣稱「台灣過去、現在、將來都是中國的領土」。Isvestia(蘇聯共黨機關報　　譯者註)宣稱，隨着「日本一九四五年的投降，台灣自動地歸還中國」，「淸除島內的國民黨乃是中國人民的內政問題」。

萬隆會議之後，北京的宣傳轉變方向，採取所謂又甜又嫩的手段，要求疲憊而感到幻滅的中國難民自願返回大陸。這正是蔣經國被指與當時北京外交部長周恩來秘密會商時期的事。

一九五八年金馬砲戰後，宣傳攻勢又略有變更。他們催促中國難民了解美國企圖推行台灣獨立，將國民政府驅出台灣。在幕後則對北京的台灣人採取強硬態度，同時對在台灣想組織反對黨聯合台灣人及非國民政府人員、無黨派人士、開明的大陸難民的此一行動，也採取強硬態度。

記得毛澤東曾有一陣子高唱「百花齊放」，鼓勵批評。台灣共產黨的批評證明無用，許多傑出的台灣共黨人員被斥爲「右傾、反動、帶有地方民族主義色彩」。換句話說，北京發現台灣人心目中的台灣比共產黨份量更重。黨魁們發現台灣人可能接受共產主義，但是要在他們自己的條件下。

「小中國」──自由主義的中國人的計劃

中國難民自由主義者對蔣經國步步高陞感到不安，每次的升官，都帶來了有一天他將當權的警告，繼位的鬥爭將給台北一大災難。軍隊之中，反蔣和擁蔣的派系時時發生衝突，黨內也摻雜着支持與反對的分子，政府之內也有兩派對立。至於那些難民──車夫、工人、小販──大都忙於生計，無暇顧及政府黨派之傾軋，他們與台灣人在市場上劇烈競爭。

台灣人之中大致分為二派：一是工農等無黨派的人，他們被動接受任何行政機關的施政，只要不太嚴苛及貪婪就予忍受；一是反對國民政府者，其中一些人幻想日據時期的平靜日子；一些則幻想台灣人自治的政府。沒有一個台灣人對返回大陸感到興趣，更沒有人喜歡為國民政府作血淋淋的犧牲。

所有難民都知道島民對他們多多少少有點隔閡及潛伏的敵意。他們之中有許多知識分子，體會到他們之地位的危險和不穩定，這些社會中堅的知識分子是少數中的少數，他們了解回到大陸的不可能性而必須與台灣人和諧組成新社會。

很多人害怕蔣經國的得權，他也知道此點。敢言的自由主義者必須反對違法的繼位，否則如果他們能夠的話，將再度逃到他處。

其時他們試圖和台灣人的領導者合作，若他們和多數的台灣人結合，蔣經國變成台灣統治者的機會將會減少，由此才有創造新社會的基礎，即「第二個中國」或聯合國保證下獨立的台灣。

一九六二年流亡在東京的台灣人發表一項聲明，綜合蔣經國及北京對自由主義分子及台灣人之團結的恐懼。該聲明作了如下的結論：

台灣人是反共的，而且不願與中共合併，蔣及中共比任何人更認清此點，中共對自由難民及台灣人之恐懼更甚於國民政府。當自由難民與台灣人獲得力量後，經由蔣經國內部的「和平解放台灣」──也就是共黨所求的目的──是較少可能發生的。因為國民政府，卽蔣經國牢不可破的獨裁政權，是中共認為要解放台灣的必要措施❹。

以大眾為基礎組成的自由主義反對黨給予台北政府唯一的改革機會，只有這樣才能使總統之繼承以自由選舉方式產生。這從開頭就是一個無望的期待，但許多人認為值得試試。

多年來蔣介石允許兩個重要的小型組織存在，以供外國批評家們作為政治上的裝飾。中國青年黨及民主社會黨在台灣毫無舉足輕重的地位，他們有時被輕視為「家庭寵物」黨。在台灣，環境之改變以及蔣介石之依賴美國，給予他們一點希望，問題的關鍵在於投票時有沒有表示意見的自由。

一九五七年，一些顧慮週詳的分子與非黨派的難民聚會商討將來臨的選舉問題，他們準備了清白競選的要求書呈給蔣介石。四月廿一日選舉的結果顯示沒有什麼變更，國民黨一如以往囊括選票。此時大陸難民(難民的總數是個問號，因為許多人沒有登記戶口，而政府也懶於提出實際數目而顯出難民與台灣人之不利比例)總數只一、○一四、二二八人而台灣人總數為八、六七六、○二二。事實顯示國民黨候選人以廿比一的機會當選縣市長，而省議員席位在六十六名中占了四十四名。

一個月後，「溫和改良者」再度聚會，建立「台灣地方自治研究會」，但政府立即強迫改名為「中國地方自治研究會」。

事情進展緩慢，直到一九五八年年中，前任駐美大使──胡適，

出面支持七十八位傑出的人員，請求政府允許他們建立新政黨。最初五個月，政府沒有反應，繼之給了否定的回答。當一群有志人士繼續討論這項問題時，他們就開始遭受各種細小的麻煩。雖然如此，他們不死心，再改變組織的名稱，並呈上新請願。

蔣經國的特務機構——警備總部，開始咆哮。報紙被迫刊載「共黨的自白」，意味着那組織與大陸共黨有關連，這社團必須停止活動，因為警告已夠明顯。

數月之後，美國總統競選給予台灣一線新的希望，民主黨候選人甘迺迪公布(運用杜勒斯的著名詞句)，「困惱的重估」美國對蔣介石的政策有其必要。據報導，甘迺迪當選時，甚至目不識丁的三輪車夫也在街上熱烈慶祝，但知識分子慶祝勝利的集會被警察所破壞。

新年帶來新希望，自由主義者重又集會，現在他們也期待台灣人的支持。一位傑出的中國人，雷震，是《自由中國》半月刊發行人，帶頭尋求具有影響力的台灣人協助以促成新反對黨的建立，蔣幫方面再來一次「改造」的時機似已成熟，雷震的舉動是聯合所有反對獨裁政權的分子的重要步驟。

一九六一年三月一日，他們呈給蔣介石新的備忘錄，強調清白而自由選舉之必要。選舉再度來臨而國民黨竟以巡邏每個投票所並操縱登記的規則，閉塞自由競選，在二十一個縣市長選區，竟有十一個國民黨的候選人同額競選。

這一組織仍然頑固地堅持，建議成立一個「改善選舉座談會」，每次議論都引起全島性的注意。接着，有七位大陸中國人和十三位台灣人聯合請願，要求政府停止補助國民黨，擴充私人自由，由政府決策以和平方式光復大陸。他們企求阻止共黨對島民報復的危險。

行政院長陳誠以召開記者招待會的方式答覆。其意在對華府新的

民主黨政府說明。他說，政府歡迎有力的反對黨產生，我們應依循美國的榜樣。但他附帶警告說：「以建黨爲託辭而做出違禁的活動，或者，如果不夠資格的政治家、偏激分子組成新黨，或黨的目標不清楚，政府可將許可加以取消。」

當陳誠以「院長」這民政首長的職位談話，軍隊當然一點也不受限制。不久，政府控制下的報紙開始污衊行將建立的新黨，稱之爲「無必要」及「反動」，接着蔣經國的特務揚言發現新黨有共黨牽連及支持的證據，於是開始在新黨會議中詰問、干涉，強迫取消公共集會，最後並禁止所有活動。

此時，台北已發現華府的政策無劇烈的改變，美援仍然不斷，因此他們認爲已無必要懷柔想建新黨的人。發起組黨的分子開始受到監視、搜查、詢問，受到多多少少的肉體苦楚以及經濟崩潰的報復。最後雷震與三位同僚被捕，一位供認數年前曾是共黨者，判刑十二年；雷震判十年，其他兩位判刑較輕，由此《自由中國》再也不是反對黨之聲了，新黨胎死腹中。

蔣經國一個接着一個把有潛在能力的佼佼者消滅掉。每除去一個就被解釋爲對該階級或職業分子的警告，而受害者的命運愈來愈慘，也許這並非故意安排，但卻是淨結果。例如，代表自由主義於政府機關的吳國楨，被迫流亡國外，孫立人將軍看到台灣徵兵制度的優點，企圖在軍中操縱，以求改革，然終被剝奪官職遭到軟禁，居家附近時有特務走動監視，雷震——自由主義的代表兼《自由中國》發行人，他所受的懲罰以其年紀來說，等於是終身監禁。

上面所提這些人都是聞名中外的中國人，每件案情均受到美國的注意，但那些無名的台灣人所受到的最嚴厲報復，其悽慘之命運就不可同日而語了。

　　雷震被捕之際，有一位勇敢的台灣青年人蘇東啓發動簽名，爲雷震請願寬大的處分。蘇氏出自雲林縣的望族，畢業於東京明治大學，並爲該縣極負盛名的領導人物，他身兼數職，且不管國民黨之反對屢次當選議員。他年方三十九，是五個孩子的父親。一九六一年九月十九日，安全人員於深夜二時闖入蘇宅，將蘇氏解往台北，並押蘇夫人到地方警察局，後轉送台北施加嚴厲的拷問。警察在蘇宅搜出一些過期的《自由中國》，一本《中央公論》及六冊日文的讀者文摘，說是犯罪證據。

　　繼之而來的是悲哀的故事，蘇氏接受了連續數月非人道的拷問及迫害；拘捕蘇夫人的結果，遺留了四個無人照顧的小孩，蘇夫人帶着第五個小孩——嬰孩，面臨恐怖的詢問。她染上疾病，且因憂慮過度幾乎精神錯亂，雖然如此，警察還殘酷地要她在控告她丈夫叛亂罪的自白書上簽名。前前後後她被捕放三次，因爲她對於在獄中所受的迫害，在外不保持沈默，終再遭拘捕而判刑。

　　蘇氏則受軍事審判，被控兩次謀反，但細節未曾透露。在鄉間，逮捕的事件迭起，以阻止公眾因他而起的擾亂。他於一九六二年五月十八日接受最後宣判，判處死刑。❺（第二審改判無期徒刑——譯者註）

　　以蘇氏之例，蔣經國之台灣警備總部想警告所有台灣人不得反對國民黨、政府或軍隊，否則將如蘇氏受到痛苦的處刑或死亡。

　　一九六〇年以後，蔣氏轉其注意力於所謂「美國自由主義者」——所有中台合作、台灣獨立或聯合國託管等等。學校中由政治特務鼓勵批評美國及「美帝國主義」。蔣經國支出一筆龐大的金錢收買黨羽，鼓勵他們去惡意批評一些與美國學術界極有關連或在美國有朋友的學者。胡適死前也是受攻擊的目標之一；名考古學家李濟受到辱罵；而台大政治系主任黃祝貴教授在街上挨打。

　　當我們描述這些阻止自由主義中國難民和台灣人聯盟合作的暴行，我們能感覺到，繼承老蔣之日愈接近，這危機愈形嚴重，但將如何呢？

第二十二章　自由的台灣

獨立的追求

　　海外台灣人一有機會就互相提示，美國一七七六年獨立革命的史實。經過一百五十年的英國統治，殖民地人們要求自治及代表權等的改良。對於這要求，英國用軍事行動來答覆，因此激起大家的反抗，在這反叛期間及其後，殖民地人民四分五裂，幾經困難，新國家終於誕生。

　　它們的類似點是很顯然的——至少對尋求獨立的台灣人是如此。所以，全美台灣獨立聯盟於費城設置總部的事，並非偶然。(世界性的「台灣獨立聯盟」總本部，現在設在新澤西州——譯者註)

　　這組織的基本原則如下：「台灣獨立聯盟依據人民自決，以建立一個民主獨立的台灣共和國。同時摒棄任何極權政體，不管是共產黨

或國民政府。」

　　台灣地域狹小及缺乏有經驗的領導人材，常被他人提出，作為忽視台灣人要求自治的藉口。

　　台灣人以美國發生反叛當時人口才四百萬，而台灣人在一九四七年則多於六百萬人為回答。至於面積及財富、技術發展及教育設施等等，台灣均優於聯合國中的很多國家。至於台灣之接近中國大陸，台灣海峽之寬度至少比英吉利海峽大四倍多，英國可獨立成一海洋國家，而不須併入歐陸國家，台灣成為獨立政體實在綽綽有餘。

　　台灣人的領導是個嚴重的問題。在日本行政當局統治下，很多人在銀行、土地、運輸、出版、糖業、林業、法律、醫生等方面均有高強的能力，但無人被僱於高級行政機關。大屠殺是個極大的打擊，幸而逃亡的台灣人中，許多曾帶有過去地方自治運動的理想。數年來，他們一直考慮着由地方代表組成政府的問題。

　　這一些人和一九四五年以前由日本一流大學畢業的法律、醫科、文學等方面的人材形成了今日的老政治家們。在一九四七年，台灣地方自治運動變成追求獨立的運動。

嶄露頭角的獨立運動領導人

　　一九四七年香港成為逃亡的台灣人最安全的暫時避難所，英國法律對中共及國民政府有所限制。上海則仍是中國的領土，而日本是在占領下，這占領，中國也有份。一些幸運的逃亡者，在香港有私人投資或銀行存款，或能求助於已住在當地的親友，而大多數的人卻是貧窮的，他們必須在這擁擠的地區立刻找到工作，否則無法生存。

　　摩擦、口角、分裂、不合作叢生。我們曾經提過一些對台灣幻滅

的台灣人傾向中共，不久便投奔中國大陸；其他的人則爲國際干涉、自治或獨立而奔走；另一些人不參與積極活動，但仍獻出他們的所能，資助獻身工作的人們。許多人默默慶幸生還，但隨時準備再作冒險。

台灣人和中國人最大不同的特徵便是他們對台灣島深厚的感情。當我戰前執教台灣時，時常聽到人們提起這一點，而這，現在又一再出現。我引用從香港來信中的一封，該信寫於一九四九年四月，正是國民政府及中共最後交涉破裂之際：

現在國民政府與共黨再度相互開火，一些報紙提及台灣的將來，我相信大多數的台灣人厭倦了三年多的暴政。

有些人說「台灣人是中國人，所以他們不能談獨立」，但是如果這是事實，我們可以說美國人是英國人（卽台灣人是「中國人」和美國人是「英國人」有相同的意味）。

我相信如果美國願意援助中國，實應先地持台灣，如台灣人能建立自己的政府，他們不但可以抵禦共黨，並可援助華南中國……

現在我在香港，因爲我不願回到台灣看到那麼多不愉快的情形。但如我能對台灣做點事，我將盡力爲之。

我期待不久的將來，你能幫台灣的忙，你的老學生們將在值得紀念的美麗寶島上歡迎你。❶

有一段時期，香港是出入台灣、轉往上海而至日本的重要一站，但當時英國政府鑒於中國大陸邊界的不安定，並不允許中共、國民政府或台灣的組織在香港生根或滋事。

蔣氏知悉此事，企圖危害流亡的台灣人，雇用人員在九龍、香港製造「事端」（有些嚴重到帶有暴力性質）而嫁禍給台灣領導人物。經由

官式交涉，蔣介石要求引渡一些著名的尋求國際干涉的人士。但英國
政府並無任何行動。就在日本占領結束後，許多居留香港的台灣人移
到日本，倡議「解放」台灣。

上海是倡議國際干涉者特別危險的地方。共黨及國民政府雙方均
企圖阻止台灣人要求聯合國採取行動。二二八發生之際，上海有數千
台灣人，當暴動消息傳到，即有數百人前往基隆，那些沒去成的人，
後來被迫加入共黨或遭殲滅。

事變時，廖文奎恰巧在上海，廖文毅在台灣，這結束他們對於地
方自治教育、改革、以及由聯邦方式和中國重合的夢想。他們的生命
是保全了，但他們的土地丟掉了，他們的家族陷於危境，他們又再度
亡命海外。

三月中旬，廖文毅逃抵香港，呼籲香港台胞協助逃難而來的台灣
人。八月他向魏德邁中將請願，要求美國協助救援台灣，同時他的同
夥並嘗試與親共台灣人合作而遭失敗。共產黨領袖堅持他們自己的條
件：依以往的方法，台灣必須由共黨來解放，他們絕不容忍乞求美國。
他們只有趣於馬克思主義。

一九四七年末，廖文奎在上海極力反對託管的建議，因爲這等於
表白台灣人無法管理自己，勢將無限期延長達成地方自治之日，他解
釋，託管乃是殖民延長的新外貌。他仍然寄望蔣介石改良，使台灣由
政治的負擔變成中國政治、經濟方面的資產。他的觀點及有關聯邦地
位的分析及大綱於一九四八年元月初發表於上海報刊，他願意台灣成
爲中國的一部分，但有充分的自由按地理、經濟環境去儘速發展，他
建議一種省級憲法乃仿效美國的州法制度。

二二八事變的一週年前夕，廖文奎突遭逮捕，囚禁於吳淞警備總
部，他被控參與及敎唆事變、挑釁美國之干預及託管、並與共黨合作。

前二項之控告並非事實，第三項事實僅限於黨代理及其同情者時常設法說服他與他們合作。

當他被捕的消息傳開來，他的非共黨同僚都逃至香港，住在他的弟弟廖文毅處。

一位具有影響力的美國人，立即促請上海市長吳國楨注意，吳氏便勸警備總部釋放已監禁百日的廖文奎。出獄之後他便前往香港。

八月之際，廖氏兩兄弟派遣一群台灣年輕人至日本集會，並準備向外國政府及聯合國上訴，下獄的經驗使廖文奎博士體會到對蔣介石上訴是無益的。在日本的一群，經人指引，利用發行傳單、日報，以引起大眾的了解，影響輿論，並公開遊行以推進下列的主張：

1. 台灣應如韓國受同等待遇，台灣人應給予美援以達成獨立。
2. 聯合國應調查一九四五年後的虐政及凌虐台灣人的真象。
3. 台灣人乃一混合民族，與附近國家無政治關係。
4. 經日據五十年後，台灣應在和平會談上有代表權，台灣不應該被當做一個不動產來處理，而全不顧到台灣人的利益。

基本的論點是簡單的：台灣屬台灣人所有。一八九五年滿清無權割讓台灣給日本，台灣被當做犧牲品來挽救滿清，現在又為蔣介石利益而犧牲。

台灣人並非純中國人而是一種混合民族，此一論調為海外台灣人所共有，使在台北的國民政府甚為震怒，有人懷疑並非所有台灣人都喜歡此種論調。

雖然國民政府的領袖心裡頭可能認為台灣人乃「低級民族」，但在向外宣傳中都強調台灣人在血統、語言及社會組織上都是中國人，他們同屬漢族，但台灣人現在稱他們有印尼、馬來、西班牙、荷蘭、英

國、法國、日本的血統，實在不可思議而無效果。台北政府僅承認一些馬來、印尼系的高山族——約十五萬人，對於這些原始的少數民族，大陸人正在教化他們。

為證明台灣人之身份，流亡的台灣人借用羅馬拼音的閩南方言，以音譯文字而不採用國民政府所採用之制度。

一九四七年至一九四九年之間，他們在追求共同理想的過程中極難除去分裂及個人的偏見。中國當時極其混亂，無人可以預知將來，所以不知如何去應付惡言攻訐以致黨派林立。外國記者開始向美國大眾做一些不利的報導。親蔣報紙歡欣地利用此弱點。

一九四八年仲夏，廖氏兄弟進一步組織「台灣再解放同盟」，並於九月呈送第一次請願書至聯合國，要求聯合國干涉台灣地位問題，成立臨時託管政府，進而伺機準備獨立。自此，他們與左派合作之企圖乃告結束。

同盟裡，廖文毅與謝雪紅派系傾軋，意見相左，謝氏堅持只有中共能夠並應該救援台灣。一位台灣人來信道：「因為兩派互相辱罵，同盟逐步瓦解，全部人員離開香港。」

當國民政府於一九四九年五月敗退，全世界矚目於老蔣下台之際，廖文奎發表一篇長論預測在台灣之中國軍隊有叛變之可能，他說為防止內戰殃及台灣，美國必須派軍鎮壓國民黨軍，同時遏阻共黨渡過海峽；台灣自衛隊必須建立，以保護自己的家園並代表聯合國採取行動。

他對美駐聯合國代表吉賽普博士保證，台灣如同愛爾蘭人爭取獨立一般隨時準備為自由而戰，但他希望達成台灣自治之日不必經過多年。

廖文毅飛往馬尼拉徵求當地領袖之支持，他相信他們深切關心台灣的命運。不久一連串之文章即在馬尼拉之報紙刊出。十月十四日，

駐東京的菲律賓大使(同時也是駐韓代表，亞非利加(Bernarbe Africa)博士)建議以公民投票方式解決台灣問題，他說：

> 人民附屬於土地而爲財產之一部分的說法已成過去，今日的人民更重要於他們所居住的土地，所以把台灣如私人財產般由一個國家轉給另一國家是不公平的。

當獨立運動的領袖們吸引國際視聽之努力節節成功之際，共黨痛罵他們的努力和措施；國民政府方面短期內則採取「懷柔」的路線。

他們呼籲獨立運動領袖回台灣就職於政府機關，那時正是 九四七年蔣軍抱頭鼠竄，而吳國楨和孫立人之「改革」運動行將公諸於世的時候。

十二月，流亡東京的台灣人發表給聯軍最高統帥的長達十七頁的請願書，要求聯軍直接占領台灣，以等待在國際監督之下，舉行公民投票。

這件事給予聯軍統帥十分的困惑，但因其係來自非官方團體，壓力不重，但從東京獨立運動總部發給世界各地的信函——給聯合國的賴依(Trygve Lie)、尼赫魯、饒麥內格(Benegal Rau)爵士、羅慕洛(Carlos Romulo)、艾奇遜、馬歇爾將軍、塔虎脫參議員及其他許多人，使聯軍統帥感到更爲難堪。信中要求正式否認開羅宣言之承諾，要求應用大西洋憲章的條款；要求阻止蔣介石在台灣報復性的捕捉批評者，而這些人恰巧是要求舉行公民投票的人。他們主張舉行公民投票，並應給台灣人有下列選擇的自由：

(1)維持現狀，(2)以非暴力手段與中共聯合，(3)聯合國託管，進而導致獨立。

廖文奎說：「我們將服從多數，但勝利後來台的中國人不准投

票。」我於一九五〇年在香港收到他死前最後的一封信，信內說：

　　喬治：關於台灣問題，解決辦法應是文勝於武。我看不出
有使各方關係的人感覺滿意的解決方策——不只台灣人及中國
人，並包括附近的民主國家的人民，像菲律賓人、韓國人、美
國人、英國人及有意成為民主人士的日本人。我相信時間是站
在我們這一邊，韓國人等了三十五年，我們不必等那麼久⋯⋯

日本——逃出蔣、毛手下後的避難所

　　獨立運動以東京為中心，然另有積極份子在其他大都市——名古
屋、京都、大阪、神戶及福崗等地活動。在一九四九年時，據估計每
月有逾千的台灣人進入日本。一部分以經商為由來日，再接家眷渡日，
一部分人則以偷渡方式混入。

　　從一八九五年六月至一九四五年九月，在台灣出生的台灣人可毫
無疑問地以出生地來主張日本之公民權，在日本避難的台灣人均在日
本接受小學教育，並有數以千計的人畢業於日本大、中學校。他們並
沒有困難定居於日本及成為日本社會的一員，且也沒有很困難在日本
戰後經濟復興中謀求生活。一些人用日本名字混入一般的社團中，大
多數在大都市做生意就職。海外台灣人總數估計約有二萬五千至七萬
五千人之間(沒有可靠的調查資料)。獨立運動陸續獲得這些受過高等
教育的人士在精神上和金錢上之支持。

　　大體上，這些流亡的人士在日本並沒有受到不歡迎，因為他們很
少滋生事端。蔣政權存在一天，他們就沒有回台的慾望；他們不願為
共黨服務，也不願受蔣政權支配。

他們協助從蔣經國特務魔掌下逃出來的人們，給予避難所。中國大使舘及領事舘因此常常非難日本政府，我們可用事實說明此點：

一九六〇年艾森豪總統訪台前夕，一位名叫郭錫麟的青年人在台灣被捕，依海外台灣人解釋，他是在分發傳單催促台灣人向艾森豪請願，請求美國干涉台灣問題；依國民政府解釋，他圖謀刺殺蔣介石及陳誠。幸運地，郭這年輕人逃亡了，他藏於停泊在基隆的瑞典籍麥俄斯克(Maersk Line)船內，由基隆駛往神戶，途中他被發覺。當瑞典船抵達神戶港時，他直接被解往國民政府的船隻忠孝號，無疑地，事情是發生於日本領土。

這船駛向基隆時，郭就是這船上的囚犯。當該船南行途中遭遇一陣暴風雨，被迫停於鹿兒島灣時，郭手帶鐐銬，閃避了監視者的眼光，以非常的技藝跳下海，游向海岸。當他向當地人求助解去手銬時，爲地方警察發覺，以非法入境逮捕，受審於鹿兒島地方法院。(在船上給他解繩的是暑假歸台探親的留日學生——譯者註)

此案件，引起廣泛的注意，國民政府驚訝於囚犯仍然生存着，要求日本把此人送往中國長崎領事舘，日本政府知悉他的命運，乃運用他們的權力判他非法入境六個月徒刑，但立即給以緩刑兩年，也沒驅逐他。國民政府吵鬧，要求監禁，同時許多台灣同胞及日本人向日本法務大臣請願，請釋放郭氏並給予政治庇護。

這件事在日本廣泛地傳開了，這顯示了一項事實，台灣正產生新一代的青年，他們熱衷於自治或獨立。台北繼續強迫東京，得以用各種技巧逮捕或驅逐台灣同胞，並於大都市運用大使舘及領事舘人員給日本政府麻煩。

日本人之同情偏向台灣人，有許多原因。老蔣冒充軍事天才，但常被藐視。從日本人之觀點來說，蔣介石僅是一傀儡。在許多技術問

題當中有一事實，即大多數住於日本的台灣人，有特權要求政治庇護，因爲他們是在日本旗幟之下出生的。（事實並不這麼簡單。後來有一些台獨志士被強制送還蔣家之手——譯者註）

除此之外，東京應當深切關心台灣最後的命運，聯合國能在中共加入之前，解決此一問題嗎？

在東京的臨時政府

在自願流亡日本的台灣人中，包括耆老林獻堂先生。我們記得幾乎有四十年之久，他是地方自治運動的活象徵。他的立場，所有知識分子、成年的台灣人都知道，他曾以極大的勇氣貢獻生命及財產爲公衆福利而努力，並尋求在地方政府上爲有效的台灣人代表而奮鬥。他們記得在一九二○年，日警曾於公共場合摑打林氏之臉，企圖羞辱他；他們曾處罰他、監禁他，並迫害他的同僚，企圖制止他做有關台灣人政治地位平等的要求。

一九三○年之後，一些東京及在台的明智日本人士把他引入台灣總督府評議會，最後只批准台灣地方選舉代表制的形式而非本質。就在戰爭激烈進行當中，爲謀求台灣人的效忠，日本皇帝任命林氏爲貴族院議員。

中國人知道林氏地位之重要，於一九四五年召他至南京代表台灣人參加正式受降典禮。然一旦陳儀上任，林氏即被忽視。二二八之後不久，他以治療疾病爲由到達東京，後並延長居留期間，但未公然否認國民黨政權。在其晚年，他看到台灣獨立運動在新領袖領導下滋長。

林氏避往日本，給蔣政權極其激烈的譴責，當他之死訊傳到台灣時，消息立刻受到封鎖。林氏之子帶骨灰回台中老家，死訊才在台中

發布並舉行葬禮。之後，蔣派人員到處散播謠言，指摘林氏晚年生活放蕩，並非衆人所相信的獻身追求台灣福利的模範，相反地，他是日本人的走狗。

獨立運動的積極份子都登記有案，列上黑名單。

當這些台北政府認爲低級的公民，爲保全生命及言論的自由，由香港轉赴日本時，台北方面旣尷尬又憤怒。不幸的是廖文毅博士及其同僚有缺愼重，在政治方面又太過天眞，因爲他們在日本的政治組織聲言要推翻的政府，居然是聯軍五強之一的台北政府。

一九五〇年五月，廖氏自香港抵達橫濱，並赴各大城市旅行演講。在京都之集會中，他公然攻擊蔣介石，使監視的國民黨特務不能坐視。三月中旬，東京記者協會曾邀請廖氏在該市之日比谷大會堂演講，給廖氏一宣述其要求國際干涉之主張的大好機會，但演講的前日，他突遭美國憲兵逮捕，帶至軍事法庭，以非法入境之罪被判監禁六個月，繼之予以驅逐。

這突然的舉動使他深切領悟到這裡乃是麥帥手下的日本，對蔣介石的不利言論是大逆之罪。宣判極其迅速，於逮捕二十四小時之內，廖氏立即開始受監禁。

當他被關於監禁戰犯的巢鴨監獄時，他的案件引起東京的傑出美國人士注意，經一段長期的辯論，人人認爲驅逐廖氏到台灣，無異於處其死刑，於是一個折衷辦法達成，當廖氏被釋放時，並未執行驅逐，而被軟禁在東京。

這案件還在美國社會激烈討論之際，廖氏卻忽然失踪了。直到對日和約生效，麥帥及他的繼承人或在台北的蔣介石都無法引渡廖氏時，他始再出現。日本給了他政治庇護。（事實上准其居留而已——譯者註）

在他坐牢期間，廖氏之同僚繼續計劃「台灣民主獨立黨」之創立，

並推他為主席，本書無法推溯此後發生的內閣、妥協、改組、重改組等等複雜的故事。在當時，達到一致的目標及統一的計劃是刻不容緩的，但進度極為緩慢。

當台灣海峽發生一連串的國際危機時——那時也就是杜勒斯只顧蔣介石而不顧美國盟友正執行他的邊際戰爭政策的時候。英國因附近的香港及可能發生大戰的危險而十分關心，乃尋求國際干涉的法律根據，艾登(Anthony Eden)寫過：「同盟國只同意蔣氏之占領台灣，但這並不構成合法的轉讓。」倫敦時報刊出一連串有關討論台灣法律地位問題之文章。加拿大外交部長皮爾森(Lester Pearson)建議由國際會議處理此一問題。

廖氏感到島內有力的抵抗及海外獨立運動的必要，他堅持有關台灣將來的會商必須有台灣人的代表參加。

一九五五年九月一日，廖氏組成一個三十三人構成的委員會，從海外尋求二十四主要縣市的代表，組成了台灣共和國臨時議會。次年二二八成立臨時政府，如衆所料，廖氏被選為第一屆總統。

臨時政府設計了新國旗，喊出新的口號，一群領導人物正等着世界大勢的轉變以進一步推行他們的計劃。一九五六年年底廖氏以日文刊行《台灣民本主義》作為理論根據及主義的原底，在海外廣受台灣人研讀，給台灣人重溫台灣島嶼的歷史事蹟，但有些事太過神秘，並不合年輕人的口味。他在該書特別褒揚在台灣建立王國而為明朝忠臣的國姓爺，使得年輕人冷了半截。年輕人並不願意花金錢及力氣在日本遊行及集會，去紀念這令人半信半疑的十七世紀的英雄，何況國姓爺之小海島王國並未能倖免受清朝的吞併。

海外的新聲

廖氏的同僚開始離開他而轉向年輕的領袖。海外台灣人開始嚴肅的集會，討論的並非是過去的事跡而是將來的發展，他們意識到領導人物及技術人員必須由他們這一代找出，以替代老一輩的台灣人領袖。他們也知道不滿及挫折的意識在目前剛畢業離校的年輕人中滋長，這種現象的形成，乃因他們無法找到適合的職業而引起。

一九五〇年，約有五十名台灣人赴美國就讀；一九六〇年至少有五百五十四人渡美，以後人數直線上升。小而分散的台灣人團體逐漸出現，在西部、中西部及東海岸形成了三個較大的團體。一九六〇年他們同意，組成一個大團體，簡稱「在美台灣同鄉會」，一個爲促進留美台灣人的福利及學術研究的非政治團體。有學生不免就有政治的討論，一群自稱「自由台灣的台灣人」的留學生，開始在費城地區悄悄地聚會，當留美台灣人逐漸增多，這些關心政治的青年人數也跟着上升。大多數人直接來自台灣而非流亡日本的台灣人後代。他們通過嚴格的出國考試，知道在國外居留，任何時間均受中國大使舘及職業學生之監視。

一九六〇年這費城的團體討論台灣的政治命運，而改組原來的團體成爲衆所週知的「台灣獨立聯盟(UFI)」，不久便出版 *Ilha Formosa* 的季刊。除此之外，另有給學生的小型新聞報導刊物，名爲 *Formosa Gram*。台灣獨立的領導人遵奉東京的廖博士，原則性來講，也支持臨時政府。

一九六三年加拿大台灣學生組織台灣自決聯盟，一九六四年一群對政治有興趣但組織較弱的學生們，出現於紐約，在台灣讀者協會的

名義下，定期發行日英文混合的刊物叫做《台灣人》。

正義的呼籲

雖然東京仍是抗議及出版宣傳書刊的中心，以及所有台灣人反蔣政權集會的集中點，但廖氏的「臨時政府」漸漸失去了支持者。「臨時總統」顯得太敎條化、太固執、太過自信，以爲只有他才夠資格對世界代表台灣人的權益。事實上，他是唯一居留國外而聞名於國外的台灣人。

爲刷新世人對他的印象，廖氏離東京赴歐洲、加拿大及美國作一簡短的旅行，當他正在建立新的友誼，認識一些可能對台灣問題有興趣的人們時，一個強大的脫離運動發生於東京。

新的組織出現並競求承認及支持。面子問題及摩擦產生許多分裂的團體，以致無法在行動上獲得一致而減弱了影響力量。最重要的新組織爲台灣青年會，該會於一九六〇年二月宣布成立。這二月現已變成台灣人追念一九四七年被殘殺人士的月份。該會每月出版日文《台灣青年》雜誌，向在日的台灣人及日本公眾不斷報導獨立運動的消息。該會的第二種具同樣目的的刊物叫做《獨立台灣》(新聞方式專送入島內——譯者註)，以羅馬式的閩南方言拼音登載同樣的資料。爲外國讀者的方便，該會自稱The Formosan Association, 並出版*Formosan Quarterly*, 該刊物後來改稱*Independent Formosa*。

海外的台灣人公開高呼打倒蔣政權，實行聯合國監督下的公民投票，建立台灣人的台灣政府，而置他們自身於極危險的地位。一九六四年九月蔣經國對受到民主薰陶而敢批評台北專制政權的台灣人智識分子來了一下尖銳的提醒。一位傑出的年輕台大敎授及他的兩位以前的學生(謝聰敏、魏廷朝兩位——譯者註)，在一個星期日下午喝茶討論台

灣問題時被捕。警備總部僅聲明他們做「破壞性的活動」而被捕，外國記者則報導他們因「煽動獨立運動」而被控。大約有五個月之久，他們音信杳然，謠傳他們已死。

在世界的另一端，紐約、波士頓及倫敦，這一問題被提出，信函飛往報社，幕後有人質問華府，因爲彭明敏教授是有關太空國際法的權威，他早年已在日本、加拿大、法國享有盛名。❷

突然，台灣警備總部宣稱彭氏及其友人因「陰謀煽動地方人民反叛」已被判刑，但由於政府寬大，他們未被判死刑，不過得長期監禁。

這種仁慈的態度廣泛地被解釋爲幕後有人提醒蔣政權，彭氏之命運爲國際視聽所關注，並且提醒蔣政權，台灣人的不安止引起國際的注意。彭教授及其朋友遂如雷震、前省主席吳國楨及孫立人上將一樣得免一死。因爲他們在國際間聞名且在美國擁有夠影響力的朋友。但如華府沒朋友的批評家——蘇東啓爲一佳例——找不到靠山，就暗中被政府判死。

然而，遠居東京的廖文毅又將如何處理呢？在美加等地，廖氏被公認爲獨立運動組織及台灣人阻止蔣經國繼承獨裁的發言人。廖之存在以作爲台灣人不滿蔣政權的象徵，這對一九六六年在台灣要舉行的總統選舉將產生相當尷尬的場面。年老的蔣介石只有在確定他兒子能繼承時才會退休，所有僞裝的民主程序將被掃淨以應帝王繼承之需，但如能安排合法的外表將是更爲簡單及安全，所以需要採取一些步驟，來防止地方武力反抗及可能的國際干涉。

台北絕不能成爲第二個西貢，蔣經國必須在無法阻止多數台灣人的投票下競選獲勝。反對投蔣經國票的集團必須受到阻止，他們必須被說服，使他們認爲在東京的海外台灣人所組織的獨立運動是個失敗的主義。

　　一九六三年廖氏失去他的老友們的支持。他們宣稱不能同意廖氏的政策，不能受他專制的行為。不久，其他的人也退出來，加入新的組織與年輕人合作，廖氏開始苛薄地說台灣人忘恩負義。

　　台北方面立刻利用機會製造紛亂。一九六四年蔣氏的特務與廖氏接頭給予特赦，歡迎他回台北，並在國民政府機關任高職，也許除了糖業及電力公司──宋子文染指的──以外，給予一個董事長席位。

　　在這種誘惑之下，廖氏躊躇良久，他能因家庭利益以及個人野心而放棄維持如此之久、對台灣人如此重要的主義所負的責任嗎？

　　一九六五年末，已接近選舉，廖氏仍在躊躇。台北覺得有中和東京獨立運動的需要，以及在選民中製造紛亂，於是為廖氏作了一個殘忍的陷阱。政府發表破獲一九六五年二月廖文毅的弟媳謀叛，被判十五年徒刑；一個姪子謀反，被判死刑。廖氏在東京獲悉只要他回台公開支持蔣家，姪子死刑可免，而弟媳徒刑可以獲減，而且他的巨額財產也將歸還予他。有人斷定他可能被聘為中國駐聯大代表的特別顧問，或蔣經國可能要他在下屆總統選舉時成為副總統候選人。

　　未經事先通知他的同僚，廖氏於五月十四日飛抵台北，立即熱烈支持蔣介石，並開始發表文章解釋他的新立場，國民政府大為讚揚，控制下的報社歸此大功於蔣經國之智謀。

　　廖氏國外的朋友頗為驚訝。在日、加、美等地的台灣人開會討論廖氏變節的涵義。沒有人責備他企圖拯救姪子的動機，除非他姪子自己感覺被出賣。一些在東京的樂觀人士相信，廖氏乃是入虎穴擒虎子，並希望能加強地下組織，以期待總統選舉時的危機。

　　蔣經國並非不曉得此一可能性。廖文毅出現於台北數日後，蔣家安全人員即作了空前未有的全島檢查，期望在檢查中搜出一般人私下對此事件評論的信函及文件。

　　當時，海外台籍人士考慮着將來。廖氏之支持蔣經國，是否會將台灣人之選票分裂而使蔣經國得利？是否這情勢將使蔣經國獲得合法的勝利？假使他由於操縱的選舉而當選總統，是否會背着美國轉投中共。

　　海外台灣人的結論如下：

　　　　蔣經國是個中國式的民族主義者，而非僅是一般的民族主義者，他的主要使命是保持台灣永久爲中國的一部分。自他依靠父親獲得權力後，他就步入中國的交涉計劃中，以求永久解決台灣問題。

　　　　在他父親有生之年，他會「爲世界和平之旨趣」而答應台灣人中立於雙方嗎？在他父親死後，他會步李宗仁之後塵投靠中共嗎？他願意將來與強大的中共合作或願意永遠依靠三心兩意的美國國會給了武器及政治支持嗎？一個自動在共黨極權下訓練過的中國人，他會覺得北京傀儡更舒服嗎？❸

　　海外台籍人士對台北的選舉不具信任，如果這種受操縱的選舉，最後宣布台灣願意歸復中國；假使台北要求美國退出該島，華府又將如何處理？

　　台灣領導人士在「正義的呼籲」一文中，對美國人民宣示，警告美國自一九四五年以來不合理的支持蔣幫，徒損美國威信，雖然在將來的危機中，美國可能更需要台灣地方人士的合作。

　　　　我們時常企圖控告美國的虛僞，因美國一方面反對獨裁政權，另一方面卻又支持蔣幫——亞洲最獨裁的政權，但是，我們熱切的相信，美國眞正的旨趣是在台灣，而支持蔣幫乃是暫

時性的行為。這個信心使我們信任美國及希望美國對我們獨立
的主張予以支持。

　　簡言之，我們要求聯合國立即採取託管台灣的行動，以確
立競選的自由，在競選中所有的住民將可聽取各方面的意見，
然後在公民投票中決定台灣的將來命運。

　　我們深信在公民投票中，大多數人將選擇獨立。❹

〈附錄 一〉

處理委員會在一九四七年三月七日向駐台北陳儀長官提出的三十二項要求

一、有關保證平等對待台灣人在地方政府所要求的改革事項。

㈠ 制定自治法規為本省政治最高規範，以便實現孫逸仙博士之建國大綱之理想。

㈡ 省各處長人選應經新選出省參議會之同意，省參議員應于一九四七年六月以前改選。目前其人選由長官提出，交由二二八事件處理委員會審議。

㈢ 省各處長三分之二以上，須由在本省居住一〇年以上者擔任之（最好秘書長、民政、財政、工礦、農林、教育、警務等處長，應該如是）。

㈣ 非武裝之集會、結社之完全自由。

㈤ 有完全之言論、出版、罷工之自由，並廢止報紙發行登記許可制度。

㈥ 廢止現行人民社團組織條例。

㈦ 廢止民意機關候選人審查（由國民黨一手包辦）之條例。

㈧ 修改各級民意機關選舉條例。

(九)　處理委員會政務局應于三月十五日以前成立，其產生方法，由各
　　　鄉鎮區代表選舉各該區候選人一名，然後，由縣市轄參議會選舉
　　　候選人，其名額如下：

縣	市
台北………三	台北………二
新竹………三	新竹………一
台中………四	台中………一
台南………四	台南………一
高雄………三	高雄………一
花蓮………一	基隆………一
台東………一	彰化………一
澎湖………一	嘉義………一
	屏東………一

十　台灣行政長官公署應改為省政府制度，未得中央核准前，暫由事
　　件處理委員會通過普選改組之，以期公正賢達人士之被任用。＊

　　＊第一〇條：一位台灣人當時告訴我，這條款之提出，是要適用在和平條約和主
　　　權合法移轉中國之過渡時期；他相信只有那時以後，中央政府才可建立一合法
　　　省政府。

二、有關保障個人、財產安全之事項

(一)　縣市長應于本年六月以前實施民選，同時改選縣市參議會議員。
(二)　警務處處長及各縣市警察局長應由台灣人擔任，有武裝之特別警
　　　察大隊和鐵、鹽、礦警應廢止。
(三)　除警察機關外，不得逮捕人犯。

㈣　不得有政治性之逮捕、拘禁。

㈤　地方法院庭長、首席檢查官，應由台灣人充任。

㈥　法院推事、檢察官及司法人員，半數以上，由台灣人充任。

㈦　法制委員會半數以上，須由台灣人充任，主任委員由委員互選。＊

　　＊第一條：其用意在控制警察系統，並保證司法尊嚴和威信，以彌補一九四六年
　　　來失去之威嚴。

三、有關保證修改經濟政策和改革經濟管理之事項

㈠　施行統一累進所得稅，奢侈品稅和遺產稅外，不可有可捐雜稅。

㈡　一切公營事業之經理人，由台灣人充任之。

㈢　設置民選之公營事業監察委員會。有關日產之處理，應委任省政
　　府全權處理。設置工業管理委員會，掌理接收日產廠礦，其委員
　　半數以上，須由台灣人充任。

㈣　撤銷專賣局。設置日常生活品配給制度。

㈤　撤銷貿易局。

㈥　日產處理事宜，應請准中央，劃歸省政府處理。

四、軍事方面要求改革事項

㈠　憲兵不得逮捕非軍人身份之平民。

㈡　本省陸、海、空軍，應盡量採用台灣人。

㈢　警備總司令部應撤銷，以免濫用軍權。

五、社會福利設施之要求改革事項

㈠ 高山同胞之政治、經濟地位上應享之權利, 應切實保障。

㈡ 本年六月一日起, 實施勞工保護法。

㈢ 被拘禁之台灣籍戰犯和漢奸疑犯, 應卽無條件釋放。＊

＊第三條: 其用意在取得立卽釋放、被誣莫須有「叛亂」和「戰犯」罪坐牢一年多的台灣富有的名士。顯然地, 他們被捕的根據是, 假使他們沒有與日人「私通叛國」無法獲取如此巨大的資產。當時, 他們正繼續「分期付款」、繳贖罪金、以保證他們生命和巨額財產的安全。

六、附帶要求事項: 可商妥之條款

㈠ 職訓營(是懲訓機構, 由政府設立, 來整肅人民, 使其成爲「有用公民」)和其他不必要之機構, 由處理委員會政務局檢討後, 廢止之。

㈡ 由行政院飭令中央, 給付外銷大陸之台糖。

㈢ 中央須依時價, 給付外銷大陸之一五〇、〇〇〇噸糧食。(這條款之用意在償付處委會行政工作之開銷。)

〈附錄　二〉

吳國楨致國大函原文

吳國楨自美寄國民大會函一件，原函全文如下：

國民代表大會鈞鑒：楨遠在國外，忽聞電訊報導，對楨有攻擊之辭。楨對私人問題，事實具在，不願置辯。然而對於國家前途，在此頹危之際，自不能不有所聲述。天下興亡匹夫有責；況楨受國家培植，何敢含默。楨棄官浮槎，原為政見之不同，隱忍十月，亦係企求當局之自悟。然而謠傳繁興，毀楨清白，含沙射影，來源有自。楨迫不得已，不得不稍有透露，藉以催促當局之反省。然而反不見諒，拒絕善意之批評；造成聲勢，逼楨不得不言。楨思若仍此含默，則對國家是不忠！是為怯懦！是為虛枉！楨不願自絕於我國之政府，亦不願我國家之政府自絕於我國家之人民。故敢披肝瀝膽，痛切陳詞，為我國家最高權威之機構國民代表大會言之。

大陸喪失，痛定思痛；凡我國人，莫不負責，台灣一隅之地，苟安終非長局；「漢賊不兩立，王業不偏安」。然圖恢復大陸，必先取得下列條件：㈠台灣八百萬同胞之竭誠擁護；㈡海外一千三百萬僑胞之中心悅服，及㈢各友邦，尤其是美國之有力及不斷的同情與援助。但若思取得此三項條件，則必須拋棄個人一人或一家之思想，完全接受國父遺教，實行真正民主政治，始能收其效而得其功。捨此以外，別無他途！

　　茲謹將我政府所採取之現行政策，與此原則違背之點，舉其大者，縷述如下：

　　一、一黨專政：楨本國民黨黨員，自問一行一為，從未有違背孫中山先生遺敎之處。然就目前國民黨主政方式而言，則完全未照孫中山先生遺敎而行。不獨係一黨專政；而且國民黨之經費，非由黨員之捐助，乃係政府，卽國民之負擔。此種辦法，除共產極權國家外，實為今古所無。且就黨內而言，亦係倣傚共產黨所謂「民主集權」制；所謂「民主」實係虛偽；所謂「集權」，却是實在。凡民主政治之實施，最少須有兩大黨之存在，藉使在朝黨有所警惕，而在野黨有所展布。土爾其開國之時，克默爾自動成立兩黨，卽係為此；是以土爾其政治能以改善，國基用以鞏固。國民黨目前所採取之方式，實係操縱把持，與基本民主政治不合。

　　二、軍隊之內　有黨組織及政治部：國家軍隊，必須國家化；俾其不致只忠於一黨或忠於一人，造成封建及內亂之勢力，此乃天經地義，然而我們現時軍隊，不獨有國民黨黨部之秘密組織，且有政治部。所謂政治部係完全倣傚共產黨之政治指導員制度，軍中升降，不以成績材能為依歸，而以個人與政治部之關係為主。姑不言其制度之非是，卽就士氣而言，亦受政治部摧殘殆盡。楨曾與軍中各方有識人員私人談話，上至將官，下至走卒，其對政治部的觀感，惡劣至無可復加之點。甚至有言：「一朝作戰，必須先殺政治部人員」者。以此檢閱實習於平時，或可欺人；以此恢復大陸於戰時，則竊不寒而慄。

　　三、特務橫行：楨承乏台政，三年有餘，幾無日不在與特務奮鬥之中。干涉選舉、擅捕人民、威脅敲詐、苦刑拷打，所在皆是。各國均有防諜之機構，在我與共匪鬥爭之際，自應注重其滲透工作，此不待言。但我們目下特務之橫蠻無理，惟我獨尊，藉其憑依，不知法律

爲何物，使人民皆敢怒而不敢言。以此鞏固私人之地位或可，以此求
民衆之中心擁護反攻大陸，則戞戞其難矣！

四、人權之無保障：由於特務之橫行，台灣實已成爲警察國家。
人民權利，幾已剝削淨盡。楨在任內曾努力訓誡，捕人必須先有犯罪
證據，搜查必須經過法律手續；但職權所限，無辜被捕被搜者，實不
知有幾何人數。每念及此。輒爲痛心！

五、言論之不自由：此不必由楨詳敍。諸公想亦知之而不敢言，
報紙停刊，記者逮捕，事實具在！勿庸贅述。

六、思想控制：所謂反共救國靑年團之成立，實係模倣希特勒及
共產黨之靑年團，此機構究係出國民黨或政府主持，楨至今愚不能明。
其經費於楨在任時曾向省府需索，經楨拒絕。此後經費，究由何出，
實可查究。自靑年團成立以後，動輒要求學校更換敎員，壓迫學生，
以此誘導靑年，造成不良風氣，實將遺害無窮。

以上犖犖大者六端，楨不必言，諸公想亦知之。茲謹建議大會立
卽採取下列數項措施：

㈠ 組織委員會徹底查明國民黨經費來源，公布眞相，並頒訂原
則交由立法院議定「政黨法」保障各方反共人士均能在台公開成立政
黨，批評政府。

㈡ 議決撤銷軍中之黨組織及政治部。至軍隊人員反共意識之訓
練，應由有國家思想者主持，不得由任何一人或任何一黨包辦。

㈢ 頒訂原則交由立法院擬定「國家安全制度」之法律，明白規定
特務機關之權力，及其違背者之罰則。在此可以美國「聯邦調查局」制
度爲參考。對於主持此機關之人選，更應愼重，不得由當局派其戚屬
主持。

㈣ 組織委員會公開接受無辜被捕及非法受擾者親友之控訴，並

分別派員往各種公開或秘密監獄，及拘留所內實地勘察。若此委員會果能成立，楨當就其所知，供給材料。

㈤　組織委員會徹底查明過去言論之何以不能自由，例如某報之何以受令停刊，某記者之何以被捕，何人下令，有何法律根據。對於過去之非法措施，應追究其責任，藉以樹信於民，使言論自由得有保障。

㈥　議決撤銷靑年團，並不得再有變相之組織。

害不能除，利不能生，如果大會採納上項建議，楨當對於當前政治，更有積極建述。

楨作上項建議非爲個人着想。楨自問心淨如水，不有任何政治企圖，楨亦非爲私怨報復。楨已流亡異國，自甘寂寞，又何恩怨可言。更非爲故意顚覆某人，或某派起念。楨孤拳寡手，何能顚覆？楨之所以爲此，實爲國家前途着想。大陸沉淪，四載有餘。四億五千萬同胞之呼天喊地，何人忍聞！國際變幻，時不我與，又何能苟安偏隅，閉門稱王！凡有血性之人士，在此瞻顧，一旦不回大陸，是一日無希望可言。耿耿此心，欲哭無淚。我人所寄念者在台灣，我人所默禱祈求者亦在台灣！台灣若長此獨行，不知自省，翻然改途，則將更使我人於絕望之餘更絕望耳！哀哉百姓，夫又何言！

大會爲國家最高權威之機構。在此國家千鈞一髮之際，實應有所樹立，堅定人民對台灣之信心，鞏固反攻大陸之基地，奠定國家長治久安之政策，故敢披瀝，敬請大會討論，並將全文在台灣各報發表爲感爲禱，此上。

國民代表大會

吳國楨　上　二月廿七日

註 釋

導言

　　有關臺灣通史資料請參閱《過去和現在的台灣島》(The Island of Formosa, Past and Present)一書(New York, 1903 年)，共 710 頁，作者詹姆士‧大衛遜。以及《台灣島：地理和歷史之觀察》(Formosa: Geográfice e Históricamente Considerada)一書(Lisbon, 1930 年)，共兩冊，568 頁和 530 頁，作者 Fr. José Maria Alvarez。

　　有關 17 世紀荷蘭統治下的殖民地時期的台灣史料，請參閱《台灣島的傳教成就報告》(An Account of Missionary Success in the Island of Formosa)一書，1650 年在倫敦發行，後來並增添附錄 (London, 1889 年)，共兩冊，330 及 337 頁，作者威廉‧坎普。

　　另外還有美國海軍代將馬修‧派瑞口述，F. L. 霍克斯所編輯的《一名美軍飛行中隊長在 1852～1854 年間，對中國和日本海域的遠征》(Narati e of the Expedition of an American Squadron to the China Seas and Japan, in the Years 1852, 1853, and 1854, under the Command of Commodore Matthew C. Perry, United states Navy)(Washington, 1856 年)第二冊，第 178～180 頁。

　　在 19 世紀與台灣有關連的海岸國的史蹟，可由 W. A. Pickering 用英國式故事所寫下的《台灣開拓史：大陸各省移民、水手和獵人頭部落的結合》(Pioneering in Formosa: Rocollections of Adventures Among Mandarins, Wreckers, and Head-hunting Sav-

ages)書中窺得(London, 1898 年)，共 283 頁。另外一本由愛德華 H.
霍斯於 1875 年，在東京所寫的《1874 年日本人到台灣的探險》(The
Japanese Expedition to Formosa in 1874)，共 231 頁。還有約翰‧
杜德所發行的《1884～85 年中法戰爭時台灣北部住民論》(The Jour-
nal of a Blockaded Resident in North Formosa During the
Franco-Chinese War 1884-5)(Hong Kong, 1888 年)，共 229 頁，
刻劃出法國當時的地位以及台灣人民的反應。

美國國務院保存了一份美國外交策略的詳細縮影記錄，此記錄記
載著美方迫使中國在台灣建立有秩序的政府，此記錄並包括 19 世紀
美方在福州、上海和北京的領事與華盛頓方面的通信內容。

尤其可從 C. W. Legendre 將軍所作《台灣是否原爲中國的一部
份?》(Is Aboriginal Formosa a Part of the Chinese Empire?)(上
海，1874 年，共 20 頁，8 張地圖)一書中，及他對華府提出的報告，
1871 年於澳門所印製，全書 141 頁，其中的一篇文章:〈如何與中國打
交道: 給特派員 DeB. Rand Kheim 的信〉(How to Deal with
China: a Letter to DeB. Rand Kheim, esq.,)中看出。

二次大戰以前，台灣狀況的詳細摘要，可由華府所制的「公民事務
手冊，1944-45」(Civil Affairs Handbook Series, 1944-45)(共 11
冊)部份來考究。

第一章　開羅宣言

1. Samuel Eliot Morison 所著的《太平洋中的旭日》(The Rising
   Sun in the Pacific)(Boston, 1948 年)及《菲律賓和附近水域》
   (The Philippines and Nearby Waters)第 168-170 頁。
2. 參閱 G. H. Kerr 所著的《遠東區探勘》(Far Eastern Survey)第

14 冊第 185～190 頁。編入《L'Echo de Paris》一書中。原文在 1945 年由太平洋關係協會在紐約翻譯出版。

3. William D. Leahy 所著《我曾在邢裏》(I was There)(紐約, 1950)，第 213 頁。

4. Robert Sherwood 所著《羅斯福與霍布金斯》(Roosevelt and Hopkins)(紐約, 1948)，第 774 頁。

第二章　「×島嶼」

1. 美國陸軍部軍史資料處所發行，Robert Ross Smith 所著〈呂宋對台灣島〉(Luzon vs. Formosa 1944) 一文。該文收集在《Command Decisions(決策與命令)》一書(紐約, 1959)，第 358～373 頁。

2. Patrick J. Hurley 在《美國與中國的關係》(United States Relations with China)中的引言，3573, F. E., 第 30 冊第 86 頁，由國務院發行。

第三章　1945 年、在台灣的投降

1. 美方政府要件《元首對海軍及參謀首長的手稿(1945 年 8 月 17 日)》(Imperial Rescript Granted the Ministers of War and Navy)。以模擬方式登在心理戰(Psychological Warfave)一書第二段的附錄二(CINCPAC-CINCPOA Bulletin)中，164-45。

2. 林文貴致第 14 屆空軍聯誼會的一封信(密蘇里州, 春田)，第一卷第 2 號(1948 年 8 月)，2～3 頁。

第四章　穿著制服的美國人

1. Hanford McNider 准將(第 158 團指揮官)所著：《台灣戰俘的褒

揚》(Commendation of 〔Formosan〕Prisoners of War)，1945
年 8 月 23 日，一頁。

2. 《遠東區探勘》(Far Eastern Survey)書中 G. H. Kerr 所著的文
章〈台灣所存在的中國問題〉(Some Chinese Problems in Ta-
iwan)，第 14 冊第 20 號(1945 年 10 月 10 日)。

第五、六章

此兩章內容所載皆來自民間期刊、私人日記，或來自聯合國救濟
總署(UNRRA)和台北新聞界報導，例如一篇「接管報告」(Take-
Over Report)，說明 1946 年時日本人所侵占的台灣財產轉移給台灣
官方的情形。

第七章　不受歡迎的目擊者

1. 華盛頓新聞報(1946 年 3 月 21，22 及 28 號版)及同年 3 月 29 日的
華盛頓郵報。

2. 1946 年 8 月 7 日的新生報(台北)。

第八章　聯合國救濟總署和中國善後救濟總署的歷史

1. 聯合國救濟總署(UNRRA)和中國善後救濟總署(CNRRA)的活動
和觀測報告主要是根據下列資料：

(a)UNRRA-CNRRA會員致 Paine 和 Kerr 的 24 封私人信函。

(b)台灣地區辦公室對上海 UNRRA 的經濟、財務辦公室 20 個週
報。

(c)E. E. Paine 對 UNRRA 在台灣的分部部長—Walter D. Fitz-
patrick的特別報告。

⒟ 1946 年 9 月，台灣地區台北分部辦公室的摘要報告，共 15 頁。

⒠Allen E. Shackleton 的工業復甦報告(Reports on Industrial Rehabilitation)。UNRRA—紐西蘭，1946 年，台北，共 14 頁。

⒡CNRRA台灣地區台北分部的工作報告(1946 年 4 月 1 日)，CNRRA 的衛生和社會福利報告(分別是 1946 年 9 月 11 日及同年 8 月)。台北，共 27 頁。

⒢CNRRA 台灣分部處理海南島歸國義士的特別報導(台北，10 月 11 日，1946 年)，共 2 頁。

⒣UNRRA 台灣分部對 228 事件及其影響的報告(台北，5 月 17 日，1947 年)，共 9 頁。

⒤UNRRA 台灣分部的歷史(台北，沒時間登記)，共 15 頁。

⒥Allen E. Shackleton 所著〈台灣—失意的金鵝〉(Formosa ——Unhappy Golden Goose)《世界事務》季刊第四卷第二冊(在紐西蘭的聯合國機構，1948，6 月)，28～29 頁。

2. Edward E. Paine(UNRRA報告官長):〈UNRRA計劃的記要〉(1946～1947，沒時間登記)，共 10 頁，複印本。

3. 台灣 UNRRA 的醫學官長 Ira D. Hirschy:《病態的社會，很難才能復原》(The World is Sick, the Cure is Difficult) (檀香山，夏威夷)，12 卷第 2 冊，1948 年 4 月，9～15 頁。

4. 台灣 UNRRA 的社會福利官員 Mary Mumford 的信，1948 年 7 月 6 日。

5. 1946 年 5 月 2 日的新生報(台北)。

6. Mary Mumford 口述。

第九章 台灣人的故事、覺醒的一年

1. 1946 年 5 月 2 日的新生報(台北)。

第十章 認可的尋求

1. 1946 年 6 月 13 日的人民導報(台北)。

2. 1946 年 9 月份第 2-3 和 38-39 頁的台灣人雜誌(The Formosan Magazine)。

3. 1946 年 10 月 28 日的民報(台北)。

4. [美方政府, 戰爭資料室]:《美國政府的故事……起源……和運作情形》(The Story of the United States Government……How it Started……and How it Works……) (華盛頓, D. C., 沒時間登記), 共 39 頁。

5. Stanway N. W. Cheng 所編《新台灣月刊》(The New Taiwan Monthly), 1946 年 10 月號, 第 2 頁。

第十一章 慘案前夕

1. Allen E. Shackleton(UNRRA—紐西蘭),《台灣的呼喚》(Formosa Calling), 第 43 頁。原稿文章在倫敦出版, 未註明時間, 共 82 頁。

2. 1947 年 1 月 20 日大明報(台北), 引用一則南京的中央新聞社報導。

3. 1947 年 1 月 20 日大明報(台北), 引用一則南京中央新聞社稍早的報導。

4. 1947 年 1 月號《台灣青年報導》(台北), 第 23 頁。

5. 1947 年 1 月 20 日的大明報(台北)。

第十二章　1947 年的 228 事變

1. 1947 年 3 月 2 日的新生報(台北)。
2. 1947 年 3 月 3 日的新生報(台北)。
3. 1947 年 3 月 5 日的新生報(台北)。

第十三章　美國式的鄉鎮會議

1. 1947 年 3 月 5 日的新生報(台北)。
2. 同上。
3. 台中的學生寫給 Kerr 的信，1947 年 3 月 7 日。
4. 1947 年 3 月 6 日的中華日報(台北)。
5. 同上。
6. [美國國務院資料]《美國與中國的關係》(United States Relations With China)，第 933-935 頁。作者附錄，引用台灣情勢的備忘錄 (G.H.K.)。
7. 1947 年 3 月 5 日的清華日報(台南)。
8. 1947 年 3 月 6 日的民報(台北)。

第十四章　三月屠殺

1. 1947 年 3 月 9 日的新生報(台北)。
2. 1947 年 3 月 9 日的警總公文 131 號。
3. 1947 年 3 月 11 日的新生報(台北)。
4. 1947 年 3 月 11 日的新生報，內容並以傳單空投至全台。
5. 1948 年 6 月 7 日 Louise Tomsett (UNRRA-紐西蘭)致 Kerr 的

信。

6. Ira D. Hirschy (醫學官長，UNRRA—台灣)致 E. E. Paine (UNRRA報告官長)的信。

7. 蔣介石將軍於 1947 年 3 月 10 日在南京的週會演說。內容並以傳單空投全台。

第十五章　餘波

1. CNS(中國新聞服務社)的報導(舊金山, 1947 年 1 月)，複印，一頁。

2. CP(中國新聞社)，上海辦事處，引用 1947 年 3 月 27 日的UP電文。

3. CNS(中國新聞服務社)的報導(舊金山，1947 年 5 月 3 日)。

4. Stanway N.W. Cheng 編《新台灣月刊》(The New Taiwan Monthly)，台北，第一冊，1946 年 10 月號。

5. 台北的學生寫給 Kerr 的信，1947 年 3 月 26 日。

第十六章　「革新的行政」

1. 1948 年 7 月 20 日N. P. Koh (CNRRA)寫給E. E. Paine (UNRRA)的信。

2. 1948 年 6 月 15 日N. P. Koh (CNRRA)寫給E. E. Paine (UNRRA)的信。

3. 1947 年 4 月 14 日一封由台北寄出致 Ira D. Hirschy (醫學官長，UNRRA)博士的信。

4. 1947 年 5 月 4 日一封由台北寄出致 E. E. Paine (UNRRA報告官長)的信。

5. 1947 年 4 月 17 日一封由Hans Johansen(UNRRA—挪威)致 E. E. Paine的信。

6. 1947 年 6 月 16 日由台北寄給 Kerr 的信。

7. 1947 年 5 月 1 日的新生報(台北)。

8. 1947 年 6 月 27 日 Ira D. Hirschy 博士引用 Pierre Sylvain (UNRRA-海地)博士致 E. E. Paine(UNRRA-USA)的信，上海，1947 年 6 月 27 日。

9. 1947 年 9 月 6 日從台北寄給 Kerr 的信。

10. [美國國務院資料]《美國與中國的關係》，1947 年 9 月 19 日由美國陸軍中將 Albert C. Wedemeyer 向杜魯門總統報告，下册，中國經濟，共 770 頁。

11. 1947 年 10 月 3 日香港的華聲報。

12. 1948 年 12 月 20 日全民日報(台北)。

13. 1948 年 1 月 17 日一位台灣天主教傳教士致美國友人的信。

14. 1948 年 3 月 2 日一封致 Kerr 的信(台北)。

15. 1948 年 2 月 27 日的中華日報(台北)。

16. 1948 年 3 月 2 日上海的中央新聞社和同一天台北的新生報。

17. 1948 年 2 月 14 日上海的星報。

第十七章　退居台灣

1. 1948 年 12 月 6 日紐約郵報上 Harold Ickes 所寫的 "Man to Man"。

2. 1948 年 11 月 19 日西雅圖時報的「昆士坦丁‧布朗」(Constantine Brown)。

3. 1948 年 12 月 15 日 E. E. Paine 和 G. H. Kerr 所寫的〈美國會面臨台灣問題嗎?〉(Will America Face a Formosa Problem?) 複印，5 頁。

4. 1948 年 12 月 9 日的紐約時報。

5. 1949 年 4 月 23 日一封寄給 E. E. Paine 的信。

6. 倫敦每日時報, Hessel Tiltman 所寫的〈台灣島是蔣介石手上脆弱的直布羅陀〉(Formosa a Frail Gibraltar for China's Chiang)。再版於華盛頓時報(華盛頓, D. C.), 1949 年 6 月 8 日。

7. 1949 年 8 月 23 日的紐約時報, Tillman Durdin 所寫。

8. [美國國務院資料]《美國與中國的關係》第 404 頁的「1949 年 4 月 6 日史考特(Stuart) 大使到華府」。

9. 同上, 第 288～307 頁。

10. 同上。有關蔣介石背叛執政的李總統部份, 參閱第 302～304 頁。

第十八章　轉捩點

1. Joseph W. Ballantine 著《台灣: 美國對外政策的一大難題》(Formosa: A Problem for United States Foreign Policy), (The Brookings Institution, 華盛頓 D. C., 1952), 第 120 頁。杜魯門總統 1950 年 1 月 5 日所發表的〈不挿手〉聲明。

2. 1950 年 1 月 12 日一封台北致 Kerr 的信。

3. 1964 年由 Tillman Durdin 所著《台灣和國家主義政府》(Taiwan and the Nationalist Government)。原本是準備在美國與中國的對外關係會議上發表。

4. [美國國務院資料]第 23 冊第 5 頁(1950 年, 7 月 3 日), 杜魯門總統中立台灣的政策。

第十九章　「美國共和黨 50 年代」的台灣

1. [美國國務院資料], 美國參議委員會, 第 88 次大會第一次公聽會,

「在美國的外國非外交代表的活動」(Activities of Non-Diplo-matic Representatives of Foreign Principals in the United States)第 7 段, 1963 年 3 月 25 日, 第 677 825 頁; 第 10 段, 1963 年 7 月 10 日, 第 1425-1518 頁。

2. [美國國務院資料] 國會記錄, 「軍事委員會和對外關係委員會之前的公聽會」, 「在遠東的軍事地位」第 23 頁。

3. Karl Lott Rankin 的中國研究(China Assignment), 西雅圖, 華盛頓, 1964 年。343 頁。

4. 中國歷史手冊(China Handbook 1953～54), 《重大史事年鑑》(Chronology of Major Events 1911～1953)第 478 頁。

5. 同上, 第 481～482 頁。

6. Mark Mancall 著〈井底之蛙〉(Too Much at Home in the Old Tiger's Lair), 紐約先鋒報(1964 年 11 月 15 日), 第 6 頁。

7. 蔣介石的宗敎背景給美國人的印象, 可參閱 Harold Isaacs 著《亞洲的形象: 美國人對中國和印度的觀感》(Images of Asia: American Views of China and India), 紐約, 1962 年, 第 124～148 頁。

第二十章 所謂「改革」背後的眞面目

1. 1953 年 8 月 28 日一封致 Kerr 的信。

2. [美國國會記錄]——第 86 會期第二次會議的延續和辯論(1960 年再版)。「衆議院代表 Hon. Charles 對中共和台灣報導的補充說明」(1960 年 1 月 19 日)。

3. 同上, 第 23 頁。

第二十一章 兩個中國?

1.李俊清:〈台灣: 嘴裏含大理石球的獅子〉(Taiwan: the Marble Ball and the Marble Lion)《中國文摘》第 5 冊第 9 篇(香港, 1949 年 2 月 22 日), 第 4〜8 頁。

2.同上。

3.莊嘉農著《憤怒的台灣》(Fen Nu ti Taiwan), 香港, 1949 年, 第 153 頁。

4. [社論]〈重新評估的時代〉(The Time for Reappraisal), 見台灣人季刊第 1 冊(東京, 1962 年), 第 30 頁。

5.〈蘇東啓議員被判處死刑〉(Councilor Su Tung-chi Sentenced to Death), 見台灣人季刊第 1 冊(1962 年 7 月), 第 17〜18 頁。

第二十二章 自由的台灣

1. 1949 年 4 月間致 Kerr 的信。

2. [社論]〈我們向全世界抗議逮捕彭明敏教授〉(We Appeal to the World on the Arrest of Professor Peng Ming-min), 見台灣獨立雜誌(Independent Formosa)第三冊(東京, 1964 年 10 月), 第 1〜2 頁。

3.〈顛覆台灣〉(Formosa Inside Out), 台灣雜誌(Formosa)第一冊第 22 頁(1964 年冬季發行, 費城)。

4. [台灣獨立聯盟],《正義的訴求》(Appeal for Justice)(費城, 1960 年 3 月), 共 3 頁。

作者：喬治柯爾 著 吳昱輝 譯
書號：NC20
平裝：256 頁

《面對危機的台灣》

喬治·柯爾 (George H. Kerr)
繼《被出賣的台灣》(Formosa Betrayed) 後，最後力作！

1986，本書英文版由美國FAPA和FAHR共同出版。黑名單台美人及第二代珍為認識祖國台灣基本教材。

1987，由美國WMDIT「穩得」（陳翠玉領導創立）再版，並號召在美「台灣運動」志工親送美國參眾議員辦公室（共533份）；寄贈各國駐聯合國代表（共165份）；寄美國暨世界各大學亞洲研究所圖書館（共18國165研究所）。

1988，漢譯版由高雄「新台政論」出版，被查禁。

一個對台灣有深厚感情的美國學者──喬治·柯爾（George H. Kerr），繼《被出賣的台灣》（Formosa Betrayed）正義揭發戰後台灣被國民黨政府奸商官匪集團劫收蹂躪，及美蔣秘密聯手擺佈出賣的真相後，又深下功夫，鑽研台灣歷史和現狀困局，以豐富翔實的材料，用最簡短的篇幅，最精彩而貼切的文字，適切寫出歷史台灣和現狀台灣始終面臨一波又一波危機的苦惱運命。

喬治·柯爾基本上是以台灣本位的觀點出發，亦即主張台灣應脫離中國及覊絆諸國的控制，成為一個獨立的國家。這種台灣獨立的觀點，當然極不見容於國民黨政府，甚至終其餘生，也甚受他不國──美國的冷遇。

這本《面對危機的台灣》英文版出版後，成為許多台灣同鄉買來教育第二代「台美人」的基本讀物。在台灣，應也是眾多「番薯子」尚未被激發出來的「生命之素」。

《福爾摩沙紀事：馬偕台灣回憶錄》

《誠品好讀》五月選書、【大話新聞】特輯引薦

熱銷10000本

一位改變台灣歷史的宣教英雄。
一部影響台灣深遠的不朽傳記。
馬偕筆下的台灣，重現19世紀台灣的風土人情。

這是一本描述台灣島嶼及子民的豐富記述，有別於一般宣教師的傳記或宣教實錄，也遠比當時前來福爾摩沙探險、考察旅行的報告書充實。本書完整記錄馬偕一生在福爾摩沙生活與工作的經驗，展現生動、有趣而多元的面貌。

作者：馬偕 著　林晚生 譯
書號：FC01
平裝：384頁

1872年他奉上帝旨意，鬼使神差地來到了台灣，全心融入、感愛著台灣，他當全部台灣島民都是上帝的兒女（雖然當時台灣漢人多當他是西洋異教「鬍鬚番」），開展了一段傳教佈道、醫療濟世、學識教育、台灣人心靈氣質改造的精華歲月。

本書由他親筆記錄一生的傳奇，著墨多在他於福爾摩沙生活與工作的感驗，生動、有趣而多元。1895年英文版《From Far Formosa》出版。它詳實記載艱難苦澀而滿心喜樂的傳教生涯，又細膩描繪百年前滿清帝國統治下的台灣漢人社會、平埔族、熟番、生番地界的風土民情、習俗、歷史、地理、自然與生態，作者具有科學精神，筆端富於感情，又深愛島上的土地與人民，真實細膩的刻畫出百年前複雜的台灣與台灣人，是十九世紀下半葉台灣最重要而珍貴的史料，至今仍是一部熠熠生輝的不朽經典。

而台灣，因為有馬偕，大大改變了民間社會智慧、信仰、思想觀念、生活習性、天地人與自然世界的對待態度，論對台灣之功績，他當是扭轉改變台灣社會的第一人。

《田園之秋》 大字插圖版

台灣最具諾貝爾獎級的作品
連中國人都稱讚的經典之作

1983 《中國時報》「時報文學獎」散文推薦獎
1986 中文版《讀者文摘》(十一月號) 精彩摘刊
1986 吳三連文藝獎 (第九屆) 散文獎
1999 文建會評選「台灣文學經典名著30」散文類
2003 鹽分地帶「台灣新文學貢獻獎」

這是知識份子重返自然、融於自然的真情結晶,它以樸拙凝鍊的田園日記式,描寫農家四周景物,充分反映台灣這塊美麗大地所孕育的內藏之美。

本書充滿了作者對單純田園生活的熱愛,以細膩的觀察、凝鍊的文字,寫下人和自然之間的和諧,是作者對台灣田園生活的緬懷和讚歌,蘊含了許多人文的思考和觀照。

名家推薦:

◎ 林文月 (台大中文系教授)
《田園之秋》文筆自然,沒有造作,最可貴的是躬耕自持的精神,不只寫田園之美,也有很多人文思考和高層次的人文觀點。

◎ 何欣 (政大西語系教授)
《田園之秋》似一首動人心弦的歌,敘述彈性,文字平實,真情穿於其間,如讀屠格涅夫散文詩,野莧羹飯,味若橄欖。

◎ 葉石濤 (著名評論家、作家)
《田園之秋》反映台灣這塊美麗土地所孕育的內藏之美,這是三十多年來散文中,獨樹一幟的極本土化散文佳構。

◎ 吳念真 (著名媒體人、導演)
《田園之秋》所提供的是一個能把慾望降到最低的人的生活境界,我常常透過《田園之秋》學習生活態度的改變。

◎ 亮軒 (著名評論家、作家)
一部書再好也無法說是非讀不可,一部好書真正的影響是讓讀過的人感覺到:「如果此生沒有讀過這部書,該是多麼大的遺憾!」《田園之秋》便是這樣的書。

◎ 范培松 (蘇州大學教授)
陳冠學純粹的返鄉實現了返鄉後的純粹,這種純粹打破了數千年,只有失意人能寫絕妙妙田園詩文的神話,在20世紀中文散文史上,空前絕後。

◎ 倪金華 (泉州華僑大學中文系教授)
陳冠學在自然田園的生活實踐中,表現自己,也表現人類熱戀大自然,追求人與自然和諧的願望,展示理想化的人生境界。

◎ 謝有順 (中國評論家、一級作家)
《田園之秋》讓我們摸到了作者的心,有了這隱密維度,精神空間才變得寬廣和深刻,消融於大地,又遍存於每一角落。

◎ 林文欽 (前衛出版社社長)
《田園之秋》是我的創業書之一,長久以來也是我的案頭書。當我情緒低落,讀一篇《田園之秋》,是我沉甸心情的萬靈丹;當我生活倦挫,想故鄉,讀一篇《田園之秋》,是我慰安療傷的貼心藥草。

作者:陳冠學 著 何華仁 繪圖
書號:FC02
平裝:全彩360頁

《中國亡黨滅國的宿命》

‧經濟過度開發，生態大浩劫‧擁核擴軍，建構新霸權‧社會主義信條崩解‧中國人精神錯亂‧狂妄統一全世界

中國人自詡
二十一世紀是中國人的世紀？
但中國國家主席胡錦濤說：
「中國恐怕撐不到建國七十年？」
作者從經濟、軍事、政治、文化、思想五大方向解構新中國現況，蠡測中國人正使中國逐步趨向「亡黨亡國」的命運。
中國自改革開放以來，經濟政策已背離原有堅持的社會主義，並妄想以擴軍築建新的世界霸權。然而，經濟繁榮只是海市蜃樓，泡沫必將幻滅，遭破壞的自然環境也不能再生，黨與人民精神危機更是嚴重。共產黨政權只能走向中國的老路，這也是中國歷代掌權者最大的夢魘，亦即歷史循環的宿命──滅亡！

作者：黃文雄 著
　　　蕭志強 譯
書號：C111
平裝：176頁

《中國應向日本謝罪的九個理由》

揭開中國反日、侮日、仇日、恨日、蔑日……的詭譎真相

中國最不敢碰觸、最怕被了解的弱點與詭計，本書完全曝光！

作者：黃文雄 著
　　　蕭志強 譯
書號：C112
平裝：274頁

八○年代以來，針對日本「侵華」戰爭、日本政府高官發言、歷史教科書與首相參拜靖國神社等問題，中國政府氣勢凌人地要求日本「謝罪」、「反省」、道歉、賠償。進入九○年代，中國進一步強化「反日愛國教育」，「反日」與「敵日」已經成為國家政策。在此之前，一直到七○年代為止，兩國政府還眉來眼去地宣揚「外交正常化」、「兩國子孫永久和好」，為什麼突然如此巨大變化？為何戰後經過半個世紀，「反日」成為中國國家主要政策？追根究柢，其實是中國民族性及中國政府內部矛盾所致。對此，本書將有詳細探究，概言之，關鍵不在於日本「過去」的問題，也不是歷史事實的問題，而是現在中國的政治問題。

《中國大誤算》

新中國領導人的負面遺產大公開，預告中國下場!?

◎建國之父毛澤東的錯誤盤算：「階級鬥爭」、「大躍進」、「人民公社」、「文化大革命」等莽幹行徑，餓死、鬥死人無數。

◎改革開放總頭頭鄧小平的罪過：「銳意讓部分人先富起來」，帶動經濟起飛，造就了不少高幹子弟和個體暴發戶，不可一世，卻使公害擴散、農村破產，城鄉貧富差距拉大，內陸盲流到處亂竄。

◎耽溺世界霸權大頭病的江澤民：「三權一把抓」，一味擴張軍備，爭奪世界霸權，但其上海幫成員全國樹敵，政治負債不勝枚舉。

◎「武帝」胡錦濤要將中國帶往何處去：回歸毛澤東時代的「超英趕美」，中國崛起的假象使全中國一切向錢看，兩億股民蠢蠢欲動，經濟不知何時崩盤。網路暴走族作亂，高幹家族資金大外逃，各地民眾的示威暴動天天100起以上…

作者：黃文雄 著
　　　蕭志強 譯
書號：C113
平裝：240頁

《中國噩夢履歷書》

對中國懷有幻想的人請立刻覺醒！本書將戳破你的大中國夢！

中國人DNA中存著超乎世人想像，根深蒂固、爐火純青的八大陰魔惡形……
日本亞馬遜書店讀者五星推薦，透徹了解中國的實戰入門書！
和中國及中國人打交道，世人必須學會的十大教戰守則！
本書完全透視中國，並條列整理面對中國惡質本性的十大對策，對中國人的惡行進行各個擊破，所有抵禦中國的法寶盡在書中！當中國人採取友好攻勢，欲進行雙向溝通，那才是最可怕的！世人不能以一般的常識理解中國，和中國人講道理必定吃虧，面臨「遇強則弱、遇弱則強」的中國人，要收克敵制勝之效，您則必定得乘勝追擊、棒打落水狗，先下手為強！

作者：黃文雄 著
　　　蕭志強 譯
書號：C114
平裝：240頁

《揭穿中國文化的彌世謊言》
攏是假!? 中國人說謊吹噓的功力令世人瞠目結舌!?

作者：張謙 著
書號：C115
平裝：272 頁

看過這本書後你會發現，中國和台灣雖非一家，但我們所接受的教化竟然相同！原來我們一直都是這樣被騙長大的！

旅美作家曹長青熱力推薦：

「本書作者清晰地認識到中國傳統文化對中國人的禁錮捆綁，大膽撕開中國文化的種種謊言，促使人們從另一個角度思考……在這種情況下，其努力更顯出其獨特價值和意義。」

◎中國自吹自擂的「四大發明」其實對世界毫無貢獻？
怎麼火藥、羅盤、造紙術、印刷術鬧雙胞？原來不只中國有，其實外國也有。

◎中國連十大文明古國都沾不上邊？
原來中國的文明歷史只有3500年！多出來的1500年是捏造的！

◎中醫原來源自西醫？
見本書第三章！在中國古籍中多有記載，證據會說話！

◎孔子是白種人？
經現代技術DNA檢測分析儒家起源地人類遺骨、遺物獲知，絕對沒騙你！

◎「岳飛神話」純屬虛構？秦檜不是賣國賊？
只看《宋史》並不正確，綜《宋史》與《金史》比較研究後你就會知道！

……

事實俱在書中，你不得不信！

《早熟的大國 中國DNA》
一個中國本地學者冒死寫出的中國批判戰書

作者出身中國內地，多年深入觀察中國人與中國文化，
剖析中國社會過早成熟，從此處於停滯、垂死掙扎狀態。
中國文化不幸「早熟」，中國人心理嚴重「不成熟」：
強烈的民族情緒、扭曲的歷史知識、淺薄的思想、放任的道德，
使得中國人易受蠱惑，中國邪道陰術盛行。

本書以中國人看中國的盲點，冷靜解剖中國人的民族性格，
大膽探討中國社會的真實面貌，文字平實，筆觸客觀，在共產黨永遠獨裁執政的背景下，挺身向中國下戰帖！作者辜雲跳脫身為中國人看中國的盲點，客觀、深入剖析中國人的民族性格，大膽探討中國社會的真實面貌。

作者：辜雲 著
書號：C110
平裝：368 頁

《近代台灣慘史檔案》

【大話新聞】吳國棟真情推薦

台灣史上第一本以慘史個案串起歷史具象的著作
一本給沒經歷過恐怖時代的年輕人看的書
一本給50歲以上的人收藏的書

外來政權復辟勢力囂張，往昔是湮滅台灣悲痛歷史，近年則竭盡所能變本加厲地竄改史實，持續其洗腦台灣住民的黨國卑劣伎倆。本書作者在其擔任《民眾日報》主筆期間，以將近一年的時光不斷地搜索、查證，將台灣從日治時期到蔣家王朝統治期間所發生的慘痛史具象串連，完成二百八十餘個代表性個案的記述，作者翔實的記實，對關係者的人名、年齡、職業、所判罪行…等，皆有完整呈現，每一案件中的相關的文件、日期…等資訊，都在作者筆下完全復活，讀者可以看出獨裁搶匪集團鞏固政權的卑鄙手段，更能從歷史的殘酷與悲哀中覺醒，進而找到自己的定位與對家國認同。

著者／邱國禎
資深媒體人（筆名：馬非白）。
從事新聞工作之前開設心影出版社，進入新聞界後，歷任民眾日報記者、專欄記者、新聞研究員、巡迴特派員、資訊組主任、採訪組主任、民眾電子報召集人、民眾日報社史館館長、編輯部總分稿、核稿、言論部主筆，以及短暫在民眾日報留職停薪去環球日報、中國晨晚報擔任副總編輯及主筆。民眾日報在1999年10月易手給「全球統一集團」，人事異動前即主動離去。
自2000年起專職經營南方快報（www.southnews.com.tw）。

作者：邱國禎 著
書號：J154
軟精裝：576頁

《談景美軍法看守所》

重現兩蔣王朝的恐怖統治歷史
【動員戡亂時期軍法審判紀念園區】指標書籍

本書是著名的良心犯謝聰敏先生，在台灣白色恐怖最肅殺的時期，囚禁黑牢11年又6個月，以親身體驗和獄中見聞所寫下的權威性見證。為那個時代因鬥爭失利而入獄的特務黨工，以及因獨裁者內心恐懼而入獄的民意代表、學校教官、報社人員、民主人士以及許許多多的平民老百姓留下歷史的印記。1980年代本書於海外發行初版，1990年代由李敖出版社在台灣發行修訂版，這本21世紀前衛三版除保留原先版本的內容外，更增加數篇作者出獄後持續為人權奔走、積極平反白色恐怖不義的文獻紀錄，以及一篇由巴黎高等政治學院研究生林海慧執筆的作者生平略傳，實為充分展現作者一生奮鬥歷程的精華之作。

作者：謝聰敏 著
書號：J155
軟精裝：352頁

《高玉樹回憶錄》
黨外運動祖師爺！現代台北的奠基者！

高玉樹，台灣政壇永遠的傳奇。在國民黨戒嚴時期，高玉樹竟能以無黨籍台灣人的身分，先後當選、連任台北市長，長達11年之久，期間完成眾多重要建設，是現代台北的奠基者。本書由高玉樹親自口述，經傑出的口述歷史專家林忠勝夫婦紀錄撰述而成，記錄了高玉樹家世、童年、母親，東瀛讀書、工作，三十八歲開始參選，宦海半世紀的精采人生。本書道出高玉樹在恐怖獨裁時代，為台灣勤奮打拚，並與外來政權鬥爭，有血有淚，有挫折有勝利的忠實過程，也是林忠勝夫婦繼《陳逸松回憶錄》《朱昭陽回憶錄》《楊基銓回憶錄》《劉盛烈回憶錄》《廖欽福回憶錄》（以上皆前衛出版）後，又一部口述歷史力作。

作者：高玉樹 口述
　　　林忠勝 撰述
　　　吳君瑩 紀錄
書號：J156
軟精裝：304頁

《台灣紀行》
日本國寶級畫家塵封70年的台灣遊記
─前衛獨家呈現

1931年10月，日本畫壇國寶級大師池上秀畝，應台灣總督府之邀，來台擔任第一回台灣總督府「府展」評審，順道遊歷台灣各地，留下「台灣寫生簿」二冊（第一冊「自瀨戶內海到台灣」，第二冊「台灣補遺」）及《台灣紀行》追憶文。原作一直由池上秀畝後代保藏，直到1999年年底才捐贈給日本信州高遠美術館，台灣文化尋寶專家張良澤教授因而得以尋跡發現這彌足珍貴的祕藏。

《台灣紀行》是池上秀畝遊台灣返國六年後的追述文字，對於當年台灣各地的人文風貌及所見之花草鳥獸與自然景觀，都有生動活潑、趣味盎然的描述，於今讀來，猶歷歷如昨，彷彿是他有意台灣行腳留下一面歷史的鏡子，好讓當今的台灣人反照自己是如何地對待原本美麗、淳樸的土地與人民。

本書特附日治時代發行的風景明信片！所有圖片均與池上秀畝遊台之時代背景大致相同，可資對照與懷念。

作者：池上秀畝 圖文 張良澤 編譯
書號：J100
精裝附書盒：120頁

《超越黨籍、省籍與國籍：傅正與戰後臺灣民主運動》
正港的新台灣人！

作者：蘇瑞鏘 著
書號：J159
軟精裝：352頁

他超越了「黨籍」：這個原本「訓練政工的政工」，為何自國民黨出走？
他超越了「省籍」：這個「外省人」如何跨越文化藩籬，克服「外省籍」自由派對台灣「地方勢力」的疑懼，與「本省人」站在一起？
他更超越了「國籍」：民進黨成立後通過「住民自決」的決議，其中已蘊含放棄中華民國國籍而選擇台灣獨立的可能性，基於民主優位的原則，傅正亦表示支持。

本書是「民主先生」傅正第一本的完整型學術傳記。作者蘇瑞鏘在《自由中國》、「中國民主黨」的既有研究基礎上，充分利用直到2001年才開放的中研院近代史研究所保存的「雷震─傅正檔案」，寫出了這位相對被忽視、實則是對戰後台灣民主進展有著巨大貢獻的人物的精采一生。傅正出生中國，1950年因蔣經國之故來台，原先是軍中「訓練政工的政工」，後來與國民黨決裂，走上了一生不悔的「雷震之路」。傅正一生經歷兩次組黨、兩次感化，以對自由民主原則的堅持，克服黨籍、省籍與國籍的束縛，不斷超越既有的生命格局。這些超越背後的心理掙扎與精神動力，讀者當可從本書的生動描繪體會一二……

《台灣：恫嚇下的民主進展》

賀森松（Bruce Herschensohn）

一個美國國際級怪腳以敏銳的眼光觀察台灣事務

Taiwan Journal：「一本關於台灣海峽當前事務的卓越入門書。」

1969年美國十大傑出青年、尼克森總統特別助理、雷根總統交接團隊成員、1992年代表共和黨競選加州美國參議員、電視脫口秀資深政治評論員的賀森松，似乎對台灣情有獨鍾。當面建議陳水扁總統宣布10/25為台灣獨立紀念日的人，就是他！

◎2005年「三合一」大選，「馬主席」取得了巨大勝利。但 11 天後，「馬主席」卻做了一個無法成為「馬總統」的決定：跟賀森松會面（詳見第18章：馬主席頻頻微笑）。

賀森松何許人也，馬主席當時並沒有搞清楚，但現在賀森松這本書就讓他很清楚了。因為賀森松不僅詳細記錄了這場會面，還得出個結論：馬英九若當選，則在他的一任或兩任總統職位卸任之前，替台灣排上實施「一國兩制」時間表，絲毫不會令人意外。……

◎針對香港一國兩制的現狀和馬英九對台灣前途的打算，賀森松經由親身訪問觀察，特別點醒台灣民眾：得要看清中國和國民黨到底在玩什麼把戲？

作者：布魯斯‧賀森松
　　　（Bruce Herschensohn）著
　　　王泰澤、張喜久譯
書號：J158
軟精裝：272 頁

《台灣國際政治史》全新完整版

首部以台灣爲主體的國際政治史經典

本書是戴天昭博士以「無限情愛而嘔心泣血的台灣研究」兩大日文鉅著：《台灣國際政治史研究》（法政大學出版局，1971）及《台灣戰後國際政治史》（行人社，2001）合璧而成的漢譯本，乃戴天昭博士有關台灣國際政治史學術研究的畢生之作（life work）。

本書結構，第一章至第七章以《台灣國際政治史研究》一書為本，論述自大航海時代迄至日本時代的台灣國際政治關係。第八章至第十三章則增補原著，論述二戰後迄至尼克森‧周恩來美中會談前的台灣詭譎國際情勢。第十四章以後則是根據新獲文獻和資料，重新論述1971年之後，國際上冷戰終結，中國開放；台灣內部國府本土化及控制力由盛而衰等大環境的重大變動，闡明台灣因國內外局勢轉變所經歷的國際政治發展狀況。

《台灣國際政治史》一書，非常不同於向往所見站在中華民國史觀或中國史觀的隔靴搔癢之著，是首部以台灣為主體進行論述的國際政治史專精研究，即使不用史觀立場評斷而專就學術價值來看，本書仍屬這方面研究的頂尖之作，不僅研究國際政治的學者必讀，在深化台灣本土化基礎之現在及未來，本書也有台灣史教科書的作用。

作者：戴天昭 著　李明峻 譯
書號：J110
軟精裝：1100 頁

《打造亮麗人生：邱家洪回憶錄》

揭舉國民黨惡質常態性買票、做票、擾弄地方派系實錄！

邱家洪，艱苦人出身，沒有顯赫家世、學歷，完全以苦學、苦修、考試出脫，躋身地方官場三十餘年，毅然急流勇退，恢復自由身，矢志為自己的志趣而活，為自己的理想而存在。他的人生，全靠自己親手淬鍊打造，有甘有苦、有血有淚，

樸實拙然，閃著親切又綺麗的溫馨亮光。
邱家洪曾任國民黨彰化縣伸港鄉、永清鄉、二林鄉民眾服務分社幹事、大城鄉、埔鹽鄉民眾服務分社主任、台灣省黨部視導、台中市代理市長…
驚爆國民黨惡質常態性買票，做票，擾弄地方派系實錄！

作者：邱家洪 著
書號：J157
軟精裝：496頁

《嘉南大圳之父：八田與一傳》

1930年亞洲最大的灌溉水利工程在台灣

歷史的締造者往往超乎歷史學家的歸納與想像，尤其是在評價殖民地時期的功過時。1910年，一個來自日本北國的青年搭船來到當時的台灣總督府任職，這個滿懷理想的年輕技師，在習慣總督府的工作之後，整裝出發，開始了台灣島內的旅行與地理探勘。1920年9月，原本是个毛之地的

嘉南平原上響起了大興土木的鎚聲，亞洲最大的灌溉工程動工了。
花費了十年的歲月和龐大的資金，1930年，嘉南大圳終於竣工，當豐沛的水流從珊瑚潭洩流出來之際，嘉南平原的農民無不高聲歡呼：「這是神的恩蹟，上蒼賜予的水啊！」
這個人被農民視為嘉南大圳之父，每年在他的忌日定期舉行追悼會，他就是八田與一。

作者：古川勝三 著
    陳榮周 譯
書號：J102
軟精裝：336頁

《與DNA共舞的大師：洪伯文博士「贏的秘密」》

◎ 是誰有本事？從嚴格的日本小學到優秀的台大醫學院都可輕鬆保持第一名？

◎ 是誰有本領？在大學生物科讓全年級同學幾乎不及格的情況下，竟然還拿到高分99分？

◎ 是誰有這等條件？在短短兩年內，就拿到通常要花七年才拿到的博士學位？

◎ 是誰讓全球最大生物科技公司Amgen創始人（生物科技界的比爾蓋茲），稱他為「教父」？

◎ 是誰有資格在聯合國組織擔任多年的顧問？

◎ 是誰兩次進出白宮，獲得美國布希總統的接見？

一位才華洋溢的奇才，來自台灣，是台灣之光，因為，他熱衷於探究生命的奧秘，不斷追求實用的生物科技研發，所以，發明上百種救人的藥，是一位全球基因工程的先驅者。
他幾次與諾貝爾獎擦身而過，卻是諾貝爾獎得主的啓蒙前輩，又兩次進出白宮，獲得美國布希總統接見，備受肯定與矚目。在工作之餘，他忙裡偷閒，旅遊各國……一個天涯寫意的生活家分享生活趣事及人生哲學，本書就是他公開的「贏的秘密」！

作者：洪伯文 口述　夏秋蘋 著作
書號：J160
軟精裝：192頁

《邁向美麗之國》

政治家的器度與格局，
決定國家的未來！

台灣借鏡！
日本第1位「戰後世代」首相之告白國書
建構日本之自信、自豪、與美麗國度之夢
看安倍桑如何從閥老政界脫穎而出，
看他如何領導日本國邁進美麗國度之夢！
「日本」這國家的姿容變了嗎？從保守之姿、對美外交、與亞
洲諸國的關係、社會保險的將來、教育的再生、真正的國際主
義的理想狀況……本書乃是明確指出這一方針的必讀之書！

作者：安倍晉三 著　陳悅文 譯
書號：AA14
軟精裝：272頁

《冷血刺客之台灣秘帖》

他很「紅」，他很「專」，重要的是
他也很「博」。不信，你看看！

放眼台灣，熱血沸騰的人太多了，
他自己也曾經熱血沸騰三十年，現在，他以冷血邏輯、冷眼旁
觀、冷靜思考……

問診台灣！
以淺顯、生動的醫藥道理剖析國內政治的對立、兩岸的僵局，
並提出化解之道。

陳耀昌
他，台大醫院血液科醫師，法醫所所長，靠血液學和骨髓移植
起家，「血」就是他的招牌。
他的專業是天天拿針「刺」「客」戶，檢查他們的血液和骨髓，
他本來就是最受歡迎的「刺客」。
自戒嚴時期，陳耀昌就是黨外運動的關懷者。1996年曾由民進
黨推薦，成為第三屆修憲國代。政黨輪替後，更是呂副總統醫
療小組召集人。
這個人，為何要在二〇〇七年組織「紅黨」，並成為首屆黨主
席？
他究竟是「背骨」還是「獨醒」？

作者：陳耀昌 著
書號：AA15
軟精裝：336頁

一向以蔣渭水為典範的陳耀昌，在本書道出其驚人舉動的背後義理。全書除了散發醫者本具的社會
關懷以及深厚的歷史涵養外，更可嗅見作者為了替台灣尋找出路，自我加諸的冷靜與苦思。外界風
風雨雨太多，還是直接拿本「台灣秘帖」，自己看看陳耀昌究竟是「背骨囝子」還是「獨醒先知」
吧。

台灣國民文化運動

台灣人應該覺悟，台灣建國之路，不能完全寄望在政黨與政治力量。台灣主體性的根源問題以及台灣國民靈魂的集體形塑和進化，是國家永遠不可動搖的基石，應該從文化奠基，經由社會覺醒才能真正實現。

讓台灣成為主權獨立的新國家，讓台灣人受到世界各國尊敬是台灣運動者的最高目標。在當下媒體與教育的生產和市場價值體系仍受中國文化種族主義信仰的控管下，必須重新啟動台灣知識文化的第二波心靈改造進化工作，重新建構台灣人主體性文化符號價值的生產與市場價值體系，以形塑一代接一代台灣人的靈魂品質。基於此，我們發起「台灣國民文化自覺智識運動」，希望海內外台灣人共同為台灣文化根源的生命力播下種籽，直到開花結果。我們建議各位台灣志士共同以下列方式，一起努力。

一、寫作並發表培育台灣人意識，或啟蒙人類共同普遍價值的心得或研究。
二、發行推動本運動的刊物及網站。
三、捐助推動本運動的資金。
四、每年至少以台幣一萬元購買文史書籍，強化台灣意識。
五、過年過節希望以送書取代禮物。
六、普遍設置家庭圖書館。
七、成立社區讀書會的結盟組織。

台灣國民文化運動【新國民文庫】出版基金招募！

主　　　催：黃文雄（Ko Bunyu）
計　　　劃：本著台灣精神‧台灣氣質意旨，五年內將出版100本台灣主體意識、國民基本智識、及人文教養啟蒙書。
參與贊助基金：每單位日幣10萬元、或美金1千、或台幣3萬元以上。
贊助人權益：基金贊助人名單將登錄於每本新國民文庫叢書上登載。並由台灣國民文化運動總部製頒感謝狀一幀。贊助人可獲台灣國民文庫陸續出版新書各1部，享再購本文庫及前衛出版各書特別優惠。

新國民文庫已出版書籍

NC01《革命運動研究》
NC02《台灣進行曲》
NC03《Ka-Ka 華禍》
NC04《瀕臨危急存亡的台灣》
NC05《台灣國家之道》
NC06《台灣的抉擇》
NC07《台灣近未來》
NC08《透視台灣 展望未來》陳茂雄論壇1
NC09《剖析臺灣現象》陳茂雄論壇2
NC10《俯瞰臺灣事與人》陳茂雄論壇3
NC11《台灣社會解剖學》陳茂雄論壇4
NC12《分裂的台灣》陳茂雄論壇5

NC13《一個中國 兩個台灣》陳茂雄論壇6
NC14《民主與司法尊嚴》陳茂雄論壇7
NC15《自由啟示錄》
NC16《孕育台灣人文意識－50好書》
NC17《台灣人啊，你往何處去？》
NC18《西進亡國論》
NC19《台灣前衛》
NC20《面對危機的台灣》
NC21《台灣可以說不》
NC22《一個封建的現代》
NC23《邁向人權國家》
NC24《構築台灣夢》
NC25《媒體是亂源》

即將出版書籍

《提昇沈淪一瞬間─台灣的歷史抉擇》徐永明 著
《大聲嗆媒體》朱立熙 著
《從哈巴狗變瘋狗－台灣媒體亂象記實》盧世祥 著
《2008台灣國難》黃文雄 著

國家圖書館出版品預行編目(CIP)資料

被出賣的台灣／George Kerr 著, 陳榮成譯.
初版. 台北市：前衛, 1991[民80]
480面；15×21公分.--（台灣文史叢書：09）
譯自：Formosa Betrayed
ISBN 978-957-9512-19-0（平裝）
1.二二八事件（1947）
2.台灣--歷史--光復以後（1945--）
3.台灣--政治與政府--光復以後（1945--）

673.229   86011968

被出賣的台灣
Formosa Betrayed

著　　者　George Kerr
譯　　者　陳榮成

出 版 者　前衛出版社
　　　　　地址：104056 台北市中山區農安街153號4樓之3
　　　　　電話：02-25865708｜傳眞：02-25863758
　　　　　郵撥帳號：05625551
　　　　　購書‧業務信箱：a4791@ms15.hinet.net
　　　　　投稿‧代理信箱：avanguardbook@gmail.com
　　　　　官方網站：http://www.avanguard.com.tw
出版總監　林文欽
法律顧問　陽光百合律師事務所
總 經 銷　紅螞蟻圖書有限公司
　　　　　地址：114066 台北市內湖區舊宗路二段121巷19號
　　　　　電話：02-27953656｜傳眞：02-27954100

出版日期　1991年3月初版第1刷｜2022年8月初版第36刷
定　　價　新台幣300元
I S B N　978-957-9512-19-0
©Avanguard Publishing House 1991　Printed in Taiwan

＊請上「前衛出版社」臉書專頁按讚，獲得更多書籍、活動資訊
　https://www.facebook.com/AVANGUARDTaiwan